Günter Burkard, Heinz J. Thissen

Einführung in die altägyptische Literaturgeschichte I

Einführungen und Quellentexte zur Ägyptologie

herausgegeben von
Louise Gestermann und Christian Leitz

Band 1

LIT

Günter Burkard, Heinz J. Thissen

EINFÜHRUNG IN DIE ALTÄGYPTISCHE LITERATURGESCHICHTE
I

LIT

Gedruckt auf alterungsbeständigem Werkdruckpapier entsprechend
ANSI Z3948   DIN ISO 9706

Bibliografische Information Der Deutschen Bibliothek
Die Deutsche Bibliothek verzeichnet diese Publikation in der Deutschen
Nationalbibliografie; detaillierte bibliografische Daten sind im Internet
über http://dnb.ddb.de abrufbar.

ISBN 3-8258-6132-5

© LIT VERLAG Münster – Hamburg – London   2003
   Grevener Str./Fresnostr. 2   48159 Münster
   Tel. 0251–23 50 91   Fax 0251–23 19 72
   e-Mail: lit@lit-verlag.de   http://www.lit-verlag.de

uxoribus amatis
nos patienter tolerantibus

Vorwort der Herausgeber

Die *Einführung in die ägyptische Literaturgeschichte I: Altes und Mittleres Reich* bildet den Auftakt einer Lehrbuchreihe, die sich durch ihren didaktischen Anspruch auszeichnen soll. Die einzelnen Bände richten sich in erster Linie an Studenten der Ägyptologie und die benachbarter Fächer, daneben aber auch an die jeweiligen Dozenten: Für beide Gruppen soll Unterrichtsmaterial in wissenschaftlich zuverlässiger und gleichzeitig pädagogisch sinnvoll aufgearbeiteter Form bereitgestellt werden. Die Herausgeber haben einen Themenkatalog von etwa 40 Bänden erstellt, mit denen die ganze Breite des Faches abgedeckt werden soll – sie sind aber jederzeit für weitere Vorschläge offen.

Die Einführungen und Quellentexte haben keine erschöpfende Behandlung des Stoffes in Form eines Handbuches zum Ziel, sondern sie stellen ein Hilfs- und Arbeitsmittel für Studenten auch schon des 1. Fachsemesters dar, die sich auf effiziente Weise über die wichtigsten Inhalte und Fragestellungen der einzelnen Teilgebiete der Ägyptologie informieren möchten.

Die beiden Herausgeber freuen sich, gleich für den ersten Band mit Günter Burkard und Heinz-J. Thissen ein kompetentes Team gewonnen zu haben, das ebenso souverän wie verständlich eine Einführung konzipiert hat, die nicht nur Studenten, sondern auch fortgeschrittene Wissenschaftler mit Vergnügen lesen werden.

Wir würden uns freuen, wenn diesem ersten Band bald weitere folgen würden. In diesem Zusammenhang möchten wir dem LIT-Verlag für sein Engagement danken, diese neue Reihe zu betreuen.

Louise Gestermann   Christian Leitz

Vorwort

Die vorliegende *Einführung* hat zwei Ziele: die wichtigsten literarischen Werke des alten Ägypten und die ägyptologische Sekundärliteratur vorzustellen. Nach unserer Erfahrung droht man zu Beginn eines Ägyptologie-Studiums, sei es als Haupt- oder als Nebenfach, sehr schnell in ein unübersichtliches Dickicht von Primär- und Sekundärliteratur zu geraten. Hier einen Weg zu bahnen erschien uns aus eigener Erfahrung notwendig und sinnvoll. Es handelt sich also, das sei nochmals betont, um eine *Einführung* und nicht um ein *Handbuch* und damit ist die Zielsetzung eine grundsätzlich andere als diejenige des von A. LOPRIENO herausgegebenen Sammelbandes „Ancient Egyptian Literature" – dies als Hinweis für potientielle Rezensenten.

Dieser Zielsetzung entsprechend haben wir weitgehend auf Fußnoten verzichtet. Die wichtigste Sekundärliteratur haben wir in den Fließtext aufgenommen, wobei die Auswahl auf unserer Subjektivität beruht. Wir versichern, daß wir viel mehr Sekundärliteratur gelesen als zitiert haben.

Die Betrachtung der Schriftentwicklung haben wir ausgeklammert; die Diskussion hierüber ergäbe mittlerweile ein eigenes Buch.

Die Übersetzungen stammen, wenn nicht besonders gekennzeichnet, von uns; in manchen Fällen haben wir uns auch vorhandener deutscher Übersetzungen bedient, ohne sie über die jeweiligen Literaturangaben hinaus gesondert zu zitieren.

Wir danken den beiden Herausgebern, Louise GESTERMANN und Christian LEITZ für den Mut, die Reihe der *Einführungen* mit „zwei älteren Semestern" zu eröffnen. Für vielfältige technische und bibliographische Hilfe danken wir Maren GOECKE-BAUER, Svenja GÜLDEN und Gundula PASCH, für die mühevolle Übernahme der Endkorrektur Barbara MAGEN.

Unsere *Einführung* ist aus der jeweiligen Erfahrung im Unterricht und dem Austausch unserer Vorlesungsmanuskripte entstanden, da wir schon lange der Überzeugung sind, daß es nicht sehr sinnvoll ist, wie weiland Fafner auf dem Nibelungenhort eifersüchtig auf den eigenen Schätzen zu thronen. Sie ist das Ergebnis der subjektiven Sicht zweier Autoren; wir glauben jedoch, daß damit ein höheres Maß an Objektivität zu erreichen war als bei einem einzigen Verfasser.

Vierkirchen/Erftstadt, im September 2002

Inhaltsverzeichnis

Vorwort der Herausgeber	VII
Vorwort der Verfasser	IX
Einleitung	1

Hauptteil

A. Grundsätzliche Fragen, Einführung in die Thematik
   1. Wissenschaftshistorischer Überblick ... 8
   2. Die Frage der Definition des Literaturbegriffs ... 14
   3. Die Frage der literarischen Gattungen ... 28

B. Texte
   4. Texte aus dem Alten Reich: Autobiographien und Pyramidentexte ... 37
      4.1. Autobiographien ... 37
      4.2. Die Pyramidentexte ... 47
   5. Der Übergang ... 67
   6. Die Literatur des Mittleren Reiches ... 71
      6.1. Die Lebenslehren I ... 72
         1. Die Lehre des Imhotep ... 80
         2. Die Lehre des Djedefhor ... 80
         3. Die Lehre für Kagemni ... 83
         4. Die Lehre des Ptahhotep ... 85
         5. Die Lehre für Merikare ... 98
         6. Die Lehre des Amenemhet ... 104
      6.2. Die Geschichte des Sinuhe ... 110
      6.3. Die Admonitions oder die Mahnworte des Ipuwer ... 119
      6.4. Die Klagen des Chacheperreseneb ... 131
      6.5. Die Prophezeiungen des Neferti ... 137
      6.6. Die Geschichte des Schiffbrüchigen ... 141
      6.7. Das Gespräch des Lebensmüden mit seinem Ba ... 148
      6.8. Die Hirtengeschichte ... 154
      6.9. Die Geschichte vom Beredten Bauern ... 157
      6.10. Die Lebenslehren II ... 163
         1. Die Lehre des Cheti, Sohnes des Duauf ... 163
         2. Die Lehre eines Mannes für seinen Sohn ... 169
         3. Die Loyalistische Lehre ... 174
      6.11. Die Erzählungen des pWestcar ... 177
      6.12. Die Geschichte von Neferkare und Sa-senet ... 187

6.13. Das Buch Kemit 191
6.14. Fragmentarische Texte 193
    1. Amherst Wisdom Text 194
    2. Oxford Wisdom Text 194
    3. Die Rede des Sasobek 195
    4. Die Rede des Renseneb 197
    5. Die Rede des Fischers 198
    6. Die Lehren des pRamesseum II 199
    7. Die Erzählung des pLythgoe 200
    8. Die Erzählung von *H3j* 201
    9. Die Lehre von einem König und dem Geist des Senefer ... 202
    10. The Sporting King 202
    11. The Pleasures of Fishing and Fowling 205
Exkurs: die Form der ägyptischen Literatur 207
Literaturverzeichnis 221

Einleitung

Eine Einführung in die Literatur Altägyptens kann kaum besser begonnen werden als mit einem ersten Blick auf das Werk des vor wenigen Jahren verstorbenen Doyen der ägyptischen Philologie und Literaturwissenschaft, Georges POSENER. Das gilt auch angesichts der gegenwärtig intensiv geführten Diskussion über eine Theorie zur ägyptischen Literatur.[1] POSENER hat einmal eine naturgemäß nur grobe und provisorische Schätzung versucht, wieviele der jemals in Ägypten beschrifteten Papyri erhalten geblieben sind:

📖 Georges POSENER, Histoire et Égypte ancienne, in: Annales (Économies. Sociétés. Civilisations) 17, 1962, 631-646.

Ausgangspunkt waren die seinerzeit bekannten Verwaltungsakten aus dem Totentempel des Neferirkare in Abusir. Sie stammen aus dem Ende der 5. und aus der 6. Dynastie. Inzwischen ist ein weiterer großer Fund aus dem Totentempel der Königin Chentkaus, der Mutter des Neferirkare, hinzugekommen, den POSENER noch nicht hatte berücksichtigen können.[2] Anhand einer Hochrechnung, wie umfangreich diese Akten ursprünglich gewesen sein müssen – was unter anderem aufgrund der in den Resten belegten Zeiträume wenigstens ungefähr zu rekonstruieren ist – kam er zu folgenden Ergebnissen: Das Archiv muß einmal mindestens 9600 m Papyrusrollen umfaßt haben. Davon sind 13,5 m erhalten. Zudem sind die Abusir-Papyri nach wie vor der einzige nennenswerte Papyrusfund aus dem Alten Reich. Das führte zur erwähnten nur sehr groben Schätzung, die aber in jedem Fall geeignet ist, uns die Relationen zu verdeutlichen: Erhalten sind danach aus dem Alten Reich – und in den anderen Epochen ist es sicher ähnlich – etwa ein Hunderttausendstel der jemals beschrifteten Papyri. Und doch füllen diese Reste Museen und vor allem deren Magazine auf der ganzen Welt.

Im Hinblick auf das Ziel dieser *Einführungen* haben wir uns entschlossen, die theoretische Diskussion weitgehend beiseite zu lassen. Sie verstellt unseres Erachtens der Anfängerin/dem Anfänger ohnehin im Moment eher den Blick auf

---

[1] Aus der Sicht des Nachbarwissenschaftlers nicht ganz ohne Ironie zusammengefaßt von Hans Ulrich GUMBRECHT, Does Egyptology Need a „Theory of Literature"?, in: Loprieno, Antonio (Hrsg.), Ancient Egyptian Literature – History and Forms, Leiden/Köln/New York 1996 (Probleme der Ägyptologie 10), 3-18; das Werk wird im folgenden als „AEL" zitiert.

[2] Vgl. dazu etwa Paule POSENER-KRIÉGER, Remarques préliminaires sur les nouveaux papyrus d' Abousir, in: Ägypten - Dauer und Wandel, Mainz 1982 (SDAIK 18), 35-43.

die Texte, als daß sie die Einsicht in diese fördert. Da aber einige grundsätzliche Überlegungen unerläßlich sind, werden wir der Besprechung der Texte wenigstens einige uns wichtig erscheinende Auszüge aus dieser Diskussion voranstellen.

Dem Titel der *Einführung* entsprechend soll es im folgenden nur um einen Ausschnitt aus dem Erhaltenen gehen, nämlich um die sogenannte altägyptische Literatur, und dem wäre sogleich hinzuzufügen, daß wir damit nicht die Zeit des Alten Reichs meinen, also die Sprachstufe „altägyptisch", sondern dieses Adjektiv im Kontrast zu „jüdisch", „griechisch" oder „römisch" auffassen, das heißt, um einen grammatischen Terminus zu bemühen, als Nisbe zu „Alt-Ägypten". Man könnte versucht sein, den Blick auf diesen Ausschnitt als Literaturgeschichte zu bezeichnen, wenn dieser Begriff nicht so problematisch wäre.

Suchen wir also Rat in einem Werk, von dem man sich gemeinhin schnelle und klare Information erhofft, zum Beispiel

📖 Gero VON WILPERT, Sachwörterbuch der Literatur, Stuttgart ⁷1989

- ein Standardwerk. Dort findet sich s.v. „Literaturgeschichte" folgender Eintrag:

> „Literaturgeschichte, der reale geschichtliche Verlauf der (meist belletristischen) Literatur eines Stammes, Landes, Volkes, einer Sprache bzw. der Weltliteratur oder einer Zeit mit Einzelwerken, Dichtern und umgreifenden literarischen Strömungen sowie dessen literarische Darstellung in chronolog. Rahmen und z.T. im Zusammenhang der politisch-sozialen, kulturellen, künstlerischen, ideologischen und geistesgeschichtlichen Gesamtentwicklung unter Aufzeigung der Gesetze, Ursachen und Folgen literaturhistorischen Wandels. Literaturgeschichte als Geschichte einer Kunstform, ihrer Stile, Formen und Themen ist jedoch nur eine von vielen Betrachtungsmöglichkeiten der Dichtung [...] Sie strebt über die Fülle von Einzelwerken hinweg nach einem Einblick in umgreifende Zusammenhänge der Entfaltung" (S. 520-521).

VON WILPERT zählt dann nicht weniger als 12 Richtungen der Literaturbetrachtung im 20. Jh. auf, „die einander befehden, überlagern oder ablösen". Er nennt u.a.: biographische, soziologische, stammestümliche, kunst-, literatur-, problem-, geistesgeschichtliche, strukturanalytische, gattungsgeschichtliche u.a.m., und er bemerkt zum Schluß:

> „Aufgeben des Fortschrittsglaubens, Geschichtsmüdigkeit, Ausweitung des Literaturbegriffs auf Trivialliteratur und Medien, darstellerische Unvereinbarkeit ästhetisch-formaler Analyse und umgreifender historischer Sicht, zunehmende Spezialisierung und wissenschaftlicher Methodenpluralismus haben die Literaturgeschichte, einst Hausbuch traditionsbewußten Bildungsbürgertums, durch z.T. inkohärente

Sammelwerke mit z.T. methodisch-ideologischer Voreingenommenheit abgelöst, so daß schließlich weniger die Darstellung der Literaturgeschichte als [vielmehr] die Reflexion über Methodik und Theorie der Literaturgeschichte und die Geschichtlichkeit der Literatur überwiegen" (S. 524).

Wir waren beim Lesen dieses Passus ratlos und griffen daher zum
📖 Metzler Literatur-Lexikon, ²Stuttgart 1990.

Dort fanden wir unter dem Stichwort „Literaturgeschichte" die beiden folgenden Definitionen:

„1. Literatur in ihren historischen Zusammenhängen und Entwicklungen,
2. Darstellung einer in einer bestimmten Sprache verfaßten Literatur" (S. 274).

Das klang zunächst viel einfacher. Bei näherem Hinsehen allerdings bemerkten wir auch hier sehr schnell die *crux*, der wir uns im Zusammenhang mit Ägypten gegenübersehen: Auf Grund verschiedener Umstände – und hier ist nochmals vor allem auf den Erhaltungszustand, d.h. auf das unendliche verlorene Material zu verweisen – ist es unmöglich, die Literatur in ihren historischen Zusammenhängen und Entwicklungen darzustellen. Weit schwerer aber wiegt eine andere Frage: Was meint überhaupt die Bezeichnung „Literaturgeschichte" für das Alte Ägypten?

Dazu schreibt bereits
📖 Kurth SETHE, Die Ägyptologie. Zweck, Inhalt und Bedeutung dieser Wissenschaft und Deutschlands Anteil an ihrer Entwicklung, Leipzig 1921 (AO 23, Heft 1), 25:

„Die große Lückenhaftigkeit des Materials, das für ganze Typen von literarischen Erzeugnissen nur ein oder wenige Exemplare aus verschiedenen, z. T. weit auseinander liegenden Zeiten aufweist, erlaubt nicht, an etwas wie eine ägyptische Literaturgeschichte zu denken. Das wird sich auch schwerlich je ändern."

Ein Zitat aus neuerer Zeit stammt von
📖 Jan ASSMANN, Gibt es eine „Klassik" in der ägyptischen Literaturgeschichte? Ein Beitrag zur Geistesgeschichte der Ramessidenzeit, in: ZDMG Suppl. VI, 1985, 35-52:

„Wenn man die diachrone[3] Perspektive [...] auf das Gebiet der ägyptischen Literaturgeschichte anzuwenden versucht, erhebt sich zuerst die Frage, ob und in welchem Sinne überhaupt in Ägypten von einer Literaturgeschichte die Rede sein kann. Daß es so etwas wie eine ä-

---

[3] „Diachron" ist die Betrachtung eines Phänomens *längs* der Zeitachse (Altes Reich - Spätzeit), „synchron" diejenige, die gleichzeitige Phänomene betrachtet, also *quer* zur Zeitachse.

gyptische Literatur gibt, bestreitet wohl niemand, wenn auch über den Umfang dieser Literatur, was dazugehört und was nicht, in welchem Sinn also der Begriff Literatur auf altägyptische Texte angewendet werden darf, die Meinungen auseinandergehen dürften. Ob diese Literatur aber eine einheitliche Geschichte hat, das erscheint doch sehr fraglich. Bisher hat es auch noch niemand unternommen, die Geschichte dieser Literatur zu schreiben. Mit gutem Grund beschränken sich alle Behandlungen auf eine Bestandsaufnahme und Charakterisierung derjenigen Texte, die nach Meinung der Autoren dem Bestand einer ägyptischen Literatur zugerechnet werden können" (S. 35).

In der Folge weist ASSMANN darauf hin, daß es nicht genügt, Texte in eine zeitlich geordnete Reihe zu bringen. Es gehe vielmehr darum, in dieser chronologischen Sequenz auch eine logische Evolution zu ermitteln. Die Datierbarkeit des einzelnen Werkes müsse als spezifische Differenz des Neuen gegenüber dem Älteren interpretierbar sein:

„Sein geschichtlicher Ort darf nicht nur durch extra-literarische Bezüge bestimmbar sein wie im Sinuhe oder im Gedicht von der Kadesch-Schlacht, sondern vor allem durch spezifisch innerliterarische Formen einer Bezugnahme der Texte aufeinander" (S. 35-36).

Das heißt, es müßte nach der *Entwicklung* der Literatur im Laufe der ägyptischen Geschichte gefragt werden. Assmann fährt in Übereinstimmung mit den bisher zitierten Aussagen fort:

„In diesem Sinne werden wir nie zu einer die gesamte ägyptische Kultur umfassenden Literaturgeschichte kommen" (S. 36).

Er fügt hinzu, daß allenfalls ein begrenzter Prozeß wie die Entstehung von Literatur in der Ersten Zwischenzeit oder im Mittleren Reich untersucht werden könnte, oder aber die Geschichte einer einzelnen Gattung, deren einzelne Exemplare aufeinander Bezug nehmen, wie das bei den „Lebenslehren" der Fall ist.

Angesichts dieser Feststellungen SETHEs und ASSMANNs könnten wir an dieser Stelle Schluß machen, wenn wir die Absicht hätten, eine Literaturgeschichte nach Art der griechischen und römischen Literaturgeschichte zu beschreiben. Im übrigen gilt das nicht nur für die altägyptische Literaturgeschichte. Als Beleg mag ein Zitat des russischen Strukturalisten und Literaturwissenschaftlers Roman JAKOBSON dienen, das die Aporie der Verfasser von Literaturgeschichten ironisch und treffend auf den Punkt bringt:

📖 Roman JAKOBSON, La nouvelle poésie russe, in: Poétique 7, 1971, 290:

„Bis heute ähnen die Literaturgeschichtsschreiber [...] jenen Polizisten, die, in der Absicht, einen Verbrecher zu verhaften, gleich alle festnehmen, die sie im Haus oder auf der Straße antreffen." (Unsere Übersetzung)

Einleitung 5

Was also, wenn denn schon keine Literaturgeschichte, ist das Ziel dieser *Einführung*? Unsere wichtigsten Überlegungen waren die folgenden:

1. Schon die Erstsemester werden nach den ersten Grammatikstunden und den ersten Propädeutik-Veranstaltungen feststellen können – vorausgesetzt, sie hören gut zu und lesen die ihnen ans Herz gelegte Literatur –, daß Ägypten ein Land der Schrift schlechthin ist, daß zahllose Texte noch erhalten sind und daß sich unter diesen auch sehr viele befinden, die von den Ägyptologen – mehr oder weniger übereinstimmend – als Literatur bezeichnet werden. Wenig später wird – gleichbleibenden Eifer vorausgesetzt – die Feststellung folgen, daß es bei den unterschiedlichen Anforderungen, die das Studienfach stellt, im Laufe des Studiums unmöglich sein wird, auch nur einen größeren Teil dieser Texte zu lesen, und das gar noch in der Originalsprache.

2. Wer seiner speziellen Neigung folgend sich näher mit der ägyptischen Literatur befaßt, wird sehr schnell ratlos vor einer Überfülle von Sekundärliteratur stehen, nicht selten zudem vor einander widersprechenden Ansichten der Autoren. Das gilt für einzelne Texte ebenso wie für grundsätzliche Fragen, etwa diejenige: „Was ist Literatur?", „Was ist eine Gattung?" und andere mehr, so daß unser anfänglich noch so eifriger Adept möglicherweise bald frustriert aufgibt und sich anderem zuwendet – um alsbald festzustellen, daß es in den anderen Teildisziplinen der Ägyptologie auch nicht viel anders aussieht. Auch diese Problematik gilt nicht nur für die Ägyptologie, sondern ist symptomatisch für viele geisteswissenschaftliche Fächer, insbesondere solche, die sich mit vergangenen Kulturen befassen: Zum einen gibt es in unseren Disziplinen in der Regel keine Möglichkeit eines mathematischen Beweises für eine Hypothese. Und da in einem Fach wie der Ägyptologie eben auch kein *native speaker* mehr am Leben ist, zudem die Ägypter bei aller Schreibfreudigkeit Eines nicht hinterlassen haben, nämlich theoretische Schriften, so wie etwa für die griechische Literatur die „Poetik" des Aristoteles erhalten ist, bleibt eben in aller Regel zunächst nur ein methodischer Weg übrig: Man muß die *Texte* befragen, sich intensiv mit ihnen auseinandersetzen, daraus seine Hypothesen und theoretischen Gebäude entwickeln, die sich dann im wissenschaftlichen Diskurs bewähren müssen oder verworfen werden. Das sich intensiv zu erarbeiten ist aber, und das entspricht dem zu Punkt 1 gesagten, im Laufe eines Studiums nicht möglich.

3. Trotz dieser Probleme ist eine solide Basisausbildung auch im Hinblick auf die ägyptische Literatur unverzichtbar. Man muß sich immer wieder klarmachen, daß die dornigen Wege durch die Grundkurse, in diesem Fall der Grammatik, vor allem dem Ziel dienen, das Material, in diesem Fall die Texte, nun

nicht gleich beherrschen zu können, aber doch den fundierten und dann auch befriedigenden Umgang mit ihm zu ermöglichen.

4. Nach den bisherigen Ausführungen dürfte klar geworden sein, daß es „die" ägyptische Literaturgeschichte nicht gibt und vielleicht nie geben wird. Die bisher unternommenen Versuche sind in vieler Hinsicht notgedrungen unbefriedigend. Um so mehr, das sei ausdrücklich vermerkt, sind sie zu bewundern, weil sie das fast oder ganz Unmögliche doch versucht haben.

Diese *Einführung* möchte daher einen anderen Weg gehen: Sie will einige wichtige und grundlegende Gesichtspunkte vermitteln, einen Überblick über Textgattungen geben und last, but not least, wie oben bereits angedeutet, einzelne Texte ausführlich vorstellen. Dabei ist angesichts der ungezählten Beiträge zur Thematik eine Auswahl erforderlich, oder, um es bildhaft auszudrücken: Wir werden eine Art Schneise durch das Unterholz der wuchernden Sekundärliteratur zur ägyptischen Literatur schlagen. Andernfalls würden wir uns ebenso wie die potentiellen Leserinnen und Leser im Gestrüpp verfangen, um im Bild zu bleiben, und die Orientierung verlieren.

Wir haben das Buch in zwei Hauptteile gegliedert. Im ersten wird es um grundsätzliche Fragen und um eine Einführung in die Thematik gehen. Das umfaßt auch einen Überblick über die Wissenschaftsgeschichte, d.h. über die bisherigen Versuche, sich mit unserem Thema auseinanderzusetzen. Wir werden weiterhin die Frage erörtern, ob und wie ägyptische Literatur zu definieren ist, ob und wie literarische Gattungen unterschieden werden können und welche Art von literarischen Texten wir aus Ägypten kennen. Außerdem werden wir an geeigneten Stellen über innerliterarische Fragen sprechen, z.B. über die wichtige Frage, wie die ägyptische Literatur geformt war.

Der zweite Hauptteil wird dann der ausführlichen Auseinandersetzung mit den Texten selbst gewidmet sein, teilweise zunächst eher überblicksartig den Text„gattungen", dann aber intensiv den einzelnen Texten. Wir werden uns vor allem an chronologischen Kriterien orientieren, diese Einteilung bei Bedarf aber auch verlassen, um andere Zusammenhänge deutlicher zu machen.

Kurz vor Abschluß unseres Manuskripts erschien

📖 Richard B. PARKINSON, Poetry and Culture in Middle Kingdom Egypt. A Dark Side to Perfection, London 2002.

PARKINSON gibt einen hervorragenden Überblick über die literaturwissenschaftliche Diskussion, nach eigenen Worten:

> „The book is a response to old historicist approaches to Middle Kingdom texts, in order to argue for the aesthetic aspects of these poems and to foreground the original Egyptian actors' perspectives."

Und auch dem nächsten Satz können wir nur aus vollem Herzen zustimmen:

> „It is, like all academic study, a subjective and personal work, shaped by personality, family, institutions, and my sympathies with, ‚les hommes obscures' of literature who must find a voice and a personal equilibrium as parts of a hierarchy of power of which they have no control" (S. X).

Das Buch verfolgt im übrigen ein anderes Ziel als die vorliegende Einführung; wir haben aber soweit wie möglich die Verweise bei den einzelnen Werken noch eingefügt und empfehlen ansonsten das Buch mit Nachdruck zur Lektüre.

Hauptteil
A. Grundsätzliche Fragen, Einführung in die Thematik

1. Wissenschaftshistorischer Überblick

Die jüngste Zusammenstellung zum Thema „ägyptische Literatur" ist das vor einigen Jahren erschienene Handbuch

📖 Antonio LOPRIENO (Hrsg.), Ancient Egyptian Literature – History and Forms, Leiden/Köln/New York 1996 (Probleme der Ägyptologie 10).

Verschiedene ältere Werke werden dadurch zwar nicht obsolet, aber im Zweifelsfall ist die AEL zuerst heranzuziehen; dort findet man in der Regel auch die ältere Literatur und eine umfassende Bibliographie (S. 629-691).

Zu den eben genannten älteren, aber nicht obsoleten Werken zählt der Band „Literatur" des vielbändigen Handbuchs der Orientalistik:

📖 Bertold SPULER (Hrsg.), Handbuch der Orientalistik. Erste Abteilung: Der Nahe und Mittlere Osten, Erster Band: Ägyptologie, Zweiter Abschnitt: Literatur, Leiden 1952, ²1970.

Eine anschauliche Zusammenfassung der früheren Versuche, die ägyptische Literatur und ihre Geschichte in den Griff zu bekommen, stammt von

📖 Wolfgang SCHENKEL, Ägyptische Literatur und ägyptologische Forschung: eine wissenschaftsgeschichtliche Einleitung, in: AEL, 21-38.

In seiner typischen Art trifft SCHENKEL bereits mit den ersten Sätzen die Grundproblematik:

> „Die Erforschung der altägyptischen Literatur lebt, wie das auch für andere Bereiche der Ägyptologie gilt, mit und von dem Problem, daß man etwas vermitteln soll oder vermitteln will, was man noch gar nicht hat: tiefe Einsichten und letztgültige Wahrheiten. Es wurden und es werden Texte oder doch Textpassagen übersetzt, obwohl man sie nicht versteht. Es werden Texte in die Kultur- oder Geistesgeschichte eingeordnet, auch wenn die Datierung problematisch ist. Es werden Texte Gattungen zugewiesen, auch wenn die Gattungsfrage ungeklärt ist, oder es wird umgekehrt die Gattungszuweisung in Abrede gestellt, auch wenn man die Bestimmung von Gattungen noch gar nicht ernstlich versucht hat. Zum Glück aber gibt es immer wieder Forscher mit Geduld und Sitzfleisch, die die vorschnell übersprungenen Arbeitsschritte im nachhinein tätigen, denen man dann allerdings bisweilen den Vorwurf nicht ersparen kann, daß sie ohne die Provokation durch falsche Behauptungen und ohne die intellektuelle Hefe der mit diesen eingebrachten allgemeinen Fragestellungen die Probleme vielleicht gar nicht angegangen wären" (S. 21).

A. Grundsätzliche Fragen, Einführung in die Thematik

Normalerweise beginnt ein wissenschaftshistorischer Rückblick zu diesem Thema, insbesondere natürlich im deutschen Sprachraum, mit Adolf ERMAN, und das nicht ganz zu Unrecht. ERMAN darf in der Tat als einer der Pioniere in der Erschließung der ägyptischen Literatur angesehen werden. Von ihm stammt bekanntlich die erste systematische ägyptische Grammatik, und von ihm stammt auch die erste Anthologie ägyptischer Literaturwerke in Übersetzung. Aber auch vor ihm gab es in der internationalen Ägyptologie Forscher, die sich mit dieser Thematik auseinandersetzten; die wichtigsten unter ihnen werden im folgenden in chronologischer Reihenfolge kurz vorgestellt.

Beachtenswert ist hier, daß sich unter diesen Persönlichkeiten des mittleren 19. Jahrhunderts, die erstmals komplette altägyptische Literaturwerke erschlossen, keine findet, die versucht hätte, diese nach literaturwissenschaftlichen Kategorien einzuordnen. Das war in diesem frühen Stadium der Disziplin Ägyptologie noch nicht möglich. Wer sich ernsthaft mit den Originalzeugnissen auseinandersetzen wollte, war mit der Feststellung des Textes, mit der Klärung des Wortlauts und des Inhalts vollauf beschäftigt. SCHENKEL macht über diese Personen und vor allem die Zeit, in der sie wirkten, eine sehr interessante und nachdenklich machende Bemerkung:

> „Im übrigen war wohl auch die Zeit, anders als die heutige, eher dazu geneigt, Literaturwerke *selbst* sprechen zu lassen, als *über* Literaturwerke zu reden" (S.22).

An erster Stelle ist Emmanuel DE ROUGÉ (1811-1872) zu nennen, der 1860 als zweiter Nachfolger von Jean François CHAMPOLLION Professor am Collège de France wurde. Er war der erste, der sich an die fortlaufende Bearbeitung eines längeren Textes heranwagte. 1851, also 29 Jahre nach der Entzifferung der Hieroglyphen durch CHAMPOLLION, legte er eine kommentierte Übersetzung der Autobiographie des Admirals Ahmose, Sohn des Ibana – sein Grab aus der 18. Dynastie befindet sich in El Kab – im Druck vor:

📖 Emmanuel DE ROUGE, Memoire sur l'inscription du tombeau d'Ahmès, chef des nautoniers, in: Mémoires de l'Académie des Inscriptions, Savants étrangers 3, 1851, 1-196.

Weitere Publikationen literarischer Texte folgten. Besonders erwähnt seien noch diejenige des *Zweibrüdermärchens* (pD'Orbiney) von 1852 und die des *Kadesch-Gedichts* oder *-Poems* (pSallier III) von 1856. Sie sind gleichzeitig zwei Beispiele für die uns Heutigen eher rührend erscheinenden sehr ausführlichen Titel, die in der Geschichte des Buchdrucks anfänglich üblich waren und heutzutage undenkbar sind. Zunächst der pD'Orbiney:

📖 Emmanuel DE ROUGÉ, Notice sur un manuscript égyptien, en écriture hiératique, écrit sous le règne de Merienphtah, fils du grand Ramsès, vers le XVe siècle avant l'ère chrétienne, in: Revue archéologique 9, 1853 [1852], 385-397.

📖 Emmanuel DE ROUGÉ, Le poème de Pen-ta-our, extrait d'un mémoire sur les campagnes de Ramsès II (Sésostris [sic]), Paris 1856.

Was man heute als abstract mühsam wieder eingeführt hat, stand also damals wie selbstverständlich bereits im Titel. Die im zweiten Titel verblüffende Gleichsetzung Ramses' II. mit Sesostris spiegelt den damaligen Wissensstand. DE ROUGÉ stützte sich dabei insbesondere auf Herodot, der in seinem zweiten Buch, dem Ägyptenlogos, über Sesostris als den größten ägyptischen Pharao überhaupt berichtet. Das ist eine später bei verschiedenen Autoren noch belegte Legende, und mit diesem – literarischen – Sesostris hat man zeitweise Ramses II. gleichgesetzt.

An zweiter Stelle ist Charles Wycliffe GOODWIN (1817-1878) zu nennen. Er war zunächst Advokat in London und dann von 1865 bis zu seinem Tod Richter in Schanghai. 1858 erschien ein Beitrag mit dem Titel „Hieratic Papyri", in dem er verschiedene Literaturwerke wie das *Zweibrüdermärchen*, das *Kadesch-Gedicht*, die *Lehre des Ptahhotep* und weitere Texte erstmals oder grundlegend neu behandelte:

📖 Charles Wycliffe GOODWIN, Hieratic Papyri, in: Cambridge Essays 1858, London 1858, 226-282.

An dritter Stelle sei der Name François-Joseph CHABAS (1817-1882) genannt. CHABAS war ein angesehener Weinhändler in Chalon-sur Saône - Ägyptologe und Weinhändler: welch eine Kombination! Er beschäftigte sich unter anderem mit der *Lehre des Ptahhotep*, mit Hymnen und Gebeten, Erzählungen wie dem *Zweibrüdermärchen*, der *Prinzengeschichte* und dem demotischen *Setna-Roman*, den *Liebesliedern* und der *Satirischen Streitschrift* des pAnastasi I. Die daraus resultierende imponierende Zahl von Publikationen muß hier nicht einzeln aufgezählt werden. Entsprechende bibliographische Angaben sind bequem im Handbuch AEL einzusehen.

Man muß sich vergegenwärtigen, daß heute selbstverständliche Hilfsmittel zur damaligen Zeit noch nicht existierten. Es gab nur CHAMPOLLIONs „Grammaire Égyptienne", ein Wörterbuch fehlte zunächst gänzlich. 1867 erschienen dann praktisch gleichzeitig zwei Wörterbücher:

📖 Samuel BIRCH, Dictionary of Hieroglyphs, in: Christian C. J. BUNSEN (HRSG.), Egypt's Place in Universal History 5, London 1867, 335-568.

📖 Heinrich BRUGSCH, Hieroglyphisch-Demotisches Wörterbuch, 4 Bände, Leipzig 1867-1868; Supplement, 3 Bände, Leipzig 1880-1882.

Die unter dem Namen der „Berliner Schule" berühmt gewordenen Altvorderen Adolf ERMAN (1854-1937) und seine Schüler, unter anderem Alan Henderson GARDINER (1879-1963), leisteten in den Jahren von etwa 1880-1920 die bahnbrechende Arbeit. Aus dieser „Schule" ging nicht nur das heute noch benutzte fünfbändige Wörterbuch der ägyptischen Sprache hervor, ERMAN verdanken wir auch die erste systematische ägyptische Grammatik und eine 1923 erschienene erste Anthologie ägyptischer Literatur:

📖 Adolf ERMAN, Die Literatur der Ägypter. Gedichte, Erzählungen und Lehrbücher aus dem 3. und 2. Jahrtausend v. Chr., Leipzig 1923.

Wie weit die Arbeit tatsächlich gediehen war, wies Georges POSENER 1951 in seinem Artikel:

📖 Georges POSENER, Les richesses inconnues de la littérature égyptienne, in: RdE 6, 1951, 27-48 und RdE 9, 1952, 117-120

nach; er zeigte seinen ägyptologischen Fachkollegen, wie weit man tatsächlich noch von der vollständigen Erfassung der Texte entfernt war. POSENERs Zusammenstellung hat später Richard PARKINSON in einem sehr wichtigen Beitrag fortgeschrieben:

📖 Richard B. PARKINSON, Teachings, Discourses and Tales from the Middle Kingdom, in: Stephen QUIRKE (Hrsg.), Middle Kingdom Studies, New Malden 1991, 91-122.

Auf beide Beiträge wird bei der Einzelbesprechung der Texte zurückzukommen sein. Zunächst aber sind noch einige Bemerkungen zu ERMANs Vorgehensweise zu machen. Er faßte die Texte als Zeugen bestimmter Epochen auf und interpretierte sie dementsprechend; dabei machte er den Fehler, nicht zwischen dem Datum der Entstehung und dem Zeitpunkt der Niederschrift eines Textes zu unterscheiden. Das läßt seine Einteilung in

📖 Adolf ERMAN, Aegypten und aegyptisches Leben im Altertum, Tübingen 1885

klar erkennen: „Erzählungen des Mittleren Reichs. - Das Märchen vom König Chufu. - Märchen des Neuen Reiches". Alle weiteren Literaturgattungen sind ihm zum guten Teil nur aus dem Neuen Reich geläufig, oder er behandelt sie – so die Lehren – ausführlich nur nach Exemplaren aus dieser Zeit.

Den ersten systematischen Versuch, die Geschichte der ägyptischen Literatur darzustellen, machte

📖 Max PIEPER, Die ägyptische Literatur, Handbuch der Literaturwissenschaft, Berlin 1927.

Der von SETHE geäußerten Skepsis, eine ägyptische Literaturgeschichte werde sich wohl nie schreiben lassen, hält PIEPER entgegen: „Daß ich diese Ansicht nicht für richtig halten kann, soll das ganze Buch zeigen" (S. 2). Dieses Buch selbst wird heute bzw. seit langem nicht mehr benutzt, es taucht allenfalls, so wie hier, in wissenschaftsgeschichtlichen Überblicken auf. Die Gründe dafür sind den folgenden zwei Zitaten zu entnehmen:

📖 Erik HORNUNG, Einführung in die Ägyptologie. Stand, Methoden, Aufgaben, Darmstadt [4]1993:

> „Die Unschärfe der literarischen Termini, die Verquickung von politisch-kultureller Geschichte und Literaturgeschichte, die Konstruktion von ‚Autoren' und ein abwegiger ‚Entwicklungs'gedanke haben dem ersten Versuch [...] den Erfolg versagt" (S. 42).

SCHENKEL schreibt im oben zitierten Beitrag in AEL:

> (das Buch PIEPERs) „ist nämlich schon als Produkt der kulturgeschichtlichen Richtung der ägyptologischen Literaturwissenschaft kein Meisterwerk, schwer erträglich in seinem raschen, oberflächlichen Urteil" (S. 32).

Die weiteren nach dem Erstversuch durch PIEPER erschienenen Literaturgeschichten sind chronologisch aufgebaut und besprechen durchweg dieselben Texte. Hier können daher kurze Erwähnungen genügen:

📖 André BARUCQ, Les textes d'Égypte, in: Écrits de l'orient ancien et sources bibliques, Paris 1986, 61-105 (Ancien Testament 2).

📖 Hellmut BRUNNER, Grundzüge einer Geschichte der altägyptischen Literatur, [4]Darmstadt 1986 (Grundzüge VIII).

Zu BRUNNERs Arbeitsweise ist die Rezension von John BAINES, in: JEA 76, 1990, 209-10 lesenswert; BAINES legt dort den Finger auf die Wunde: er weist u.a. auf die Subjektivität hin, die BRUNNER bei seiner Auswahl literarischer Texte offenbart; BRUNNERS 'good taste', wie BAINES das vornehm zurückhaltend nennt, verbiete ihm die Erwähnung etwa der homosexuellen Episode zwischen Horus und Seth oder jener zwischen Neferkare und Sa-senet.

Mit vielen Zitaten aus den besprochenen Texten angereichert ist die Darstellung von

📖 Sergio DONADONI, La letteratura egizia, la letteratura del mondo, Florenz-Mailand [2]1967.

Um eine knappe Darstellung mit chronologischem Aufbau handelt es sich auch bei

📖 Ernesto SCAMUZZI, Letteratura egizia, in: O. BOTTO (Hrsg.), Storia delle letterature d'Oriente, Bd. 1, Milano 1969, 3-90.

Einen anderen Weg beschreiten die folgenden Publikationen, die meist nicht eigentlich Literaturgeschichten sind, sondern entweder Anthologien oder kürzere Beiträge in Sammelwerken oder Lexika:

📖 Alfred HERMANN, Die altägyptische Literatur, in: Walter JENS (Hrsg.), Kindlers neues Literaturlexikon, Bd. 19 (Anonyma, Kollektivwerke, Stoffe. LA-ZZ, Essays), München 1992, 867-876.

📖 Georges POSENER, Literature, in: John R. HARRIS (Hrsg.), The Legacy of Egypt, Oxford ²1971, 220-256.

📖 Emma BRUNNER-TRAUT, Altägyptische Literatur, in: Wolfgang RÖLLIG (Hrsg.), Altorientalische Literaturen, Neues Handbuch der Literaturwissenschaften 1, Wiesbaden 1978, 25-99.

📖 Claire LALOUETTE, La littérature égyptienne, Paris 1981 (Que sais-je? vol. 1934).

Diesen vier Autoren ist gemeinsam, daß sie auch grundsätzliche Fragen besprechen, etwa was ihrer Ansicht nach einen Text zur Literatur macht. Sie besprechen zudem, wie LALOUETTE, literarische Genera und verzichten auf eine chronologische Anordnung. Alle blicken auch über Ägypten hinaus und ziehen außerägyptische Literatur zum Vergleich heran.

HERMANN und LALOUETTE ist zudem bewußt, wie unklar der Begriff „ägyptische Literatur" ist; sie legen ihn lieber weiter aus, als Texte auszugrenzen, wie das z. B. bei BRUNNER-TRAUT der Fall ist.

Am weitesten wurde der Begriff „Literatur" im schon erwähnten Handbuch der Orientalistik gefaßt. Zur ersten Auflage von 1952 ist auf die Rezension von A. HERMANN, in: OLZ 50, 1955, 101-111. zu verweisen. Hier ist praktisch alles Geschriebene Literatur, abgesehen von Verwaltungstexten. Eine solche Inventur war damals sicherlich nützlich; ein Nachteil ist aber, daß in der 2. Auflage 1970 die Beiträge einiger in der Zwischenzeit verstorbener Autoren (GRAPOW, KEES, MORENZ) unverändert aufgenommen wurden; auch in den für die 2. Auflage neu verfaßten Beiträgen ist nichts von der inzwischen in Gang gesetzten Diskussion über Gattungen, Formen o.ä. nachzulesen. Dieses Versäumnis hatte eine außerordentlich wichtige Rezension ASSMANNs zur Folge, die uns bei der Definitionsfrage noch ausführlich beschäftigen wird.

Abschließend noch einige Sammlungen von Übersetzungen. Die bekannteste im deutschsprachigen Raum ist die schon genannte von

📖 Adolf ERMAN, Die Literatur der Ägypter. Gedichte, Erzählungen und Lehrbücher aus dem 3. und 2. Jahrtausend v. Chr., Leipzig 1923.

Sie wurde ins Englische übersetzt von

📖 Aylward M. BLACKMAN, The Literature of the Ancient Egyptians, London 1927. Reprint New York 1966 unter dem Titel: The Ancient Egyptians; A Sourcebook of Their Writings, introduction by W. K. SIMPSON.

Die derzeit beste und wichtigste Sammlung ist die dreibändige Ausgabe von Übersetzungen durch

📖 Miriam LICHTHEIM, Ancient Egyptian Literature, Vol. I - III, Berkeley/Los Angeles/London 1973/1976/1980.[4]

Hier ist der Begriff „Literatur" sehr weit gefaßt. Besonders wertvoll ist das Werk auch deshalb, weil jedem übersetzten Text eine literarische Würdigung vorangeht.

Kurz vor dem Erscheinen des ersten Bandes von LICHTHEIMs Anthologie hatte SIMPSON eine Übersetzungssammlung herausgegeben:

📖 William K. SIMPSON (Hrsg.), The Literature of Ancient Egypt. An Anthology of Stories, Instructions and Poetry, New Haven/London 1972.

Die Übersetzungen stammen von SIMPSON, FAULKNER und WENTE. Sie sind, zumindest vom heutigen Forschungsstand aus betrachtet, von unterschiedlicher Qualität. Im Zweifelsfall sind immer die Übersetzungen LICHTHEIMs vorzuziehen, die eine exzellente Kennerin und Übersetzerin ägyptischer Literatur ist. Wer sich für ihre Persönlichkeit interessiert, sei auf ihre kürzlich erschienene, sehr lesenswerte Autobiographie „Telling it Briefly", Freiburg/Schweiz 1999, verwiesen.

2. Die Frage der Definition des Literaturbegriffs

Die Problematik dieser Frage klang oben schon an. Das gilt nicht nur für Ägypten. Versuchen wir doch beispielsweise einmal, aus der Fülle von Texten, die wir heute kennen, bestimmte Textgattungen nach ihrer Literarizität zu befragen. Daß ein Gedicht, ein Roman, ein Epos Literatur ist, darf als unbestritten gelten. Wie aber ist es beispielsweise bei einem Essay, also einer, sagen wir, besonders sorgfältig geformten Abhandlung über eine bestimmte Thematik? Oder wie verhält es sich mit Briefen? Hier wird man spontan wohl nicht von Literatur sprechen. Aber es gibt auch hier sehr sorgfältig geformte Texte, viele Briefe wurden sogar ausdrücklich in der Absicht verfaßt, sie zu veröffentlichen. Das ist schon aus der Antike bekannt, wie die Briefe eines Cicero oder eines Plinius des Jüngeren zeigen; letzterer hat, um ein Beispiel zu nennen, in einem sehr eindrucksvollen, eben literarischen Brief den Ausbruch des Vesuvs im Jahr 79

---

[4] Diese Anthologie wird im folgenden als „Literature" zitiert.

n.Chr. beschrieben, bei dem auch sein Onkel, Plinius der Ältere, den Tod fand. In der Literaturwissenschaft ist folglich die Gattung des Literarischen Briefes ein geläufiger Terminus. Wie ist es gar, um die Problematik auf die Spitze zu treiben, mit Comics? „Nein, keine Literatur" werden viele sagen. Da werden aber die Freunde von Asterix und Obelix nicht ganz einverstanden sein.[5]

Werfen wir also erst einmal ganz allgemein einen Blick auf die Literaturwissenschaft. Wer das tut und einschlägige Literatur befragt, wird sehr schnell erkennen, daß auch dort alles andere als Einigkeit herrscht. Zudem mag diese Literatur für den Fachmann vielleicht noch überschaubar sein, für den Ägyptologen ist sie es nicht. Also muß auch hier eine Schneise geschlagen werden. Dazu greifen wir nicht ganz willkürlich, aber natürlich und notgedrungen einseitig, im folgenden vor allem auf ein Werk zurück, das eine der ihrerseits vielen „Einführungen" in diese Thematik bietet:

📖 Terry EAGLETON, Einführung in die Literaturtheorie, Stuttgart ³1994.

EAGLETON schreibt einleitend:

> „Es gibt die unterschiedlichsten Versuche zur Definition von Literatur. Man kann sie beispielsweise als ‚imaginatives' Schreiben im Sinne von ‚Fiktion' definieren - als ein Schreiben, das nicht im wörtlichen Sinne ‚wahr' ist. Aber schon bei flüchtigster Betrachtung dessen, was normalerweise unter der Überschrift ‚Literatur' zusammengefaßt wird, zeigt sich, daß diese Definition nicht ausreicht. Die englische Literatur des 17. Jh. umfaßt die Dramen Shakespeares und Websters, die Gedichte Marvells und die Epen Miltons; aber sie erstreckt sich auch auf die Essays von Francis Bacon, die Predigten von John Donne, John Bunyans religiös-allegorische Autobiographie und das, was Sir Thomas Browne geschrieben hat, was immer es auch sein mag. [...] Im 19. Jh. umfaßt die englische Literatur Lamb (nicht aber Bentham), Macaulay (aber nicht Marx), Mill (aber weder Darwin noch Herbert Spencer)" (S. 1).

Weiter schreibt er:

> „Die Unterscheidung zwischen ‚Fakten' und ‚Fiktion' scheint uns also nicht sehr weit zu bringen, nicht zuletzt, weil die Unterscheidung selbst häufig fragwürdig ist. So wird beispielsweise argumentiert, daß unsere moderne Opposition von ‚historischer' und ‚künstlerischer' Wahrheit auf die frühen isländischen Sagen gar nicht anwendbar sei. Im späten 16. und frühen 17. Jh. wurde das englische Wort für Roman, ‚novel', anscheinend sowohl für wahre als auch für fiktive Ereignisse verwendet, selbst Zeitungsberichte wurden kaum als faktisch betrachtet. [...] Der Comic Strip *Superman* und Silviaromane sind fikti-

---

[5] S. dazu Kai BRODERSEN (Hrsg.), Asterix und seine Zeit. Die große Welt des kleinen Galliers, München 2001.

onale Werke, werden aber im allgemeinen nicht als Literatur betrachtet, und bestimmt nicht zu ‚der Literatur' gezählt" (S. 1-2).

Nach diesen mehr negativen Feststellungen versucht EAGLETON, die Frage eher positiv anzugehen, indem er Literatur nicht nach ihrer Fiktionalität beurteilt, sondern nach ihrer spezifischen Form der Sprachverwendung. Damit werde Literatur zu einer Art des Schreibens, die mit den Worten des schon erwähnten Literaturwissenschaftlers Roman JAKOBSON „eine organisierte Gewalt, begangen an der einfachen Sprache" darstellt. Das heißt, daß Literatur die Alltagssprache verändert und intensiviert und systematisch von ihr abweicht (S. 2).

Im folgenden erläutert er die Definition des „Literarischen", die von den russischen Formalisten entwickelt wurde, unter ihnen JAKOBSON oder Boris TOMAŠEVSKI. Der Formalismus ist im Grunde nichts anderes als die Anwendung der Linguistik auf die Literatur. Nun war aber die damalige Linguistik eine formale Methodik, die sich mehr mit den Strukturen der Sprache beschäftigte als mit ihrem Inhalt. Daher übergingen die Formalisten die Analyse des literarischen „Inhalts" zugunsten des Studiums der literarischen Form. Sie sahen nicht die Form als Ausdruck des Inhalts, sondern stellten dieses Verhältnis gleichsam auf den Kopf: der Inhalt war nur die „Motivation" für die Form, Anlaß für eine bestimmte Art von formaler Übung (S. 3). Das erinnert an eine Äußerung Gerhard FECHTs, der im Zusammenhang mit Fragen der ägyptischen „Metrik", schrieb: „Die Form ist nicht das Kleid, sondern der Körper des Gedankens".[6]

Literatur ist für die Formalisten also eine „besondere" Art von Sprache, im Gegensatz zu der „normalen" Sprache, die wir gewöhnlich benutzen (S. 5).

Im folgenden versucht EAGLETON eine erste eigene Definition des Literaturbegriffs:

> „Literatur, könnten wir also sagen, ist ‚nichtpragmatischer' Diskurs: Ungleich Biologielehrbüchern und Zetteln für den Zeitungsboten erfüllt sie keinen unmittelbaren praktischen Zweck, sondern soll als etwas aufgefaßt werden, was auf den allgemeinen Zustand der Welt verweist. Manchmal, aber nicht immer, benutzt sie eine besondere Sprache, so als wolle sie diesen Sachverhalt besonders deutlich machen" (S. 8).

Ähnliche Definitionen der ägyptischen Literatur werden wir z.B. bei ASSMANN finden. EAGLETON verkennt im übrigen nicht die Probleme dieser Definition, die er mit dem Beispiel beschreibt:

---

[6] S. Gerhard FECHT, Die Form der altägyptischen Literatur: Metrische und stilistische Analyse, in: ZÄS 91, 1964, 11-63, dort S. 46.

> „Orwell (wäre) wahrscheinlich überrascht gewesen zu hören, daß seine Essays so gelesen werden sollten, als seien die von ihm behandelten Themen weniger wichtig als die Art, wie er sie darstellt" (S. 8-9).

Eher resignierend klingt dann seine Feststellung:

> „Vielleicht bedeutet ‚Literatur' so etwas wie [...] jede beliebige Art von Text, den jemand aus irgend einem Grund besonders schätzt" (S. 10).

Vollends klar wird die Aporie dieses Problems aus seiner abschließenden Bemerkung:

> „Wann immer ich von jetzt an die Wörter ‚literarisch' und ‚Literatur' [...] verwenden werde, habe ich sie gleichzeitig stets mit unsichtbarer Tinte durchgestrichen, um anzuzeigen, daß diese Termini nicht wirklich ausreichen, wir im Augenblick aber keine besseren zur Verfügung haben" (S. 12).

Wir werden am Ende unseres folgenden Überblicks über die innerägyptologische Diskussion zu einer ähnlichen Feststellung kommen, die es uns dann allerdings erlauben wird, uns umso unbeschwerter den einzelnen Texten zu nähern. Wir erinnern an die oben zitierte Bemerkung SCHENKELs, daß es vielleicht besser ist, Literaturwerke *selbst* sprechen zu lassen, als *über* Literaturwerke zu reden.

Bevor wir uns den innerägyptologischen Äußerungen zuwenden, verweisen wir zum Thema auf den entsprechenden Abschnitt in PARKINSON, Poetry (S. 22-42), wo die allgemeine und fachspezifische Diskussion dargestellt wird; der Verweis mag an dieser Stelle als „Klammer" zwischen den vorangegangenen und den folgenden Äußerungen dienen.

Die verschiedenen innerfachlichen Aussagen und Meinungen zum Literaturbegriff sind disparat, selbst wenn wir uns auf neuere Zitate beschränken. Nicht selten ist auch eine Position zu beobachten, die man neutral als „Unbefangenheit" bezeichnen könnte. Das gilt beispielsweise für die schon genannte Übersetzungssammlung von LICHTHEIM. In Band I finden wir innerhalb der kurzen Beschreibung der Literaturentstehung z.B. folgende Aussage: „It was in the context of the private tomb that writing took its first steps toward literature." Ausgangspunkt sei neben Namen, Titulaturen etc., die sich zur Autobiographie entwickelten, die Opferliste gewesen, die immer umfangreicher geworden, dann aber von einem kurzen Bittgebet um Opfer („Prayer for Offerings") abgelöst worden sei. Diese beiden Textgruppen, Autobiographie und Gebet, werden im folgenden als literarische Gattungen geführt, wenn auch mit einem wichtigen Unterschied: Das Gebet habe vor allem eine Funktion im Totenkult besessen und sei daher „not literary in the full sense". Die Autobiographie dagegen, ohne kultische Zwänge, „became a true literary product" (S. 3-4). Eine nähere Begründung fehlt.

In der Tendenz ähnlich äußert sich SIMPSON in der Einleitung der erwähnten Anthologie: Er bemerkt nur kurz, die Texte für diese Anthologie „have been selected on the basis of literary merit or pretensions hereto". Andere Texte, wie die *Pyramidentexte*, die *Hymnen auf Sesostris III.* und der *Große Atonhymnus*, „belong strictly speaking to the religious literature". Andererseits habe das Siegeslied auf der („Poetischen") Stele Thutmosis' III. Parallelen in historischen Texten „and is not literary in itself" (S. 4).

Auch in dem erwähnten Büchlein von H. BRUNNER findet sich trotz des relativ neuen Datums dieser Publikation noch ein recht unbefangener Begriff von Literatur:

> „Dabei schränken wir den Begriff der Literatur gegenüber seinem bisherigen Gebrauch in der Ägyptologie etwas ein: Nicht behandeln wir wissenschaftliche Werke der Medizin, Mathematik, Astronomie, Jurisprudenz; auch die reinen Schultexte schließen wir aus, soweit sie nicht einen Reflex der großen Literatur vermitteln. Dasselbe gilt von Inschriften religiöser, autobiographischer oder historischer Art: Nur soweit sie durch dichterische Gestaltung oder deren Abglanz geadelt sind, finden sie Berücksichtigung. Dieser Wertmaßstab mag im einzelnen subjektiv sein, aber die Berechtigung solcher Grenzziehung ist schwer zu leugnen. Bei der unübersehbaren Masse religiöser Texte bleiben Machwerke, wie sie die Magie liebt, wie sie sich aber auch in den Inschriften großer Tempel eingestreut finden, ebenso unberücksichtigt wie weite Teile der Liturgie" (S. X-XI).

Gegen diese methodisch recht fragwürdige Vorgehensweise wendet sich HELCK in seiner Auseinandersetzung mit dieser Thematik:

📖 Wolfgang Helck, Zur Frage der Entstehung der ägyptischen Literatur, in: WZKM 63/64, 1972, 6-26:

> „Damit aber kommt in die Definition ein subjektiver Bestandteil hinein, der möglicherweise das Verständnis darüber, was der Ägypter selbst in seinen Texten gesehen hat, verdeckt. [...] Daher erscheint es mir richtiger, die Frage nach der ägyptischen ‚Literatur' zunächst historisch anzugehen und zu fragen, was der Ägypter möglicherweise zunächst selbst in den ihm vorliegenden Texten gesehen hat und warum er sie niedergeschrieben hat" (S. 7).

Auch seine folgenden Bemerkungen sind bedenkenswert:

> „Dabei ist doch an den Anfang aller Überlegungen die fundamentale Tatsache zu stellen, daß die ägyptische Literatur anonym ist, d.h. es interessierte den Ägypter überhaupt nicht, wer etwas geschrieben hat, sondern es kam nur auf den Inhalt an. Damit ist aber doch bereits ein so starker Unterschied zu unserer abendländischen Literaturbetrach-

tung gegeben, daß wir uns auf ganz verschiedenen Ebenen zu befinden meinen. Während für uns ein ‚Dichter' spricht, der seine Welt dem Leser vorführt, berührt diese subjektive Grundgestalt des Werkes den Ägypter überhaupt nicht, denn sonst hätte ihn der Name interessiert. Dort, wo wir auffallenderweise Namen überliefert haben, werden wir sehen, daß diese aus ganz anderen Gründen als denen, dem Werk einen Autor mit persönlichen Eigenheiten zu geben, eingeführt sind. Das Niedergeschriebene muß also allgemeingültige Bedeutung haben" (S. 7).

Das Niedergeschriebene mußte, so HELCK im weiteren, mit der Weltordnung, also dem Prinzip der *Maat*, im Einklang stehen. So wie der König nur in bestimmten Haltungen dargestellt wird, habe man zunächst nur „richtige", der *Maat* entsprechende Dinge aufgeschrieben. HELCK leitet daraus ab, daß die Schrift dort entstanden sein muß, wo es vor allem auf diese „Wahrheit" ankam, nämlich in der Verwaltung. Notabene kommt er damit von einer ganz anderen Seite her zu dem selben Ergebnis wie z.B. W. SCHENKEL und J. KAHL in ihren Arbeiten zur Entstehung der Schrift.

Aus diesen ersten Aufzeichnungen von Lieferungen usw. sei dann die Annalistik entstanden, zunächst in Form von reinen Datenlisten, aus denen sich dann die eigentlichen Annalen entwickelten, da man später neben den reinen Zahlen – Regierungsjahre, Einkünfte usw. – die wichtigsten Ereignisse in den Regierungsjahren festhielt. Eines der frühesten erhaltenen Beispiele ist der Annalenstein, auch unter dem Namen „Palermostein" bekannt (S. 8). Vergleichbar und parallel dazu sind nach HELCK die Namen auf frühen Stelen und Statuen über die Titel der jeweiligen Person und über juristische Festlegungen für die Totenstiftung hinaus schließlich zur Autobiographie erweitert worden (S. 8-9). Auf deren Entwicklung kommen wir später zurück.

HELCKs Resumé lautet:

„Es läßt sich also feststellen, daß von einem Vorhandensein der klassischen Gattungen (Roman, Novelle, Märchen, Schwank usw.) in keiner Weise die Rede sein kann. Zunächst gibt es – wenigstens im Alten Reich – überhaupt kaum Schrifttum, das wir als ‚Literatur' auch im weitesten Sinne ansehen können, wobei wir das religiöse Schrifttum ausklammern. Was vorhanden ist, wie die Autobiographie und die Idealbiographie, entsteht damals aus juristischen Texten. Mit der Ersten Zwischenzeit beginnt man, diese Formen für eigene dringende Anliegen zu benutzen, wie die Lehren oder das Auseinandersetzungsgespräch. Zu Beginn der 12. Dynastie geben zahlreiche dieser Urformen das Vorbild ab für politische Propagandaschriften. Erst mit der 13. Dynastie wird dann auch die eigentliche Erzählung als Form durch Benutzung für Zweckliteratur legitimiert. Eindeutig ist also dabei, daß alles, was vom Ägypter niedergeschrieben worden ist, einen

Zweck gehabt hat und nur deshalb schriftlich ‚für immer' geschaffen wurde. Eine Schilderung um des Schilderns willen hat es nicht gegeben" (S. 23).

Von einer anderen Seite betrachtet

📖 Adelheid SCHLOTT, Schrift und Schreiber im Alten Ägypten, München 1989

die Problematik. Sie schreibt im Anschluß an die Erörterung der Geschichte des Sinuhe:

> „Aber noch eine Überlegung führt zu dem Schluß, daß dieses Werk nicht Literatur in dem Sinne sein kann, wie wir sie bei uns heute kennen, ja, daß es in der altägyptischen Gesellschaft diese Art von Literatur gar nicht gegeben haben kann. Denn sie setzt Schriftsteller, Dichter und Philosophen voraus, die *unabhängig* sind von den Regierenden. Das war jedoch in der altägyptischen Gesellschaft nicht möglich, denn dort war alle schreibende Tätigkeit an einen einzigen Beruf gebunden: an den des Beamten; schreiben konnte nur der lernen, der sich zum Beamten ausbilden ließ. Und die Beamten standen alle in den Diensten des Königs, gehörten zur Regierung. [...] Man muß also davon ausgehen, daß alles (mit Ausnahme privater Briefe o.ä.), was wir an Geschriebenem aus Altägypten kennen, im Auftrag oder zumindest mit Billigung der Regierung abgefaßt wurde" (S. 193-194).

Das ist ganz im Sinne und in der Tradition von POSENERs „Littérature et politique", von dem später noch die Rede sein wird.

Ein entscheidender neuer Impuls für die Diskussion kam in der Folge der schon erwähnten Neuauflage des Abschnitts „Literatur" im Handbuch der Orientalistik 1970 durch eine wichtige und zu Recht vielzitierte Rezension ASSMANNs:

📖 Jan ASSMANN, Der literarische Text im alten Ägypten. Versuch einer Begriffsbestimmung, in: OLZ 69, 1974, 118-126.

ASSMANN verweist darauf, wie unterschiedlich der Gebrauch des Begriffes „Literatur" in dem genannten Handbuch und überhaupt in der Ägyptologie war – und man kann getrost hinzufügen: ist. So beschränkt ihn etwa POSENER auf die „belles lettres" (im Gegensatz zur „littérature religieuse" und „littérature officielle"), BRUNNER schließt gewisse „Inschriften religiöser, autobiographischer oder historischer Art" mit ein, und das Handbuch der Orientalistik schließlich weitet den Kreis auf „Annalen", „Astronomische Darstellungen", „Wissenschaftliche Handbücher" usw. aus, wobei es vermeidet, sich auf einen einheitlichen Literaturbegriff festzulegen. Im weiteren gibt ASSMANN einige anschauliche Beispiele dafür, in welch verschiedenen Bedeutungen das Wort „literarisch" im ägyptologischen Sprachgebrauch verwendet wird, je nach der Art der Texte, die damit bezeichnet und gegen andere abgehoben werden sollen. Er zeigt das anhand der jeweiligen Bedeutungsopposita, zum Beispiel:

1. Das *Harfnerlied* des pHarris 500 oder das *Kadeschgedicht* des pSallier III nennt man „literarisch" im Gegensatz zu „inschriftlich" und bezieht sich damit auf die äußere Überlieferungsform der verschiedenen Bezeugungen eines Textes („literarisch" bedeutet hier etwa „in Buchform überliefert").

2. Wenn man einen Text wie den *Moskauer literarischen Brief* (pMoskau 127) „literarisch" nennt, bezieht man sich vornehmlich auf die Frage nach dem Adressaten: Der Text scheint sich über den angeredeten Hörer hinaus an ein Publikum zu wenden, d.h. einer unendlichen Zahl von Kommunikationsvorgängen offen zu stehen, was man, im Gegensatz zu dem einen Kommunikationsvorgang des Privatbriefs, als wesentlich „literarisch" empfindet. Der spezielle Gegensatz wäre also „privat", allgemein jede gewöhnliche (nicht-literarische) Nachrichtenübermittlung.

3. Bei einer bestimmten Gruppe historischer Inschriften hat „literarisch" eine engere Bedeutung und bezieht sich weniger auf inhaltliche als auf formale Elemente. Wo Texte unterschiedlichen Inhalts und verschiedener Zeitstufen eine einheitliche Form aufweisen (z.B. die „Königsnovelle"), wird diese Formung als „literarisch" bezeichnet im Gegensatz zu Texten „außerhalb der strengen Formen".

4. Wer einen Text wie den *Nilhymnus* „literarisch" nennt, bezieht sich auf den Zweck des Textes; der Gegensatz wäre „kultisch" (liturgisch), bzw. allgemein „zweckgebunden".

5. ČERNÝs bekannte These, daß der *Wenamun* nicht literarisch sei (sondern eine echte Berichterstattung) bezieht sich auf einen Sinn von „literarisch", dessen Gegensatz etwa „umgangssprachlich", „unstilisiert" wäre. Hier wird die Sprachstufe als Kriterium der Literarizität eines Textes verwendet.

6. Wer dieses „Literarizitätskriterium" nicht anerkennt, könnte etwa mit Hilfe der von G. FECHT entwickelten Methode den *Wenamun* einer „metrischen Analyse" unterziehen und den Text aufgrund eines sich dabei ergebenden möglicherweise kunstvollen Aufbaus als „literarisch" bezeichnen. Der Gegensatz wäre hier etwa „ungeformt".

Anstelle solcher offensichtlichen Unklarheiten schlägt ASSMANN eine Einteilung in drei Gruppen vor:

1. Gebrauchsliteratur, die, wie der Name sagt, bestimmten Verwendungszwecken dient,

2. Folklore, die nicht näher definiert wird, und

3. die davon unterschiedene, also keinen bestimmten Zwecken dienende und nicht der Folklore angehörende eigentliche Literatur. Das wird hier noch nicht ausführlich begründet, aber in verschiedenen anderen Beiträgen von ASSMANN immer wieder angesprochen bzw. variiert.

Die diesbezüglichen bibliographischen Angaben sind am bequemsten der umfassenden Bibliographie in AEL zu entnehmen. Klar wird dadurch jedenfalls: Die Thematik ist hochkomplex und eine Antwort auf unsere Frage noch nicht gefunden.

Einer der wichtigsten dieser Beiträge ist:

 Jan ASSMANN, Kulturelle und literarische Texte, in: AEL, 59-81.

Hier wird *ein* tragfähiges Konzept entwickelt – freilich nicht das einzige und einzig mögliche, wie wir sehen werden.

Ohne allzusehr auf die Einzelheiten einzugehen, die in diesem Rahmen zu weit führen würden, bleibt die Feststellung, daß ASSMANN sein in der OLZ dargelegtes Konzept, das formalistisch und strukturalistisch geprägt war, weiterführt. Kennzeichen dieser Richtung ist die Definition der Literatur aufgrund rein funktionaler Bestimmungen. Danach entscheidet allein die Funktion darüber, daß etwa die „Poetische Stele" Thutmosis' III. oder der einer Lebenslehre ähnlich geformte Text der Semna-Stele Sesostris' III. „außerliterarisch" sind, ein scheinbar wenig geformter Prosatext wie das *Zweibrüdermärchen* dagegen ein „literarisches Faktum". Das entspricht in etwa der oben genannten Einteilung ASSMANNs: Die beiden Stelen würden ebenso wie die Lebenslehren zur Gebrauchsliteratur gehören, das *Zweibrüdermärchen* zur eigentlichen Literatur. Von der Folklore ist im übrigen in diesem Beitrag nicht mehr die Rede, ASSMANN spricht nur noch von einer Dichotomie zwischen „Literatur" und „Gebrauchsliteratur". Jeder Text wird formuliert, niedergeschrieben und tradiert im Hinblick auf bestimmte Funktionen, die sich oft auch in einer Art Überschrift niederschlagen, etwa „Verklärung", „Hymnus", „Königsbefehl", „Lehre", „Ritualvorschrift" und weitere. Auch solche Texte, für die wir keine ägyptische, sondern nur eine ägyptologische Überschrift kennen, gehören dazu, also etwa „Anruf an die Lebenden", „Opferformel", „autobiographische Grabinschrift", „Harfnerlied", „Liebeslied" oder „Totenklage".

Texte der Gebrauchsliteratur sind also in einen exakt festgelegten Kontext hineingeschrieben und nur aus diesem heraus verständlich. Andererseits hat diese feste Verwendungssituation – man kann hier auch wie die alttestamentliche Wissenschaft vom „Sitz im Leben" sprechen – zur Folge, daß ein solcher Text

A. *Grundsätzliche Fragen, Einführung in die Thematik* 23

allein für sich genommen als unvollständig gelten muß. Nur mit der jeweiligen Verwendungssituation zusammengenommen bildet er ein sinnvolles Ganzes.

Von daher gesehen bot sich für die Definition eines eigentlich literarischen Textes zunächst die negative Umkehrung an: demnach wären diese Texte frei von solcher funktionaler Bestimmung. Texte wie der *Lebensmüde*, der *Schiffbrüchige*, *Sinuhe* usw. schienen in keine unmittelbar praktischen Funktionen eingebettet, mit ihnen wurde kein Ritual vollzogen, kein Zauber verbunden oder anderes. Sie schienen, mit einem von ASSMANN aus der Literaturwissenschaft übernommenen Begriff, „situationsabstrakt", der Text allein wirkte im Gegensatz zu den Texten der Gebrauchsliteratur semantisch autark.

Doch ließ sich diese scheinbar überzeugende Lösung dann doch nicht durchhalten. Sie berücksichtigt zu wenig, daß auch Texte der Gebrauchsliteratur wohlgeformt sein und daß andererseits literarische Texte einen nicht-fiktionalen, lehrhaften Anspruch haben können. Das von ASSMANN als Konsequenz entwickelte Modell geht von der Frage nach den ursprünglichen Verwendungskontexten von Schrift und Schreiben in Ägypten aus. Es besteht aus zwei Ebenen. Auf der ersten Ebene stehen die drei Grundverwendungsarten aller Texte: Archiv - Literatur - Monumente. Auf der zweiten Ebene wird die Literatur – die beiden anderen Begriffe bleiben hier unberücksichtigt – in die vier funktional definierten Klassen: Wissens-, Bildungs-, Unterhaltungs-, Rezitationsliteratur unterteilt (S. 65):

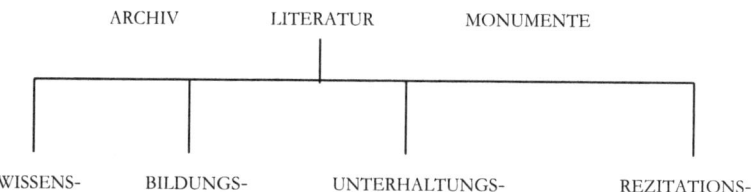

Das eben gezeigte Basis-Modell wird im folgenden weiter spezifiziert und führt schließlich zu einem detaillierten Funktionsmodell der Literatur. Deren beide grundlegende Funktionen sind demnach Speicherung auf der einen und Kommunikation auf der anderen Seite, wobei der Speicherung das Hauptgewicht zukommt:

Hauptteil

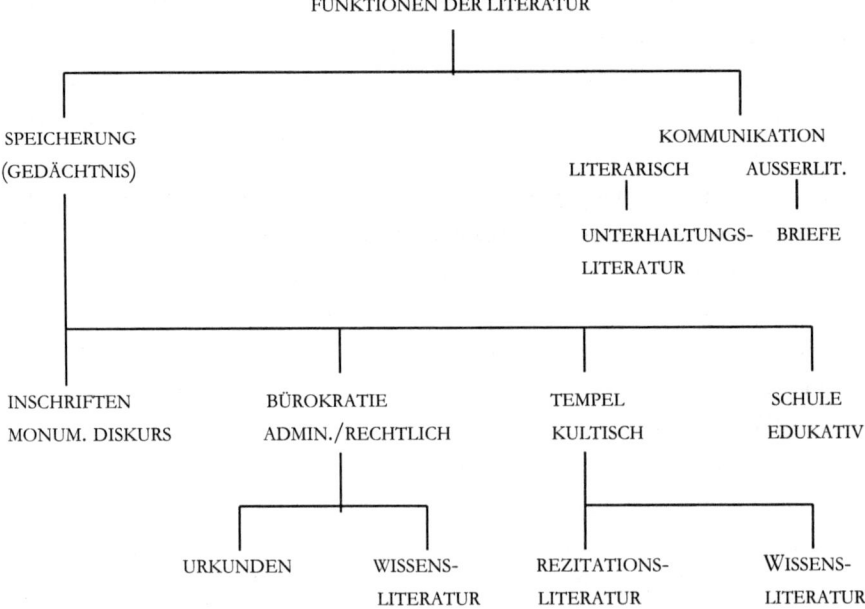

In diesem Zusammenhang ist auf einen weiteren Beitrag zu verweisen:

📖 Jan ASSMANN, Die ägyptische Schriftkultur, in: Hartmut GÜNTHER /Otto LUDWIG, (Hrsgg.), Schrift und Schriftlichkeit. Writing and its Use, Berlin 1994, 472-491.

Hier nimmt ASSMANN zu der Frage Stellung, ob und wie die Ägypter selbst Begriffe für „Literatur" o.ä. verwendeten, und kommt zu dem Ergebnis, daß in Ägypten das Bedürfnis nach Bildung solcher Kategoriebegriffe nicht bestanden hat. Einen Versuch, nachzuweisen, daß unser Begriff „schöne Literatur" dem ägyptischen *md.t nfr.t* „vollkommene Rede" entspreche, hat

📖 Peter KAPLONY, Die Definition der schönen Literatur im alten Ägypten, in: Jan ASSMANN/Erika FEUCHT/Reinhard GRIESHAMMER (Hrsgg.), Fragen an die altägyptische Literatur (GS Otto), Wiesbaden 1977, 289-314

unternommen; wir betrachten diesen Versuch als mißlungen.

Eine weitere hier zu erwähnende Konzeption stammt von LOPRIENO im Handbuch AEL:

📖 Antonio LOPRIENO, Defining Egyptian Literature, in: AEL, 39-58.

Er bietet sein Modell allerdings in einer für Laien recht komplizierten Terminologie an:

Die Bestimmung eines ägyptischen Textes als literarisch fußt auf drei Kriterien: a) Fiktionalität (fictionality), b) Intertextualität (intertextuality), verbunden mit der Frage nach literarischen Gattungen (literary types); c) Rezeption (reception) (S. 43).

Zu a): Fiktionalität definiert LOPRIENO als textuelle Kategorie, durch die ein implizites gegenseitiges Verstehen zwischen Autor und Leser hergestellt wird. Dabei muß die im Text präsentierte Welt nicht mit der realen Welt übereinstimmen (S. 44).

Zu b): Das Konzept von der Intertextualität wurde von der poststrukturalistischen Literaturtheorie übernommen: Ein Text ist nie eine reine originale Schöpfung seines Autors, sondern Teil eines dynamischen „Universums von Texten", mit denen er in wechselseitigen Beziehungen steht. Übertragen auf ägyptische Texte bedeutet das:

1) Ein Text muß außerhalb seines vorgeblichen textuellen Rahmens stehen: ein „autobiographischer" Text also außerhalb des funerären Kontexts (Beispiel: *Sinuhe*). Ein scheinbar echter Reisebericht (Beispiel: *Wenamun*) ist in Wirklichkeit keiner, da jeglicher Hinweis auf administrative Tätigkeit fehlt; die angebliche Kopie eines Jahrhunderte älteren Briefes (Beispiel: *Moskauer literarischer Brief*) ist tatsächlich eine Fiktion, usw. (S. 51).

2) Der Text muß veröffentlicht werden, d.h. außerhalb von Zeit und Ort seiner Komposition zugänglich sein. Daraus ergibt sich auch ein Gegensatz zwischen ortsgebundenen monumentalen Texten und ortsunabhängigen auf Papyrus oder ähnlichen Beschreibstoffen. LOPRIENO unterscheidet aber auch Zwischenstufen und geht zudem davon aus, daß Wechsel im Anbringungsort Änderungen im Textcharakter signalisieren: Ein Text, der zunächst auf Stein, später auf Papyrus belegt ist, wird „literarischer" (Beispiel: die monumentale und die handschriftliche Version des Berichts über die Kadesch-Schlacht) (S. 52).

Zu c) Rezeption: Hier weist LOPRIENO darauf hin, daß Rezeption Tradition, also eine längere Überlieferungsgeschichte, voraussetzt. Die Schülerhandschriften stehen als Gebrauchstexte außerhalb dieser Definition.

Diese drei Kriterien – Fiktionalität, Intertextualität, Rezeption – zur Bestimmung von Literarizität greift

📖 Gerald MOERS, Fingierte Welten in der ägyptischen Literatur des 2. Jahrtausends v. Chr. Grenzüberschreitung, Reisemotiv und Fiktionalität, Leiden/Boston/Köln 2001 (Probleme der Ägyptologie 19)

erneut auf, um sie auf ihre ägyptologische Anwendbarkeit hin zu überprüfen. Dies geschieht nach einem einleitenden Referat über die bisherigen litera-

turwissenschaftlichen Ansätze (unter der Überschrift „Vor-Geschichten") in zwei etwa gleich langen Kapiteln: „Theoretische Modellierungen" und „Reisemotiv und Grenzüberschreitung als Paradigmen literarischer Fiktionalität in Ägypten". Am Ende des Theorie-Kapitels steht der Vorschlag,
> „sowohl Intertextualität als auch Rezeption in Zukunft als Subkategorien eines übergeordneten Fiktionalitätskonzeptes anzusehen".

Im zweiten Teil werden die ägyptischen Reiseerzählungen: *Erzählung des Schiffbrüchigen, Geschichte des Sinuhe, Fahrt des Wenamun* und *Odyssee des Wermai* besprochen; daneben ist, wie ein Blick in das „Stellenregister" zeigt, eine große Zahl weiterer literarischer Texte aller Epochen zitiert und diskutiert.

Diese Inhaltsangabe bleibt im Rahmen der vorliegenden *Einführung* notwendigerweise etwas dürftig. Daher sei hinzugefügt, daß das Buch, zumal sein theoretischer Teil, ein „hartes Brot" ist, auch wenn des Buches letzter Satz überraschend versöhnlich klingt:
> „Auch die ägyptische fiktionale Literatur wird zum Zeichen einer sich in und durch Literatur immer wieder neu entdeckenden Menschlichkeit."

MOERS kennt sich in der modernen literaturwissenschaftlichen Theoriediskussion hervorragend aus und zieht sie dementsprechend *in extenso* heran; es wird sich erst noch zeigen müssen, wieviel davon zukünftig in der ägyptologischen Diskussion bleiben und mit Nutzen zu verwenden sein wird. Diejenigen, die sich mit altägyptischer Literatur zu beschäftigen beginnen und mit Namen wie BACHTIN, ISER, KRISTEVA (wobei MOERS die letztgenannte Autorin auch nur aus der Sekundärliteratur zitiert) und anderen nicht vertraut sind, wird das Buch eher abschrecken, es sei denn, sie hätten zuvor einige Semester Literaturwissenschaft studiert.

Eine deutlich verständlichere Einführung hat vor kurzem der Klassische Philologe Thomas A. SCHMITZ vorgelegt:

📖 Thomas A. SCHMITZ, Moderne Literaturtheorie und antike Texte. Eine Einführung, Darmstadt 2002.

Dieses Buch bespricht in klarer, verständlicher, oft glänzend formulierter Sprache alle modernen literaturwissenschaftlichen Theorien speziell für Anfänger. Es ist somit unbedingt als Lektüre zu empfehlen.

Einer anderen interessanten Frage geht Detlef FRANKE nach: dem Traditionsraum der Literatur und dem Umfang, den literarische Texte – die er nicht im Detail definiert – im Verhältnis zum gesamten Schrifttum einnehmen. Auch er liefert dazu ein Modell.

📖 Detlef FRANKE, Rezension zu: Richard B. PARKINSON, Voices from Ancient Egypt. An Anthology of Middle Kingdom Writings, London 1991, in: BiOr 50, 1993, 347-353.

Für FRANKE besteht der „Traditionsraum der Literatur" in der Schnittmenge (schraffiert) vier sich überlagernder Kreise:

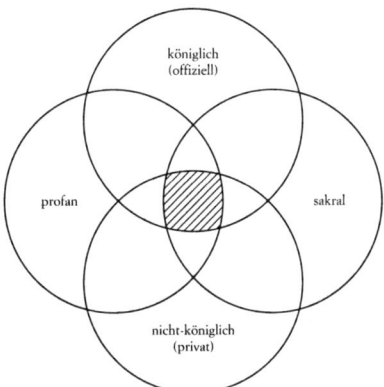

Im Alten Reich liegen nach FRANKE diese Bereiche weit auseinander, es gibt somit wenig schriftlich aufgezeichnete Literatur. Seit dem Mittleren Reich ist das Überschneidungsfeld deutlich größer. FRANKE steht damit noch in einer Tradition, die inzwischen meist aufgegeben wurde. Hier ist an den Beitrag HELCKs zur Literaturentstehung zu erinnern.

Soziologisch ist nach FRANKE in diesem Überschneidungsfeld die Elite (auch der König) angesiedelt, die Anteil an und Zugang zu allen Bereichen hat und Träger, Autor und Rezipient von Literatur ist. Topographisch liegen hier Grab, Tempel und Palast. Die Tempel mit ihren angegliederten Schulen und Bibliotheken, der Palast und die Großhaushalte der Oberschicht sind demnach die Orte, wo „Literatur" vorgetragen, gelesen und diskutiert wurde.

Damit genug der Modelle. Es hat sich herausgestellt, daß trotz intensiven Nachdenkens über die Frage „was ist Literatur?" noch längst kein Konsens besteht, daß die Frage also nach wie vor nicht befriedigend beantwortet worden ist (und wohl auch absehbare Zeit nicht sein wird). Das wiederum hat zur Folge, daß wir später bei der Betrachtung der Texte einen pragmatischen Weg einschlagen und im Sinne des weiter oben bereits zitierten Wortes SCHENKELs eher die Literaturwerke *selbst* sprechen lassen als *über* sie zu reden.

Um wenigstens einen ungefähren Anhaltspunkt zu geben, seien abschließend nochmals kurz einige Kriterien – ohne Anspruch auf Vollständigkeit – aufgezählt, die vor allem in ihrem Zusammenwirken eine gewisse Hilfe geben können, welche Texte wir in recht breitem Konsens als „Literatur" im engeren Sinne bezeichnen können:

- keine zu enge Zweckbestimmung (wie Theologie, Kult, Grab);
- keine zu starke „Ortsbindung" (Tempelinschriften, Stelen vs. Papyri);
- eine wie immer geartete „Form";
- es müssen Elemente des Fiktiven vorhanden sein;
- eine besondere Sprache, und sei es fingiert, um eine bestimmte Textsorte vorzuspiegeln;
- größerer Rezipientenkreis.

3. Die Frage der literarischen Gattungen

Auch hier wenden wir uns zunächst hilfesuchend an ein Lexikon der literaturwissenschaftlichen Begriffe:

📖 Gero VON WILPERT, Sachwörterbuch der Literatur, Stuttgart [7]1989.

Dort heißt es s.v. „Gattungen":

> „Der Begriff bezeichnet bei schwankender Terminologie zwei grundsätzlich zu unterscheidende Gruppen: 1. die drei ‚Naturformen der Poesie' (Goethe) oder Grund-Gattungen Epik, Lyrik und Drama, schon im Wesen der dichterischen Gestaltung angelegte und im Laufe der Geschichte ausgebildete dichterische Aussageweisen, Grundmöglichkeiten der Stoffgestaltung und der Haltung des Dichters zu Umwelt, Werk und Publikum [...] 2. ‚Dichtarten' (Goethe) oder Untergattungen oder Genres im Einzelnen wie Ode, Hymne, Elegie, Ballade usw. als Unterteilungen der eigentlichen Grund-Gattungen. Ihre Einteilung erfolgt teils nach rein formalen Gesichtspunkten (Sonett, chronikalische Erzählung, Briefroman, Vers oder Prosa), teils nach inhaltlichen (Abenteuerroman, Gespenstergeschichte), meist jedoch bedingen Inhalt und Gestalt einander und geben somit feste Anhaltspunkte der inneren Form (Epos, Novelle, Hymne, Tragödie, Komödie). Zahlreiche Übergangsformen, bes. in Zeiten bewußter Vermischung der Gattungen, historisch bedingte Abwandlungen der Einteilungsprinzipien durch Strukturveränderung der Gesellschaft oder neue Medien, eigenwillige Benennungen durch den Dichter und fortschreitende Differenzierung der Formen wie der Kategorien erschweren die Zuordnung zu einer bestimmten Untergattung" (S. 320-321).

Neben anderem fällt auf, daß wohl kaum einer der hier aufgeführten Begriffe sich spontan auf einen altägyptischen Text übertragen läßt. Das ist nicht nur eine innerägyptologische Aporie, sondern eine, die der Literaturwissenschaft grundsätzlich innezuwohnen scheint; dazu ein weiteres Zitat:

📖 Hans-Peter ECKER, Die Legende, Stuttgart 1993.

Unter der Überschrift: *Was literaturwissenschaftliche „Gattungen" sind, wozu man sich mit ihnen abgibt und wie man sie gelegentlich noch nennt,* bemerkt ECKER:

> „'Gattungen' sind unter anderem Kategorien zur Klassifikation von Gegenständen der Literaturwissenschaft. Sie zählen nach einer zwar nicht allgemeinen, aber doch weitverbreiteten Ansicht zu deren nützlichsten Ordnungsfaktoren. Im Zusammenspiel mit Epochenbegriffen eröffnen sie der Literaturgeschichte die wichtigsten Einteilungs- und Gliederungsmöglichkeiten" (S. 1).

Dazu Anm. 8:

> „Das Denken in Gattungskategorien ‚hat zweifellos mit dem allgemeineren Bedürfnis zu tun, die Vielfalt der Wirklichkeit zu ordnen, ihre Komplexität zu reduzieren, die Erscheinungen der Realität übersichtlich zu machen. Wirklichkeit soll auf diese Weise leichter oder besser beherrschbar werden. Die Art der angestrebten Ordnung und Beherrschung unterliegt dabei jeweils historisch bedingten Wirklichkeits- und Lebensentwürfen' (Steinmetz 1983, 72-73)" (S. 1).

ECKER verweist im weiteren darauf (a.a.O. Anm. 9), daß sich der Literaturbegriff auf sogenannte „Gebrauchstexte" ausweitete und daß man in jüngerer Zeit das überlieferte Gattungsverständnis und auch die damit zusammenhängende Terminologie in Frage stellte: Der neue Terminus „Textsorten" bezeichnet unter anderem auch viele Gruppen, die vorher von der Literaturwissenschaft nicht berücksichtigt wurden, etwa Werbetexte, wissenschaftliche Schriften usw. (S. 1).

Doch auch die „Textsorten" können nach ECKER nicht viel weiterhelfen: Sie bilden weder ein geschlossenes System, noch sind sie Ausdruck ewiger und interkulturell gültiger literarischer Naturgesetze. ECKER spricht in diesem Zusammenhang von „chaotischer Vielfalt" und verweist auf eine treffende Bemerkung des früheren Münchener Klassischen Philologen Werner SUERBAUM, der aus all dem die wohl angemessene Konsequenz zog: Man müsse darauf verzichten, durch eine scheinpräzise Terminologie die Existenz eines geschlossenen, hierarchisch organisierten Systems „reiner" Gattungen innerhalb der Textwissenschaften vorzutäuschen (S. 3).

Ein instruktives Beispiel für die Verwendbarkeit bzw. Nicht-Verwendbarkeit von „Textsorten" bietet

📖 Karl JANSEN-WINKELN, Text und Sprache in der 3. Zwischenzeit. Vorarbeiten zu einer spätmittelägyptischen Grammatik, Wiesbaden 1994 (ÄAT 26), 28-29.

Die Frage der Einteilung nach Gattungen bzw. deren Klassifikation ist in der älteren Ägyptologie oft mit der gleichen Unbefangenheit behandelt worden, die auch in anderem Zusammenhang schon festgestellt wurde. So finden wir, je nachdem, wo wir uns zu orientieren versuchen, ein munteres Konglomerat unterschiedlichster Termini: „Lehre", „Hymnus", „Erzählung", „Gedicht" und andere finden sich neben so aussagekräftigen Begriffen wie „Pyramidentexte", „Sargtexte", „Totenbuch", „Poesie" und so weiter. Hier werden wieder einmal die berühmten Äpfel und Birnen verglichen. Zu Recht verweist darauf:

📖 Hannes BUCHBERGER, Transformation und Transformat. Sargtextstudien I, Wiesbaden 1993 (ÄA 52), 42-43.

Die letzteren Bezeichnungen seien zudem „terminologisch so originell, als würde man das Totenbuch des Neuen Reiches unter ‚Papyrustexte', die Luther-Bibel unter ‚Buchtexte' und das Gilgameš- Epos unter ‚Tontafeltexte' subsumieren". Diese Benennungen beziehen sich auf den Textträger und konstituieren keine Gattung, oder umgekehrt: Bei der Frage, was ein Text sei, erhält man in einem Falle eine sinnvolle Antwort: „ein Hymnus", „eine Verklärung", im anderen Falle keine: „ein Pyramidentext", „ein Sargtext". Im übrigen sind diese Benennungen teilweise falsch oder zumindest irreführend, wie BUCHBERGER im weiteren kurz ausführt: *Pyramidentexte* sind sowohl auf Särgen als auch in Totenbüchern belegt, *Sargtexte* findet man auch auf Grabwänden usw.

Da, wie wir gesehen haben, bereits die Frage: „Was ist Literatur?" nicht eindeutig zu beantworten ist, unterscheiden sich letztlich alle Versuche, ägyptische Texte in Gattungen einzuteilen, schon im Umfang der berücksichtigten Texte. Deshalb spricht man auch von einem „weiteren" und einem „engeren" Literaturbegriff.

Das wohl umfassendste Modell, die ägyptische Literatur zu ordnen, stammt von Elke BLUMENTHAL. Die aus Vorträgen in Heidelberg und Köln hervorgegangene schriftliche Fassung liegt in zwei Beiträgen vor:

📖 Elke BLUMENTHAL, Die altägyptische Literatur im Kulturkontext, in: Volker HERTEL/Irmhild BARZ/Regine METZLER/Brigitte UHLIG (Hrsgg.), Sprache und Kommunikation im Kulturkontext. Beiträge zum Ehrenkolloquium aus Anlaß des 60. Geburtstages von Gotthard Lerchner, Frankfurt 1996, 17-31.

📖 Elke BLUMENTHAL, Prolegomena zu einer Klassifizierung der ägyptischen Literatur, in: Christopher J. EYRE (Hrsg.), Proceedings of the Seventh International Congress of Egyptologists, Leuven 1998 (OLA 82), 173-183.

Nach eigenen Worten will sie kein fertiges Konzept anbieten, sondern Wege aufzuzeigen versuchen, die zu einem solchen Konzept führen könnten. Sie legt dabei einen weiten Literaturbegriff zugrunde, der das gesamte Textgut einschließt,

> „sofern es öffentliche bzw. allgemeine Geltung beansprucht (auch geheimzuhaltende, etwa kultische Texte konnten erhebliche gesellschaftliche Bedeutung besitzen), und damit den weitaus größten Teil des Überlieferten. Ausgeklammert sind nur das Schriftgut von Behörden (Akten, Abrechnungen, Protokolle, Briefe, Urkunden) und der Schriftverkehr von Privatpersonen" (Die altägyptische Literatur S. 18-19).

Sie unterscheidet bei diesem Modell zwischen Nichtliterarischen Texten/Gebrauchsliteratur auf der einen und Literarischen Texten/Schöner Literatur auf der anderen Seite.

Nichtliterarische Texte/Gebrauchsliteratur			
Göttertum	Königtum	Beamtentum	Totenwesen kgl./privat
OBJEKT	**OBJEKT**		**OBJEKT**
Kult: offiziell	**Kult: offiziell**		**Kult**
Rituale	Rituale		Rituale
Hymnen/Gebete	*Hymnen*		*Verklärungen*
Dramatische Texte	Dramatische Texte		Klagen
Kult: privat	**Kult: privat**		**Sicherung von Grab und Versorgung**
Hymnen/Gebete	*Hymnen/Gebete*		Opferformeln
Zaubertexte			Rechtstexte
Theologie	**Theologie**		**Gestaltung des Jenseits**
Mythen	Mythen		Bildbeschriften
Hymnen			- *Arbeiterreden/*
Lehren			*-lieder*
			- *Harfnerlieder*
			- Wünsche
SUBJEKT	**SUBJEKT**	**SUBJEKT**	**SUBJEKT**
	Götterkult s.d.	**Götterkult** s.d.	**Götterkult** s.d.
		Königskult s.d.	**Königskult** s.d.
			(Selbst)Darstellung/

			Memoria s.d.
			Magisches Wissen - Jenseitsbücher - Spruchsammlungen **Sicherung von Grab und Versorgung** - Anruf an Lebende - Rechtstexte
Amtsausübung Dekrete/Briefe	**Amtsausübung** Dekrete/Briefe Grenzfestlegungen Verträge	**Amtsausübung** Dienstrechtstexte	
	(Selbst)Darstellung/ Memoria *Eulogien* Berichte Annalen Listen	**(Selbst)Darstellung/ Memoria** Biographische Texte - *Eulogien* - Autobiographien - Expeditionsberichte	
		Ausbildung/Wissen Schultexte - *Hymnen/Gebete* - Briefe - Listen Wissenschaftl. Texte	
	Literarische Texte/Schöne Literatur		
	Religiös/politische Selbstverständigung und Selbstdarstellung Spruchliteratur - Lehren - Klagen Verserzählungen **Bildung, Wahrung der kulturellen Identität** Spruchliteratur s.d. Verserzählungen *Poesie* - *Hymnen/Gebete* **Unterhaltung** Erzählliteratur *Poesie* - *Liebeslieder* - *Harfnerlieder*		

Literaturmodell nach BLUMENTHAL

Dieser Versuch, über die in den einschlägigen Literaturgeschichten aufgenommenen Werke hinaus alles Geschriebene zu klassifizieren, hat den Vorteil, daß keine persönliche Wertung eingebracht wird. Außerdem wird er der schon erwähnten Tatsache besser gerecht, daß die uns erhaltenen Texte ja nur einen Bruchteil dessen darstellen, was tatsächlich vorhanden war. Das Modell ist also nicht statisch, sondern dynamisch, ausbaufähig. Natürlich ist auch hier zu beobachten, daß zwar verschiedene Textgruppen, Textsorten, abgegrenzt und benannt sind, daß das aber nicht nach einheitlichen Kriterien geschehen ist. So finden sich im Sinne BUCHBERGERs sinnvolle Bezeichnungen wie „Hymnus", „Gebet", „Eulogie", auch „Dekret" oder „Vertrag" neben solchen wie „Listen", „Jenseitsbücher", „Spruchsammlungen" und weiteren, die doch sehr an die oben gebrandmarkten Begriffe "Pyramidentexte, Sargtexte, Totenbuch" erinnern. Daraus ist aber kein grundsätzlicher Vorbehalt gegen das Modell von Elke BLUMENTHAL abzuleiten; terminologische Eindeutigkeit scheint derzeit noch nicht möglich zu sein.

Zur Abrundung dieses Kapitels folgen einige Konzepte, die sich nur mit bestimmten Textgruppen befassen. Nachteil einer solchen Betrachtungsweise ist sicher der dann fehlende Gesamtüberblick, der Vorteil dürfte sein, daß so ein detaillierterer Einblick in die einzelnen Textgruppen möglich wird.

📖 Jan ASSMANN, Ägyptische Hymnen und Gebete, Zürich/München 1975

äußert sich zur Frage der Abgrenzung von Gattungen, hier natürlich beschränkt auf Hymnen und Gebete. Er definiert für diese Texte den Begriff „Gattung" als „diejenige Menge von Texten, die im Zusammenhang *einer* Verwendungssituation aktualisiert werden". Er kann dabei von den – hier *belegten* – ägyptischen Gattungsbezeichnungen ausgehen. Mit ihrer Hilfe lassen sich zwei Gattungen unterscheiden, „Anbetungen" und „Huldigungen" (*dw3* und *jnd ḥr=k*). Weitere Unterscheidungen, etwa „Kulthymnen", „Totenhymnen", „Sonnenhymnen", „Osirishymnen" usw. definiert ASSMANN im folgenden als Subgattungen (S. 78-79). Wenig später betont er allerdings, daß dieser Gattungsbegriff auf den Bereich der „schönen Literatur" nicht anwendbar ist, da pragmatisch gesehen die „schöne Literatur" eine einzige Verwendungssituation bildet (S. 79).

Hier sind noch zwei weitere Arbeiten zu nennen, die sich in unterschiedlicher Intensität mit diesem Thema befaßt haben:

📖 Richard PARKINSON, Types of Literature in the Middle Kingdom, in: AEL, 297-312

bietet keine Definition des Literaturbegriffes, sondern setzt offenbar einen stillschweigenden Konsens voraus. Richtig und wichtig ist gleich zu Beginn sein

Hinweis auf die Unmöglichkeit der Anwendung moderner Gattungsbegriffe auf ägyptische Texte:

> „Ägyptische Gattungen („genres") besitzen kein Äquivalent zu den (für uns) familiären Kategorien Epos, Tragödie, Komödie oder Pastorale, und wenn man den Beredten Bauern in modernen Gattungssystemen betrachtet, wird er sich einer zufriedenstellenden Identifizierung und Interpretation entziehen" (S. 297, unsere Übersetzung).

Ferner weist er darauf hin, daß die Verwendung eigener Titel ein vergleichsweise neues Phänomen in der Literatur ist. Dagegen könne die „Eröffnungsformel" („opening formula") ein ebenso einflußreiches Signal für das Publikum hinsichtlich der Gattungsbestimmung sein (S. 302).

Auch aus diesem Beitrag wird klar, daß eine allgemein verbindliche Grundlage für die Definition von Gattungen nicht oder zumindest noch nicht existiert. Der Begriff der Gattung sollte, so PARKINSON, auf einer Skala gedacht werden, die von einer engen Definition u.U. nur eines einzigen Textes bis hin zu einer sehr breiten Verwendung reicht, so breit, daß letztlich die gesamte Literatur eine Gattung bildet; für letzteres erinnere man sich an die gleichlautende Feststellung ASSMANNs in „Ägyptische Hymnen und Gebete". Mit anderen Worten, die *flexible* Verwendung von Gattungsbezeichnungen wird als zumindest derzeit einzig sinnvolle Lösung vorgeschlagen.

In diesem Beitrag trifft PARKINSON eine weitere sehr bedenkenswerte Feststellung. Von der Beobachtung ausgehend, daß innerhalb einer Gattung, ja innerhalb eines Textes durchaus unterschiedliche formale, stilistische oder inhaltliche Gestaltungselemente zu beobachten sind, kann der Gattungsbegriff nicht starr definiert werden, die Grenzen sind fließend. Dieses Phänomen wird uns im Exkurs: „Die Form der ägyptischen Literatur" wiederbegegnen.

PARKINSON teilt die mittelägyptische Literatur zunächst in Gattungen und Subgattungen („genres" und „subgenres") ein und kommt damit zu folgendem Modell (S. 302 = PARKINSON, Poetry S. 109):

Genre	tale	teaching (*sbȝj.t*)		reflective discourses	
Subgenre(s)		royal teaching	private teaching	discourse (*md.t*) or words (*tsw*)	dialogue

Die Erzählungen („tales") bezeichnet er als nicht-kommemorative, nicht-funktionale, fiktionale Texte. Ein Schlüsselwort ist *sḏd* „berichten". In ihnen überwiegen die narrativen Bezüge der Ereignisse aufeinander. Sie zeigen ein breites Spektrum von Ton, Sprache und Struktur und eine breite Themenpalette. Subgenres lassen sich jedoch nicht einteilen (S. 303).

Ein Schlüsselwort der Weisheitstexte ist *rḫ* „wissen". In Form, Thematik und Stil besteht eine große Kohärenz. Sie lassen sich in zwei Gruppen einteilen: didaktische (*sbꜣ*) und reflexive (*mḥj* „nachdenken über", *nkꜣ* „meditieren"). Die lehrhaften Texte sind die am stärksten definierten. Sie werden ihrerseits in königliche und nichtkönigliche Lehren unterteilt. Die reflexiven Texte lassen sich in die Subgattungen „Diskurs" (*md.t*) bzw. „Worte" (*ṯsw*) und „Dialog" einteilen. Bei ersteren ist die Beschreibung des „sonst – jetzt" ein durchgehendes Charakteristikum, bei letzteren der Dialog (Beispiel: *Lebensmüder*) (S. 303-305).

Einige Texte fügen sich allerdings nicht in das Schema, teilweise sind sie wohl auch wegen ihres fragmentarischen Zustandes nicht klassifizierbar. Andere (Beispiele: *Sporting King, Pleasures of Fishing and Fowling*) sind in ihrer Entstehungszeit umstritten (S. 306-307). Einen Sonderstatus hat wohl auch die *Kemit*: „Brieflehre" (S. 307-308).

Ein Kennzeichen all dieser Texte ist, wie oben bereits vermerkt, die Mischung von Gattungen in einem Text. Für die Gesamtklassifikation eines Textes schlägt PARKINSON den Terminus „dominant genre" vor (S. 308-309).

Der zweite Beitrag stammt von

📖 Stephen QUIRKE, Narrative Literature, in: AEL, 263-276.

Hier finden wir eine Definition dieses Begriffs, die nicht von QUIRKE selbst, sondern von dem britischen Literaturwissenschaftler

📖 M.J. TOOLAN, Narrative. A Critical Introduction, London 1988, 7

stammt: „Narrative is the account of an event and its consequence(s)". QUIRKE definiert „literary narrative" im engeren Sinn ebenso, nur daß dann kein ausgesprochen funktionaler Kontext vorliegt. „Narrative" im weiteren Sinn wird verwendet in Tätigkeitsberichten, in listenförmigen Aufstellungen sowie in Autobiographien und königlichen Texten („royal encomium") (S. 263).

„Literary narrative" erscheint erstmals in Handschriften des späten Mittleren Reichs: Als Rahmenerzählungen etwa im „Discourse of Sasobek", im *Neferti*, im *Beredten Bauern*, am Ende der *Lehre für Kagemni*, im „historischen" Bericht des *Amenemhet*, in der *Lehre des Cheti*; auch die *Hirtengeschichte* und weitere sehr fragmentarische Texte werden genannt, ebenso *Hordjedef, Ptahhotep, Merikare*, die *Lehre eines Mannes*, die *Loyalistische Lehre* und die *Klagen des Chacheperreseneb* (S. 269-270).

Der Umfang des eigentlich narrativen Elements variiert in den einzelnen Texten; das wiederum deckt sich mit den vorhin zitierten Beobachtungen PAR-

KINSONs und BURKARDs (s. den schon erwähnten Exkurs). Hauptsächlich narrativ sind im Mittleren Reich nach QUIRKE: *Sinuhe, Schiffbrüchiger, The Pleasures of Fishing and Fowling, The Sporting King*, die Erzählung von *Neferkare und Sa-senet*, der pWestcar; im Neuen Reich: *Horus und Seth*, das *Zweibrüdermärchen*, der *Verwunschene Prinz, Wahrheit und Lüge*, die *Astarteerzählung*, die *Geschichte von Seqenenre und Apophis*, die *Eroberung von Joppe*, die *Erzählung vom König und der Göttin*, die von *Herischef und Merire* und die von *Khonsuemhab und dem Geist* (S. 272-273). Aus der Zeit nach dem Neuen Reich sind noch zu nennen: *Wenamun, Tale of Woe* (Moskauer literarischer Brief), pVandier (S. 274-275).

Wir haben es hier mit einem anderen methodischen Ansatz zu tun: keine Tabelle, sondern die Beschränkung auf eine Gattung von Texten, für die man vorher eine Definition aus berufenem Munde zitiert hat, und dann die Aufzählung der jeweils dazugehörenden Texte in den verschiedenen Hauptepochen. Somit handelt es sich hier zwar um einen sehr nützlichen Überblick, nicht aber um einen eigenständigen Beitrag zum Thema „literarische Gattungen".

Das Resumé dieses Kapitels kann man mit

📖 Erik HORNUNG, Geist der Pharaonenzeit, Zürich/München 1989, 87

formulieren:

„Der Ägypter entzieht sich jedem Schema und jeder festgelegten Regel, also gerade jenen Ordnungsprinzipien, welche die moderne Wissenschaft anstrebt; daher geraten moderne Erklärungsmuster, wenn sie zu schematisch angelegt sind, fortgesetzt in Konflikt mit den altägyptischen Quellen und führen zu keinem echten Verständnis."

So mag es vielleicht scheinen, allerdings ist die wichtige Einschränkung zu berücksichtigen, die HORNUNG gemacht hat: „zu schematisch" dürfen die Erklärungsmuster nicht sein. Das führt uns zu dem, was schon mehrfach anklang, was am Ende dieses Kapitels nochmals festgestellt werden soll, und was auch für die Frage der Definition von Literatur überhaupt Gültigkeit besitzt: In dieser *Einführung* ist ein pragmatisches Vorgehen der einzig sinnvolle Weg. Wir werden also von einem „weiten" Literaturbegriff ausgehen, das heißt letztlich natürlich, daß wir einer Festlegung ausweichen. Vielmehr wird es uns auf die Texte selbst ankommen; ihnen werden wir uns widmen. Auch die Auswahl bzw. Abfolge der zu besprechenden Texte wird diesem pragmatischen Weg folgen: Wir werden im Alten Reich nicht die Autobiographien oder die *Pyramidentexte* übergehen, obwohl ihre Zugehörigkeit zum Literaturbegriff im engeren Sinn durchaus diskutiert werden kann; für das Mittlere Reich werden wir uns vor allem auf die schon zitierten Zusammenstellungen stützen, die von POSENER und in dessen Fortsetzung von PARKINSON stammen.

B. Texte

4. Texte aus dem Alten Reich: Autobiographien und Pyramidentexte
4.1. Autobiographien

Zunächst eine Vorbemerkung zu diesem Terminus: Der Begriff „Autobiographie" ist eine moderne Bezeichnung, die *stricto sensu* auf die darunter zusammengefaßten ägyptischen Texte nicht zutrifft. Dieses Manko ist uns bewußt. In jüngster Zeit hat Ludwig MORENZ stattdessen die Bezeichnung „Erste-Person-Präsentation" vorgeschlagen.[7] Wir bleiben im folgenden dennoch, aus rein praktischen Erwägungen, bei der „Autobiographie". Dieser Terminus ist in der Ägyptologie eingeführt und weitaus am häufigsten verwendet. In dieser *Einführung* würde ein neuer Begriff eher zur Verwirrung Anlaß sein.

Die enge Verwandtschaft oder zumindest deutliche Parallelen zwischen den Autobiographien und den Lehren sind immer wieder be- und vermerkt worden. Die inzwischen bestehende *communis opinio* ist die, daß die Lehren aus den Autobiographien bzw. aus einem bestimmten Teil von diesen entstanden sind.

Beginnen wir mit der Autobiographie. Mit ihren „Bauelementen" hat sich beschäftigt

 Erika SCHOTT, Die Biographie des Ka-em-tenenet, in: Jan ASSMANN/Erika FEUCHT/Reinhard GRIESHAMMER (Hrsgg.), Fragen an die altägyptische Literatur (GS Otto), Wiesbaden 1977, 443-461.

Sie zählt drei verschiedene Typen von Grabinschriften als „Bauelemente" auf:

1) Inschriften nur mit dem Namen des Grabinhabers, auch begleitet von Titeln, aus denen sich die Beamtenlaufbahn ablesen läßt.

2) Widmungsinschriften des „liebenden Sohnes" oder eines anderen Angehörigen, der dem Grabinhaber das Grab „gemacht" hat. Solche Inschriften sind seit der 4. Dynastie belegt.

3) Ebenfalls seit der 4. Dynastie sind Sätze aus der sogenannten „Idealbiographie" belegt, die aus Drohungen gegen eventuelle Grabschänder, der Betonung des rechtmäßigen Erwerbs des Grabes und aus Formulierungen bestehen, die den Grabinhaber als tugendhaften, beim König, bei den Göttern und den Menschen in hoher Gunst stehenden Mann ausweisen.

---

[7] S. Ludwig D. MORENZ, Ein Wortspiel mit dem Namen Chetys, des Assertors der *Lehre für Meri-ka-re?* (Meri-ka-re, E 143f.), in: GM 159, 1997, 75-81, dort S. 81 mit Anm. 41.

E. SCHOTT macht hier eine wichtige Beobachtung: Texte, die auf den Titelreihen oder den Widmungsinschriften des Sohnes basieren, sprechen vom Grabinhaber in der 3. Person; die Drohungen gegen die Grabschänder und die Sätze aus der „Idealbiographie" (s. dazu unten) sind dem Grabinhaber in den Mund gelegt, also in der 1. Person formuliert. Daraus schließt sie, „daß die Autobiographie in Ägypten ursprünglich nicht der Fortdauer der Person, sondern vielmehr der Fortdauer des Grabes gedient hat" (S. 455).

Diese Zusammensetzung der Autobiographie bzw. der autobiographischen Grabinschrift aus zwei Teilen: der „Laufbahnbiographie" und der „Idealbiographie", ist weitergeführt bei

📖 Jan ASSMANN, Schrift, Tod und Identität. Das Grab als Vorschule der Literatur im alten Ägypten, in: Aleida ASSMANN/Jan ASSMANN/Christof HARDMEIER (Hrsgg.), Schrift und Gedächtnis. Beiträge zur Archäologie der literarischen Kommunikation, München 1983, 64-93. Wieder gedruckt in: Jan ASSMANN (Hrsg.), Stein und Zeit, München 1991, 169-199.

Dort erklärt ASSMANN auch die Bezeichnung „Idealbiographie":

> „Diesen aus der Kommentierung der Grabanlage hervorgegangenen Typus [...] nennen wir 'Idealbiographie', weil das darin entworfene Bild des einzelnen vollkommen an der überindividuellen Norm der *Maat* orientiert ist. In der Identitätspräsentation der Idealbiographie erscheint der einzelne nicht als Individuum, sondern als vollkommener Baustein in jenem Ordnungsgefüge, das mit dem Begriff *Maat* gemeint ist" (S. 182).

Gegen diese Bezeichnung „Idealbiographie" hat

📖 Miriam LICHTHEIM, Ancient Egyptian Autobiographies Chiefly of the Middle Kingdom. A Study and an Anthology, Freiburg (Schweiz)/Göttingen 1988 (OBO 84)

Einwände erhoben. Bei diesem Buch handelt es sich, wie der Untertitel besagt, in erster Linie um eine Sammlung von Übersetzungen. LICHTHEIMs Meinung nach ist der Terminus „Idealbiographie" irreführend, da er eine Dichotomie von „ideal" vs. „real" heraufbeschwört. Sie schlägt stattdessen die Bezeichnungen „moral self-presentation", oder „the moral profile" oder „the self-laudation" vor. Doch weist

📖 Richard B. PARKINSON, Rez. Zu Lichtheim, M., Ancient Egyptian Autobiographies Chiefly of the Middle Kingdom, OBO 84, 1988, in: BiOr 48, 1991, 762

in seiner Rezension zu LICHTHEIMs Buch darauf hin, daß diese Dichotomie zwischen „ideal" und „real" bzw. „aktuell" in der Tat besteht. In seiner Biographie stellt sich der Grabinhaber so ideal dar, wie es in den Lebenslehren als Ideal beschrieben wird – wie es in Wirklichkeit sein konnte, können wir z.B. der Geschichte des *Beredten Bauern* entnehmen.

ASSMANN hat den für das Verständnis dieser und vieler anderer Texte zentralen Ausdruck genannt: *Maat*; er hat der Klärung dieses vielschichtigen Begriffes ein ganzes Buch gewidmet. Die Bandbreite der Bedeutungen von *Maat* reicht von der „Weltordnung" oder „cosmic order" (LICHTHEIM) bis zu „Gerechtigkeit" oder „vertikale Solidarität" (ASSMANN).

Zurück zur Autobiographie. Unter der Überschrift „Die biographische Grabinschrift im Alten Reich" schreibt ASSMANN:

"Die autobiographische Grabinschrift entwickelt sich in Ägypten aus verschiedenartigen Ansätzen etwa um 2500 v. Chr. zu einer Gattung, die bis zum Ausgang der ägyptischen Kultur in nachchristlicher Zeit in Blüte stand. Es handelt sich wohl um die charakteristischste Textgattung der altägyptischen Kultur" (Schrift, Tod und Identität, S. 71).

Einige Beispiele zu SCHOTTs Bauelementen 2 und 3:

"Sein ältester Sohn [...] ist es, der ihm dieses gemacht hat,
als er begraben wurde im Westen,
entsprechend dem, was er (der Vater) ihm darüber angeordnet hatte,
als er noch auf seinen beiden Beinen lebte" (Urk. I, 8, 14-17).

"Ein jeder, der dies (Grab) für mich gebaut hat,
der war niemals unzufrieden (mit mir).
Jeden Handwerker und Nekropolenarbeiter,
den habe ich zufriedengestellt" (Urk. I, 23, 6-9).

"Das Krokodil gegen den im Wasser,
die Schlange gegen den zu Lande,
der etwas gegen dieses (Grab) tun wird.
Niemals habe ich etwas gegen ihn getan.
Der Gott ist es, der richten wird" (Urk. I, 23, 11-16; Übersetzungen nach ASSMANN, Schrift, Tod und Identität S. 72).

Ausführlicher und deutlicher hinsichtlich der zugrundeliegenden ethischen Prinzipien ist eine Inschrift aus der 5. Dynastie:

"Ich habe dieses Grab erbaut aus meinem wirklichen Besitz;
niemals habe ich irgendwelchen Leuten etwas weggenommen.
Alle Leute, die darin gearbeitet haben,
für die habe ich gehandelt, daß sie mir über die Maßen dankten.
Sie machten dies für mich gegen Brot, Bier und Kleidung,
Salböl und Korn in reichlichster Weise.
Niemals habe ich irgendwelche Leute unterdrückt.

Sowahr der Gott Gerechtigkeit liebt: ich bin geehrt beim König.
Ich habe dieses Grab errichtet auf der Westseite an einer reinen Stätte,
an der es noch kein Grab von irgendjemand gab,
aus Respekt vor dem Eigentum eines Verstorbenen.
Alle aber, die in dieses Grab in Unreinheit eintreten
und die etwas gegen dies tun werden,
mit denen werde ich mich vor dem Großen Gott richten lassen.
Ich habe dieses Grab errichtet im Schutz der Jenseitsversorgtheit beim König,
der mir auch den Sarkophag gestiftet hat" (Urk. I, 50-51).

Die letzte Übersetzung stammt aus einem im wesentlichen dem gleichen Thema gewidmeten Beitrag:

📖 Jan ASSMANN, Sepulkrale Selbstthematisierung im alten Ägypten, in: Selbstthematisierung und Selbstzeugnis: Bekenntnis und Geständnis, Frankfurt 1986, 208-232, hier 216.

Während der 5. Dynastie verschieben sich dann die Akzente zugunsten einer personalen *Selbst*verewigung. Die Titelreihe erweitert sich zur „Laufbahnbiographie", die die beruflichen Erfolge des Grabherrn als Beförderung im Königsdienst aufzählt.

Ein besonders treffendes Beispiel ist die Autobiographie des Ptah-Schepses. Dieser hohe Beamte wurde in der 4. Dynastie zur Zeit des Mykerinos geboren und starb in der 5. Dynastie, frühestens zur Zeit des Niuserre. Sein Grab befindet sich in Saqqara. Der inredestehende Text ist in Urk. I, 51-53 veröffentlicht. Eine Übersetzung findet sich im vorhin genannten Beitrag ASSMANNs (Schrift, Tod und Identität, S. 72-73). Sie wird im folgenden zugrundegelegt. Was bei ASSMANN nicht erkennbar werden kann – im übrigen auch nicht in der Publikation des Textes in den Urk. I – ist die überlegte und kunstvolle Anordnung des Textes rechts und links an der Scheintür. Der Versuch einer Wiedergabe dieser Anordnung im Schriftbild sieht folgendermaßen aus:

rechts an der Scheintür	links an der Scheintür
(1) Ein Kind, geboren von seiner Mutter unter MENKAURE; es wurde aufgezogen unter den Königskindern im Palast des Königs, in der Residenz, im königlichen Harim; höher geschätzt beim König als jedes andere Kind, PTAHSCHEPSES. (2) Ein Knabe, der die Binde knüpfte unter SCHEPSESKAF; er wurde aufgezogen unter den Königskindern im Palast des Königs, in der Residenz, im königlichen Harim; höher geschätzt beim König als jeder andere Knabe, PTAHSCHEPSES. (3) Da lobte ihn seine Majestät; Seine Majestät gab ihm die älteste Königstochter CHAIMAAT zur Frau, da Seine Majestät lieber wollte, daß sie mit ihm zusammen sei als mit jedem anderen Manne, PTAHSCHEPSES. (4) Zugehörig zu USERKAF: Hoherpriester von Memphis, höher geschätzt beim König als jeder andere Diener; er bestieg jedes Schiff des Palastes, er betrat die Wege des oberägyptischen Gottespalastes an allen Festen des Erscheinens, PTAHSCHEPSES.	(1) Zugehörig zu SAHURE: höher geschätzt beim König als jeder andere Diener, als geheimer Beauftragter aller Arbeiten, deren Ausführung Seine Majestät wünschte; der das Herz seines Herrn täglich beglückte, PTAHSCHEPSES. (2) Zugehörig zu NEFERIRKARE: höher geschätzt beim König als jeder andere Diener; als Seine Majestät ihn wegen einer Sache lobte, ließ Seine Majestät ihn ihren Fuß küssen, Seine Majestät ließ nicht zu, daß er die Erde küsse, PTAHSCHEPSES. (3) Zugehörig zu NEFEREFRE: höher geschätzt beim König als jeder andere Diener; er stieg ein in das Schiff der Götterträger an allen Festen des Erscheinens, geliebt von seinem Herrn, PTAHSCHEPSES. (4) Heute zugehörig zu NIUSERRE, ewig lebend, sein Schutzbefohlener, verbunden dem Herzen seines Herrn, geliebt von seinem Herrn, versorgt von Ptah, (einer,) der tut, was sein Gott liebt, der alle Handwerker unter dem König florieren läßt, PTAHSCHEPSES.

Schon rein äußerlich zeigt die Anordnung wie gesagt, daß hier ein überlegter Aufbau vorliegt; der Name des Grabinhabers bildet sozusagen den Refrain. Zum Inhalt fällt auf, daß man nichts oder nur indirekt von den Leistungen des Ptahschepses erfährt, sondern immer nur von der ihm zuteil gewordenen Anerkennung durch den König. Der König ist immer der Gebende, der Beamte ausschließlich der Empfangende.

ASSMANN weist in diesem Zusammenhang darauf hin, daß hier noch eine eingeschränkte Funktion des Texttyps vorliege. Noch habe man es nicht mit *der* ägyptischen Autobiographie zu tun, sondern nur mit der einen ihrer beiden Wurzeln, der kommentierten Titulatur (S. 73). Die andere Wurzel, das Grabmal selbst, enthält auch die Formulierungen über die Person des Grabherrn, sein Ansehen unter den Mitmenschen etc. Diese Formulierungen werden im Laufe der 5. Dynastie dann dominierend, d.h. das Schwergewicht verlagert sich von der Grabanlage auf die Person des Grabherrn. Diesen Typus nennt man heute allgemein „Idealbiographie" (S. 74). Der Einzelne erscheint hier nicht als Individuum, sondern als Baustein im Ordnungsgefüge der *Maat*. Demgegenüber läßt sich der Typus der Laufbahnbiographie mit dem äg. Begriff *ḥsw.t* „Gunst", natürlich des Königs, charakterisieren. *M3ꜥ.t* und *ḥsw.t* bilden also die beiden Prinzipien der äg. Autobiographie.

Ein gutes Beispiel für diesen Typus der Idealbiographie ist im Grab des *Nfr-sšm-Rꜥ*, genannt *Ššj*, ebenfalls in Saqqara, zu finden. Es stammt aus der 6. Dynastie. Der Text ist veröffentlicht in Urk. I, 198-199; EDEL, in: MDIK 13, 1944, 71-72. Eine englische Übersetzung stammt von M. LICHTHEIM, in: Literature I, 17. Der Text ist im Grab zweimal geschrieben, auf jeder Seite der Scheintür in drei senkrechten Kolumnen. Er endet in einer vierten, horizontalen Zeile, die den Namen des Grabinhabers enthält:

    (1) „Ich bin aus meiner Stadt gekommen,
    ich bin aus meinem Gau herabgestiegen,
    ich habe Gerechtigkeit (*m3ꜥ.t*) für ihren Herrn geübt,
    ich habe ihn mit dem befriedigt, was er liebt,
    ich habe wahr (*m3ꜥ*) gesprochen, ich habe Gerechtigkeit (*m3ꜥ.t*) geübt,
    ich habe gut geredet, ich habe gut gerichtet,
    ich habe den rechten Augenblick ergriffen, so daß ich gut mit den Menschen stand.
    (2) Ich richtete zwei Prozeßpartner so, daß sie zufrieden waren,
    ich rettete den Schwachen vor dem, der mächtiger war als er, soweit ich es vermochte,
    ich gab Brot dem Hungrigen, Kleider (dem Nackten), ich setzte den Schifflosen über.
    (3) Ich bestattete den, der keinen Sohn hatte,
    ich fertigte eine Fähre für den, der keine Fähre hatte,
    ich hatte Ehrfurcht vor meinem Vater, ich war liebenswürdig gegen meine Mutter,
    ich zog ihre Kinder auf – so sagt er,
    (4) dessen ‚schöner Name' Scheschi lautet."

Hinter diesen Phrasen steckt, wie EDEL, in: MDIK 13, 1944, 55-56, festgestellt hat, eine Entwicklung: Jene mit sozialem oder ethischem Inhalt („ich gab Brot dem Hungrigen, Kleider <dem Nackten>, ich setzte den Schifflosen über") sind erst in der 6. Dynastie entstanden; die früheren Phrasen sind mehr allgemeinen Inhalts („ich habe gut geredet, ich habe gut gerichtet"). Bemerkenswert ist ferner, daß die „sozialen" Wendungen bis in das Mittlere Reich hinein lebendig blieben. Unter dem Gesichtspunkt der „Literatur" ist dabei wichtig, daß es sich nicht um den „prosaischen Stil" wie in sonstigen Textteilen einer solchen biographischen Inschrift handelt, sondern um symmetrisch aufgebaute „patterns" (LICHTHEIM) im Deklamationsstil. Der Tugendkatalog ist formalisiert, er wird symmetrisch strukturiert, und es wird ein Stil erreicht, der zwischen Poesie und Prosa steht (LICHTHEIM, Literature I, S. 5).

Die autobiographische Grabinschrift erreicht in dieser 6. Dynastie ihren Höhepunkt. Eines der bemerkenswertesten Bespiele bildet die Biographie des *Wnj*, in der dieser seine berufliche Laufbahn und die damit verbundene Königsnähe kommentiert. Seine Karriere spielt sich in der Zeit dreier Pharaonen ab: Teti, Pepi I. und Merenre, d.h. man muß für sie ca. 70 Jahre ansetzen. Die jüngste Bearbeitung stammt von

 📖 Patrizia PIACENTINI, L'autobiografia di Uni, principe e governatore dell' Alto Egitto, Pisa 1990.

Zur Paläographie dieses Textes vgl.

 📖 Mahmoud EL-KHADRAGY, Some Palaeographic Features of Weni's Biography, in: GM 188, 2002, 61-72.

Der Text ist auf eine Steinplatte geschrieben, die einst eine Wand einer Einraum-Grabkapelle in Abydos bildete. Der Text besteht aus 51 senkrechten Kolumnen sehr sorgfältig ausgeführter Hieroglyphen, denen eine horizontale Zeile vorangeht, die die Bitte um Opfer enthält.

Nachdem *Wnj* kurz die ersten Schritte in seiner Karriere erwähnt hat, u.a. in ein hohes Richteramt eingesetzt worden ist, erzählt er als erstes Ereignis ausführlich, wie er den König Pepi bat, sich Material für die eigenen Grabanlage beschaffen zu dürfen.

Ein zweites wichtiges Ereignis besteht darin, daß *Wnj* den Auftrag erhält, einen geheimen Harîmsprozeß durchzuführen, insbesondere, die Königin zu vernehmen. Das war für ihn ein außerordentlicher Vertrauenbeweis des Königs, daher wird dessen Vertrauen auch so oft betont. Wir wollen hier aber noch einen anderen Teil des Textes zur Sprache bringen. Der zweite Teil der Inschrift ist militärischen Aktionen gewidmet: *Wnj* muß einen Feldzug oder, wie als wahrscheinlicher vermutet worden ist, einen militärischen Überfall leiten. Vom Überfall selbst erfährt man wenig, viel dagegen von den Vorbereitungen und der erfolgreichen Rückkehr. Die Schilderung der Rückkehr hebt sich durch ihre Formung vom übrigen Text ab:

Text: Urk. I, 103,7 - 104,3. Übersetzung: LICHTHEIM, Literature I, S. 20. PIACENTINI S. 17-18.

 „Dieses Heer kehrte wohlbehalten zurück,
  nachdem es das Land der Wüstenbewohner zerhackt hatte.

> Dieses Heer kehrte wohlbehalten zurück,
> nachdem es das Land der Wüstenbewohner plattgetreten hatte.
> Dieses Heer kehrte wohlbehalten zurück,
> nachdem es seine festen Plätze niedergerissen hatte.
> Dieses Heer kehrte wohlbehalten zurück,
> nachdem es seine Feigen und Weinstöcke abgeschnitten hatte.
> Dieses Heer kehrte wohlbehalten zurück,
> nachdem es Feuer an [das Getreide] all seiner Leute gelegt hatte.
> Dieses Heer kehrte wohlbehalten zurück,
> nachdem es die Truppen darin zu vielen Zehntausenden getötet hatte.
> Dieses Heer kehrte wohlbehalten zurück,
> nachdem es sehr viele [Truppen] darin als Kriegsgefangene [heimgebracht hatte]."

Die dichterische Form dürfte ins Auge fallen: Sieben Verspaare oder Distichen, in denen der erste Vers konstant (und mit dem Zweiten Tempus konstruiert), der zweite variabel ist. Wenn wir hier nach dem schon erwähnten „Sitz im Leben" fragen, dann dürfte die Antwort zutreffen, die schon verschiedentlich gegeben wurde (ASSMANN, HELCK): Es handelt sich um ein Siegeslied der Soldaten, ganz nach Art der Arbeitslieder, wie man sie heute noch in Ägypten hören kann – allerdings ist die hier vorliegende Form „umgedreht": Im Normalfall singt der Vorsänger zuerst den variablen Teil, dann folgt der Chor mit dem konstanten.

Im Zusammenhang mit den Arbeitsliedern wollen wir hier ein weiteres einschieben, das sog. Sänftenlied, das zuletzt bearbeitet wurde von

📖 Hartwig ALTENMÜLLER, Das „Sänftenlied" des Alten Reichs, in: BSEG 9-10, 1984-5 (FS Wild), 15-30.

Es ist erstmals in der 4. Dynastie belegt und erfreut sich seit Beginn der 5. Dynastie zunehmender Beliebtheit:

> „Der Sänftenträger (*mḥnk*) schreitet langsam, wenn er auszieht.
> Steige herab zum Sänftenträger, der heil (*wḏꜣ*) ist!
> Steige herab zum Sänftenträger, der gesund (*snb*) ist!
> O Djau (= Sokar), der auf dem Sande!
> Beschenke nicht (*m ḥnkw*) und verhüte, daß beschenkt wird (*ḥw ḥnkw*) (der Grabherr) NN!
> Mache (aus ihm) einen Großen, wie einen, der geliebt wird.
> Geliebter ist sie (sc. die Sänfte), wenn sie voll ist
> als wenn sie leer ist" (Altenmüller a.a.O. S. 15-16).

Die Sänftenträger singen dieses Lied ALTENMÜLLER zufolge nicht zur Erleichterung ihrer Arbeit, sondern, um den Verstorbenen zur Rückkehr aus dem Jenseits in das Diesseits zu bewegen. Die „leere" Sänfte verweist auf den

Wunsch ihrer Träger, sie auch nach dem Tod des Grabherrn nicht „leer" zu lassen. Die Aufforderung zur Rückkehr des Verstorbenen in das Diesseits ist in den Versen 2-3 enthalten. Besondere Beachtung verdient das Wortspiel *mḥnk - m ḥnkw*. Solche Wortspiele werden wir in vielen Texten wiedertreffen. Es handelt sich dabei nicht um Wortspiele in unserem Sinne, sondern um Wortfelder mit sehr viel ernsterem Hintergrund, vgl.

📖 Waltraud GUGLIELMI, „Wortspiel", in: LÄ VI, 1287-1291;

📖 Waltraud GUGLIELMI, Zu einigen literarischen Funktionen des Wortspiels, in: Friedrich JUNGE (Hrsg.), Studien zu Sprache und Religion Ägyptens (FS Westendorf), Band 1: Sprache, Göttingen 1984, 491-506.

📖 Antonio LOPRIENO, Puns and Word Play in Ancient Egyptian, in: S.B. NOEGEL, Puns and Pundits. Word Play in the Hebrew Bible and Ancient Near Eastern Literature, Bethesda 2000, 3-20.

Auf ein weiteres „Arbeitslied", das ebenfalls einer solchen, schon beschriebenen Situation entstammt und bisher in sechs Exemplaren erhalten ist, soll hier nur kurz hingewiesen werden: das „Hirtenlied". Es besteht zwar nur aus zwei Zeilen, aber seine Interpretation und sein Verständnis hat bereits eine Reihe von Aufsätzen erzeugt, so von

📖 Hartwig ALTENMÜLLER, Bemerkungen zum Hirtenlied des Alten Reichs, in: CdE 48, 1973, 211-231.

📖 Hartwig ALTENMÜLLER, Kälberhirte und Schafhirte. Bemerkungen zur Rückkehr des Grabherrn, in: SAK 16, 1989, 1-19.

📖 Gudrun MEYER, Das Hirtenlied in den Privatgräbern des Alten Reiches, in: SAK 17, 1990, 235-284.

MEYER kommt in ihrer Untersuchung zu dem Ergebnis, daß das „Hirtenlied" nicht einfach als „volkstümliches Arbeitslied" qualifiziert werden kann, sondern verschiedene Interpretationen erlaubt, beispielsweise auch als Zaubertext. Die gemeinsame Basis für die verschiedenen Deutungen ist seine Funktion als Schutzspruch für das Überleben im Jenseits (a.a.O. S. 284).

Kehren wir nochmals kurz zu *Wnj* zurück. Der dritte, längste Teil dieser Biographie berichtet zunächst von seiner spektakulären Berufung in das hohe Amt des Vorstehers von Oberägypten unter dem neuen König Merenre; der vorausgehende Bericht hatte die Zeit Pepis I. betroffen; seine Jugend hatte *Wnj* unter Teti verbracht. Anschließend beschreibt er seine allgemeine Amtstätigkeit und drei von ihm geleitete Expeditionen. Hinter all dem steht das besondere persönliche Verhältnis zum König, das sich deutlich im Ausspruch des *Wnj* zeigt: „denn so viel erhabener, soviel eindrucksvoller, soviel verehrungswürdiger ist die Macht König Merenres - er lebe ewig - als die aller anderen Götter."

ASSMANN führt auch aus, daß bis zum Ende des Alten Reichs Ideal- und Laufbahnbiographie zwei distinkte Formen bleiben und fährt fort: „Man könnte sie auch als den 'weisheitlichen' und den 'historischen Diskurs' bezeichnen" (Schrift, Tod und Identität, S. 78). Das sind dann auch schon die beiden wichtigsten Textgattungen, die die Literatur des Mittleren Reichs prägen werden: weisheitliche oder besser lehrhafte Texte und später dann auch solche, die über die Laufbahnbeschreibungen der Autobiographien hinausreichend Ereignisse beschreiben, die es uns auch erlauben, ihnen zumindest im weiteren Sinne das Attribut „historische Texte" zuzuerkennen.

Die autobiographischen Texte des Alten Reichs lassen sich dagegen noch in keinem theoretisch fundierten Sinne als „Literatur" einstufen, trotz ihrer teilweise hochgradigen stilistischen Geformtheit, wie wir am Beispiel des Siegesliedes in der Biographie des *Wnj* gesehen haben. Sie sind mit einem Begriff ASSMANNs nicht „situationsabstrakt", sondern dienen einem ganz bestimmten, konkreten Zweck. Sie bilden die Basis, aus der sich später die Literatur im eigentlichen Sinn entwickelt hat (Schrift, Tod und Identität, S. 80).

Mit der 6. Dynastie sind wir am Ende des Alten Reichs angelangt. Wir werden auf das Thema „Autobiographie" weiter unten zurückkommen. Als vorläufigen Abschluß sei wenigstens noch kurz auf den jüngsten Beitrag zum Thema Autobiographie und ihrer Entwicklung hingewiesen:

📖 Andrea GNIRS, Die ägyptische Autobiographie, in: AEL, 191-242

ist in ihrer Terminologie von LOPRIENO beeinflußt, wie das folgende Zitat zu bestimmten Charakteristika der Autobiographien zu illustrieren vermag:

> „Neben der grundsätzlichen Unterscheidung zwischen eher *topischen* (z.B. Lebenslehren) und eher *mimetischen* Texten bzw. Texteinheiten (‚literarischen' Texten) konstituieren intra- und extratextuelle Größen wie Fiktionalität, Intertextualität, Ambiguität, Referentialität als auch Rezeption der Texte bzw. deren eigene Rezeptionsgeschichte den Grad ihres literarischen Gehalts" (S. 192).

Auf S. 204-205 wird dann der Versuch unternommen, anstelle der üblichen und oben vorgestellten Begriffe „Laufbahn"- und „Idealbiographie" neue Termini einzuführen: 1a. Handlungsbiographie, 1b. Ereignisbiographie, 2. Reflexionsbiographie, 3. Bekenntnisbiographie, 4. enkomiastische Biographie. Die Unterschiede zwischen 1a und 1b sowie zwischen 2 und 3 sind u. E. künstlich und marginal, und es stellt sich die Frage, ob in dieser Weise differenziert werden kann.

Insgesamt zeichnet dieser Beitrag aber auch die charakteristischen Elemente nach und gibt einen umfassenden historischen Überblick über die Entwicklung der Autobiographie bis in die Römerzeit.

Speziell den biographischen Texten des Alten Reichs widmet sich die Dissertation von

📖 Nicole KLOTH, Die (auto-)biographischen Inschriften des ägyptischen Alten Reichs: Untersuchungen zur Phraseologie und Entwicklung, Hamburg 2002 (SAK/Beiheft 8).

Sie setzt sich u.a. auch kritisch mit der von GNIRS getroffenen Einteilung auseinander und kommt für die Texte des Alten Reichs zu dem Ergebnis, daß eine Trennung in Handlungs- und Ereignisbiographie „nicht konsequent praktikabel zu sein [scheint]".

Im folgenden möchten wir ein *corpus* besprechen, dessen Entstehung ganz gewiß in das Alte Reich zu setzen ist und das, wie immer man es betrachtet, mit „Literatur" zu tun hat: die *Pyramidentexte*. Von der Sinnhaftigkeit dieser Namensgebung war schon die Rede gewesen. Wir wollen die Bezeichnung aber beibehalten, weil es der allgemein eingeführte Begriff ist. Die „normative Kraft des Faktischen" ist ja bekanntlich oft nicht überwindbar.

4.2. Die Pyramidentexte

Bevor wir diese Texte und die Frage ihrer Interpretation, ihrer Zweckbestimmung, ihrer Formung usw. näher in Augenschein nehmen, hier einige grundlegende Literaturangaben.

Eine sehr gute Einführung für eine erste Information gibt

📖 Hartwig ALTENMÜLLER, „Pyramidentexte", in: LÄ V, 14-23.

Einen kurzen Überblick sowie reichhaltige Literatur zu Entdeckung, Edition und späterer Überlieferung der Pyramidentexte bietet

📖 Erik HORNUNG, Altägyptische Jenseitsbücher. Ein einführender Überblick, Darmstadt 1997, 5-13.

Wir nennen daher im folgenden nur noch die grundlegenden oder dort nicht zitierten Werke.

Die *Pyramidentexte* bilden naturgemäß eine wichtige Grundlage für die Grammatik des Altägyptischen:

📖 Elmar EDEL, Altägyptische Grammatik, 2 Bände, Roma 1955 und 1964 (AnOr 34 und 39).

Speziell mit der Verbalsyntax der Pyramidentexte befaßt sich

📖 James P. ALLEN, The Inflection of the Verb in the Pyramid Texts, Malibu 1984 (Bibliotheca Aegyptia 2). Zu diesem Buch ist auch die Rezension von W. SCHENKEL, in: BiOr 42, 1985, 481-491 heranzuziehen.

Die umfangreichste und grundlegende Gesamtbearbeitung, d.h. die Publikation der seinerzeit bekannten Texte und ein ausführlicher Kommentar zu einem Teil der Texte stammt von

📖 Kurt SETHE, Die Altaegyptischen Pyramidentexte, 4 Bände, Leipzig 1908-1922; unveränderter Nachdruck Darmstadt 1960.

Nach SETHEs Einteilung werden die Texte seither zitiert. Erst nach seinem Tod wurden die (unvollständig gebliebenen) Kommentarbände publiziert:

📖 Kurt SETHE, Übersetzung und Kommentar zu den altägyptischen Pyramidentexten I-VI, Glückstadt/Hamburg 1936-1962.

Die jüngste Übersetzung stammt von

📖 Raymond O. FAULKNER, The Ancient Egyptian Pyramid Texts, Translated into English, Oxford 1969.

Pyramidentexte wurden erstmals in der Pyramide des Unas in der 5. Dynastie aufgezeichnet und sind in folgenden Pyramiden des Alten Reichs, zunächst der Könige: Unas, Teti, Pepi I., Merenre I., Pepi II. und Ibi, sowie der Königinnen: Udjebten, Neith und Iput erhalten; alle drei waren Gemahlinnen Pepi's II. Seit dem Ende des Alten Reichs wurden Pyramidentexte auch in Privatgräber übernommen. Bekanntestes Beispiel ist die Mastaba des Sesostris-anch in Lischt aus der 12. Dynastie. Auch in das *corpus* der *Sargtexte* wurden sie teilweise aufgenommen. In Beamtengräbern des Neuen Reichs und im Totenbuch wird die Tradition weitergeführt, bis hin zu spätzeitlichen Papyri. Darüber hinaus greifen auch das Tempelritual und andere Rituale des Neuen Reichs und der Spätzeit auf die Pyramidentexte zurück, wobei diese freilich häufig stark überarbeitet werden. In der Spätzeit sind insbesondere auf Papyri, daneben auch auf Särgen und in Gräbern, Kopien erhalten, die ganz offensichtlich auf Vorlagen des Alten Reichs zurückgehen müssen. Teilweise ist sogar noch die besondere Orthographie des Alten Reichs gewahrt. Diese Texte enthalten neben bekannten Sprüchen immer wieder auch unbekannte, die diesen gleichen Vorlagen entstammen müssen. Daraus ist zu schließen, daß die erhaltenen *Pyramidentexte* bereits bei ihrer Niederschrift in den Pyramiden des Alten Reichs eine Auswahl darstellen, daß also in den Tempelbibliotheken und Lebenshäusern ein weit größeres *corpus* dieser Texte aufbewahrt und tradiert worden sein muß.

Ein anschauliches Beispiel zum Auftauchen von *Pyramidentexten*, freilich in „modernisierter" Form geben

📖 Erhart GRAEFE, Über die Verarbeitung von Pyramidentexten in den späten Tempeln (Npchmals zu Spruch 600 (§ 1652a-§1656d: Umhängen des Halskragens)), in: Ursula VERHOEVEN/Erhart GRAEFE (Hrsgg.), Religion und Philosophie im Alten Ägypten, (FS Derchain), Leuven 1991 (OLA 39), 129-148
und

📖 Louise GESTERMANN, „Neue" Texte in spätzeitlichen Grabanlagen von Saqqara und Heliopolis, in: Martina MINAS/Jürgen ZEIDLER (Hrsgg.), Aspekte spätägyptischer Kultur, (FS Winter), Mainz 1994 (ÄT 7), 89-95.

Die in den einzelnen Pyramiden erhaltenen Texte stellen also keineswegs ein einheitliches *corpus* dar. Sie unterscheiden sich vielmehr in Zahl, Inhalt und Anbringungsort zum Teil erheblich. Jede Pyramide besitzt, so kann man sagen, jeweils eine eigene Textsammlung, die sich von denen der Vorgänger ebenso unterscheidet wie von denen der Nachfolger. So enthält zum Beispiel die Pyramide des Unas eine Vielzahl von Sprüchen, die in den späteren Pyramiden nicht mehr erscheinen. Andererseits enthält die Pyramide des Ibi aus der 8. Dynastie Sprüche, die in den älteren Textzeugen noch unbekannt sind. Demgegenüber zeigt die Mastaba des Sesostris-anch aus der 12. Dynastie wieder eine beinahe komplette Übereinstimmung mit der Pyramide des Unas.

SETHEs Edition umfaßte 714 Einzelsprüche. Sie wurde später um eine Konkordanz und einen kritischen Apparat erweitert und zusätzlich mit epigraphischen Anmerkungen versehen. Sie ist nach wie vor die maßgebende Textedition. Zu ergänzen ist sie durch das zusätzliche Material aus den Pyramiden von Pepi II. und seinen Gemahlinnen, das Gustave JÉQUIER in Saqqara-Süd gefunden und in seinen Publikationen dieser Grabanlagen veröffentlicht hatte (s. den Überblick bei HORNUNG).

Diese neu aufgefundenen Sprüche aus der Pyramide Pepis' II. und seiner Gemahlinnen hat FAULKNER 1969 in einem Supplement zusammengefaßt und herausgegeben:

📖 Raymond O. FAULKNER, The Ancient Egyptian Pyramid Texts. Supplement of Hieroglyphic Texts, Oxford 1969.

Er setzt die Anordnung und die Zählung SETHEs fort. Dieses Supplement enthält die Sprüche 715-759. Die Veröffentlichung der noch später gefundenen Texte bereitet LECLANT vor. Ein Band ist inzwischen erschienen:

📖 Jean LECLANT (Hrsg.), Les Textes de la Pyramide de Pépy Ier, Le Caire 2001 (MIFAO 118).

Außer SETHEs unvollendeter Übersetzung (Sprüche 213-582) sind zu nennen:

📖 Louis SPELEERS, Les Textes des Pyramides, 2 Bände, Bruxelles 1923-1924.

Eine verbesserte zweite Ausgabe erschien 1934:

📖 Louis SPELEERS, Traduction, index et vocabulaire des textes des pyramides égyptiennes, Bruxelles 1934.

Eine englische (durch FAULKNER überholte) Übersetzung stammt von

📖 Samuel A. B. MERCER, The Pyramid Texts in Translation and Commentary, 4 Bände, New York/London/Toronto 1952.

Wichtig ist auch die Publikation der Texte der Unas-Pyramide durch PIANKOFF, die den kompletten Text in Fotografie und Übersetzung enthält. Vor allem die ausgezeichneten Fotos sind für die Arbeit mit diesen Texten von großer Bedeutung:

📖 Alexandre PIANKOFF, The Pyramid of Unas, Princeton 1969 (Egyptian Religious Texts and Representations 5, Bollingen Series 40).

Für weitere Einzelpublikationen, lexikalische Hilfsmittel und vor allem die große Zahl der Sekundärliteratur ist auf die genannten Literaturverzeichnisse zu verweisen. Wichtig ist noch

📖 Thomas George ALLEN, Occurrences of Pyramid Texts with Cross Indexes of these and other Egyptian Mortuary Texts, Chicago 1950 (SAOC 27).

Den alles andere als homogenen Inhalt der *Pyramidentexte* hat ALTENMÜLLER in seinem LÄ-Artikel in fünf Gruppen eingeteilt. Diese Einteilung ist selbstverständlich nicht unumstritten, aber wohl die derzeit praktikabelste und weithin anerkannte:

a. Dramatische Texte,

b. Hymnen mit der Namensformel,

c. Litaneien,

d. Verklärungen,

e. Zaubertexte.

Zu a: Die dramatischen Texte rechnet man inhaltlich und sprachlich zur ältesten Gruppe. Zur Frage der Datierung der *Pyramidentexte*, d.h. natürlich ihrer Entstehung und nicht ihrer jeweiligen Anbringung, werden wir gleich kommen. Zu den dramatischen Texten gehören Sprüche der Totenklage, Texte des Opferrituals, die bei der Übergabe der Opfergaben an den Verstorbenen rezitiert wurden, die Texte des Kronen- und Geräterituals, die bei der Einbringung der Grabausrüstung rezitiert wurden, und die Texte des Mundöffnungs- und des Statuenrituals. Den Namen „dramatisch" haben sie, weil sie die Form von Geprächen haben und weil szenische Vermerke in diesen Texten auf Handlungen verweisen wie „vor ihm hochheben", „vor ihm zur Erde legen" usw.

Einige Beispiele: Die Sprüche der Totenklage gelten dem tot auf der Bahre liegenden König, Sprecherinnen sind vor allem Isis und Nephthys, die Klagefrauen par excellence:

„Erhebe dich, König, wende dich um, König! Ich bin Nephthys,
ich bin gekommen, um dich zu halten,
um dir dein Herz für deinen Leib zu geben!" (Pyr. 1786 a-b)

Die beiden genannten szenischen Vermerke stehen im Spruch 93:

„Vor ihm hochheben:
Erhebe dein Antlitz, Osiris, erhebe dein Antlitz!
[...]
Erhebe dein Antlitz, König, sei stark und machtvoll,
sieh auf das, was aus dir austrat,
die [...]
Wasche dich, öffne deinen Mund durch das Horusauge,
rufe deinen Zweiten als Osiris an,
damit er dich vor aller Wut der Toten schütze!
Oh König, nimm dieses dein Brot, das das Auge des Horus ist!
Vor ihm zur Erde legen" (Pyr. 62a - 63c).

Zu b. Die Hymnen mit der Namensformel heißen so, weil sie häufig den Nachsatz „in diesem deinem Namen" oder auch nur „als" enthalten, also etwa:

„Richte dich auf zu Horus, entferne dich nicht von ihm in diesem deinem Namen ‚Himmel'" (Pyr. 645c-d).

Zu c. Die Litaneien bestehen aus der Aneinanderreihung von Namen, Epitheta und Dingen, also vergleichbar unseren Litaneien. Ein Beispiel:

„Er kommt zu dir, Krone, er kommt zu dir, Flamme, er kommt zu dir,
Große, er kommt zu dir, Zauberreiche" (Pyr. 194b-c).

Zu d. Die Verklärungen, s3ḥw, dienen, wie der Name sagt, dazu, den Verstorbenen zu einem 3ḥ zu machen, d.h. ihn in die jenseitige Daseinsform zu versetzen. Zu ihnen gehören etwa Texte zum Himmelsaufstieg, zum Totenkult usw. Sie bilden nach traditioneller Anschauung den größten Teil des *corpus*. Ein kurzes Beispiel genügt, diese Gruppe zu veranschaulichen:

„Mögest du doch in das Schiff des Re einsteigen,
zu dem die Götter aufzusteigen wünschen,
in das die Götter einzusteigen wünschen,
in dem Re zum Lichtland fährt" (Pyr. 1687a-b).

Zu e. Die Zaubertexte schließlich bestehen meist aus kurzen Sätzen und dienen der Beschwörung von Schlangen und anderen feindlichen Wesen. Den Schlangensprüchen hat

📖 Christian LEITZ, Die Schlangensprüche in den Pyramidentexten, in: Or 65, 1996, 381-427

einen ausführlichen Artikel gewidmet.

Diese eher formale Einteilung ist in jüngerer Zeit zugunsten anderer mehr inhaltlicher Kriterien in Frage gestellt worden.

Hauptthema der *Pyramidentexte* ist die jenseitige Existenz des verstorbenen Königs. Doch bringen sie weder eine durchgehende, einheitliche Schilderung des Jenseits und der dort herrschenden Verhältnisse, noch berichten sie einheitlich über die Aufnahme des toten Königs im Jenseits. Das Textcorpus besteht vielmehr aus Einzelsprüchen verschiedenen Alters und unterschiedlicher Provenienz. Mehrheitlich sind sie freilich von der heliopolitanischen Theologie geprägt. Sie lokalisieren das Jenseits hauptsächlich am Himmel, der als Reich des Sonnengotts Re gilt. Zu ihm und seinem Hofstaat begibt sich der verstorbene König, der dort selbst den Göttern gleichgestellt wird. Er durchzieht an Bord der Sonnenbarke die verschiedenen Jenseitsgefilde. Er wird also in den Zyklus des Sonnenlaufs einbezogen und führt eine den Göttern vergleichbare Jenseitsexistenz. Die Ankunft am Himmel ist für ihn eine Heimkehr zu den Göttern. Um dorthin zu gelangen, wechselt er nach Bedarf seine Erscheinung (Pflanze, Vogel, Heuschrecke). Er bedient sich der Naturkräfte (Wind, Sturm, Hagel), oder er steigt auf einer Leiter oder Treppe zum Himmel auf.

Neben dem himmlischen Jenseits, das gelegentlich auch bei den Sternen lokalisiert wird, findet sich auch ein unterweltlicher Jenseitsbereich unter der Herrschaft des Osiris. Dieser Bereich wird häufig eher negativ geschildert. Das steht natürlich im Widerspruch zu der Vorstellung, daß der tote König selbst zu Osiris wird. Dem begegnet man dadurch, daß Osiris ins himmlische Jenseits versetzt wird.

Die Frage der Datierung wurde im Laufe der Zeit sehr unterschiedlich behandelt. Die starke Diskrepanz der verschiedenen Anschauungen ist durch das unterschiedliche Alter und die unterschiedliche Herkunft der Texte bedingt. Die ersten Datierungsvorschläge stammen von SETHE, der die Mehrzahl der Sprüche in die vorgeschichtliche Zeit verlegt. Er faßt die in ihnen beobachteten mythologischen Aussagen als Reflektionen historischer Ereignisse auf. Aufgrund dieser Interpretation rekonstruierte er für das Ägypten der vorgeschichtlichen Zeit mehrere rivalisierende Herrschaftsbereiche, die sich heftig befehdeten, bis es schließlich zur Reichseinigung kam. Diese Datierung ist jedoch nicht mehr zu halten. Ihr stehen historische wie archäologische Bedenken entgegen. In vielen Sprüchen werden Verhältnisse geschildert, die den ägyptischen Beamtenstaat des

Alten Reichs voraussetzen. Das zeigt sich etwa durch das Vorkommen von Titeln wie „Mundschenk des Horus, Leiter der Speisehalle des Re und Palastältester des Ptah" (Pyr. 566b). Inzwischen geht man davon aus, daß die Mehrzahl der Sprüche in historischer Zeit und nicht vor der 2. Dynastie enstanden ist. Das ist vor allem den Arbeiten Siegfried SCHOTTs zu verdanken, insbesondere seinem:

📖 Siegfried SCHOTT, Mythe und Mythenbildung im alten Ägypten, Leipzig 1945 (UGAÄ 15).

Mit SCHOTT wird man die Mehrheit der *Pyramidentexte* der historischen Zeit zuweisen müssen. Aufgrund der Abhängigkeit der einzelnen Textgattungen voneinander rechnet man der 2. und 3. Dynastie die dramatischen Texte zu, die Hymnen mit der Namensformel und die Litaneien der 4. und die Verklärungen der 5. Dynastie. Nur den Zaubersprüchen gesteht man ein höheres Alter zu. Sie haben eine lange mündliche Tradition hinter sich und weisen auch eine sehr altertümliche Sprache auf. Doch auch sie dürften erst nach der Reichseinigung entstanden sein.

Die Frage der Bedeutung der *Pyramidentexte* ist eine der schwierigsten und damit eine der umstrittensten. Die wichtigsten Hypothesen sind in der ausgezeichneten Zusammenfassung von

📖 Winfried BARTA, Die Bedeutung der Pyramidentexte für den verstorbenen König, München 1981 (MÄS 39)

nachzulesen. In unserem Zusammenhang genügen kurze Hinweise:

1. SETHE (s.o.) betrachtet die *Pyramidentexte* als eine freie Sammlung von Totensprüchen, die ohne ein leitendes Prinzip an den Pyramidenwänden angebracht wurden. Inhaltlich sind es vorwiegend Verklärungssprüche (*s3ḥw*). Bei seiner Auferstehung sollte der König diese Sprüche auf seinem Weg von innen nach außen ablesen, um sich selbst verklären zu können. Deswegen seien auch die Hieroglyphen im allgemeinen auf den Sarg hin ausgerichtet, so daß der König sie beim Verlassen des Grabes lesen konnte, und zwar beide Seiten zur gleichen Zeit. Daneben konnten die Sprüche auch durch ihre bloße Anwesenheit magisch wirksam werden.

2. 📖 Siegfried SCHOTT, Bemerkungen zum ägyptischen Pyramidenkult, Kairo 1950 (BeiträgeBf 5,2)

hält die *Pyramidentexte* für Rezitationstexte, die bei der Bestattung durch Vorlesepriester rezitiert wurden und bestimmte Ritualhandlungen begleiteten. Entsprechend der Textfolge bei oberirdischen Kultanlagen wurden die Sprüche dabei von außen nach innen fortlaufend gelesen.

3. 📖 Alexandre PIANKOFF, The Pyramid of Unas, Princeton 1969 (Egyptian Religious Text and Representations 5, Bollingen Series 40)

geht nur von der Pyramide des Unas aus und betrachtet die Texte als eine ohne System zusammengestellte Sammlung religiöser Sprüche. Diese besäßen teilweise rituellen und magischen Charakter, teilweise würden sie die himmlische Zukunft des toten Königs schildern. Den Texten liege ein – vom Begräbnis offenbar unabhängiges – Auferstehungsritual zugrunde. Die Abfolge der Sprüche sieht PIANKOFF von außen nach innen.

4. 📖 Hartwig ALTENMÜLLER, Die Texte zum Begräbnisritual in den Pyramiden des Alten Reiches, Wiesbaden 1972 (ÄA 24)

betrachtet die *Pyramidentexte* ausschließlich als Rezitationstexte, die zum Begräbnisritual rezitiert wurden, also nicht als das eigentliche Ritual. Ort der Handlung ist bei ihm neben dem Pyramideninneren auch der Totentempel.

5. 📖 Joachim SPIEGEL, Das Auferstehungsritual der Unas-Pyramide, Wiesbaden 1971 (ÄA 23)

geht davon aus, daß die Texte ein Ritualgeschehen wiedergeben, das bei der Bestattung durchgeführt wurde. Er stützt sich allerdings im Gegensatz zu SCHOTT nur auf die Unaspyramide. Die Ritualhandlungen werden ins Pyramideninnere selbst verlegt. Textanbringung und Ort des Geschehens entsprechen sich somit exakt.

BARTA selbst lehnt die bisherige Gattungseinteilung ab, da sie keine Gewähr für sichere Differenzierungen bildet: So begegnen etwa Namensformeln auch bei Litaneien und Verklärungen, dramatische Texte oder Verklärungen können die Form der Litanei annehmen. Auch der Textinhalt kann nicht zur Gattungsgliederung herangezogen werden, da er keine eindeutigen Differenzierungen erlaubt.

Somit sind weder Form noch Inhalt für eine Gattungseinteilung der *Pyramidentexte* geeignet. BARTA setzt bei der Funktion und dem Verwendungszweck an, also beim „Sitz im Leben". Seine Hypothese lautet, daß die *Pyramidentexte* ausschließlich Verklärungstexte sind. Sie gehören damit zur gleichen Gattung wie die *Sargtexte* und das *Totenbuch*. Die *Sargtexte* etwa werden ausdrücklich „Verklärungen" genannt, und im *Totenbuch* beginnen die Spruchtitel zu Spruch 1 und 17 jeweils mit „Anfang der Verklärungen".

In dieser Funktion als Verklärungen gehören die *Pyramidentexte* zum Grabinventar. Als dieses dienen sie verschiedenen Aufgaben, die BARTA übersichtlich zusammengestellt hat:

- Existenzsicherung,
- Legitimation,
- Zauberbuch,
- Mythenbuch,
- Jenseitsführer:
  - Aufbau des Kosmos („Weltenbau"): senkrechte Orientierung,
  - Himmelsrichtungen: waagrechte Orientierung,
  - ausschließlich solarer Bezug: Sonnenzyklus.

Schließlich sind die *Pyramidentexte* eine mythologisierte Jenseitsbiographie für den verstorbenen König:
- Wesen und Zustand:
  - der Verstorbene als Ba,
  -          als Ach,
  -          als Ka,
  -          als Machtträger und Zauberer,
  -          als Lebender und Gesättigter,
  -          als Reiner,
  -          als König,
- Verhältnis zu den Göttern:
  - ihnen untergeordnet,
  - ihnen gleichgestellt,
  - ihnen übergeordnet,
- Teilnahme am Sonnenlauf:
  - Erscheinen am Osthorizont und Tageslauf,
  - Untertauchen am Westhorizont und Nachtlauf,
  - Auferstehung am Morgen im Osten,
  - Einbindung in den Gesamtzyklus.

Die Bedeutung der *Pyramidentexte* läßt sich nach Barta wie folgt beschreiben: Die durch Verklärung und (Grab-)Ausstattung erreichte Vergöttlichung soll es dem toten König ermöglichen, im Jenseits eine göttliche Rolle und zwar speziell die des sich zyklisch mit Osiris vereinigenden Sonnengottes (Vereinigung von Ba und Leichnam) zu spielen. Über dessen Eigenschaften und Handlungen berichten die Texte in ihrer Funktion als Biographie. Damit würde dem Verstorbenen in Analogie zum kosmisch-solaren Bereich eine sich in endloser Folge erneuernde Jenseitsexistenz gesichert. Dieser Interpretation hat zuletzt

 📖 Jürgen OSING, Zur Disposition der Pyramidentexte des Unas, in: MDAIK 42, 1986, 131-144 ausdrücklich zugestimmt und ergänzend die Verteilung der Texte in der Unaspyramide schlüssig erklären können.

Wir verlassen dieses Thema und werfen einen Blick auf die Gestaltung der verschiedenen Texte, auf ihre Form und auf ihren literarischen Gehalt. In der Nachfolge von

📖 Hermann GRAPOW, Sprachliche und schriftliche Formung ägyptischer Texte, Glückstadt/Hamburg/New York 1936 (LÄS 7)

griffen einige seiner Schüler dieses Thema auf und untersuchten unterschiedliche Textgruppen. Für die Pyramidentexte war das

📖 Otto FIRCHOW, Grundzüge der Stilistik in den altägyptischen Pyramidentexten, Berlin 1953 (Untersuchungen zur ägyptischen Stilistik 2).

Ihm kommt es dabei fast ausschließlich auf die Basisstrukturen an, nicht auf die Form größerer Passagen oder ganzer Sprüche. Hierbei sind ihm grundlegende Erkenntnisse gelungen, die auch für weite Gebiete der literarischen Texte gelten. Im folgenden werden seine Untersuchungsergebnisse mit ausführlichen Beispielen vorgestellt, zum einen, weil wir vieles davon in späteren Kapiteln wiederverwenden können, zum anderen, um endlich diese Texte selbst sprechen zu lassen.

Eine grundlegende Erkenntnis formuliert FIRCHOW bereits in der Einleitung:

> „Die religiöse Literatur, wie sie für uns in den Pyramidentexten ihren sichtbaren Anfang hat, zeigt in überaus zahlreichen Beispielen äußerliche stilistische Kunstformen wie Paare, Dreier- und Viergruppen von Sätzen, die in ihrer Umgebung durch ihren meist völlig gleichen Bau in bezug auf die Folge der Wortarten und Zeitformen auffallen oder die sonstwie der Struktur nach auf einander abgestimmt sind. Neben den formalen Entsprechungen stehen solche des Inhalts, der durch die Worte ausgedrückten Gedanken. Und in Hinsicht auf eine oft recht beträchtliche Freiheit im Befolgen der äußeren Form, wie sie die zahlreichen Fälle des freien Parallelismus zur Genüge zeigen, deutet alles darauf hin, daß die kunstvolle Gruppierung der Gedanken nach Ansicht der Alten der primäre Grundsatz war, gegenüber dem die formale Gestaltung fast als zwangsläufige Folgeerscheinung zu bewerten ist" (S. 11).

FIRCHOW hat also zunächst für die *Pyramidentexte* den *parallelismus membrorum* als Basiselement erkannt. Damit stehen die ägyptischen Texte im Kontext der gesamten altvorderasiatischen Literatur, für die dieses Prinzip ebenfalls gilt. Darüber hinaus hat er mit den Dreier- und Vierergruppen weitere Formelemente definiert und damit ein System umrissen, wie es erst beinahe drei Jahrzehnte später FOSTER mit dem *thought couplet*, dem *triplet* und dem *quatrain* für die ägyptische Literatur insgesamt wieder postulieren sollte.

FIRCHOW untergliedert in das strenge Paarschema und in freiere Formen des Parallelismus, letztere in weitere Teilformen. Dem wird man heute nicht immer zustimmen, doch die Grunderkenntnis ist geblieben.

Unter dem strengen Paarschema versteht er „Paarsätze, die sich ihrem Aufbau nach völlig gleichen". Es werden „ein oder auch mehrere Wörter des ersten Satzes durch die entsprechende Anzahl anders lautender Ausdrücke gleicher Art an gleicher Stelle im zweiten ersetzt. Beim freien Parallelismus dagegen besteht zwischen den sich entsprechenden Gliedern der Sätze und in ihrem Bau nur eine allgemeine Übereinstimmung" (S. 20). Strenge Formungen beobachtet er vor allem bei Götterpaaren, Göttern und Menschen, Himmel und Erde, Verwandtschaftsverhältnissen wie Vater und Mutter, Körperteilen, Nahrung u.a.m.

Einige Beispiele, zunächst für die „einfache Variierung", wo nur ein Element ausgetauscht wird:[8]

wn p.t wn t3
„Geöffnet ist der Himmel, geöffnet ist die Erde" (Pyr. 518a).

Oder ausführlicher:

d3j.tw d3.t NN pn jr gs j3b.tj n 3ḫ.t
d3j.tw d3.t NN pn jr gs j3b.tj n p.t
„Übergefahren wird dieser NN (in) ein(em) Überfahren zur östlichen Seite des Lichtlandes,
übergefahren wird dieser NN (in) ein(em) Überfahren zur östlichen Seite des Himmels". (Pyr. 341a-b)

In der „zweifachen Variierung" stehen sich zwei verschiedene Wörter in den sonst gleichen Sätzen gegenüber. Hier genügt die deutsche Übersetzung zur Veranschaulichung:

„Gegrüßet seist du, o Re,
   Durchquerer des Himmels,
   Durchfahrer der Nut". (Pyr. 543a)

In einem Reinigungsspruch variieren Subjekt und Objekt eines Satzpaares:

„Horus wird deinen Körper abreiben,
Thot wird deine Füße abreiben" (Pyr. 519b).

Ein Wunsch für ewiges Leben und reiche Nahrung für den König lautet:

„Dein Leben sei mehr als die Nilschwelle,
deine Speise sei mehr als der Nil" (Pyr. 564a).

„Dreifache Variierung" findet sich etwa Pyr. 852d-e:

„Geöffnet sind dir die Löcher der Himmelsfenster,

---

[8] Die Beispiele samt Übersetzung wurden in der Regel von FIRCHOW übernommen, ohne daß bei jedem Zitat die Seitenzahl angegeben wird. Bei Bedarf läßt sich diese über die Spruchnummer im Index a.a.O. S. 249ff. ermitteln.

gelockert sind dir die Schritte des Lichts."

Auch „vierfache Variierung" ist belegt:

„Tochter des Anubis, die an den Fenstern des Himmels ist,
Genossin des Thot, die an den Holmen der Leiter ist" (Pyr. 468a-b).

Dieser Hauptgruppe des strengen Paarschemas stellt FIRCHOW das freie Paarschema gegenüber. Hier finden sich kleinere oder größere Unterschiede in der grammatischen Struktur, die Übereinstimmung der Wortklassen und der Wortstellung ist nicht mehr so absolut. Auch hier einige Beispiele. Im ersten steht einem pronominalen ein nominales Subjekt gegenüber, wobei sich auch die Wortstellung ändert:

rdj.n=f n=k nṯr.w ḫftj.w=k
jnj.n n=k sn Ḏḥwtj
„Er hat dir die Götter, deine Feinde, gegeben,
es hat sie dir Thot gebracht" (Pyr. 1979c).

Oder die Variante Passiv : Aktiv:

ẖnj.tw NN jn jḫm.w wrḏ
wḏ NN n jḫm.w sk
„NN wird gerudert von den Unermüdlichen,
NN gibt Befehle an die Unvergänglichen" (Pyr. 2173a-b).

Die weiteren Untergruppen des Parallelismus sind mehr nach inhaltlichen Kriterien definiert. Hier werden also formale und inhaltliche Analysemethoden vermischt, ein heute sicher nicht mehr zulässiges Verfahren. Im Prinzip könnte man sich auf die beiden formalen Gruppen, d.h. das „strenge" und das „freie Paarschema" beschränken.

Einer der Begriffe, die FIRCHOW mehr vom Inhalt her geprägt hat, ist der „Parallelismus der Identität", der nach seiner Definition den Satz oder dessen wichtigste Teile variiert, ohne den Gedanken zu verändern. Ein Beispiel hierfür ist etwa:

jꜥj ḥr p.t
bꜣq pḏ.t
„Gewaschen ist das Gesicht des Himmels,
glänzend ist die Ausgebreitete" (Pyr. 1443a).

Hier stehen sich eine anthropomorphe und eine kosmische Himmelsvorstellung gegenüber, deren Namen aber als Bezeichnungen des Himmels identisch sind.

Im folgenden Beispiel wird die Unendlichkeit durch zeitliche und räumliche Begriffe ausgedrückt:

ꜥḥꜥw pw n NN nḥḥ
ḏr pw n NN ḏ.t
„Die Lebenszeit des NN ist die Ewigkeit,

die Grenze des NN ist die Unendlichkeit" (Pyr. 412a).

Als letzte Gruppe FIRCHOWs folgen Beispiele zum „Parallelismus der Antithese"; hier wird dem ersten Vers im zweiten sein inhaltliches Gegenteil als Kontrast gegenübergestellt, auch das ist ein Mittel für die besondere Betonung einer Aussage. Besonders häufig ist hier die Verneinung des Gegenteils im zweiten Vers. Zunächst eine nichtnegierte Antithese:

„Es verbergen sich die Menschen,
    es fliegen empor die Götter" (Pyr. 459a).

Eine negierte Antithese findet sich in einer Aussage über die Himmelsgöttin:

„Sie holt ihn an den Himmel,
    sie wirft ihn nicht auf die Erde (= den toten König)" (Pyr. 1345a).

In dieser Gruppe ist als Sonderform des Parallelismus der Chiasmus zu erwähnen, in dem die Begriffe „über Kreuz" angeordnet werden:

sk R^c ḥrj-tp psḏ.tj
ḥrj-tp rḫj.t Nfr-tm

„Als Re das Oberhaupt der beiden Neunheiten war,
das Oberhaupt der Menschen (aber) Nefertem" (Pyr. 483b).

Weitere Untergruppen sind nach FIRCHOW die Parallelismen der Äquivalenz, der Analogie und der Konsequenz, die ihre Bezeichnungen inhaltlich leicht nachvollziehbaren Kriterien verdanken und hier nicht ausführlich vorgestellt werden sollen.

Neben dem Parallelismus führt FIRCHOW, wie oben gesagt, auch die Begriffe „Dreierschema" und „Viererschema" ein, Gruppen also, die ebenfalls vom Parallelismus geprägt sind, der sich aber über mehr als zwei Verse erstreckt. Als Grund hierfür sieht er zweifellos zu Recht die Möglichkeit einer besonderen Betonung. So wird etwa die Wesenseinheit des toten Königs mit Osiris mit den Worten beschrieben:

„Dein Leib ist der Leib dieses NN,
dein Fleisch ist das Fleisch dieses NN,
deine Knochen sind die Knochen dieses NN" (Pyr. 193a-b).

Der Gott Thot wird Pyr. 1725 in drei Versen beschrieben, wobei erst im dritten Vers sein Name selbst genannt wird:

„Der große Weiße   ist mein Vater an eurer Spitze,   ihr Geister,
der große Mächtige   ist mein Vater an eurer Spitze,   ihr Geister,
Thot   ist mein Vater unter euch,   ihr Götter"
(Pyr. 1725a-c).

Als Begründung für die Verwendung des Dreierschemas ist mit FIRCHOW sicher auf die Dreiheit als Bezeichnung der Vielzahl zu verweisen. Die große Bedeutung der Zahl vier ist ebenfalls ohne weiteres klar, man denke nur an die vier

Himmelsrichtungen, die Vierheit der persönlichen Umgebung mit Vorne, Hinten, Links und Rechts. Oder man erinnere sich, daß die Eingeweide des Toten in vier Kanopenkrügen beigesetzt wurden, die die Namen der vier Horussöhne tragen, an die häufige Aufforderung im Ritual, einen Spruch *sp-4*, „viermal" zu wiederholen u.a.m.

Ein besonders einprägsames Beispiel für diese Form, in der gleich drei sachlich geordnete Vierergruppen aufeinanderfolgen, findet sich Pyr. 707a-d. Hier werden vom Sonnengott Segnungen und Gaben für den toten König erbeten:

„Die Milch der Isis,
die Flut der Nephthys,
die Wogen der See,
das Wasser des Meeres;
   Leben,
   Heil,
   Gesundheit,
   Freude;
      Brot,
      Bier,
      Kleidung,
      Besitz."

Zum Abschluß dieses Überblicks sind noch zwei Formelemente zu nennen, die in verschiedener Hinsicht das Prinzip des Parallelismus sprengen, obwohl sie andererseits ebenfalls hierher gehören: die von FIRCHOW so genannte Reihung und die Litanei.

Unter „Reihung" versteht er „ein recht einfaches Mittel zur Sprachgestaltung in der religiösen Literatur, das sich in der Aufzählung und Aneinanderreihung von Namen, Beiworten und Dingen erschöpft" (S. 192). Sie wird dort verwendet, wo man die Gesamtheit durch eine Fülle von Einzelheiten beschreiben will. Ein spezieller Fall einer solchen Reihung ist der „Gliedervergottungstext", d.h. ein Text, in dem die Teile des Körpers, in unserem Falle des Königs, als Götter erklärt werden; dadurch wird der Leib des toten Königs mit demjenigen des Weltgottes identifiziert. Solche Texte aus dem funerären Bereich haben nach

   Hartwig ALTENMÜLLER, „Gliedervergottung", in: LÄ II, 264-627

ihren Ursprung im Bestattungsritual, „wo im Hinblick auf die jenseitige Existenz des Toten in besonderer Weise für den Schutz der einzelnen Glieder und Organe gesorgt werden muß." Daher sind solche Texte bis in die Spätzeit belegt, ja sogar bis in koptische Texte hinein.⁹ Der andere Verwendungsbereich solcher Texte ist die Magie, die wir hier allerdings beiseite lassen.

Die einfachste Form der Gliedervergottung ist: „Der Körperteil X des NN ist der Gott Y"; sie liegt im folgenden Beispiel vor:

„Dein Kopf ist der Horus der Unterwelt,   Unvergänglicher,
Dein Gesicht ist Mechenti-irtj,   Unvergänglicher,
Deine Ohren sind die Kindchen des Atum,   Unvergänglicher,
Deine Augen sind die Kindchen des Atum,   Unvergänglicher,
Deine Nase ist der Schakalsgott,   Unvergänglicher,
Deine Zähne sind Sopdu,   Unvergänglicher,
Deine Arme sind Hapi und Duamutef.
   Wenn Du wünschst, zum Himmel hervorzukommen,
   kommst Du hervor.
Deine Beine sind Amsti und Kebehsenuef (*Qbḥ-snw=f*).
   Wenn Du wünscht, zum unteren Himmel herabzusteigen,
   steigst Du herab.
Deine Glieder sind die Kindchen des Atum,   Unvergänglicher,
Du sollst nicht vergehen, Dein Ka vergehe nicht, Du bist ein Ka"
(Pyr. 148a-149d).

Der König wird hier siebenmal als „Unvergänglicher" angeredet, das entspricht der ägyptischen Bezeichnung der „Circumpolarsterne", die die Mannschaft der Barke des Sonnengottes bilden. Demgegenüber werden die vier „Horussöhne" offenbar als nicht-circumpolare Sterne aufgefaßt, die am Himmel emporsteigen und unter dem Horizont verschwinden können.

Das folgende Beispiel ist eine Litanei:

„Zufrieden ist Atum, der Vater der Götter,
zufrieden sind Schu und Tefnut,
zufrieden sind Geb und Nut,
zufrieden sind Osiris und Isis,
zufrieden sind Seth und Neith,
zufrieden sind alle Götter, die am Himmel sind,
zufrieden sind alle Götter, die auf Erden und in den Ländern sind,
zufrieden sind alle Götter, die südlichen und die nördlichen,
zufrieden sind alle Götter, die westlichen und die östlichen,
zufrieden sind alle Gaugötter, zufrieden sind alle Stadtgötter
   über diese sehr große Rede,
   die aus dem Munde des Thot für Osiris kam" (Pyr. 1521a-
1523a).

---

⁹ S. dazu Joachim F. QUACK, Dekane und Gliedervergottung. Altägyptische Traditionen im Apokryphon Johannis, in: Jahrbuch für Antike und Christentum 38, 1995, 97-113.

Ein anderes, letztes Beispiel bezeichnet FIRCHOW als „Prädikationslitanei", deren „Strophensätze von einem refrainartigen Finalsatz unterstrichen werden. Den Schluß der Reihe bildet eine aus dem Rahmen heraustretende Zusammenfassung, die den Zweck des ganzen Gedichts zum Ausdruck bringt" (S. 202):

> „Es kommt ein Kommender,
>> du sollst nicht in Not sein;
> es kommt zu dir deine Mutter,
>> du sollst nicht in Not sein;
> es kommt zu dir Nut,
>> du sollst nicht in Not sein;
> es kommt zu dir die Bewahrerin des Großen,
>> du sollst nicht in Not sein;
> sie bewahrt dich und verhindert,
>> daß du in Not seist" (Pyr. 834a-c).

FIRCHOWs letztes Kapitel ist Begriffen wie „Alliteration", „Paronomasie" und „Wortspiel" gewidmet, die auch in anderem Zusammenhang auftauchen und deshalb hier ausgespart werden sollen. Grundsätzlich ist das Buch FIRCHOWs für das eigene Studium dringlich zu empfehlen.

Wir können die *Pyramidentexte* nicht verlassen, ohne einen größeren zusammenhängenden Text zu zitieren, der eine Fülle von unterschiedlichen, zum Teil abenteuerlichen Interpretationen erfahren hat. Gemeint ist der „Kannibalenhymnus" Spruch 273-274, Pyr. 393a-414c. Eine neuere Behandlung (einschließlich einer hypothetischen Wiedergabe der historischen Lautung) stammt von

📖 Frank KAMMERZELL, Das Verspeisen der Götter – Religiöse Vorstellung oder poetische Fiktion?, in: LinAeg 7, 2000, 183-218.

Die folgenden Auszüge stammen aus der Übersetzung von

📖 Erik HORNUNG, Gesänge vom Nil. Dichtung am Hofe der Pharaonen, Zürich/München 1990, 121-124.

Die Sprachgewalt dieses Spruches wird auch noch in der Übersetzung spürbar:

> „Verhüllt ist der Himmel, die Sterne fahren durcheinander.
> Es beben die Bogen der Welt, die Knochen des Erdgottes zittern.
> Doch jede Bewegung erstarrt, wenn Unas erblickt wird,
> der beseelt ist als ein Gott,
> der von seinen Vätern lebt, von seinen Müttern sich nährt.
> [...]
> Dies ist Unas, der ‚Stier' des Himmels,
> Ungeduld im Herzen, der vom Wesen der Götter lebt,
> indem er ihre Eingeweide aufißt,
> wenn sie zaubererfüllt aus der ‚Flammeninsel' kommen.

[...]
Dies ist Unas, der über Opferspeisen verfügt,
der den Meßstrick knotet,
der selber für seine Speisen sorgt.
Dies ist Unas, der Menschen frißt und von den Göttern lebt,
der Boten hat, die (seine) Aufträge durchführen.

Der ‚Scheitelpacker' in den Oasen(?) ist es,
der sie mit dem Lasso für Unas fängt.
Die hochgereckte Schlange ist es, die sie bewacht
und sie von ihm fernhält.
‚Der über seiner Röte' ist es, der sie ihm bindet.
Chons ist es, der die ‚Herren' niedermetzelt
und für Unas schächtet,
der ihm herausnimmt, was in ihrem Leib ist.
Der Bote ist das, den er ausgesandt hat, um zu strafen.
Schesemu ist es, der sie für Unas schlachtet,
der ihm ein Mahl aus ihnen kocht
auf seinen abendlichen Feuerstellen.

Dies ist Unas, der ihre Zauber aufißt,
der ihre Zaubermacht verschlingt.
Ihre Großen sind für sein Frühstück,
ihre Mittleren für sein Abendbrot,
ihre Kleinen für sein Nachtmahl,
und ihre Greise und Greisinnen für seinen Räuchertopf.
Der Größte (Stern) des Nordhimmels zündet ihm die Flamme an
unter den Kesseln, die sie enthalten, mit den Schenkeln ihrer Ältesten.
Die im Himmel sind, warten dem Unas auf,
wenn ihre Feuerstellen für ihn angezündet werden
mit den Beinen ihrer Frauen.

Er hat die Himmel insgesamt durchmessen
und die Beiden Ufer durchlaufen.
Denn Unas ist die größte Macht, ist der Allermächtigste.
Unas ist ein Götterbild, das Bild der Bilder des ‚Größten' (Gottes).
Wen er findet auf seinem Weg,
den frißt er auf, Stück für Stück.
Der Platz des Unas ist an der Spitze aller Edlen, die im Horizont sind,
denn Unas ist ein Gott, älter als die Ältesten.
Ihm dienen Tausende,
und Hunderte opfern für ihn.
Ihm wurde eine Urkunde ausgestellt als ‚Größter Macht'
von Orion, dem Vater der Götter.

> Unas ist wiederum im Himmel erschienen,
> er ist gekrönt als Herr des Horizontes.
> Er hat die Rückenwirbel zerbrochen
> und die Herzen der Götter ergriffen.
> Er hat die Rote Krone aufgegessen
> und die ‚Papyrusfarbene' verschluckt.
> Unas nährt sich von den Lungen der Wissenden,
> er findet Gefallen daran, von Herzen zu leben und von ihren Zaubern dazu.
> Unas ekelt sich, wenn ihre Zauber in seinem Leib sind.
> Die Würde des Unas kann ihm nicht fortgenommen werden,
> denn er hat sich die Weisheit jeglichen Gottes einverleibt.
>
> Die Lebenszeit des Unas ist alle Zeit, seine Frist ist ewige Dauer
> in dieser seiner Würde des ‚Will er, so tut er, will er nicht, so tut er nicht',
> der im Bereich des Horizontes bleibt, immer und ewig.
> Wahrlich ihre Ba-Seele ist im Leib des Unas,
> ihr Geist ist im Besitz des Unas
> als ein Zusatzopfer, das (er) den Göttern voraus hat,
> das aus ihren Knochen für Unas gekocht wurde.
> Wahrlich, ihre Seele ist im Besitz des Unas,
> ihre Schatten sind ihren Eigentümern (fortgenommen).
> [...]".

Soweit also dieser Text. Zweifellos fällt zuerst nicht so sehr die literarische Form ins Auge, sondern der scheinbar barbarische Inhalt, der zu der schönen Bezeichnung „Kannibalenspruch" bzw. „-hymnus" geführt hat.

SETHE hatte in seinem Kommentar zur Übersetzung die in diesem Text geäußerten Gedanken als Metaphern aufgefaßt: Hier äußere der Verstorbene seinen Wunsch nach Unabhängigkeit bei der Versorgung mit Opferspeisen. Außerdem sah er in der Nennung des Königs als „Stier des Himmels" eine Identifizierung mit dem Erdgott Geb, der die Verstorbenen bei der Bestattung, wenn sie also in die Erde versenkt werden, in sich aufnehme, gleichsam verschlinge. Seiner Interpretation ist aber, wie

📖 Winfried BARTA, Bemerkungen zur Bedeutung der im Pyramidenspruch 273/274 geschilderten Anthropophagie, in: ZÄS 106, 1979, 89-94

zu Recht anmerkt, eine gewisse Verlegenheit bzw. eine Befremdung gegenüber den eindeutigen Textaussagen anzumerken. FAULKNER und SPIEGEL (s.o.) glaubten, der Text spiegele eine vergangene Wirklichkeit wider; während FAULKNER sich für die Reflektion eines alten Brauches aus der Zeit der Reichseinigungskämpfe aussprach, nahm SPIEGEL an, daß es sich um Anspielungen auf tatsächliche Ereignisse während der Machtergreifung des Unas handele. Beides läßt sich auf Grund schwacher Beweislage nicht halten. In jüngerer Zeit faßt

📖 Hartwig ALTENMÜLLER, Bemerkungen zum Kannibalenspruch, in: Jan ASSMANN/Erika FEUCHT/Reinhard GRIESHAMMER (Hrsgg.), Fragen an die altägyptische Literatur (GS Otto), Wiesbaden 1977, 19-39

die Schilderungen des „Kannibalenspruches" wieder in übertragenem Sinne auf: Er sieht darin Hinweise auf frühere Menschenopfer für den Sonnengott; diese Menschenopfer seien in historischer Zeit durch Tieropfer, d.h. Schlachtriten ersetzt worden. Doch auch dafür fehlen Belege.

Einen ethnologischen Weg beschritt BARTA im genannten Beitrag: Er weist auf die Verbindung Ägyptens mit den Naturvölkern Afrikas hin, zumal in der schriftlosen Vor- und Frühzeit. Er ist der Auffassung,

> „daß es sich bei der im Pyramidenspruch 273/274 geübten Anthropophagie um einen magisch-rituellen Kannibalismus handelt, der auf wahrscheinlich während der Vorzeit geübte naturvölkische Praktiken zurückgeht. Sein religiöser Sinngehalt könnte dabei in Vorstellungen früher Pflanzvölker wurzeln, nach denen der Kulturheros oder Stammesahne am Ende einer mythischen Urzeit durch seinen Tod die jetzige Seinsordnung schuf und damit nicht nur das Phänomen der Sterblichkeit in der Welt, sondern auch die Nahrungsbedürftigkeit inaugurierte. An dieses Urereignis hatte sich der Mensch regelmäßig im Kult zu erinnern, indem er nachahmend Tötungsrituale zelebrierte und danach Menschenfleisch aß, um sich mit dem getöteten Gottwesen zu identifizieren, aus dessen Leib einst neben Tieren und Pflanzen vor allem die Menschen hervorgegangen waren" (S. 94).

📖 Ursula VERHOEVEN, Grillen, Kochen, Backen im Alltag und im Ritual Altägyptens. Ein lexikographischer Beitrag, Bruxelles 1984 (RE 4), bes. 102-104,

nähert sich dem Spruch von der lexikalischen Seite her an, hier speziell mit Hilfe des Verbums *psj/fsj* „kochen". Ihre exakte Untersuchung der Verben für „Grillen, Kochen, Backen" nimmt in der Tat dem Spruch das „Kannibalische"; außerdem betont sie – wie schon SETHE – die Metaphorik der geschilderten Vorgänge: Unas nimmt nicht die Wesen selbst als Mahlzeit zu sich, sondern das, was ihm der Gott Schesemu *aus* ihnen zubereitet, und das sind, wie der Text sagt, Zauberkräfte (*ḥkȝ.w*) und Geisterkräfte (*ȝḫ.w*) –

> „in diesem Zusammenhang interpretierbar als imaginäre, geistige Kraftnahrung. Unas ist kein normaler Verstorbener mehr, der sich von normalen vorgestellten Speisen ernährt, sondern er ist der Gott werdende verstorbene König und benötigt als Nahrung Zauberkräfte [...] Die Transformation von gewissen Wesen zu von Unas genießbaren Substanzen, die ihm Lebenskraft verleihen und durch die er zu einem göttlichen Wesen wird, geschieht durch die Garmethode ‚Ko-

chen', die [...] einen stärkeren Veränderungsprozeß in den Objekten auszulösen vermag als die Verfahren ‚Grillen' und ‚Rösten' und zudem die Kraft aus dem Fleisch herausholen kann. Denn Unas ißt eben nicht die gekochten Wesen selbst, sondern das, was aus ihnen durch das Kochen entsteht, eine Art Zaubertrank [...] Damit ist die gesamte Beschreibung des Mahls eine mythologische Metapher für die Aneignung und Aufnahme bestimmter, für den verstorbenen König notwendiger Kräfte und kein Überbleibsel einer vorgeschichtlichen Anthropophagie bzw. [eines] Kannibalismus [...]".

Nur kurz vermerkt sei, daß wir KAMMERZELLs Versuch (s.o.), den Text mit Hilfe der Bachtin'schen Rabelais-Interpretation in den Bereich der Groteske zu verweisen, für verfehlt halten.

Eine interessante Deutung dieses Textes stammt von

📖 Leo DEPUYDT, Ancient Egyptian Star Clocks and Their Theory (Rez. Christian LEITZ, Altägyptische Sternuhren, Leuven 1995), in: BiOr 55, 1998, 42: „...that the sun-king is eating stars".

Die jüngste ausführliche Auseinandersetzung mit dem Kannibalenspruch ist soeben erschienen:

📖 Christopher EYRE, The Cannibal Hymn. A Cultural and Literary Study, Liverpool 2002.

Eines der Ergebnisse dieser sehr lesenswerten Untersuchung, die hier nicht im Einzelnen referiert werden kann, ist die Deutung des Kannibalenhymnus als ein ursprüngliches Schlachtungsritual.

Mit dem „literarischen" Aspekt des Spruches hat sich

📖 Raymond O. FAULKNER, The „Cannibal Hymn" from the Pyramid Texts, in: JEA 10, 1924, 97-103, bes. 100-102

auseinandergesetzt. Zwar ist der Text auch von FIRCHOW behandelt worden, aber über das gesamte Buch verteilt; es fehlt bis heute eine stilistische Untersuchung des Textganzen. Die ins Auge fallenden formalen und stilistischen Elemente, wie wir sie in den Einzelbeispielen ausführlich kennengelernt hatten, lassen sich bei einer Übersetzung nicht so leicht erkennen bzw. gehen teilweise durch die Übertragung auch verloren. Wir hoffen, daß trotzdem eine Ahnung von seiner dichterischen Form erkennbar wurde.

Der „Kannibalen-Spruch" ist außer in der Pyramide des Unas noch in der des Teti zu finden, dagegen in keiner der späteren Pyramiden; nach LICHTHEIM, Literature I, 30 ist das „a clear indication that this very primitive text was not suited to the thinking of later generations". Diese Aussage ist jedoch zu modifizieren: Der ursprüngliche Wortbestand, wie wir ihn in Auszügen gesehen haben, ist bis in das Mittlere Reich überliefert worden; dafür ist die Pyramide des Sesostris-anch in Lischt ein Beweis, die bekanntlich den Textbestand des Unas fast unverändert und komplett überliefert hat. Daneben jedoch muß am Ende des Alten Reichs oder in der Ersten Zwischenzeit eine zweite Fassung entstanden sein, die sozusagen „entschärft" ist; in ihr fehlen die ursprüngliche Wildheit und Grausamkeit – womit eigentlich ein Hinweis darauf gegeben wäre, daß den Redaktoren dieser zweiten Fassung die Metaphorik des Urtextes nicht mehr klar war. Diese mildere Version ist als Spruch 573 in den Sargtexten überliefert.

Damit sind die zwei wichtigsten und umfangreichsten Textgruppen des Alten Reichs – sieht man einmal von den reinen Wirtschaftstexten der Abusirpapyri ab – so ausführlich, wie es in diesem Rahmen möglich ist, erörtert. Wir möchten abschließend noch einmal zwei Punkte hervorheben, die für die Auseinandersetzung mit den späteren Texten wichtig sind:

1. Inhaltlich ist in den Autobiographien der Kern oder die Wurzel dessen vorhanden, was später einen großen Teil der „literarischen" Texte ausmacht: Die „Laufbahnbiographie" ist die Vorstufe zu den im weitesten Sinn „historischen", die „Idealbiographie" zu den lehrhaften Texten.

2. Formal ist der Kern des Aufbaus von literarischen Texten in den Pyramidentexten angelegt. Wir finden dort vor allem den *parallelismus membrorum* als grundlegendes Formprinzip mit seinen Varianten Dreiergruppe und Vierergruppe vor, ebenso eine Reihe weiterer formaler und stilistischer Elemente, die später den kunstvollen Aufbau literarischer Texte prägen.

Eines läßt sich allerdings für beide Textgruppen ebenfalls feststellen. Als ein nicht unwichtiges Kriterium für die Literarizität eines Textes wird dessen Freiheit von einem bestimmten Verwendungszweck gesehen, auch wenn dieses Prinzip im Ägyptischen nur mit Einschränkungen anwendbar ist. Was dieses Kriterium betrifft, sind sowohl Autobiographien wie Pyramidentexte im Alten Reich ganz entschieden zweckgebunden: Sie sind jeweils nur auf eine einzige Person ausgerichtet, die Autobiographien auf den einzelnen Grabherrn, die Pyramidentexte auf den toten König.

Vorausgreifend läßt sich dagegen konstatieren, daß „literarische" Texte des Mittleren Reichs, seien es Lehren, Klagen, Erzählungen wie der pWestcar oder andere, in jedem Fall einem viel größeren Kreis von Rezipienten dienten. Dies wiederum trifft für keinen der Texte des Alten Reichs zu.

5. Der Übergang

Das Ende des Alten Reichs ist durch den Zusammenbruch der königlichen Zentralgewalt markiert. Die wirklichen historischen Abläufe waren in der Ägyptologie lange verkannt worden, vor allem aufgrund eines allzu großen Vertrauens in den Wortlaut einer Reihe von literarischen Texten des, wie wir inzwischen wissen, Mittleren Reichs. Dort werden wir auf dieses Thema zurückkommen. Unstrittig ist in jedem Fall die Tatsache, daß nach dem Zerfall der Zentralgewalt die Bedeutung der einzelnen Gaufürsten oder, wie sie gelegentlich nicht unpassend bezeichnet werden, der Patrone, zunahm. Damit hängt wohl auch eine starke Zunahme der Autobiographien in dieser Zeit zusammen. Man hätte durchaus auch das Gegenteil erwarten können: daß der Zerfall des Königtums den biographischen Aussagen des Alten Reichs ideologisch den Boden entzogen hätte.

Interessanterweise ist das Gegenteil der Fall, allerdings im Verbund mit einer tiefgreifenden Verschiebung der Schwerpunkte. Im frühen Alten Reich war bekanntlich nie von der Leistung des Grabherrn die Rede, sondern nur von der Anerkennung, die ihm durch den König zuteil wurde. In der späten 5. Dynastie rückt die persönliche Leistung neben die königliche Anerkennung, eine erste, wichtige Verschiebung. Nach wie vor aber handelt der Beamte nicht aus sich selbst heraus, sondern aufgrund des königlichen Willens. Nunmehr, nach dem Zerfall der Zentralgewalt und der Normen der gesellschaftlichen Solidarität, der *Maat*, rückt die eigene persönliche Leistung in den Vordergrund und ins Zentrum der autobiographischen Berichte.

Exemplarisch wird das in der Autobiographie des Anchtifi aus Moalla ausgesprochen. Diese markante Persönlichkeit lebte um die Zeit der 9. Dynastie. Er berichtet unter anderem, wie er von dem Gott Horus berufen wurde, den Gau von Edfu neu zu ordnen. Die folgenden Übersetzungen sind teilweise entnommen aus:

📖 Jan ASSMANN, Ägypten, eine Sinngeschichte, München/Wien 1996, 110-117.

Vor allem aber ist auf das für diesen Zusammenhang bzw. für diese Texte nach wie vor grundlegende Werk zu verweisen:

📖 Wolfgang SCHENKEL, Memphis, Herakleopolis, Theben. Die epigraphischen Zeugnisse der 7. - 11. Dynastie Ägyptens, Wiesbaden 1965 (ÄA 12).

Anchtifi berichtet über die vorgefundenen Mißstände, die natürlich als Folie seiner eigenen Leistungen dienen sollen. Das wird später ein typisches Motiv von Königsinschriften sein: Der Herrscher erscheint als Retter in der Not, sein Amtsantritt wird als Heilswende dargestellt. Es hat den Anschein, daß dieses Motiv seinen Ursprung in den Biographien der Gaufürsten der Ersten Zwischenzeit hat. Bei Anchtifi lautet die entsprechende Passage folgendermaßen; zunächst die Schilderung der Mißstände:

„Ich traf das Haus des Chuu (=des Begründers der lokalen Dynastie) an, überschwemmt wie ein Neuland,
vernachlässigt von dem für ihn Zuständigen,
im Zugriff eines Aufrührers und unter der Planung eines Nichtswürdigen" (ASSMANN, S. 110).

Es folgt die Schilderung von Anchtifis Maßnahmen:

„Ich veranlaßte, daß ein Mann den Mörder seines Vaters oder seines Bruders umarmte,
um den Gau von Edfu neu zu ordnen.
Wie schön ist der Tag, als ich das Heil gefunden hatte in diesem Gau.
Nicht will ich zulassen, daß die Hitze [des Zorns] Gewalt gewinnt über ihn,
nach der Vertilgung jeder schlechten Handlungsweise, die die Menschen zu verüben hassen" (ASSMANN, S. 110-111).

Danach folgen lange Passagen, die Anchtifi der Schilderung seiner eigenen bedeutenden Person widmet – das wäre in dieser Form in den Biographien des Alten Reichs nicht möglich gewesen. Bei den folgenden Auszügen greifen wir bewußt auf die Übersetzungen SCHENKELs zurück, da diese philologisch näher am Text stehen.

Direkt im Anschluß an die eben zitierte Passage beginnt ein langer Text, der sehr deutlich die Unterschiede zu den Biographien des Alten Reichs erkennen läßt:

„Ich bin der Anfang der Menschen und das Ende der Menschen, einer, der die Entscheidung findet, wenn sie nottut, als einziger im Land, auf Grund klugen Planens; einer, der seiner Worte mächtig ist, der am Tag der Vereinigung der 3 Gaue nicht verstört war. Ich bin der Held ohne Gleichen, der das zu Sagende sagt, wenn das Volk nicht zu sprechen wagt, in bangen Tagen, wenn Oberägypten verstummt ist. Über keinen aber, auf den ich meine Hand legte, kam je ein Mißgeschick: wegen der Festigkeit meines Herzens und wegen der Trefflichkeit meines Planes. Jeder Unwissende aber und jeder Elende, der sich gegen mich aufwirft, bekommt entsprechend dem zurück, was er gegeben hat. ‚O Jammer!' ruft man über den aus, den ich einmal erhöht hatte; denn sein Hausstand(??) säuft ab wie ein Boot. Ich bin der Held ohne Gleichen" (SCHENKEL, S. 46-47).

Wenig später verstärkt er sein Selbstlob noch weiter:

„Ich bin der Anfang der Menschen und das Ende der Menschen; denn das Entstehen eines mir Gleichen gibt es (bis jetzt) nicht, und nicht wird ein solcher (je) entstehen; ein mir Gleicher ist (noch) nicht geboren worden, und nicht wird er (je) geboren werden. Ja ich habe übertroffen, was meine Vorfahren getan haben, und meine Nachfolger werden mich in allem, was ich getan habe, nicht erreichen, in dieser (kommenden) Million von Jahren" (SCHENKEL, S. 47-48).

Auch Konkretes über seine Taten berichtet er:

„Weiter gewährte ich auch dem Festungsgau und dem Horusthrongau Lebensunterhalt, und Elephantine und Ombos. So wahr mich Horus von *Nḫn* begünstigt, sowahr Hemem für mich lebt: meine oberägyptische Gerste gelangte nach Dendera und *Š3bt* im Krokodilsgau, nachdem ich diese (meine eigenen) Gaue mit Lebensunterhalt versorgt hatte [...] Niemals hatte dies irgendein Herrscher getan, der in diesem Gau aufgekommen war. Ich bin der Held ohne Gleichen [...] Ich bin ein Reicher: der Herr von Reichtümern. Ich bin ein *Ḥꜥpj*: der Herr der [Rin]der, eine *S[ḫ]3t-Ḥr*: der Herr der Ziegen; ein *Nprj*: der Herr der oberägyptischen Gerste; eine *T3j.t*: der Herr der Kleider" (SCHENKEL, S. 53).

Er setzt sich also mit verschiedenen Gottheiten gleich, was sonst dem König zusteht. Und er fährt fort:

„Ich sa[ge die]s alles ganz unverstellt, und nicht <als> ein ‚Amt in der Nekropole'" (SCHENKEL, S. 53).

ASSMANN bemerkt zu diesem Passus, daß der Ausdruck „Ämter der Nekropole" in den Inschriften dieser Zeit öfter belegt ist. Gemeint sind damit Titel, Funktionen und Leistungen, die man sich in Grabinschriften zulegt, ohne sie zu Lebzeiten wirklich innegehabt bzw. ausgeübt zu haben:

„Das ‚Amt der Nekropole' wird als eine Art ungedeckter Scheck entlarvt. Das ist wohl ein Vorbehalt, der sich in der Zeit des späten Alten Reichs gegenüber der Selbstdarstellung der Beamten – mit ihren zahllosen immer fiktiver werdenden Ämtern – entwickelt haben mag und der von der neuen Klasse ‚real existierender' Machthaber explizit zurückgewiesen wird" (ASSMANN, S. 118-119).

Schließlich betont Anchtifi seine Fürsorge anderen Gauen gegenüber in Zeiten der Not:

„Der Himmel ist bewölkt, die Erde ist [ausgedörrt(?)], jedermann stirbt] vor Hunger auf dieser Sandbank des Apophis. [Der Süden langte an] mit seinen Menschen, der Norden kam [mit] seinen Kindern. Da brachte es[10] (dieses?) beste Salb[öl] (schon) wegen einer Handvoll(?) oberägyptischer Gerste herbei, die ihm gegeben wurde. Diese meine oberägyptische Gerste war es da, die stromauf gelangte und bis nach *W3w3t* kam; die stromab gelangte und (bis) zum thinitischen Gau kam, während (sonst) ganz Oberägypten Hungers starb, und jeder-

---

[10] Die Rede ist vom Norden und vom Süden.

mann seine Kinder eins nach dem anderen auffraß. Ich aber habe nie zugelassen, daß es in diesem Gau einen gab, der vor Hunger hätte sterben müssen. Dazu habe ich auch noch Oberägypten ein Saatgutdarlehen gegeben und dem Norden oberägyptische Gerste auf Pump(?). Das ist etwas, was ich nicht von den früheren Herrschern ausgeführt fand. Niemals hatte irgendein Truppenführer dieses Gaues dergleichen getan" (SCHENKEL, S. 54).

Natürlich hat man seine Kinder nicht aufgefressen. Kannibalismus aus Hunger oder aus anderen Gründen hat es in Ägypten sicher nicht gegeben. Entsprechende Spekulationen aus der Frühzeit unserer Disziplin entbehren der Grundlage. Die Vorstellungen an sich existierten dagegen sehr wohl, sie wurden vor allem im mythisch-magischen Bereich verwendet, man denke nur an den oben besprochenen „Kannibalenhymnus". Wir verweisen dazu auf den Artikel

📖 Ursula RÖßLER-KÖHLER, „Kannibalismus", in: LÄ III, 314-315.

Die entsprechende Aussage ist wie die „Sandbank des Apophis" vielmehr eine Metapher für Hungersnot, die nur hier und im dritten der Briefe des Hekanachte belegt ist; dort heißt es:

„Siehe! Man sagt ‚Hunger über Hunger!' Siehe! Sie beginnen, Menschen zu essen hier."

Die grundlegende Publikation der Hekanachte-Briefe stammt von

📖 Thomas G. H. JAMES, The Hekanakhte Papers and Other Early Middle Kingdom Documents, New York 1962 (Publications of the Metropolitan Museum of Egyptian Art Expedition 19).

Diese Beispiele zeigen, daß sich der Inhalt dieser Texte mehr und mehr verändert bzw. erweitert. Neben das, was ASSMANN (Schrift, Tod und Identität, S. 82) den „weisheitlichen Diskurs der Idealbiographie" nennt, treten vermehrt auch historische Details. Die Texte werden umfangreicher und anspruchsvoller und kommen den „eigentlichen" literarischen Texten immer näher; diesen wollen wir uns jetzt zuwenden.

6. Die Literatur des Mittleren Reichs

Zunächst ist ein Wort zur Auswahl der Texte zu sagen. Wir haben uns aus pragmatischen Gründen für einen „weiten" Literaturbegriff entschieden; das Fehlen einer sicheren und allgemein anerkannten Definition erlaubt es zudem, möglichst viele Texte vorzustellen. Aber wie immer auch eine Auswahl ausfällt, sie kann nicht vorgenommen werden ohne einen Hinweis auf das bedeutende und bis heute nachwirkende Werk von

📖 Georges POSENER, Littérature et politique dans l' Égypte de la XIIe dynastie, Paris 1956.

POSENER betrachtet die literarischen Texte der 12. Dynastie im Lichte der Konstituierung des Königtums. Er entwirft zunächst ein Bild der inneren Situation Ägyptens zu Beginn der Herrschaft Amenemhets' I. und betont die Aufgabe des Königtums, die Schwierigkeiten zu überwinden: sich selbst zu etablieren und das Prestige des Amtes zu restaurieren. Im Dienste dieser Restauration stehen diese literarischen Texte, denn nach POSENERs Meinung enstanden sie aus Gründen politischer Wirkung. Die Folge dieser Überlegungen war, daß man die Texte gelegentlich mit der Bezeichnung „Propagandaliteratur" qualifizierte. POSENER selbst ist mit dem Begriff „Propaganda" sehr vorsichtig, da er sich sehr wohl der Tatsache bewußt ist, wie belastet dieser Ausdruck ist. Uns scheint, daß er in der Folgezeit des öfteren mißverstanden wurde. Wenn man Propagandaliteratur als direkte Reflexion einer historischen Situation versteht, ist die Definition der Texte des Mittleren Reichs als „Propaganda" viel zu eng gefaßt. Wir sind uns mittlerweile klar darüber, daß wir mit historischen Rückschlüssen infolge der unsicheren Datierungen der Texte vorsichtig sein müssen. Es bleibt aber dennoch festzustellen, daß die Mehrzahl der Texte in bestimmter Absicht verfaßt worden sind: Sie sollen „auf der zeitlosen Folie von *jzf.t* vs. *mɜʿ.t* ‚Chaos vs. Ordnung' die Gegenwart als beste aller möglichen Welten erweisen" (BUCHBERGER, Transformation, S. 297).

Das Wort „Propaganda" ist eigentlich eine Abkürzung der neulateinischen Kompositbildung „congregatio de propaganda fide" = „Gesellschaft zur Verbreitung des Glaubens". In diesem Sinne sind wir durchaus bereit, den königlichen Hof des Mittleren Reichs für eine „congregatio de propaganda fide" zu halten: eine Gesellschaft, die im Sinne BUCHBERGERs den Glauben verbreitete, die Gegenwart sei die beste aller möglichen Welten.

Zur Diskussion des Propagandabegriffes s. jetzt auch PARKINSON, Poetry 13-16.

Die Reihenfolge der Präsentation der Texte folgt pragmatischen Gesichtspunkten. Wir ersparen es uns auch, nochmals auf die bereits diskutierte Gattungsfrage zurückzukommen und beginnen mit einer Gruppe von Texten, die hinsichtlich Form, Inhalt und Aussage zusammengehören.

6.1. Die Lebenslehren I
Nach all den Fragen und Problemen, die im Vorfeld zu erörtern waren, befinden wir uns hier scheinbar auf sicherem Boden: Der Gattungsbegriff ist klar

B. Texte. Die Literatur des Mittleren Reiches: Lebenslehren I

umrissen, die Texte haben erfreulicherweise in der Regel einen Autor und damit auch eine Datierung. Sie stellen damit Ausnahmefälle dar, denn in den meisten Fällen bleiben uns die Autoren ägyptischer Texte unbekannt, s. PARKINSON, Poetry 75-78. Man kann sich, so glaubt man, ganz auf den Inhalt konzentrieren.

Das hat man zunächst auch getan. Wenn man ältere Übersetzungen von oder Abhandlungen über „Weisheitslehren", wie sie vor allem damals meist wie selbstverständlich genannt wurden, zur Hand nimmt, findet man i.d.R. eine einfache chronologische Abfolge der Texte, die uns bekannt bzw. erhalten sind:

1. Die Lehre des Imhotep: Er war Baumeister des Djoser und lebte in der 3. Dynastie.
2. Die Lehre des Hordjedef/Djedefhor (über die richtige Lesung ist man sich noch immer nicht einig): Er war ein Sohn des Cheops und lebte in der 4. Dynastie.
3. Die Lehre für Kagemni: Er wird, wie im Text steht, von Snofru als Wesir eingesetzt, ist also in die frühe 5. Dynastie zu datieren.
4. Die Lehre des Ptahhotep: Er war, wie er in der Einleitung sagt, Wesir unter Asosi, also in der späten 5. Dynastie.
5. Die Lehre für Merikare: Dieser König der Herakleopolitenzeit gehört in die 9./10. Dynastie.
6. Die Lehre des Amenemhet I.: Sie entstand wohl nach dem Tod des Königs, also in der 12. Dynastie.
7. Die Lehre des Cheti: Sie muß aus der gleichen Zeit stammen, da die spätere Überlieferung Cheti auch als eigentlichen Verfasser der Lehre des Amenemhet kennt.

Zusätzlich sind noch die Loyalistische Lehre und die Lehre eines Mannes für seinen Sohn zu nennen, die ebenfalls ins Mittlere Reich und in die 12. Dynastie zu datieren sind. Damit, so glaubte man, hatte man die Lehren chronologisch geordnet. Selbstverständlich hat man auch versucht, unter Zugrundelegung dieser Reihenfolge inhaltliche Entwicklungen zu rekonstruieren. Dies bleibt hier außer acht.

Demgegenüber beginnt sich heute die Ansicht durchzusetzen, daß die Lehren später entstanden sind: im Mittleren Reich oder allenfalls in der Ersten Zwischenzeit.

Wie immer zunächst einige Literaturhinweise. Hier gilt wie für alles folgende, daß die Fülle der relevanten Literatur beinahe nicht mehr zu überblicken ist; man könnte in Anlehnung an das in unserem Fach wohlbekannte Gesetz vom

Zufall des Erhaltenen von einem Zufall des Gelesenen sprechen. Wer tiefer in die jeweilige Materie eindringen will, findet in diesen Beiträgen genügend Hinweise und kann bei entsprechender Hartnäckigkeit darauf vertrauen, daß er nichts Wichtiges übersehen hat.

Einen kurzen zusammenfassenden Überblick und einige grundlegende Literatur gibt

📖 Erik HORNUNG, Einführung in die Ägyptologie. Stand, Methoden, Aufgaben, ⁴Darmstadt 1993, 43-44.

Ebenfalls knapp und zusammenfassend, jedoch von konservativer Einstellung hinsichtlich Autorschaft und Datierung geprägt ist

📖 Hellmut BRUNNER, „Lehren", in: LÄ III, 964-968.

Zu Einzelfragen vgl.

📖 Jean LECLANT et al., Les Sagesses du Proche-Orient Ancien (Colloque Strasbourg 1962), Paris 1963.

📖 Erik HORNUNG/Othmar KEEL (Hrsgg.), Studien zu altägyptischen Lebenslehren, Freiburg/Schweiz 1979 (OBO 28).

Eine deutsche Übersetzung aller Lehren stammt von

📖 Hellmut BRUNNER, Altägyptische Weisheit. Lehren für das Leben, Die Bibliothek der alten Welt, Zürich 1988. Unter dem Titel „Die Weisheitsbücher der Ägypter" 1991 in Neuauflage erschienen.

Einige Lehren sind zudem in der Reihe „Texte aus der Umwelt des Alten Testaments" (TUAT) in Übersetzung erschienen. Auf sie wird bei dem jeweiligen Text verwiesen.

Eine neuere Übersetzung mit recht aktueller Bibliographie stammt von

📖 Allessandro ROCCATI, Sapientia egizia. La letteratura educativa in Egitto durante il II millenio a.C., Brescia 1994 (Testi del Vicino Oriente antico 4).

Auf die Übersetzungssammlungen von LICHTHEIM und SIMPSON/FAULKNER wurde schon früher verwiesen.

Eine Zusammenstellung der bis etwa 1985 erschienenen Literatur stammt von

📖 Madeleine BELLION, Catalogue des manuscrits hiéroglyphiques et hiératiques et des dessins, sur papyrus, cuir ou tissu, publiés ou signalés, Pau 1987.

Die letzte Übersicht bietet PARKINSON, Poetry S. 313-319. Neuere Literatur ab etwa 1990 ist auch unter den jeweiligen Stichwörtern/Titeln in der Literaturdatenbank „Aigyptos" im Internet zu finden.[11]

---

[11] http://www.aigyptos.uni-muenchen.de

B. Texte. Die Literatur des Mittleren Reiches: Lebenslehren I   75

Wenn auch, wie wir weiter oben gesehen hatten, die scheinbar klare chronologische Abfolge eine verfrühte Hoffnung war, so bleibt doch offenbar die Tatsache, daß der gemeinsame Titel *sbȝj.t* und die Nennung des Verfassers – beides für ägyptische Texte ungewöhnlich – als ein diesen Texten eigenes Charakteristikum festgemacht werden können und sie von anderen Textgattungen abheben. Aber auch hier gibt es neue Fragen und Probleme.

Kronzeuge dafür ist ein zu Recht immer wieder zitierter Text. Es handelt sich um die berühmte Passage aus dem pChester Beatty IV vso, in der u.a. die unsterblichen Klassiker früherer Zeiten zusammengestellt sind. Der Papyrus, heute pBM 10684, stammt aus der 19. Dynastie. Zur Bedeutung vgl. PARKINSON, Poetry S. 30-31 und 45-46. Die folgende Übersetzung nach BRUNNER, Altägyptische Weisheit S. 224-226:

„[II,5] Wenn du nach allem diesem handelst,
kannst du als erfahren im Schrifttum gelten.
Jene weisen Schreiber
seit der Zeit, die nach den Göttern kam,
die verkündeten, was kommen werde,
deren Namen bleiben bestehen in Ewigkeit,
obwohl sie dahingegangen sind,
nachdem sie ihre Lebensspanne vollendet hatten,
und obwohl alle ihre Angehörigen vergessen sind.
[II,7] Sie haben sich keine Pyramiden aus Erz,
keine Grabsteine aus Eisen errichtet;
die ihre Namen hätten lebendig erhalten können.
Vielmehr haben sie sich Erben erschaffen
in Gestalt von Büchern mit Lehren, die sie verfaßt haben.
[II,9] Sie schufen sich [die Papyrusrolle] als Vorlesepriester,
die Schreibtafel als „liebenden Sohn".
Lehren sind ihre Pyramiden,
das Schreibrohr ist ihr Kind,
die Steinfläche ihre Frau.
Von den Großen bis zu den Kleinen –
alle wurden zu seinen Kindern,
denn der Schreiber, das ist ihr Leiter.
[II,11] Es wurden ihnen Tore an ihre (Grab-)Hallen gemacht –
nun sind sie zerfallen;
ihre Totenpriester sind fort,
ihre Grabsteine mit Erde bedeckt,
ihre Gräber vergessen.
Und doch wird ihr Name genannt, und zwar wegen der Bücher,

die sie verfaßt haben, als sie noch lebten.
Gut ist die Erinnerung an ihren Verfasser
bis in alle Ewigkeit.
[II,13] Werde ein Schreiber,
nimm dir's zu Herzen,
dann wird es deinem Namen ebenso ergehen.
Nützlicher ist ein Buch als ein gravierter Grabstein,
als eine solide *Grabwand*.
Ein Buch schafft Grab und Pyramide
im Herzen dessen, der ihren Namen ausspricht.
Wahrhaft nützlich im Friedhof
ist ein Name auf den Lippen der Menschen.
[III, 3] Der Mensch vergeht, sein Leib zerfällt zu Staub,
all seine Angehörigen sind verschwunden.
Doch ein Buch gibt die Erinnerung an ihn
in den Mund des Vorlesers.
Nützlicher ist ein Buch
als ein fest gebautes Haus,
als Grabkapellen im Westen;
besser ist es als ein wohlgegründetes Schloß,
besser als ein Denkstein im Tempel.
[III,5] Gibt es hier einen wie Djedefhor?
Oder einen zweiten wie Imhotep?
keiner unter uns ist wie Neferti
oder Cheti, ihrer aller Primus.
Ich nenne dir den Namen des Ptah-em Djehuti
und des Cha-cheper-Re-seneb.
Gibt es etwa einen wie Ptahhotep
oder wie Ka-ir-su?
[III,7] Bei diesen Weisen, die das Kommende vorhersagten,
hat sich das, was aus ihrem Munde kam, erfüllt.
Man kann es als Spruch finden,
niedergeschrieben in ihren Büchern.
Die Kinder anderer Leute sind ihnen zu Erben gegeben,
wie eigene Kinder.
Sie (selbst) zwar sind verborgen,
doch ihre Macht erstreckt sich auf alle,
die in der Lehre lesen.
Sie sind dahingegangen,
ihre Namen wären vergessen –
aber das Buch ist es, das die Erinnerung an sie wachhält."

Diese Passage gilt zu Recht als ägyptische Vorwegnahme des Horazischen „Exegi monumentum aere perennius" (c. III 30,1).

Die Mehrzahl der am Ende der Passage aufgeführten Namen läßt sich problemlos bekannten, d.h. erhaltenen Texten zuordnen; die meisten wurden oben schon genannt, wie Hordjedef und Imhotep; Neferti ist durch die gleichnamige Prophezeiung bekannt, Cheti wieder durch seine Lehre und die des Amenemhet; vom Paar Ptahemdjehuti und Chacheperreseneb ist letzterer durch die ihm zugeschriebenen „Klagen" bekannt; ersterer ist vorerst keinem der erhaltenen Texte sicher zuzuweisen. Die Gleichsetzung von Ptahhotep und Kairsu läßt vermuten, daß letzterer der Vater des Kagemni sei. Beweisbar ist das freilich nicht.

Nun ist der pChester Beatty eine ramessidische Schülerhandschrift und gibt in gewisser Weise den Kanon der älteren Literatur wieder, der auch im Neuen Reich noch in der Schule vermittelt wurde.

Diese soeben zitierte Passage zieht

📖 Nili SHUPAK, „Canon" and „Canonization" in Ancient Egypt, in: BiOr 58, 2001, 535-547

heran, um die Frage zu erörtern, ob es in Ägypten einen literarischen Kanon bzw. eine Kanonisierung literarischer Texte gegeben habe.

📖 Jan ASSMANN, Weisheit, Schrift und Literatur im alten Ägypten, in: A. ASSMANN (Hrsg.), Weisheit. Archäologie der literarischen Kommunikation III, München 1991, 475-500 (mit reichhaltigen Literaturangaben)

hat die wichtige Beobachtung gemacht, daß diese Passage vielleicht nicht *den*, aber doch *einen* umfassenden ägyptischen Begriff von „Weisheitsliteratur" umschreibt. Es ist offensichtlich, daß die Ägypter diese verschiedenen Texte als inhaltlich zusammengehörig angesehen haben. Wie sonst wäre etwa zu erklären, daß Neferti und Cheti ein Dichterpaar bilden, der Verfasser einer Prophezeiung und der zweier Lehren? Mit Chacheperreseneb und dem mit ihm genannten Ptahemdjehuti werden zwei Vertreter der sog. Klagen oder Weltanschauungsliteratur genannt. ASSMANNS wichtigste Überlegungen seien im folgenden kurz zusammengefaßt:

Oberthema der ägyptischen Weisheit ist die *Maat*, die in den beiden Gattungen: Lehren und Klagen, von unterschiedlichen Ausgangspunkten aus und aus unterschiedlichen Blickwinkeln thematisiert wird.

Die Lehren sind testamentarische Unterweisungen, in der Regel des greisen Vaters. Dieser gibt an der Schwelle des Todes die Summe seines Wissens an seinen Sohn weiter. Der lehrende Vater verläßt demnach mit der Belehrung des Sohnes die aktive Lebenssphäre, der Sohn betritt sie. Das ist für den Vater die

Vorbedingung, sich aus dem aktiven Leben zurückziehen zu dürfen; für den Sohn ist sie die Voraussetzung, in dieses einzutreten.

> „Die Lehrsituation realisiert daher eine doppelte Schwelle (*rite de passage*): die Schwelle der Initiation von der Kindheit ins aktive Leben, die der Sohn überschreitet, und die ‚testamentarische' Schwelle vom aktiven Leben ins Greisenalter, die der Vater überschreitet" (S. 478).

Die Klagen sind entweder Mahnreden oder Dialoge, ihnen liegt eine andere Sprechkonstellation zugrunde. Der Generationenwechsel, der für die Lehren Voraussetzung ist, spielt bei den Klagen keine Rolle. Sie sind entweder Selbstgespräche oder Reden an Höhergestellte. So richten sich etwa die *Klagen des Bauern* an einen hohen Beamten, die *Admonitions* wahrscheinlich, wie FECHT herausgearbeitet hat, an ein Göttertribunal. Der *Lebensmüde* spricht zu seinem Ba, *Chacheperreseneb* zu seinem Herzen. ASSMANN stellt dazu abschließend fest:

> „So erweisen sich Lehren und Klagen bereits auf der Ebene dieser rein formalen Analyse [...] als komplementäre Gattungen, die sich in ihrer Verschiedenheit zu einem umfassenden Diskurs ergänzen" (S. 480).

Das Thema der Lehren bezeichnet er mit einer Definition von ADORNO als „die Lehre vom rechten Leben". Die einzelnen Maximen der Lehren beschreibt er als

> „Wegmarken, die von den Gefahren des Aneckens, Mißlingens und Vergehens fortlenken. Was gut und was böse ist, bestimmt sich nach den Folgen. Gut ist, was gelingt und besteht, böse, was mißlingt und vergeht. ‚Gut' ist daher gleichbedeutend mit ‚nützlich', ‚förderlich'. Der ägyptische Begriff dafür ist $3ḫ$" (S. 481-482).

Das individuelle Leben und die *Maat* stehen im Zentrum der Lehren. Bei den Klagen stehen demgegenüber das kollektive Leben und die *Maat* im Mittelpunkt (S. 483-485).

Wenden wir uns zunächst also den Lehren zu. „Weisheitslehren" wurden und werden sie genannt, seit die ersten entsprechenden Texte bekannt wurden. Diese Bezeichnung geht auf das Alte Testament bzw. auf die alttestamentliche Wissenschaft zurück, wo der Begriff *khokhma*, „Weisheit", eine wichtige Rolle spielt. Sie wurde von den Ägyptologen zunächst eher unbefangen übernommen und auf die ägyptischen Texte übertragen. Erst später, als Texte gefunden wurden, die der israelitischen Weisheit besonders nahe standen, sollte sich zeigen, daß dieser Begriff tatsächlich auch gerechtfertigt ist. Das parallele Vokabular der ägyptischen und israelitischen Weisheit ist Gegenstand einer Untersuchung von

📖 Nili SHUPAK, Where Can Wisdom Be Found? The Sage's Language in the Bible and in Ancient Egyptian Literature, Freiburg (Schweiz)/Göttingen 1993 (OBO 130).

In jüngerer Zeit haben sich die allgemeineren Bezeichnungen „Lehre" oder „Lebenslehre" mehr durchgesetzt, die den ägyptischen Texten insgesamt angemessener sind. Dies vor allem vor dem Hintergrund der Tatsache, daß in vielen Maximen Anweisungen zum richtigen Verhalten etwa gegenüber dem Vorgesetzten, ja zum richtigen Benimm bei Tische u.a.m. gegeben wurden. Diese Verhaltensregeln, denen fälschlich/anachronistisch das Etikett „Utilitarismus" angehängt wurde, sind im Gesamtkonzept des *Maat*-gemäßen Verhaltens zu sehen. Wer sich in allen Lebenssituationen nach dieser Grundmaxime verhalten will, muß das eben auch bei Tische tun. Man vergleiche die beiden folgenden Textpassagen:

(1) „Wenn du mit einem Gierigen zusammensitzst,
dann iß, wenn sein Heißhunger vorüber ist.

Wenn du trinkst mit einem Trunkenbold,
dann nimm (erst), wenn sein Herz zufriedengestellt ist.

Falle nicht über das Fleisch her an der Seite eines Gierigen,
sondern nimm, wenn er dir gibt, weise es nicht zurück,
dann bedeutet das ein Milde-Stimmen.

Wer frei ist vom Tadel beim Brot,
gegen den wird kein Wort etwas vermögen."

(2) „Fasse nicht als Erster auf die Platte, die man gerade bringt,
nicht nur weil es gierig erscheint, sondern weil es mit Gefahr verbunden ist.
Denn wer unerfahren etwas Heißes in den Mund nimmt,
muß entweder ausspucken oder sich seinen Gaumen verbrennen,
wenn er es herunterschluckt.
Jedenfalls ist er lächerlich oder bedauernswert."

Das erste Beispiel stammt aus der *Lehre für Kagemni*, col. 1, 8-11. Das zweite Beispiel stammt aus dem 4. Kapitel des Buches „De civilitate morum puerilium" des Erasmus von Rotterdam.[12]

---

[12] Entnommen dem lesenswerten Werk „Über den Prozeß der Zivilisation" von Norbert ELIAS, Frankfurt 1976 (STW 158, 159).

Bei der Besprechung der folgenden Texte halten wir uns im großen und ganzen an die oben zusammengestellte fiktive chronologische Reihenfolge.

1. Die Lehre des Imhotep

Von diesem Text kennen wir – zumindest bewußt – keine Zeile. Imhotep ist wie erwähnt der bekannte Architekt des Djoser aus der 3. Dynastie, dem neben der Erfindung der Steinbauweise weitere bedeutende Leistungen zugeschrieben wurden. In der Spätzeit wurde er göttlich verehrt und gelegentlich wegen seiner angeblichen Leistungen auf dem Gebiet der Medizin von den Griechen dem Asklepios gleichgesetzt. Seit dem Neuen Reich ist er Schutzpatron der Schreiber, und er hat offensichtlich auch selbst etwas geschrieben, über dessen Charakter wir nichts Genaues wissen. Im pChester Beatty wird er wie gesehen unter den unsterblichen Verfassern aufgeführt, nach dem Harfnerlied des pHarris 500,6, 6-7 handelt es sich bei seiner Lehre und bei der des folgenden Hordjedef/Djedefhor um *mdw.t*. Der herrschenden Auffassung, es handle sich um eine Lehre, stellt

📖 Hans-Werner FISCHER-ELFERT, Die Arbeit am Text: Altägyptische Literaturwerke aus philologischer Perspektive, in: AEL 499-513

die „ägyptologische Nichtzugänglichkeit" entgegen:

> „Denn möglicherweise besitzen wir Exzerpte aus der Imhotep-Lehre, können sie aber mangels Titel und Texteröffnung nicht identifizieren" (S. 509).

2. Die Lehre des Djedefhor

Edition:

📖 Wolfgang HELCK, Die Lehre des Djedefhor und die Lehre eines Vaters an seinen Sohn, Wiesbaden 1984 (KÄT 9).

Übersetzungen:

📖 Miriam LICHTHEIM, Literature I, 58-59.

📖 Richard B. PARKINSON, The Tale of Sinuhe and Other Ancient Egyptian Poems 1940-1640 BC, Oxford 1997, 292 (Auszug).

Einzelbeiträge:

📖 Georges POSENER, „Lehre des Djedefhor", in: LÄ III, 978-980.

📖 Georges POSENER, Le début de l'enseignement de Hardjedef, in: RdE 9, 1952, 109-117.

📖 Georges POSENER, Quatre tablettes scolaires de Basse Époque, in: RdE 18, 1966, 45-65, bes. 62-65.

B. Texte. Die Literatur des Mittleren Reiches: Lebenslehren I

In den verschiedenen Übersetzungen und Abhandlungen herrscht über die Lesung des Namens dieses Sohnes des Cheops Uneinigkeit, vgl.

📖 Hellmut BRUNNER, Zur Aussprache der Namen Chephren und Djedefhor, in: ZÄS 102, 1975, 94-99.

Der Mehrheitsmeinung folgend nennen wir den Verfasser Djedefhor.

Die altägyptische Bezeichnung für die Gattung der Lehren lautet *sb3j.*t, also „Lehre", „Belehrung", und so beginnt die in der Fiktion älteste uns erhaltene Lebenslehre mit den Worten: *ḥ3.tj-ˁ m sb3j.t*, „Anfang der Lehre". Diese Formel ist für alle Lehren des Mittleren und Neuen Reichs typisch; die *Lehre des Ptahhotep* in der Version des pPrisse stellt die einzige Ausnahme dar, sie beginnt mit einem schlichten *sb3j.t* „Lehre". Anschließend folgt in allen Fällen *jrj.t.n* „welche verfaßt hat" und dann Titel und Name des – angeblichen – Lehrers; im vorliegenden Fall also „die der Fürst und Prinz, der Königssohn NN verfaßt hat".

Die Lehre ist auf mehr als 10 Quellen fragmentarisch erhalten; HELCK stützt sich in seiner Publikation auf 9 Ostraka der Ramessidenzeit und eine Holztafel der Spätzeit. Inzwischen sind noch einige weitere Textzeugen hinzugekommen; bei ihnen handelt es sich durchweg um Ostraka aus Deir el Medine. Damit ist keine einzige auch nur annähernd zeitgenössische Quelle erhalten, wobei "zeitgenössisch" wieder das Mittlere Reich bedeutet, die vermutliche Zeit der Entstehung des Textes und nicht etwa die 4. Dynastie.

Einer der ersten, die der Selbstdatierung aus verschiedenen Gründen mißtraut haben, war HELCK in seinem schon genannten Beitrag zur Frage der Entstehung der ägyptischen Literatur. Er weist unter anderem darauf hin, daß der Begriff „König" seit der 6. Dynastie in den Idealbiographien durch den Begriff „Gott" abgelöst wurde. Wenn in diesem Text also von Gott gesprochen wird, kann nach HELCK diese Lehre frühestens der 5. Dynastie angehören, und damit wird die Nennung des Djedefhor obsolet. Zudem ist die Sprache dieses Textes ebenso wie die des *Kagemni* und des *Ptahhotep* nicht die Sprache des Alten Reichs, sondern des Mittleren Reichs, also Mittelägyptisch. Zusammenfassend kommt HELCK zu dem Ergebnis, daß diese Texte an den Anfang der Ersten Zwischenzeit zu datieren sind, sie seien Produkte der „Herakleopolitenzeit".

Von diesem Text ist so wenig erhalten, daß wir längere Auszüge hier wiedergeben können:

„Beginn der Lehre, die der Fürst und Graf, der Königssohn Djedefhor, verfaßt hat für seinen Sohn, Au-ib-Ra mit Namen, den er aufgezogen hat. Er sagt:

Reinige Dich vor Deinen (eigenen) Augen,
gib acht, daß es nicht ein Anderer tue!

Wenn Du (dazu) in der Lage bist, gründe ein(en) Haus(stand),
nimm Dir eine liebevolle Frau, es wird Dir ein Sohn geboren.

Es ist für den Sohn, daß du ein Haus baust,
wenn du dir einen Ort für dich selbst schaffst.

Mache trefflich Dein Haus in der Nekropole,
statte Deinen Platz im Westen wirkungsvoll aus!

Angenommen: gering gilt uns der Tod,
angenommen: hoch steht uns das Leben –
das Haus des Todes ist für das Leben (bestimmt)!
[...]

Besorge Dir für die Opfergaben einen Aufseher,
einen Totenpriester für das Grab,
daß er Dir Wasserspenden darbringe wie einem Manne,
der auf Grund seines Testamentes dazu fähig ist.

Wähle für ihn (sc. den Totenpriester) eine Parzelle aus Deinen Feldern
aus, die jedes Jahr überschwemmt wird –
er ist nützlicher für Dich als Dein eigener Sohn [...]

Denke daran, daß man sagt: Es gibt keinen Erben, der sich ewig erinnern wird.
[...] dein Ba zu dem Gott,
ein Landeplatz (Hafen) für jedermann ist in ihm.

Wenn der Tod eines Mannes sich ihm nähert,
an einem Tag, da er sündigt,
da sich summiert, was er früher getan hat,
dann wird er verachtet in der Nekropole beigesetzt.

Aus der Trauer geht Böses hervor,
seine Totenopfer werden zur Strafe Gottes für ihn,
und was ihn erfreuen sollte, wird ihm zur Schande."

Im erhaltenen Teil der Lehre geht es offensichtlich vor allem um die Vorsorge für das Grab und um den Totendienst. Darum haben sich die Ägypter zu allen Zeiten gesorgt; offenbar zeigte die Erfahrung, daß der Totendienst kaum eine Generation lang währte. Daher die Feststellung Djedefhors: „Denke daran, daß man sagt ...".

3. Die Lehre für Kagemni

Edition:

📖 Alan H. GARDINER, The Instruction Addressed to Kagemni and his Brethren, in: JEA 32, 1946, 71-74.

Übersetzungen:

📖 Miriam LICHTHEIM, Literature I, 59-61.

📖 Hellmut BRUNNER, Altägyptische Weisheit, 133-136.

Einzelbeiträge:

📖 Winfried BARTA, „Lehre für Kagemni", in: LÄ III, 980-982.

📖 Eva MARTIN-PARDEY, „Kagemni", in: LÄ III, 290-291.

MARTIN-PARDEY setzt den Adressaten unserer Lehre mit dem gleichnamigen Besitzer des berühmten Grabes neben der Pyramide des Teti in Saqqara gleich, betont aber ausdrücklich, daß dies eine fiktive Zuweisung sei.

Der Text der Lehre ist uns nur in einer einzigen Handschrift erhalten, und auch dort findet sich nur der Schluß: Es sind die beiden ersten Kolumnen auf dem pPrisse, der vermutlich aus der 12. Dynastie stammt. Dahinter folgt auf diesem Papyrus der vollständige Text der *Lehre des Ptahhotep*. Der erhaltene Teil der *Lehre für Kagemni* besteht aus Ermahnungen gegen voreiliges Sprechen, Hinweise auf das Benehmen bei Tisch und die Warnung vor Gottes Strafe. Am Ende wird offenbar die Rahmenerzählung wieder aufgenommen, deren Anfang verloren ist.

Einige Textbeispiele:

„[...],
wohl ergeht es dem Zurückhaltenden, gepriesen wird der Mäßige.

Geöffnet ist das Zelt dem Schweiger,
breit ist der Sitz des Zurückhaltenden bei (mit?) Worten.

Geschärft sind die Messer gegen den, der den (rechten) Pfad verläßt,
ohne Eile, ausgenommen, wenn es für ihn Zeit ist.

Wenn du mit der Menge zusammensitzst,
dann mißachte das Brot, das du (sonst) liebst.

Ein kurzer Augenblick ist es, das Herz zu beherrschen,
ein Schlechtes ist die Gier, man zeigt mit den Fingern darauf.
Ein Krug Wasser, er löscht den Durst,
ein Mundvoll Kräuter, er stärkt das Herz.

Etwas Gutes ersetzt das Gute (an sich),

ein wenig Schlechtes ersetzt das viele (Schlechte).

Elend ist der, dessen Bauch gierig ist(?),wenn die Zeit (dafür) vorüber ist,
wenn er die vergessen hat, in deren Haus sein Bauch sich breit macht"
(col. 1, Z. 1-5).

Der erhaltene Text beginnt mitten in einem Verspaar, es schließt sich eine Reihe von Doppelversen an. Nach dieser Passage folgt unmittelbar der oben zitierte Text. Dann folgt eine Maxime, in der, soweit wir sehen, erstmals eine immer wieder besonders betonte und besonders geforderte Haltung angemahnt wird: das Schweigen. Der bekannteste Begriff ist sicher die in der *Lehre des Amenemope* aus dem Neuen Reich verwendete Bezeichnung *grw m3ˁ* „der wahrhafte Schweiger".

Im *Kagemni* lautet die Passage folgendermaßen:
„Laß deinen Namen hervorkommen,
indem du schweigst mit deinem Mund, wenn du gerufen wirst" (col. 1, Z. 12 - col. 2, Z. 1).

Wir werden im Rahmen der Besprechung des *Ptahhotep* sehen, daß das Schweigen beinahe unter allen Umständen als hohe Tugend galt.

Dann ist der erhaltene Teil der Maximen auch schon beendet, es folgt die Rahmenerzählung:
„Da veranlaßte der Wesir, daß seine Kinder gerufen wurden,
nachdem er erkannt hatte das Wesen der Menschen,
ihren Charakter als etwas, das er verstanden hatte.

Dann sagte er zu ihnen:
„Was all das betrifft, das geschrieben ist auf dieser Papyrusrolle:
Hört es, wie ich es gesagt habe.
Geht nicht hinaus über das, was bestimmt ist."

Da warfen sie sich auf ihren Leib,
da lasen sie es, wie es in der Schrift war,
da war es schöner in ihren Herzen als alles andere in diesem ganzen Land.
Da standen und saßen sie dementsprechend.

Da starb die Majestät des Königs von Ober- und Unterägypten, Huni.
Da wurde die Majestät des Königs von Ober- und Unterägypten, Snofru, als mächtiger König in diesem ganzen Land erhoben.
Da wurde Kagemni zum Stadtvorsteher und Wesir ernannt.

Es ist zu Ende" (col. 2, Z. 3-9).

Trotz des geringen erhaltenen Textumfangs können wir schon drei Grundprinzipien erkennen, nach denen eine Reihe der Lehren gestaltet ist: Sie weisen oft eine Rahmenerzählung auf, sie sind in inhaltliche Abschnitte, sog. Maximen, gegliedert, in denen jeweils eine bestimmte lehrhafte Thematik angesprochen wird, und sie sind, wie nicht zuletzt das Schriftbild der Übersetzung – der Maximen, nicht der Rahmenerzählung! – deutlich machen soll, in Verse gegliedert.

Wieviel vom ursprünglichen Text verloren ist, kann nicht mehr auch nur annähernd bestimmt werden. Die Rahmenerzählung am Ende ist kürzer als die der *Lehre des Ptahhotep*, doch läßt sich daraus kein Hinweis auf einen geringeren Umfang des Gesamttextes ableiten. Allerdings ist festzuhalten, daß die *Lehre des Ptahhotep*, verglichen mit anderen Lehren vor allem des Mittleren Reichs, ungewöhnlich umfangreich ist.

4. Die Lehre des Ptahhotep

Editionen:

 Ernest A. W. BUDGE, Facsimiles of Egyptian Hieratic Papyri in the British Museum, London 1910, pl. XXXIV – XXXVIII.

 Gustave JEQUIER, Le Papyrus Prisse et ses variantes, Paris 1911.

 Eugène DEVAUD, Les Maximes de Ptahhotep, Fribourg 1916.

 Zbynek ŽABA, Les Maximes de Ptahhotep, Praha 1956.

 Ricardo A. CAMINOS, Literary Fragments in the Hieratic Script, Oxford 1956, 52-53 und pl. 28-30.

 Pascal VERNUS, Le début de l'enseignement de Ptahhotep: un nouveau manuscrit, in: CRIPEL 18, 1996, 119-140.

Übersetzungen:

 Miriam LICHTHEIM, Literature I, 61-80.

 Günter BURKARD, Die Lehre des Ptahhotep, in: Otto Kaiser et al. (Hrsg.), Weisheitstexte, Mythen und Epen, Weisheitstexte II, Gütersloh 1991 (TUAT III/2), 195-221.

 Richard B. PARKINSON, The Tale of Sinuhe and other Ancient Egyptian Poems 1940-1640 BC, Oxford 1997, 246-272.

Einzelbeiträge:

 Gerhard FECHT, Der Habgierige und die Maat in der Lehre des Ptahhotep (5. und 19. Maxime), Glückstadt/Hamburg/New York 1958 (ADAIK 1).

📖 Günter BURKARD, Textkritische Untersuchungen zu ägyptischen Weisheitslehren des Alten und Mittleren Reiches, Wiesbaden 1977 (ÄA 34).

📖 Gerhard FECHT, Ptahhotep und die Disputierer, in: MDAIK 37, 1981, 143-150.

📖 Gerhard FECHT, Cruces interpretum in der Lehre des Ptahhotep (Maximen 7, 9, 13, 14) und das Alter der Lehre, in: Hommages à François Daumas (FS Daumas), Montpellier 1986, 227-251.

📖 Günter BURKARD, Ptahhotep und das Alter, in: ZÄS 115, 1988, 19-30.

📖 Eckhard EICHLER, Zur Datierung und Interpretation der Lehre des Ptahhotep, in: ZÄS 128, 2001, 97-107.

📖 Ludwig MORENZ, Maximen für Manager, in: OLZ 96, 2001, 469-477.

📖 Richard B. PARKINSON, Poetry 257-266.

Diese Lehre ist bislang durch vier Papyri, eine Holztafel und neuerdings auch durch drei Ostraka belegt. Umfang und Erhaltungszustand dieser Handschriften variieren allerdings beträchtlich.

1. Wichtigste Handschrift ist der pPrisse, der den vollständigen Text der Lehre enthält und textgeschichtlich die beste Version bietet. Die *Lehre des Ptahhotep* umfaßt dort insgesamt 19 Kolumnen von sehr unterschiedlicher Breite. Die Zeilenzahl der Kolumnen schwankt zwischen 11 und 14 Zeilen.

Die Datierung des Papyrus ist nicht unumstritten. Zum einen sprechen Indizien für eine Zuweisung in das Ende der 11. oder in die frühe 12. Dynastie: In dieser Zeit (um knapp 2000 v.Chr.) etwa vollzieht sich im Hieratischen der Übergang von senkrechter zu waagrechter Schreibrichtung. Der pPrisse ist, wie eindeutige Indizien zeigen, eine von einer senkrechten Vorlage ins Waagrechte übertragene Kopie (BURKARD, Textkritische Untersuchungen S. 68). Die geäußerten Zweifel hängen einerseits mit dem immer weiter nach vorn rückenden Spätansatz der Literaturentstehung zusammen und hier mit der aus textkritischen Indizien abzuleitenden Notwendigkeit, eine gewisse Spanne der Überlieferung vorauszusetzen, bis es zur Abschrift des pPrisse kam. Andererseits ist zu Recht darauf hingewiesen worden, daß veränderte Schreibgewohnheiten sich mit einem gewissen Verzug von Norden, also Memphis, bis ins damals noch provinzielle Theben, dem Herkunftsort dieser Handschrift, ausgebreitet haben können. Mit einem eher großzügigen Ansatz „12. Dynastie" wird man wohl nicht falsch liegen. Neuerdings plädiert EICHLER wieder für eine Datierung in das frühe MR, muß dazu allerdings eine künstliche Archaisierung der Sprache des Ptahhotep in Kauf nehmen.

2. Die beiden Papyri pBM 10371 und 10435, die zu ein und derselben Handschrift gehören. Es handelt sich bei ihnen um sehr fragmentarische Texte unbekannter Herkunft. Obwohl noch in senkrechten Zeilen geschrieben, ist diese Handschrift sicher jünger als pPrisse; auch das ist ein Beleg für die nicht überall zeitgleich durchgeführte Umstellung der Schreibrichtung. Zudem enthält sie ebenso wie die übrigen noch zu benennenden Handschriften eine gegenüber dem pPrisse spätere, überarbeitete Version.

3. Auf dem pBM 10509 ist etwas mehr als die Hälfte des Textes erhalten: fünf Kolumnen sind großenteils komplett, der Beginn einer sechsten ist erhalten. Weitere Fragmente hat CAMINOS identifiziert und publiziert. Der Papyrus ist wohl in die 18. Dynastie zu datieren.

4. Der pTurin 54024 war schon lange bekannt, wurde aber erst in jüngster Zeit von VERNUS publiziert. Es handelt sich dabei allerdings nur um drei sehr unterschiedlich große Fragmente einer einzigen Kolumne mit dem Beginn des Textes. VERNUS datiert die Handschrift in die Ramessidenzeit.

5. Das Carnarvon Tablet I, heute Museum Kairo Nr. 41790, das den Anfang der Lehre enthält. Die mit Stuck überzogene Holztafel wurde 1908 von Lord CARNARVON in Dra Abu el Naga in der thebanischen Nekropole gefunden. Sie ist in das Ende der 17. oder den Anfang der 18. Dynastie zu datieren. Interessant ist auch der auf der anderen Seite dieser Holztafel erhaltene Text: Es handelt sich um den Beginn des auf der sog. Kamosestele erhaltenen Berichts über die Vertreibung der Hyksos.

6. Drei Ostraka aus Deir el Medine, O DeM 1232-1234, die jeweils nur Bruchstücke der einleitenden Rahmenerzählung bzw. der Titulatur des Ptahhotep enthalten. Sie sind in die Ramessidenzeit zu datieren, die Textveränderungen und -entstellungen entsprechen denen vieler ramessidischer Schülerhandschriften. Sie sind also nicht von textkritischer Bedeutung, wohl aber belegen sie endlich die lange vermißte Tradition auch dieses Textes in der Ramessidenzeit.

Die Lehre, die gelegentlich und nicht zu Unrecht als „ältestes Buch der Welt" bezeichnet wurde, enthält neben einer Rahmenerzählung, bestehend aus Einleitung und Epilog, 37 Lehrsprüche oder Maximen. In diesen wird in meist knapper, oft metaphorischer Sprache Anleitung zu richtigem Verhalten in jeder Lebenssituation gegeben. So finden wir neben ethisch-moralischen Anweisungen und solchen für das Verhalten bei Hofe bzw. in der Ausübung des Berufs eines hohen Beamten auch Benimm-Regeln bei Tisch und anderes. Eine logische Abfolge der Lehrsprüche nach inhaltlichen Kriterien ist nicht mehr bzw. noch nicht zu erkennen.

Der soziale Hintergrund, vor dem Ptahhotep spricht, ist der eines hohen Beamten bei Hofe, der seinem Sohn und Nachfolger seine Lebensordnung und Lebenserfahrung weitergibt. Der Text datiert sich selbst in die Zeit des Asosi am Ende der 5. Dynastie, doch ist diese Datierung selbstverständlich fiktiv. Die wirkliche Entstehungszeit ist noch immer in der Diskussion, wenngleich und zu Recht auch hier sich die Waagschale zugunsten einer Spätdatierung neigt.

Einer der hartnäckigsten Befürworter eines Frühansatzes ist FECHT, der in dem genannten Beitrag in der Festschrift Daumas akribisch bemüht ist, die Eigendatierung bzw. den Ansatz ins Alte Reich zu verteidigen. Zur Frage der Datierung nur soviel aus diesem Beitrag: Zum einen benutzt er die von ihm entwickelte Metrik, die er allerdings für das Alte Reich nie in extenso vorgelegt hat. Außerdem zieht er für seine Frühdatierungen angebliche Alte Reichs-Schreibungen von Wörtern heran, die er zuvor aber erst durch einen Eingriff in den überlieferten Text selbst konstruiert hatte.

Für eine Spätdatierung spricht sich, methodisch wesentlich fundierter,

📖 Elke BLUMENTHAL, Ptahhotep und der „Stab des Alters", in: Jürgen OSING/Günter DREYER (Hrsgg.), Form und Mass (FS Fecht) Wiesbaden 1987 (ÄAT 12), 84-97

aus. Sie knüpft an den terminus „Stab des Alters" in v. 28-30 der Rahmenerzählung an:

„Möge man doch deinem gehorsamen Diener befehlen, sich einen
‚Stab des Alters' zu beschaffen!
Dann werde ich ihm die Worte der ‚Hörenden' weitergeben,
die Gedanken der Vorfahren,
die einst den Göttern gehorchten" (v. 28-32).

Der Vers 29, der nur in der Version der Londoner Handschriften erhalten ist, lautet dort:

„daß man veranlaßt, daß mein Sohn an meine Stelle tritt!"

Durch diesen zusätzlichen Vers wird klar, daß es sich bei dem „Stab des Alters" um eine Metapher handelt:

„Die Einrichtung ‚Stab des Alters' ist dadurch gekennzeichnet, daß der alternde Amtsinhaber seinen Sohn oder Schüler oder einen anderen geeigneten Kandidaten noch zu Lebzeiten von einer staatlichen Instanz zu seinem Stellvertreter und späteren Nachfolger ernennen ließ, während er selbst als – zumindest nominelle – Autorität im Dienst verblieb" (BLUMENTHAL, S. 90).

Diese Bezeichnung ist aus dem Alten Reich sonst nicht zu belegen; wollte man die *Lehre des Ptahhotep* in das Alte Reich datieren, wäre dies der erste und früheste Beleg, der nächstfolgende stammt aus dem Grab eines Gaufürsten in El Bersche aus der Zeit Sesostris' III., rund 450 Jahre später. Im Alten Reich gab es jedoch eine andere Art der Nachfolge-Regelung. Der „Stab des Alters" entspricht vielmehr dem Sprachstil des frühen Mittleren Reichs, und BLUMENTHAL folgert zu Recht:

> „[...] daß man die Erfindung des institutionalisierten ‚Altersstabes' etwa in der Zeit vermuten darf, in der das älteste uns erhaltene Manuskript (d.h. der pPrisse, Verff.) geschrieben wurde" (S. 97).

Der „Stab des Alters" paßt damit in jedem Fall besser in die umfassende Neugestaltung der Staatsorganisation zu Beginn des Mittleren Reichs.

Charakteristisch für die Überlieferung der Lehre ist die schon erwähnte Tatsache, daß sie in zwei Versionen erhalten ist. Abgesehen von Wortvarianten, Auslassungen, Versumstellungen usw., also den üblichen im Laufe einer Überlieferung auftretenden Abweichungen, liegt der Hauptunterschied zwischen diesen im deutlich erweiterten Umfang der einen, sicher der jüngeren Version. Dazu gleich ein Beispiel. Die erste und ältere wird ausschließlich durch den pPrisse vetreten, die jüngere durch die beiden Londoner Handschriften und die Carnarvon-Tafel. Die Version des Turiner Papyrus entspricht ebenso wie die der drei DeM-Ostraka grundsätzlich derjenigen der Londoner Version, doch zeigen sich jeweils auch Spuren zusätzlicher Veränderungen bzw. Verderbnisse.

📖 Joachim-F. QUACK, Die Lehren des Ani. Ein neuägyptischer Weisheitstext in seinem kulturellen Umfeld, Fribourg 1994 (OBO 141)

hat die Möglichkeit erörtert, daß eine Überlieferung nicht kanonisch fixiert war, sondern „frei". Das scheint für den *Ani* zuzutreffen und könnte auch für die *Lehre des Ptahhotep* in Betracht gezogen werden. Nach wie vor nicht auszuschließen ist jedoch auch die Möglichkeit einer grundsätzlichen Neu-Redaktion mit dem Ziele der Anpassung in verschiedener Hinsicht (Stichworte etwa: Verständnis, „Zeitgeist", Wortschatz u.a.m.).

Ein gutes Beispiel für die Unterschiede der beiden Versionen ist die 7. Maxime, deren Anfang hier folgt. Zur Abkürzung sei darauf verwiesen, daß der pPrisse üblicherweise mit der Sigle P abgekürzt wird (hier nicht besonders gekennzeichnet), die Carnarvon-Tafel mit C und die beiden Londoner Handschriften mit L_1 resp. L_2.

(119)   „Wenn du zu den Gästen gehörst,

L₂		Wenn du ein Gast bist,
(120)		an der Tafel eines Mannes, der bedeutender ist als du,
L₂		an der Tafel(?)eines Mannes, der bedeutender(?) ist als du,
(121)		dann nimm, was er dir gibt, was dir vorgesetzt wird,
L₂		dann nimm, wenn er dir gibt, wenn dir vorgesetzt wird.

(122)L₂ Blicke nicht auf das, was vor ihm liegt,

(123)   und blicke (nur) auf das, was vor dir liegt.
L₂   auf das was vor dir ist, sollst du blicken.

(124)   ‚Durchbohre' ihn nicht mit zahllosen Blicken,
L₂   Blicke nicht auf ihn(?) mit zahllosen Blicken,

(125)   es ist ein Abscheu für den Ka, davon belästigt zu werden.
L₂   es ist ein Abscheu für den Ka, davon belästigt zu werden.

(126)   Sprich nicht zu ihm, bis er das Wort ergreift,
(127)   denn man kennt nicht die Sorgen in (seinem) Herzen.

(128)L₂ Dein Gesicht sei nach unten gerichtet, bis er dich anspricht,

(129)   Du sollst so reden, wie er dich anspricht,
L₂   du sollst sprechen, nachdem er dich angesprochen hat.

(130)   dann ist das, was du sagst, angenehm in (seinem) Herzen.

(131)L₂ Du sollst (erst) lachen, wenn er gelacht hat,

(132)L₂ das ist sehr angenehm in (seinem) Herzen.

(133)L₂ Das, was du tust, wird gut sein in (seinem) Herzen,

(134)L₂ Denn man weiß nicht, was in (seinem) Herzen ist."

Man kann sehr gut erkennen, daß abgesehen von kleineren Abweichungen und Versumstellungen die Version der Londoner Handschrift deutlich mehr Verse enthält. Bei einem solchen Phänomen lautet die grundsätzliche Frage: Hat der eine Text Verse weggelassen oder der andere Verse hinzugefügt? Nach BURKARD, Textkritische Untersuchungen (s.o.), lautet die Antwort zweifelsfrei, daß die Londoner Version eine sekundäre Erweiterung präsentiert. Das läßt sich etwa durch den einfachen Test belegen, daß an allen diesbezüglichen Stellen – es sind in dieser Lehre nicht wenige – eine Herausnahme der fraglichen Verse auch in der Londoner Version keine inhaltliche oder grammatikalische Lücke hinterlassen würde. Ihr Fehlen würde gar nicht auffallen. Zudem ist die strenge Form, wie sie in pPrisse erhalten ist, in der Londoner Version deutlich aufgelöst.

Diese Diskussion wiederum ist nicht zu trennen von der Frage nach der Datierung der Lehre. Neuere Untersuchungen haben nun wohl zweifelsfrei ergeben, daß die Sprache reines Mittelägyptisch ist, ein zeitlicher Ansatz vor der 11. Dynastie somit schwer zu beweisen wäre. Andererseits sind die Spuren der Traditionsgeschichte in den Handschriften selbst zu berücksichtigen, die einen längeren Überlieferungs-Zeitraum erfordern. Im Zusammenhang mit der Datierung bzw. Neudatierung der Handschriften in die 12. Dynastie oder gar später ist mit der 11. Dynastie ein chronologischer Ansatz in der Diskussion, der auch in dieser Hinsicht vertretbar erscheint.

Da die erweiterte Londoner Version durch die Handschrift L_1 in jedem Fall auch in der 12. Dynastie belegt ist, muß die Frage nach dem Zeitpunkt der Überarbeitung – wenn diese Hypothese zutrifft – von diesem Ansatz ausgehen. Es wäre zu überlegen, ob der Dynastiewechsel von der 11. zur 12. Dynastie in Frage käme. In dem oben zitierten Beitrag zur Frage der Datierung der Lehre hat Eckhard EICHLER die These geäußert, daß sie in der 11. Dynastie verfaßt worden sei, um von thebanischer Seite aus an memphitische Traditionen des Alten Reichs anzuknüpfen, im Gegensatz zur herakleopolitanischen Tradition. Die Überarbeitung, die in manchen Aussagen durchaus eine gewisse Verschärfung bedeutet („lache erst, nachdem er gelacht hat"), wäre dann im Zuge der Neuordnung des Staates in der 12. Dynastie vielleicht nicht ganz fehl am Platz.

In der folgenden Erörterung des Inhalts werden wir uns vor allem auf die Version des pPrisse stützen, die sich in vieler Hinsicht als die überlegene erwiesen hat.

Wir hatten oben erwähnt, daß diese Lehre neben der Rahmenerzählung 37 Lehrsprüche oder Maximen sowie einen ausführlichen Epilog enthält. Das ägyptische Wort für „Maxime" ist bekannt, auch und gerade aus dem *Ptahhotep*: *ṯsw* „Knoten", und das umschreibt sehr genau die Komposition dieser Maximen: Ein Knoten ist meist ein sorgfältig und kunstvoll geschlungenes kompaktes Gebilde, und ebenso sind die Maximen aufgebaut, wie uns die Beispiele gleich zeigen werden. Die gleiche Beobachtung hatte

📖 Hans-Werner FISCHER-ELFERT, Die satirische Streitschrift des Papyrus Anastasi I. Übersetzung und Kommentar, Wiesbaden 1986 (ÄA 44), 96

für seinen Text gemacht. Der Text des *Ptahhotep* ist nach der Erstpublikation von DÉVAUD in insgesamt 637 Verse unterteilt, die wiederum durch in L_2 erhaltene Gliederungspunkte in der Regel gesichert und nur selten umstritten sind.

Wenden wir uns also jetzt dem Text selbst zu und hier zuerst der einleitenden Rahmenerzählung, in der die Voraussetzungen für die anschließende Lehrsituation geschaffen werden. Wir erfahren hier neben den Namen des Verfassers und des regierenden Königs den Anlaß für die Belehrung. Dieser ist ein rein äußerer: Der amtierende Wesir, eben Ptahhotep, ist alt geworden, es wird somit Zeit, sich nach einem Nachfolger, einem „Stab des Alters" umzusehen. Dieses anzuordnen ist natürlich Angelegenheit des Königs; die Begründung dafür zu liefern, ist Aufgabe des Ptahhotep. Der entledigt sich dieser Aufgabe vor allem durch eine bewegte Klage über sein Alter und der daraus resultierenden Unmöglichkeit, das Amt selbst weiter auszuüben. Zu Recht berühmt ist dabei eben diese Klage über das Alter, eine Passage von insgesamt 14 Versen, die ein Musterbeispiel für die *md.t nfr.t* darstellen. Diese Passage wurde von BURKARD (Ptahhotep und das Alter, s.o.) ausführlich analysiert. Sie lautet:

(8) „Gebrechlichkeit ist entstanden, das Greisenalter ist eingetreten,
(9) Schwäche ist gekommen, die kindliche Hilflosigkeit kehrt wieder.

(12) Die Kraft schwindet, denn müde ist mein Herz,
(13) der Mund ist verstummt, er spricht nicht mehr.

(11) Die Augen sind trübe, die Ohren sind taub,
(10) das Schlafen fällt ihm schwer jeden Tag.

(16) Das Herz ist vergeßlich, es erinnert sich nicht an gestern,
(17) der Knochen ist krank wegen der Länge (der Jahre).

(22) Die Nase ist verstopft, sie kann nicht atmen,
(23) denn beschwerlich sind Aufstehen und Niedersetzen.

(18) Das Gute wird zum Schlechten,
(19) jeder Geschmackssinn ist geschwunden.

(20) Was das Alter den Menschen antut:
(21) Schlimmes in jeder Weise!"

Stilistische Details müssen nicht einzeln vorgestellt werden. Neben der klaren Gliederung in Doppelverse, sog. *thought couplets*, findet sich der *parallelismus membrorum* als dominante Kompositionsform, der gleichzeitig durch Konstruktionswechsel im Detail, etwa durch chiastische Anordnung der inhaltlichen Bezüge nicht eintönig wird. So sind die drei ersten Verbalformen der beiden ersten Verse Pseudopartizipien, die vierte verwendet die Präposition mit dem Infinitiv, ganz sicher eine beabsichtigte Variante. Inhaltlich entsprechen sich zudem bei diesen vier Verben *ḫpr* „entstehen" und *mȝ.wj* „sich erneuern" ebenso wie *hȝj* „herabsteigen" und *jw* „kommen". In chiastischer Anordnung stehen diese inhaltlichen Bezüge „über Kreuz":

 tnj ḫprw *jȝw hȝw*
 wgg jw *jhw ḥr mȝ.wj*

Inhaltlich lassen sich die Aussagen der einzelnen Verse folgendermaßen zusammenfassen und aufeinander beziehen:

 A v. 8-9: das Alter allgemein
 B v. 12-13: allgemeine Beschwerden
 C v. 11/10: Kopf (Augen, Ohren, Schlaf)
 D v. 16/17: Körper (geistig und psychisch)
 C v. 22-23: Kopf
 B v. 18-19: allgemeine Beschwerden
 A v. 20-21: das Alter allgemein

Wie aus den vorangestellten Kennbuchstaben hervorgeht, liegt hier das Stilmittel der *inclusio* vor, d.h. der konzentrischen Anordnung der Themen. Dabei steht das einzige nur einmal behandelte Thema, das mit dem Knochen als *pars pro toto* des Körpers und dem Herz als Sitz des Verstandes nach dem Prinzip des Dualismus die ganze Person umfaßt, sicher nicht zufällig im Zentrum der ganzen Passage.

An diesem kurzen Beispiel ist hoffentlich klar geworden, wie wichtig es ist, daß wir intensiv versuchen, die Regeln auch für die formalen Kompositionsprinzipien wiederzugewinnen. Nur so werden uns ästhetische, aber auch inhaltliche Besonderheiten klarer werden können, als dies beim bloßen Wort für Wort-Übersetzen der Fall sein kann.

Ptahhotep bittet anschließend den König, ihm den schon erwähnten „Stab des Alters" zur Seite zu stellen, damit er ihn belehre, und selbstverständlich erfüllt der seine Bitte:

 (36) „Da sprach die Majestät dieses Gottes:

 (37) ‚So belehre du ihn über die Worte von Anfang an,
 (39) damit er ein Vorbild sei für die Kinder der Edlen.
 (40) Es halte das Hören bei ihm Einzug und alle Zuverlässigkeit dessen, der zu ihm spricht,

(41) denn keiner wird weise geboren.'"

Es folgt die Einleitung für die eigentliche Lehre, und hier findet sich erstmals der terminus *md.t nfr.t* „vollkommene Rede", ein Beleg für die Wichtigkeit dieses Prinzips:

(42) „Beginn der Lehrsprüche (*ts.w*) in vollkommener Rede (*md.t nfr.t*),
(43) gesprochen vom Fürst, Graf, Gottesvater, Gottesgeliebten,
(44) dem leiblichen Königssohn,
(46) dem Bürgermeister und Wesir Ptahhotep:
(47) als Erziehung der Ungebildeten zur Bildung,
(48) gemäß den Regeln der ‚vollkommenen Rede',
(49) zum Nutzen für den, der gehorchen wird,
(50) und zum Schaden für den, der dies mißachtet."

Die folgenden 37 Maximen können wir nicht alle vorstellen. Einige wichtige und interessante mögen den Versen 49-50 Genüge tun. Abgesehen davon verstehen wir diesen Text trotz seines guten Erhaltungszustandes längst nicht ganz.

Die erste Maxime enthält einige grundsätzliche Bemerkungen:

(52) „Sei nicht hochmütig wegen deiner Bildung,
(54) berate dich mit dem Ungebildeten wie mit dem Gebildeten.

(55) Denn nie erreicht man die Grenzen der Kunst,
(56) kein Künstler existiert, dessen Fähigkeit vollkommen ist.

(58) Die vollkommene Rede ist verborgener als der Grüne Stein,
(59) und doch findet man sie bei den Dienerinnen am Mühlstein."

Die Ermahnung, sich mit dem Ungebildeten wie mit dem Gebildeten zu beraten, ist durchaus erstaunlich und nicht unbedingt zu erwarten. Für die Aussage der beiden letzten Verse der 1. Maxime findet sich ein berühmtes Literaturwerk als Beleg: Der *Beredte Bauer*, wo der Protagonist der Geschichte ein Mann aus den untersten Schichten des Volkes ist und eben diese Fähigkeit der *md.t nfr.t* meisterlich beherrscht.

Die drei folgenden Maximen 2-4 sind ebenfalls sehr interessant und daher auch vieldiskutiert. In ihnen taucht erstmals das Ideal des Schweigens auf:

Maxime 2:

(60) „Wenn du auf einen Diskussionsgegner triffst bei dessen Auftritt,
(61) einen führenden Geist, der fähiger ist als du,
(62) dann beuge deine Arme und krümme deinen Rücken,
(63) denn wenn du ihn herausforderst, läßt er dich nicht ebenbürtig sein.

(64) (Aber) als klein erweisen wirst du den, der Schlechtes sagt,

B. Texte. Die Literatur des Mittleren Reiches: Lebenslehren I   95

    (65) (gerade) durch Zurückhaltung bei seinem Auftritt.

    (66) (Dann) wird man von ihm sagen: ‚Er ist ein Ungebildeter',
    (67) und deine Selbstbeherrschung wird seine Fähigkeiten aufwiegen."

Maxime 3:
    (68) „Wenn du auf einen Diskussionsgegner triffst bei dessen Auftritt,
    (69) einen dir Gleichgestellten, der dir ebenbürtig ist,
    (70) dann sollst du ihm überlegen werden durch Schweigen,
    (71) während er Schlechtes sagt.

    (72) Dann wird die Zustimmung bei den Zuhörern groß sein,
    (73) und dein Name wird gut und den Edlen bekannt sein."

Maxime 4:
    (74) „Wenn du auf einen Diskussionsgegner triffst bei dessen Auftritt,
    (75) einen Armseligen, dir in keiner Weise gleichgestellt,
    (76) dann ziehe nicht über ihn her, wie es seinem Erbärmlich-Sein entspricht,
    (77) (sondern) beachte ihn nicht, denn er straft sich selbst.

    (78) Rede ihn nicht an, um deinem Herzen Luft zu machen,
    (79) kühle nicht dein Mütchen an deinem Gegenüber,
    (81) denn (selbst) erbärmlich ist, wer einen Armseligen schlecht behandelt.

    (82) Man wird (ohnehin) in deinem Sinne handeln,
    (83) du triffst ihn mit der Bestrafung durch die Edlen."

Hauptformprinzip ist hier wie in der gesamten Lehre der Doppelvers, das *thought couplet* mit seinen Varianten.

Ein weiteres formendes Element ist die Einführung einer Situation mit *jr* „was betrifft", „wenn". Nach der Beschreibung der Situation folgt die für sie geltende Anweisung und häufig „die Moral von der Geschicht" (Wilhelm BUSCH). Diese Art der Präsentation der Thematik kann man auch in vergleichbaren Texten des Alten Testaments beobachten. Denjenigen, die sich dafür näher interessieren, sei das Büchlein von

    📖 Christa KAYATZ, Studien zu Proverbien 1-9, Neukirchen-Vluyn 1966

empfohlen.

Die Bedeutung des Begriffs *ḏ3jsw*, der oben (v. 60, 68, 74) mit „Diskussionsgegner" übersetzt ist, wurde von FECHT (Ptahhotep und die Disputierer, s.o.) überzeugend herausgearbeitet. *ḏ3jsw* bezeichnet die Person, mit der man etwa vor Gericht oder in anderen beruflichen Situationen zu tun hat und die die *md.t nfr.t* in unterschiedlichem Maße beherrscht. Für alle drei Fälle rät Ptahhotep zur Zurückhaltung, da man die eigenen Ziele so am besten erreiche. Das mag auf den ersten Blick überraschend klingen, doch bei genauerem Überlegen ist das durchaus sinnvoll. Der Gegensatz zum Schweiger ist der Heißsporn, der *t3 jb*, wie er in der *Lehre des Amenemope* genannt wird, und diese Charaktereigenschaft wird durchweg negativ bewertet. Wir erinnern an einen dem Schweigen vergleichbaren Begriff, wie er beispielsweise in der mittelalterlichen Hofdichtung häufig belegt ist, die „maze", die Zurückhaltung.

Eine interessante und wichtige Beobachtung hat FECHT in der kleinen Schrift „Der Habgierige und die Maat in der Lehre des Ptahhotep" mitgeteilt. Er konnte plausibel machen, daß manche Passagen in doppelter Weise verstanden werden können, man spricht dann von Doppelsinn oder Amphibolie. FECHT hat das anhand der 5. und der 19. Maxime erläutert. Wir meinen, in der 9. Maxime ebenfalls eine Amphibolie erkennen zu können:

(161) „Wenn du pflügst, damit (etwas) wächst auf dem Acker,
(162) und Gott es reichlich in deine Hand gibt,
(165) dann ‚sättige nicht deinen Mund' in Gegenwart deiner Nachbarn,
(166) denn groß ist der Respekt, den der Schweiger verbreitet.

(169) Sei nicht überheblich gegenüber dem Kinderlosen,
(170) rede weder abschätzig noch prahlerisch darüber.

(171) Es gibt manch einen Vater, der traurig ist,
(172) und manche Mutter mit Kind, und doch ist eine andere zufriedener als sie.

(173) Es kann ein Einzelner sein, den Gott fördert,
(174) und die Herrin eines ganzen Stammes möchte ihm folgen."

Hier ist zunächst vordergründig von der Feldbestellung und der reichlichen Ernte die Rede, und davon, daß man bei guter Ernte nicht mit dem Ergebnis prahlen soll. Um die Mitte der Maxime, in v. 169-170, wechselt die Thematik, und plötzlich ist von Kinderlosigkeit die Rede und davon, daß man bei eigenem Kindersegen nicht prahlen soll. Blickt man auf den ägyptischen Wortlaut und die ägyptischen Wortbedeutungen, ergibt sich, daß die beiden Bereiche in der Aussage eng miteinander verzahnt sind und daß beide über die ganze Maxime hin angesprochen sind; dabei steht zunächst der eine im Vordergrund, dann der andere. Es handelt sich hier um zwei zentrale menschliche Lebensbereiche, den der Ernährung und den der Fortpflanzung. Ihre gemeinsame Behandlung in einer Maxime ergibt daher Sinn.

Das Bild vom Pflug und vom Acker kann ganz anders verstanden werden, wie in dieser Lehre an einer anderen Stelle gesagt wird: „Sie (die Frau) ist ein nützlicher Acker für ihren Herrn" (v. 330), und an dieser Stelle ist die erotisch-sexuelle Konnotation eindeutig. Das bedeutet, daß hier von der Fortpflanzung *und* von der reichen Ernte in Form von Kindersegen die Rede ist. Der folgende v. 165 kann ebenfalls im doppelten Sinne verstanden werden: „Nimm den Mund nicht so voll" im Sinne aufwendiger Lebensweise, aber auch von Angeberei, wiederum auf den Kindersegen bezogen. In v. 166 kann *grw* der „Schweiger" ebenfalls in beider Hinsicht verstanden werden: der „Bescheidene" im Gegensatz zu dem, der mit seinem Lebenswandel protzt, der „Schweiger", der nicht prahlt.

Die Verknüpfung des Kindersegens erfolgt über das Wort *msj* „gebären"; spätestens ab dem Neuen Reich ist ein Wort *ms.w* „Erzeugnisse des Ackers" belegt, und zumindest in der Spätzeit kann *msj* auch im Zusammenhang mit dem Pflanzenwachstum verwendet werden. Eine solche Metapher leuchtet zudem unmittelbar ein.

Der Doppelsinn erstreckt sich also über die ganze Maxime und äußert sich an verschiedenen semantischen Brennpunkten. Das Kunstmittel der Amphibolie erhielt so durch die Komposition den entsprechenden kunstvollen Rahmen.

Auf die 37 Maximen folgt der ausführliche Epilog, der u.a. ein semantisches Kabinettstück enthält, in dem virtuos mit dem Wort *sḏm* „hören" und seinen verschiedenen Bedeutungsnuancen gespielt wird. Die folgende Übersetzung hält sich konsequent an diese semantische Vorgabe:

(534) „Nutzbringend ist das Hören für den hörenden Sohn,
(535) das Hören zieht ein in den Hörenden,
(536) und der Hörende wird zum Hörer.

(537) Gutes Hören bedeutet gute Rede,
(538) der Hörende ist ein Besitzer von Nutzbringendem.

(540) Nutzbringend ist das Hören für den Hörenden,
(541) besser ist das Hören als alles andere,
(542) es entsteht große Beliebtheit.

(543) Wie gut ist es, wenn ein Sohn annimmt, was sein Vater sagt,
(544) ihm selbst wird (ehrwürdiges) Alter zuteil dadurch.

(545) Einer, den Gott liebt, ist der Hörende,
(546) nicht hört der, den Gott haßt.

(550-51) Es ist das Herz, das seinen Herrn zum Hörenden oder
nicht Hörenden macht,
(552) Leben, Heil und Wohlergehen eines Mannes ist sein Herz.

(553) Es ist der Hörende, der auf das Gesagte hört,
(554) wer das Hören liebt, der handelt nach dem Gesagten.

(556) Wie gut ist es, wenn ein Sohn auf seinen Vater hört,
(557) wie freut sich der, zu dem dies gesagt wurde.

(558) Erfreulich ist ein Sohn als ‚Herr des Hörens',
(560) ein Hörender, zu dem dies gesagt wird, ist machtvoll
(schon) im (Mutter-) Leib,
(561) geehrt vor seinem Vater.

(562) Sein Gedächtnis ist im Mund der Menschen,
(563) der Lebenden und der Zukünftigen."

5. Die Lehre für Merikare

Editionen:

📖 Wladimir GOLENISCHEFF, Les Papyrus hiératiques N° 1115, 1116 A et 1116 B de l'Eremitage impériale à St. Petersbourg, Kairo 1913, pl. 9-14.

📖 Aksel VOLTEN, Zwei altägyptische politische Schriften. Die Lehre für König Merikarê (Pap. Carlsberg VI) und die Lehre des Königs Amenemhet, København 1945 (AnAe 4), 3-103.

📖 Wolfgang HELCK, Die Lehre für König Merikare, Wiesbaden 1977 (KÄT 7).

Eine komplette Neubearbeitung stammt von

📖 Joachim F. QUACK, Studien zur Lehre für Merikare, Wiesbaden 1992 (GOF IV/23); dazu die Rez. von Karl JANSEN-WINKELN, in: OLZ 88, 1993, 478-482; Hans-Werner FISCHER-ELFERT, in: LingAeg 7, 2000, 261-267; Christian LEITZ, in: WdO 27, 1996, 133-140.

Übersetzungen:

📖 Miriam LICHTHEIM, Literature I, 97-109.

📖 Hellmut BRUNNER, Altägyptische Weisheit, 137-154.

📖 Philippe DERCHAIN, Éloquence et politique. L'option d'Akhtoy, in: RdE 40, 1989, 37-47 (Teilübersetzung).

📖 Richard B. PARKINSON, The Tale of Sinuhe, 212-234.

Einzelbeiträge:
- Georges POSENER, „Lehre für Merikare", in: LÄ III 986-987.
- Elke BLUMENTHAL, Die Lehre für König Merikare, in: ZÄS 107, 1980, 5-41.
- Richard B. PARKINSON, Poetry 248-257.

Die *Lehre für Merikare* ist bislang auf drei Papyri und einem Ostrakon erhalten: pLeningrad Ermitage 1116 A verso, pMoskau 4658, pCarlsberg VI, O DeM 1476. Die Papyri stammen wahrscheinlich alle aus der 18. Dynastie, das Ostrakon stammt aus der Ramessidenzeit.

Die Zitierweise folgt der Zeilenzahl des Leningrader Papyrus. Lediglich HELCK zitiert in KÄT nach Abschnitten, die er mit römischen Ziffern und Buchstaben versieht. Das hat sich jedoch gegen die allgemein übliche Zitierweise nicht durchgesetzt.

Der Beginn des Textes ist teilweise zerstört, doch kann mit guten Gründen rekonstruiert werden, daß er dem üblichen Schema der Lehren entspricht, jedoch mit der Besonderheit, daß hier ein königlicher Vater zu seinem Sohn und Nachfolger spricht, also etwa: „Anfang der Lehre, die der König NN für seinen Sohn, den König Merikare verfaßt hat." Der Name des Vaters ist fast völlig zerstört. Außer dem Ende der Kartusche sind nur noch zwei Zeichen erhalten, die wohl als Doppelschilfblatt gelesen werden können. Daraus ergibt sich mit hoher Plausibilität der Name Cheti. Aus der Herakleopolitenzeit sind drei Träger dieses Namens belegt, aber wegen des Namens Merikare, des letzten Königs der 10. Dynastie, dürfte es sich um Cheti III. mit dem Pränomen Nub-kau-Re handeln. Das wäre der gleiche König wie in den *Klagen des Bauern*. Hier ist also ein König die Lehrautorität; der innere Aufbau mit Anweisungen für ein richtiges Verhalten entspricht zumindest im großen und ganzen dem der sonstigen Lehren. Das unterscheidet diese Lehre von der des Amenemhet (s.u.). Diese Feststellung relativiert im übrigen das Klassifikationsmodell von PARKINSON (Types of Literature), wo formal zwischen Königslehren und anderen Lehren getrennt wird.

Der Text ist wie die *Lehre des Ptahhotep* durch Rubren in Abschnitte gegliedert. Diese Rubren stimmen in den verschiedenen Handschriften allerdings nicht immer überein, so daß die Gliederung teilweise unklar ist. Unabhängig davon folgt die inhaltliche Einteilung durch die verschiedenen Bearbeiter meist diesen Abschnitten. Während LICHTHEIM (Literature I, S.98) sich in ihrer Gliederung von inhaltlichen Gesichtspunkten leiten läßt und entsprechend referiert, geht BLUMENTHAL von formkritischen Beobachtungen aus und gliedert in vier Hauptabschnitte:

1) Verhalten zum Aufwiegler (P 2-30),
2) Verhalten zu Untertanen und Göttern (P 30-68),
3) Innen- und Außenpolitik (P 68-108),
4) Verhalten zu Untertanen und Göttern (P 108-143).

Der in der Literatur als „historischer Abschnitt" bezeichnete Textteil (s.u.) ist in dieser Gliederung Nr. 3; dort ist von Kämpfen die Rede, von Einfällen der Asiaten, vom Nord- und Südland, und daraus resultieren die Aufgaben, die der Vater dem Sohn auferlegt. Dieser Abschnitt war die Begründung dafür, daß man die Entstehung des Textes in die Herakleopolitenzeit setzte. BLUMENTHAL hält die Selbstdatierung des Werkes in die 9./10. Dynastie für glaubwürdig:

> „Die historische Kritik muß sehr gewichtige Argumente beibringen, wenn sie das Selbstzeugnis eines Textes außer Kraft setzen will [...] Solange keine weiteren, schlagkräftigeren Gegengründe gefunden werden, bleibt sie (sc. die Lehre), als fiktives politisches Testament unter König Merikare und in seinem Sinne verfaßt, ein Kronzeuge für die gesellschaftlichen und ideologischen Wandlungen Ägyptens unter der 9./10. und 11. Dynastie" (S. 41).

Im Zusammenhang mit der auch bei dieser Lehre problematischen Datierungsfrage hat sich

📖 Peter SEIBERT, Die Charakteristik. Untersuchungen zu einer altägyptischen Sprechsitte und ihren Ausprägungen in Folklore und Literatur. Teil I.: Philologische Bearbeitung der Bezeugungen, Wiesbaden 1967 (ÄA 17)

geäußert; leider ist seine Arbeit nicht im ursprünglich geplanten Umfang erschienen. Mit dem Wort „Charakteristik" greift er einen zuerst von GARDINER (JEA 1, 1914, 30) gebrauchten Terminus („characterisation") auf: Er bedeutet, daß bestimmte Texte (bei SEIBERT sind das u.a die *Lehre des Ptahhotep*, die *Lehre für Merikare* oder die *Lehre des (Dua-)Cheti*) „ihr jeweiliges Thema offenbar *charakterisieren* wollen und sich zu diesem Zwecke derselben stilistischen Mittel bedienen" (S. 12). Statt vom „Sitz im Leben" spricht SEIBERT von der *„formprägenden Verlautbarungssituation"*, d.h. ein Text bzw. die Gattung, zu der er gehört, verdankt sein Aussehen, seine Ausprägung, einer bestimmten Situation, einer bestimmten Stunde, einem bestimmten Ort, einer bestimmten Konstellation usw.

Außerdem unterscheidet er zwischen der *Lehrautorität*, d.h. der Person, die ihren Sohn belehrt, und dem *Lehrprotokollanten*, d.h. der Person, die die Lehre so niederschreibt, als hätte sie der mündlichen Belehrung beigewohnt. Im Fall der *Lehre für Merikare* möchte SEIBERT den Lehrprotokollanten in die erste Dekade

Amenemhets I. datieren; er glaubt, daß aus Gründen, die er dann leider nicht mehr auszuführen in der Lage war, die *Lehre für Merikare* ein Werk desselben Verfassers bzw. Verfasserteams sei, das auch die *Prophezeiung des Neferti* angefertigt habe (S. 88).

Für QUACK dagegen passen die historischen Angaben der Lehre

> „nicht ohne große Probleme zu den durch nichtliterarische Quellen bekannten geschichtlichen Entwicklungen [...] Dagegen kann man die politischen Angaben in der Lehre für Merikare gut verstehen, sofern man von einer Entstehung des Werkes in der 12. Dynastie unter Sesostris I. ausgeht. Die Selbstdatierung ist kein gewichtiges Hindernis, da sie sich als bewußter Rückgriff auf eine vergangene Epoche verstehen läßt und die Annahme einer Literaturblüte in der ersten Zwischenzeit generell zweifelhaft ist" (Merikare S. 137).

Wieder anderer Meinung ist FRANKE (BiOr 50, 1993, 351), der einer Spätdatierung skeptisch gegenübersteht:

> „Die jüngste Bearbeitung [...] durch Quack bringt zwar zahlreiche Argumente dafür, daß sich die Aussagen des Textes gut in die 12. Dynastie einpassen lassen, jedoch werden die in der Lehre gemachten Angaben auch bei einer Datierung in die Zeit Sesostris' I. nicht plausibler – es sei denn, man erklärt sie zu reiner Fiktion. Ich glaube, man sollte sich die Option offenhalten, daß mit Werken zu rechnen ist, die vor der 11. Dynastie entstanden sind."

Einige Textauszüge:

> „Ahme Deine Väter und Deine Vorväter nach!
> Nur als Wissender kann man [erfolgreich?] arbeiten.
> Siehe, ihre Worte haben in Büchern überdauert.
> Rolle sie aus und lies sie, damit Du die Wissenden nachahmst!
> Nur ein Kunstfertiger (*ḥmww*) kann zu einem Belehrten (*sbȝjw*) werden" (Z. 36)!

Diese Passage erinnert an zwei andere Texte: zum einen an die erste Maxime der *Lehre des Ptahhotep*, wo der zu Belehrende nachdrücklich zum unermüdlichen Lernen aufgefordert wird, zum anderen an den oben zitierten Auszug aus dem pChester Beatty IV.

Das Verhalten gemäß der *Maat* spielt in einer Königslehre eine wichtige Rolle:

> „Sage die *Maat* in Deinem Hause,
> daß Dich die Großen im Lande respektieren.
> Rechtschaffenheit eines Herrn ist die Aufrichtigkeit des Herzens.
> [...]
> Tue die *Maat*, damit Du auf Erden dauerst.
> Beruhige die Weinenden, benachteilige nicht die Witwe!

>   Bringe niemanden um die Habe seines Vaters!
>   Stufe keinen Großen in seiner Stellung zurück!
>   Hüte Dich, ungerecht zu strafen!
>   Richte nicht hin, das bringt Dir keinen Nutzen" (Z. 45-48).

In dieser Lehre finden wir auch eine bemerkenswerte Aussage zu Grabausstattung und Totengericht:

>   „Die Richter, die den Sünder richten –
>   sei Dir bewußt, daß sie nicht nachsichtig sind
>   an jenem Tage des Gerichtes über den Hilflosen,
>   in jener Stunde des Vollzugs der Vorschriften.
>   Es ist schlimm, wenn der Ankläger ein Wissender ist.
>   Vertraue nicht auf die Länge der Jahre,
>   sie sehen die Lebenszeit in einer Stunde an.
>   Der Mensch bleibt nach dem Sterben übrig,
>   seine Taten werden *als Ausstattung* neben ihn gelegt,
>   und die Existenz dort währt dann in Ewigkeit" (Z. 53-56).

📖 Dieter MÜLLER, Grabausstattung und Totengericht in der Lehre für König Merikare, in: ZÄS 94 (FS Anthes, II. Teil), 1967, 117-124

kehrt mit seiner Auffassung der Taten als Ausstattung zur Erstübersetzung GARDINERs (JEA 1, 1914, 20-36) zurück, belegt sie jedoch mit Parallelen: Der König kann sich nicht einfach auf die Grabausstattung und die am Grabe vollzogenen Opfer verlassen; vielmehr besteht die wahre Ausrüstung in den Taten, die er auf Erden getan hat. Das paßt, so MÜLLER, „vorzüglich zu dem Standpunkt, den der Verfasser dieser Lehre auch sonst vertritt" (S. 123).

Der sog. „Historische Abschnitt" wurde ausführlich behandelt von

📖 Alexander SCHARFF, Der historische Abschnitt der Lehre für König Merikare, Sitzungsberichte der Bayrischen Akademie der Wissenschaften, Phil.-hist. Abt. Jg. 1936, Heft 8, München 1936.

Der alte König berichtet von einem Ereignis in seiner Regierungszeit, durch das er, wenn auch unfreiwillig, Schuld auf sich geladen hat. Auch der König ist also nicht frei von Fehlern und Unzulänglichkeiten, das wird uns bei der *Lehre des Amenemhet* noch beschäftigen. Die Passage lautet:

>   „Siehe, eine schändliche Tat geschah zu meiner Zeit,
>   geplündert wurden die Friedhöfe im Gau von This(?).
>   Es geschah jedenfalls als meine Tat,
>   obwohl ich erst davon erfuhr, als es geschehen war.
>   Siehe, mein Lohn kam aus dem, was ich getan hatte!
>   Es ist schändlich, zu zerstören,
>   nimandem nützt es, wiederaufzubauen, was er vernichtet hat,
>   zu bauen, was er abriß, zu verschönern, was er entstellte.

Hüte dich davor!
Ein Schlag wird mit einem ebensolchen vergolten,
alle (eigenen) Taten sind das, was man als Anteil erhält" (Z. 120-123).

Der berühmteste und schönste Abschnitt dieses Textes ist der „Preis des Schöpfergottes" in Z. 130-138:

„Wohlversorgt sind die Menschen, das ‚Kleinvieh' Gottes.
Ihnen zuliebe schuf er Himmel und Erde,
nachdem er die Gier des Wassers vertrieben hatte.
Er schuf den ‚Atem des Herzens', damit ihre Nasen leben,
seine Ebenbilder sind sie, hervorgegangen aus seinem Leib.

Ihnen zuliebe geht er am Himmel auf,
für sie erschafft er Kräuter und Vieh,
Vögel und Fische, damit sie zu essen haben.
Er tötete seine Feinde und schädigte (sogar) seine Kinder,
weil sie auf Rebellion sannen.

Ihnen zuliebe erschafft er das Tageslicht,
um sie zu sehen, fährt er (am Himmel) dahin.
Er errichtete eine Kapelle hinter ihnen,
wenn sie weinen, hört er.

Für sie schuf er ‚Herrscher im Ei',
und Befehlshaber, um den Rücken des Schwachen zu stärken.
Für sie schuf er den Zauber (ḥk3w) als Waffe,
um den Schlag der Ereignisse abzuwehren,
wachend über sie des Nachts wie am Tage.
Er hat die Aufrührer unter ihnen getötet,
wie ein Mann seinen Sohn um dessen Bruders willen erschlägt.
Gott kennt jeden Namen" (Z. 130-138).

Man kann mit BLUMENTHAL der Meinung sein, daß es sich bei diesem Hymnus um ein selbständiges Stück literarischer Überlieferung handelt, das in diese Lehre Eingang gefunden habe. Sie begründet das (S. 20) mit dem für Ägypten neuartigen humanen Gottesbild, durch das zeitgenössische Weltanschauungsfragen beantwortet werden sollten. Weder dieses noch die anthropozentrische Weltsicht entsprächen den sonstigen Intentionen der Lehre. Die Frage nach der ursprünglichen Herkunft dieses Hymnus muß sie zwangsläufig offenlassen.

6. Die Lehre des Amenemhet

Editionen:

📖 Aksel VOLTEN, Zwei altägyptische politische Schriften. Die Lehre für König Merikarê (Pap. Carlsberg VI) und die Lehre des Königs Amenemhet, København 1945 (AnAe 4), 3-103.

📖 Wolfgang HELCK, Der Text der „Lehre Amenemhets I. für seinen Sohn", Wiesbaden 1969 (KÄT 1).

Übersetzungen:

📖 Miriam LICHTHEIM, Literature I, 135-139.

📖 Hellmut BRUNNER, Altägyptische Weisheit, 169-177.

📖 Richard B. PARKINSON, The Tale of Sinuhe and other Ancient Egyptian Poems 1940-1640 BC, Oxford 1997, 203-211.

Einzelbeiträge:

📖 Georges POSENER, Littérature et politique dans l'Égypte de la XIIe dynastie, Paris 1956, 61-86.

📖 Elke BLUMENTHAL, Die Lehre des Königs Amenemhet, Teil I und II, in: ZÄS 111, 1984, 85-107 und 112, 1985, 104-115.

📖 Karl JANSEN-WINKELN, Das Attentat auf Amenemhet I. und die erste ägyptische Koregentschaft, in: SAK 18, 1991, 241-264.

📖 Claude OBSOMER, La date de Nésou-Montou (Louvre C 1), in: RdE 44, 1993, 103-140.

📖 Karl JANSEN-WINKELN, Zu den Koregenzen der 12. Dynastie, in: SAK 24, 1997, 115-135.

📖 Günter BURKARD, „Als Gott erschienen spricht er." Die Lehre des Amenemhet als postumes Vermächtnis, in: Literatur und Politik im pharaonischen und ptolemäischen Ägypten, hrsg. von Jan ASSMANN und Elke BLUMENTHAL, Le Caire 1999 (BdE 127), 153-173.

📖 Richard B. PARKINSON, Poetry 241-248.

Sämtliche uns erhaltenen Abschriften des Textes stammen aus dem Neuen Reich; der Basis-Text pMillingen aus der 18. Dynastie ist seit Mitte des 19. Jahrhunderts verschwunden, von ihm existiert nur eine Hand-Kopie. Er enthielt drei Viertel des Textes, der Schluß fehlt. Da dieser ansonsten nur in stark korrumpierten ramessidischen Handschriften erhalten ist, setzt er unserem Verständnis oft noch große Schwierigkeiten entgegen. Hinzu kommen vier weitere Papyri, drei Holztafeln, eine Lederrolle und wohl mehr als 300 Ostraka, deren Mehrzahl aus Deir el Medine stammt. In der Gliederung stimmen die Handschriften weitgehend überein: Rote Gliederungspunkte trennen 87 Verse ab, rote Zeilenanfänge gliedern den Text in 15 Abschnitte. Diese Abschnittsgliederung liegt der Publikation von HELCK zugrunde, nach der zitiert wird.

Der Text beginnt zunächst wie eine klassische Lehre mit ḥ3.tj-ʿ m sb3j.t und benennt dann als Autor den König Amenemhet I., der diese Lehre für seinen Sohn Sesostris I. verfaßt habe. Mit fiktiven Autorennamen sind wir schon vertraut. In diesem Fall aber haben wir einen ägyptischen Hinweis auf den eigentlichen Verfasser:

„Auferstehung und Erblicken der Sonne für den Schreiber Cheti,
und ein Totenopfer aus Brot und Bier vor Wennofer (= Osiris),
Libationen, Wein und Leinen für seinen Geist und seine Schüler,
für den Wirkungsvollen mit den erlesenen Aussprüchen!
Ich nenne seinen Namen in Ewigkeit.
Er ist es, der ein Buch mit der Lehre des Königs *Sehetepibre* gemacht hat,
nachdem dieser entschlafen war,
nachdem er sich mit der Nekropole vereinigt hatte
und unter die Herren der Nekropole eingetreten war" (pChester Beatty IV, vso. VI, 11ff.).

Es folgt ein kurzer Abschnitt, der die Bezeichnung „Lehre" noch am ehesten verdient, da er Anweisungen für das richtige Verhalten des Nachfolgers enthält, allerdings schon mit einer Besonderheit: Es wird vor Freunden, vor Vertrauten, letztlich so gut wie vor allen Menschen gewarnt. Die berühmte Schilderung des Attentats auf den König schließt sich an, und diese Schilderung enthält den eigentlichen Streitpunkt: Wird hier von einem erfolgreichen Attentat berichtet oder von einem gescheiterten? Beides wäre ein unerhörter Vorgang. Hat der König also überlebt und die Lehre selbst verfaßt, oder ist er umgekommen und stammt der Text tatsächlich aus der Feder des Cheti oder welchen Autors auch immer? Hat der König überlebt, und hat er anschließend, um Ähnliches zu verhindern, seinen Sohn Sesostris zum Koregenten eingesetzt? Wie lange dauerte diese Koregenz? Das wiederum hat Einfluß auf die Chronologie. Wir wissen, daß Amenemhet I. in seinem 30. Jahr gestorben ist; manche vermuten, daß er in seinem 20. Jahr Sesostris als Koregenten eingesetzt hat. Von wann ab zählte dann aber Sesostris seine Regierungsjahre? Unsere chronologischen Rekonstruktionen können also um bis zu 10 Jahren differieren.

Danach erfahren wir, daß offensichtlich der Harim die Keimzelle der Verschwörung war, hören einen Rechenschaftsbericht des Königs über seine Regierungszeit, eine Schilderung seiner Grabanlage und teilweise noch nicht ganz verständliche Schlußworte an den Sohn und Nachfolger.

Um diese Frage hat sich eine kontroverse Diskussion entwickelt, die hier nur in aller Kürze referiert werden kann.

Zunächst greift JANSEN-WINKELN (s.o.) die u.a. von ANTHES vertretene These wieder auf, das Attentat auf den König sei mißlungen. Sein Résumé lautet kurzgefaßt: Die Lehre ist eine Propagandaschrift, um die Koregentschaft zwischen Amenemhet I. und Sesostris I. zu rechtfertigen. Sie ist allerdings erst nach dem natürlichen Tod Amenemhets, d.h. nach seinem 30. Jahr, zur Zeit der Alleinherrschaft des Sesostris, entstanden.

Als Beweise für die Koregenz außerhalb des Textes benennt er vor allem die von ihm für sicher gehaltenen Doppeldatierungen auf Stelen und Graffiti und den *Sinuhe*. Zunächst zu diesem: Hier dient ihm der Bericht über den Libyerfeldzug zu Beginn der Geschichte als Argument:

„S.M. hatte ein Heer gesandt [...] und der Befehlshaber war sein ältester Sohn, der *nṯr nfr* Sesostris" (R11-13).

Der Name Sesostris ist in Kartusche geschrieben, für JANSEN-WINKELN der Beweis, daß er schon Koregent war. Wie problematisch eine solche Argumentation ist, zeigt sich wenig später:

„Die Kämmerer sandten aus, um den Königssohn wissen zu lassen (=den Tod Amenemhets)" (R17-19).

Hier muß die Doppelfunktion eines Koregenten bemüht werden, um das Fehlen der Kartusche zu erklären. Dieser sei König und zugleich auch Sohn des (lebendigen) Königs. Und da hier der Tod des Vaters berichtet werde, sei nur der Sohn relevant.

Die Untersuchung OBSOMERS galt neben anderem ebenfalls der Frage dieser Koregenz. Das Ergebnis beruht vor allem auf einer detaillierten Untersuchung der Stele Louvre C1 und der scheinbaren Doppeldatierungen auf einigen Stelen und Graffiti. OBSOMER kann deutlich machen, daß diese angeblichen Doppeldatierungen entweder falschen Lesungen oder falschen Interpretationen entstammen und in keinem Fall haltbar sind. Insgesamt kommt er zu dem eindeutigen Fazit: Es hat keine Koregenz zwischen Amenemhet I. und seinem Sohn Sesostris I. gegeben. Wir schließen uns dem an, zumal auch einer der besten Kenner der Zeit des Mittleren Reichs sich zu dieser Meinung bekehrt hat:

📖 Detlef FRANKE, Das Heiligtum des Heqaib auf Elephantine. Geschichte eines Provinzheiligtums im Mittleren Reich, SAGA 9, Heidelberg 1994, XI-XII.

Den folgenden Textauszügen liegt die Bearbeitung von BURKARD („Als Gott erschienen spricht er") zugrunde. Dort auch zur Argumentation, die auf einer eingehenden grammatikalischen Analyse beruht.

Nach den einleitenden Worten heißt es von Amenemhet, der „als Gott erschienen", also tot ist:

„Er sagt, nachdem er als Gott erschienen ist:
,Höre auf das, was ich dir sagen werde'" (Id-e)!

Die Abschnitte VI und VII enthalten die ausführliche Schilderung des Attentats:

„Nach dem Abendessen war es, die Nacht war gekommen,
nachdem ich eine Stunde der Herzensfreude empfangen hatte.
Ich lag auf meinem Bett, nachdem ich ermattet war,
und nachdem mein Herz begonnen hatte, meinem Schlaf zu folgen.
Plötzlich wurden Waffen gezückt, man versuchte, mich zu schützen(?);
ich aber verhielt mich wie eine Schlange der Wüste.

Zum Kampf erwachte ich, als ich (wieder) bei mir war,
und gefunden hatte: das ist ein Handgemenge der Wachen!
Was das ,Ich ergriff schnell die Waffen mit meiner Hand,
und schon habe ich die Feiglinge durch Gegenwehr zurückgetrieben'
betrifft:
Es gibt aber doch keinen Tapferen in der Nacht, nicht den Kampf eines Einzelnen,
nicht gelingt Glückliches ohne Helfer!"

Die größte Verwirrung hat ein vermeintlicher Irrealis in VIIc ausgelöst, der häufig übersetzt wurde: „Wenn ich schnell die Waffen mit meiner Hand ergriffen hätte". Dieser Irrealis ist inzwischen eliminiert worden. Des weiteren gehen wir davon aus, daß auf die Partikel *jr* „was betrifft" ein selbständiger Satz folgt. Wir stützen uns dabei auf die Version des pMillingen und das dort stehende *šsp=j*, das wir als narrativen Infinitiv auffassen. Diese Konstruktion ist in der Literatur der Mittleren Reichs vielfach belegt; das *sḏm=f* des folgenden Verses setzt diese Form regelgerecht fort.

Der folgende Abschnitt VIII ist, vom Ballast der Prämisse einer Koregenz befreit, problemlos verständlich:

„Siehe, das Attentat geschah, als ich ohne dich war,
bevor der Hof gehört hatte, daß ich dir übergeben wollte,
bevor ich mit dir gesessen hatte, damit ich deine Angelegenheiten regelte.

> Denn ich hatte es nicht bedacht, hatte es nicht überlegt,
> hatte nicht das Fehlverhalten der Diener berücksichtigt."

Die Formulierung „als ich ohne dich war" läßt an den im *Sinuhe* erwähnten Libyerfeldzug denken – auf die grundsätzliche Frage nach der Historizität dieser Texte kommen wir noch kurz zurück.

Im Abschnitt IX wird deutlich ausgesprochen, was vorher noch zurückhaltend formuliert worden war: Der König fiel einer Harimsverschwörung zum Opfer:

> „Hatten denn jemals Frauen Truppen aufgestellt?
> Zieht man denn Rebellen im Palast auf" (IXa-b)?

Auch hier ist ein Blick auf den *Sinuhe* vielleicht aufschlußreich. Interessant ist, was dort eingangs nicht gesagt wird:

> „Die Residenz war im Schweigen, die Herzen in Trauer, die großen
> Doppeltore waren geschlossen, die Höflinge hatten den Kopf auf dem
> Knie, die *pꜥ.t*-Leute waren in Trauer" (R 8-11).

Kein Wort über die königlichen Gemahlinnen und die Königskinder. Vielmehr werden diejenigen Söhne, die mit Sesostris am Libyerfeldzug teilgenommen hatten, gesondert, also doch wohl nicht durch die gleiche Quelle, informiert. Und Sinuhe, ein Harims-Beamter, flieht.

Es ist klar, daß literarische Texte nicht ohne weiteres als historische Quellen auswertbar sind. Aber sie schweben auch nicht im historisch luftleeren Raum. An der Grundtatsache, daß im Sinuhe über den Tod des Königs berichtet wird, und daß die Todesumstände von besonderer Art gewesen sind, kann kein Zweifel bestehen. Denn weshalb hätte der Held der Geschichte sonst fliehen müssen? Vor diesem Hintergrund können manche Aussagen oder eben auch Nicht-Aussagen durchaus Relevanz besitzen.

Auch der in Abschnitt X-XII folgende Bericht des Königs über seine Leistungen ist am Ende seines Lebens bzw. postum sicher plausibler, als es ein Zwischenbericht lange vor dem Ende seiner Regierung wäre. Zudem, um noch einmal die Historie zu bemühen, sind Nubienfeldzüge des Königs erst aus seinem dritten Regierungsjahrzehnt belegt. Auch der Bericht über den Bau des königlichen Grabes in Abschnitt XIII gewinnt so seinen besten Sinn.

Der 15. und letzte Abschnitt ist der am schlechtesten überlieferte. Daher muß bei seiner Interpretation besondere Vorsicht walten. Dennoch ergeben sich im Lichte der von

📖 John FOSTER, The Conclusion to the Testament of Amenemmes, King of Egypt, in: JEA 67, 1981, 36-47 publizierten neuen Quellen einige Hinweise, die in die folgende Übersetzung eingeflossen sind:

„Siehe, ich habe den Anfang gemacht und ich knüpfe dir nunmehr das Ende:
Ich will das zu Ende bringen, was ich beabsichtigt habe,
Du setzest dir die weiße Krone des Göttersprößlings auf.
XY ist an seinem Platz (o.ä.), als etwas, das ich dir bestimmt habe, nachdem ich in die Barke des Re eingestiegen bin.
Nunmehr ist das Königtum (wieder) das uranfängliche geworden, als eines, das (ich geschaffen habe o.ä.) [...]" (XVa-g).

Man kann den Inhalt dieser Lehre wie folgt zusammenfassen: Amenemhet I. fiel einem Attentat zum Opfer, das in Harimkreisen geplant und dort auch ausgeführt wurde. Er spricht „als Gott erschienen", d.h. aus dem Jenseits, nachdem er „in die Barke des Re eingestiegen" ist. Mit dieser Lehre holt er nach, was ihm zu Lebzeiten nicht vergönnt war: die offizielle Übergabe der Herrschaft an Sesostris I. bzw. dessen Bestimmung als Nachfolger. Er verbindet das mit Ermahnungen an den Sohn, dem Attentatsbericht und mit einem Rechenschaftsbericht über die eigene Herrschaft. Von einer Koregenz ist nirgends die Rede. Das in dieser Hinsicht aus dem Text zu gewinnende Bild paßt sich nahtlos in die historische Szenerie ein, wie sie sich im Lichte der Untersuchungen OBSOMERS darstellt.

Der Zweck der Lehre kann unserer Meinung nach nur darin bestehen, die Nachfolge durch Sesostris I. zu legitimieren, so wie übrigens Amenemhet I. sich selbst durch den „Neferti" legitimierte (s. dazu unten). Der Text wurde vermutlich nach dem Tod des Amenemhet in dessen 30. Regierungsjahr auf Veranlassung des Sesostris niedergeschrieben, möglicherweise, wie in pChester Beatty vermerkt, durch Cheti. Die fiktive Entstehungssituation ist die Zeit unmittelbar nach dem Mord, vor der Thronbesteigung durch Sesostris. Denn hier vor allem herrscht die hochdramatische, für den Übergang der Herrschaft bedrohliche Situation. Die alles entscheidenden Worte des toten Königs fallen nach dem einleitenden „als Gott erschienen spricht er: ‚Höre auf das, was ich dir sagen werde'" in drei extrem kurzen und prägnanten Versen:

„Du wirst König des Landes sein!
Du wirst die Ufer beherrschen!
Du wirst das Gute vermehren" (Id-e)!

6.2. Die Geschichte des Sinuhe

Editionen:

📖 Gustave MASPERO, Les mémoires de Sinouhît, BdE 1, Le Caire 1908.

📖 Alan H. GARDINER, Notes on the Story of Sinuhe, Paris 1916.

📖 Aylward M. BLACKMAN, Middle Egyptian Stories, Bruxelles 1932 (BAe II/1), 1-41.

📖 Roland KOCH, Die Erzählung des Sinuhe, Bruxelles 1990 (BAe XVII).

Übersetzungen:

📖 Miriam LICHTHEIM, Literature I, 222-235.

📖 Elke BLUMENTHAL, Altägyptische Reiseerzählungen. Die Lebensgeschichte des Sinuhe. Der Reisebericht des Wen-Amun, Leipzig ²1984, 5-26.

📖 Elke BLUMENTHAL, Die Erzählung des Sinuhe, in: Otto KAISER et al. (Hrsgg.), Weisheitstexte, Mythen und Epen, Mythen und Epen III, Gütersloh 1995 (TUAT III,5), 884-911.

📖 Richard B. PARKINSON, The Tale of Sinuhe and Other Ancient Egyptian Poems 1940-1640 BC, Oxford 1997, 21-53.

Einzelbeiträge:

📖 Hermann GRAPOW, Der stilistische Bau der Geschichte des Sinuhe, Berlin 1952.

📖 Georges POSENER, Littérature et politique dans l'Égypte de la XIIe dynastie, Paris 1956, 87-115.

📖 William K. SIMPSON, Artikel „Sinuhe", in: LÄ V, 950 - 955.

📖 Ludwig MORENZ, Ein hathorisches Kultlied und ein königlicher Archetyp des Alten Reichs – Sinuhe B 270-271 und eine Stele der späten XI. Dynastie (Louvre C 15), in: Die Welt des Orients 28, 1997, 7-17.

📖 Ludwig MORENZ, Kanaanäisches Lokalkolorit in der Sinuhe-Erzählung und die Vereinfachung des *Urtextes*, in: Zeitschrift des Deutschen Palästina-Vereins 113, 1997, 1-18.

📖 Gerald MOERS, Fingierte Welten in der ägyptischen Literatur des 2. Jahrtausends v. Chr. Grenzüberschreitung, Reisemotiv und Fiktionalität, Leiden/Boston/Köln 2001 (Probleme der Ägyptologie 19).

📖 Richard B. PARKINSON, Poetry 149-168.

Von dieser Erzählung sind uns bisher sieben Papyri und ca. 25 Ostraka bekannt.

Die wichtigsten Handschriften sind zwei Berliner Papyri, pBerlin B 3022 (B) und B 10499 vso (R); von diesen enthält B 311 Zeilen, es fehlt aber der Anfang;

R umfaßt 203 Zeilen, darunter den Anfang der Geschichte. Somit steht uns der Gesamttext zur Verfügung. Beide Handschriften stammen aus dem Mittleren Reich, B wohl aus der 2. Hälfte der 12. Dynastie, also etwa 100-150 Jahre nach Sesostris I., in dessen Zeit die Erzählung spielt. Angaben zu den übrigen Quellen sind am bequemsten BLACKMANs Textpublikation zu entnehmen.

Von den zahlreichen Ostraka ist eines von besonderer Bedeutung und im Wortsinne von besonderem Gewicht: Das sog. Ashmolean Ostrakon, das seinen Namen von seinem jetzigen Aufbewahrungsort im gleichnamigen Museum in Oxford hat. Es ist mit einer Breite von 31,5 cm und einer Höhe von 88,5 cm das größte (Kalkstein-)Ostrakon, das uns erhalten ist. Es enthielt ursprünglich sicher den gesamten Text, der heute allerdings nicht mehr komplett erhalten ist.

Der *Sinuhe* ist zweifellos der bekannteste Text aus dem Alten Ägypten, so bekannt, daß es ihm wie wohl keinem anderen gelungen ist, die Grenzen des Faches Ägyptologie zu überwinden und Eingang zu finden sowohl in die Literatur wie auch in das Medium Film. Das bekannteste Beispiel dürfte Mika Waltaris Roman *Sinuhe der Ägypter* und seine Verfilmung sein.

Ein so wichtiger und bekannter Text ist natürlich für jeden Ägyptologen eine Herausforderung, und das zeigt sich in der hohen Zahl der Beiträge. Wenn man nur einen Blick in SIMPSONs Artikel im LÄ wirft, wird man bemerken, daß das Literaturverzeichnis, das wohlgemerkt nur eine kleine Auswahl darstellt, länger ist als der Artikel selbst. Die Lust, über *Sinuhe* zu schreiben, ist auch in der jüngsten Zeit ungebrochen. Umso notwendiger ist hier die Beschränkung auf das Notwendigste.

Was die literarische Bewertung des Textes angeht, stimmen fast alle Autoren darin überein, daß es sich um eines der Meisterwerke der ägyptischen Literatur schlechthin handelt. Einige beispielhafte Zitate:

BRUNNER schreibt in seinen *Grundzügen*:

> „Frisch, anschaulich, mit einer abwechslungsreichen und ebenso klaren wie auch verhaltenen Sprache läßt der Dichter dieser Verserzählung den Leser ein spannungsreiches Leben mitkosten" (S. 51).

Und wenig später:

> „Die Geschichte ist historisch, besonders als Quelle für den Zustand Palästinas, literarisch, religionshistorisch, psychologisch, ja sogar juristisch und vor allem linguistisch immer wieder betrachtet worden, mit reichen Ergebnissen" (S. 51).

Wenig später lesen wir:

„Die Geschichte des Sinuhe ist ein, wenn nicht *der* Gipfel ägyptischer
Literatur" (S. 57).

BLUMENTHAL äußert ähnlich:

„Die Erzählung des Sinuhe gehört zu den bedeutendsten Werken der
ägyptischen Literatur; sie ist wohl überhaupt das bedeutendste"
(TUAT III,5, S. 884).

Britisch trocken reduziert dagegen PARKINSON die euphorischen Äußerungen darauf, daß der *Sinuhe*

„[...] is widely valued as the masterpiece of Middle Kingdom literature, at the expense of other less accessible works" (Teaches, Discourses and Tales, S. 114).

Die Versuche, den Text einer bestimmten Gattung zuzuweisen, sind zahlreich: Erzählung, Reiseerzählung, Lehrhaftes Stück, Schelmenroman, literarische Autobiographie, sogar echte Autobiographie. Wie zuletzt noch

📖 Kenneth A. KITCHEN, Sinuhe: Scolarly Method Versus Trendy Fashion, in: BACE 7, 1996, 55-63

vermutet: Dieser Text sei ursprünglich als echte Autobiographie im Grab eines Mannes angebracht gewesen, der Sinuhe hieß und zur Zeit Sesostris' I. lebte. Von dort sei er auf Papyrushandschriften kopiert und verbreitet worden. KITCHEN äußert die Hoffnung, daß man vielleicht einmal tatsächlich dieses Grab noch finden wird.

Den folgenden Textbeispielen liegt unsere eigene Übersetzung zugrunde. Im großen und ganzen folgt sie dem Text der Handschriften B und R in Berlin.

Das Ganze beginnt im Stil einer Autobiographie:

„Der Graf und Fürst, der Richter und Verwalter der Provinzen des
Herrschers in den Ländern der Asiaten, der wirkliche Bekannte des
Königs, den er liebt, der Gefolgsmann Sinuhe, er sagt:
Ich war ein Gefolgsmann, der seinem Herrn folgte, ein Diener des
königlichen Harims der Fürstin, groß an Lob, der Königsgemahlin des
Sesostris in Chenem-sut, der Königstochter des Amenemhet in Kaneferu, Neferu, der Herrin der Ehrwürdigkeit" (R. 1-5).

Die beiden Örtlichkeiten sind die Pyramidenstädte Sesostris' I. und Amenemhets I. Wie es sich für eine Autobiographie gehört, nennt Sinuhe zunächst seinen Namen und seine Titulatur. Sein Bericht beginnt mit der Nachricht vom Tod Amenemhets I.:

„Jahr 30, 3. Monat der Überschwemmungszeit, Tag 7:
Aufstieg des Gottes zu seinem Horizont.
Der König von Ober- und Unterägypten, Sehetepibre,
er flog auf zum Himmel, indem er vereinigt ist mit der Sonnenscheibe;
der Gottesleib, er ist verbunden mit dem, der ihn geschaffen hatte.

Die Residenz war in Schweigen, die Herzen waren in Kummer,
das große Doppeltor war geschlossen.
Der Hofstaat hatte den Kopf auf dem Knie,
das Volk war in Trauer" (R. 5-11).

Die letzten vier Zeilen hatten wir bereits im Zusammenhang mit der Lehre des Amenemhet zitiert.

„Es hatte nun aber Seine Majestät ein Heer gesandt
zu dem Land der Libyer,
und seinen ältesten Sohn als dessen Befehlshaber,
den vollkommenen Gott Sesostris.
er war gesandt worden, um die Fremdländer zu schlagen,
um die Bewohner Libyens zu bestrafen" (R.11-14).

Sesostris wird hier als der Kronprinz geschildert, ohne daß das direkt gesagt wird: Der älteste Sohn wird als „vollkommener Gott" bezeichnet. Aber die Situation ist offenbar ungewöhnlich:

„Die Höflinge des Palastes,
sie sandten zum westlichen Ufer,
um wissen zu lassen den Königssohn die Situation, die entstanden war
im Palast.
Die Boten trafen ihn auf dem Weg,
und sie erreichten ihn zur Abendzeit.
Nicht einen Augenblick zögerte er,
der Falke, er flog davon zusammen mit seinem Gefolge,
ohne es sein Heer wissen zu lassen" (R.17-22).

Sesostris mußte sich schleunigst um die Regelung der Nachfolge in seinem Sinne bemühen und eilte zur Hauptstadt. Ein uns unklares Geschehen treibt Sinuhe zu übereilter Flucht:

„Nun hatte man gesandt zu den (anderen) Königskindern,
die in seiner Gefolgschaft waren in diesem Heer.
Man rief nach einem von ihnen,
während ich dastand.
Ich hörte seine Stimme, während er sprach,
und während ich mich (plötzlich) in der Nähe des Verrats befand.
(oder: und während ich mich in geringer Entfernung befand)" (R. 22-
B. 2).

Ob Verrat oder nicht in der letzten Zeile – die Übersetzung dieser Passage ist umstritten –, offensichtlich, so muß man diese Passage u.E. interpretieren, existieren zwei Parteiungen: die des ältesten Königssohnes und die weiterer Königskinder, die offenbar von unterschiedlicher Seite über die Ereignisse informiert wurden. Wir erinnern an die Schilderung des Attentats in der *Lehre des A-*

menemhet, die hier geschilderte Situation paßt dazu nahtlos. Im dortigen Zusammenhang hatten wir auch darauf hingewiesen, daß man literarische Texte zwar nicht als historische Texte mißverstehen darf, daß die Texte aber auch nicht im historisch leeren Raum angesiedelt sind. In die gleiche Richtung geht Assmanns Bemerkung:

> „Daß Literatur und historiographische Dokumentation verschiedene Dinge sind, berechtigt nicht dazu, der Literatur jeden geschichtlichen Wirklichkeitsbezug abzusprechen. Es gibt keine müßigen Fiktionen" (Weisheit, Schrift und Literatur im alten Ägypten, S. 488, Anm. 39).

Zur neuerlich aufgeflammten Diskussion über Literatur im Spannungsfeld von Realität und Fiktionalität s. weiter unten. Es folgt die bekannte Schilderung von Sinuhes panischer Reaktion und Flucht:

> „Mein Herz verwirrte sich, meine Arme flogen auseinander,
> Zittern hatte jedes Glied befallen.
> Ich entfernte mich im Springen,
> um für mich ein Versteck zu suchen.
> Ich begab mich zwischen zwei Büsche,
> um (frei) zu machen den Weg für den, der auf ihm ging.
> Ich machte mich auf den Weg nach Süden,
> denn ich dachte nicht daran, zu dieser Residenz zu gelangen.
> Ich befürchtete, daß ein Aufstand entstehen würde,
> und ich erwartete nicht, nach ihm (noch) am Leben zu sein" (B. 2-7).

Sinuhe floh nach Palästina. Es folgt sein illegaler Grenzübertritt, wie man heute sagen würde, d.h. er überwand heimlich die Grenzbefestigung, die sog. Mauern des Herrschers:

> „Als ich die Mauern des Herrschers erreicht hatte,
> die errichtet worden waren, um die Asiaten abzuwehren,
> da kauerte ich mich in ein Gebüsch,
> aus Furcht, daß mich die Wachmannschaft erblickte,
> auf dem Gebäude, das seinen Tagesdienst hatte.
> Ich brach auf um die Abendzeit" (B.16-20).

Wenig später folgt die eindrucksvolle Schilderung seiner Todesnähe und seiner Rettung durch Beduinen:

> „Ein Durstanfall ereilte mich,
> ich war (fast) erstickt, und meine Kehle war trocken;
> Ich sprach (zu mir): ‚Dies ist der Geschmack des Todes'.
> Da erhob ich mein Herz und raffte meine Glieder zusammen,
> als ich das Brüllen einer Herde hörte,
> als ich Beduinen erblickte,
> und als mich erkannte der Scheich von ihnen,
> der (schon einmal) in Ägypten gewesen war" (B. 21-26).

Er wird also gerettet und zieht anschließend im Land umher, bis ihn Amunenschi, ein lokaler Potentat, bei sich aufnimmt. Befragt, warum er in diese Gegend gekommen sei, berichtet Sinuhe über die Geschehnisse, wie er sagt, *m jwms*, in Unwahrheit oder besser in Halbwahrheit. Als Grund für seine Flucht gibt er an:

„Ich weiß nicht, was mich in dieses fremde Land gebracht hat.
Es war wie der Plan eines Gottes,
wie wenn sich ein Deltabewohner in Elephantine erblickt,
ein Mann aus den Sümpfen in Nubien" (B. 42-43).

Als Amunenschi ihn dann nach der Situation in Ägypten befragt, hebt Sinuhe zu einer ausführlichen Eulogie auf Sesostris an, in der er diesen in den leuchtendsten Farben schildert. Als er geendet hat, bringt ihn Amunenschi trocken und schnell auf den Boden der Tatsachen zurück:

„Da sagte er zu mir:
,Nun, Ägypten hat es gut, da es weiß, daß er kraftvoll ist.
Siehe, du bist (nun aber) hier, du bist bei mir.
Gut ist, was *ich* dir tue'" (B. 75-77).

Er verheiratet ihn mit seiner Tochter und setzt ihn als Scheich über einen Teil seines Gebietes ein. Dieses Gebiet schildert Sinuhe als eine Art Schlaraffenland:

„Es war ein schönes Land, Jaa war sein Name.
Es gab Feigen in ihm und Weintrauben,
es hatte mehr Wein als Wasser.
Viel war sein Honig, zahlreich seine Ölbäume,
alle Arten von Obst waren auf seinen Bäumen.
Gerste gab es dort und Emmer,
und es gab kein Ende an allen Herden" (B. 81-84).

Sinuhe verbringt viele Jahre dort; seine Söhne, die ihm dort geboren wurden, waren schon erwachsen und Stammesführer. Er selbst schildert dann seine guten Taten, seine Siege über feindliche Stämme usw. Diese Passagen sind teilweise wieder deutlich im Stil einer Autobiographie gehalten, wie ein kurzes Beispiel zeigen kann:

„Ich ließ alle Menschen bei mir verweilen,
ich gab Wasser dem Durstigen,
ich brachte den Verirrten auf den (rechten) Weg,
ich rettete den Beraubten" (B. 95-97).

Es folgt die entscheidende Situation, die den Wendepunkt bringt, der Kampf mit dem Starken von Retenu:

„Da kam ein Starker aus Retenu,

>   und forderte mich heraus in meinem Zelt.
>   Ein Kämpfer war er, nicht gab es seinesgleichen,
>   er hatte es (=Retenu) ganz bezwungen.
>   Er sagte, daß er mit mir kämpfen würde,
>   denn er dachte mich zu berauben,
>   und er dachte meine Herden zu erbeuten,
>   auf den Rat seines Stammes hin" (B. 109-113).

Sinuhe gewinnt den Zweikampf, besiegt und tötet den übrigens namenlosen Mann und wird dadurch noch reicher und mächtiger. Hier setzt nun die Peripetie ein, Sinuhe verspürt Heimweh:

>   „Welcher Gott auch immer diese Flucht bestimmt hat,
>   mögest du mir gnädig sein und mich in die Residenz geben!
>   Sicher wirst du geben, daß ich den Ort sehe, an dem mein Herz weilt!
>   Was ist größer, als daß mein Leichnam mit dem Land vereinigt wird,
>   in dem ich geboren bin?
>   Ein ‚Komm zu Hilfe' ist das, damit das gute Ereignis geschehe!
>   Möge mir der Gott Gnade geben,
>   und möge er handeln wie die Dinge stehen,
>   um würdig zu gestalten das Ende dessen, den er bestraft hatte.
>   [...]
>   Möge mir (auch) der König von Ägypten gnädig sein,
>   damit ich in seiner Gnade lebe,
>   damit ich die Gebieterin des Landes begrüße, die in seinem Palast ist,
>   und damit ich die Aufträge ihrer Kinder höre" (B. 156-167).

Es folgen einige Verse, die an die *Lehre des Ptahhotep* erinnern:

>   „Ach möge sich verjüngen mein Leib,
>   denn das Greisenalter ist herabgestiegen, die Altersschwäche hat mich ereilt.
>   Meine Augen sind schwer und meine Arme sind schlaff geworden.
>   Meine Füße haben aufgehört, meinem müden Herzen zu folgen.
>   Ich habe mich dem Hinscheiden genähert" (B. 167-171).

Dann kommt endlich ein Brief des Königs, der ihn offensichtlich von aller Schuld frei spricht; der Wortlaut ähnelt dem Bericht des Sinuhe Amunenschi gegenüber:

>   „Fremdland hat dich an Fremdland gegeben auf den Rat deines Herzens.
>   Was hast du denn getan, daß man gegen dich handelte?
>   Du hattest nicht gelästert,
>   so daß man sich deiner Rede widersetzt hätte.
>   Du hattest nicht im Rat der Edlen gesprochen,
>   so daß man sich deinen Aussprüchen widersetzt hätte.
>   Dieser Plan, der dein Herz fortgeführt hat,

nicht war er in meinem Herzen gegen dich(?).
Dieser dein Himmel (die Königin), der im Palast ist,
sie ist dauernd und fest (auch) heute.
Bedeckt ist ihr Haupt mit dem Königtum des Landes,
ihre Kinder sind im Palast.
Du wirst die Herrlichkeiten aufhäufen, die sie dir geben,
und du wirst von ihren Geschenken leben.
Komm doch nach Ägypten zurück,
damit du die Residenz siehst, in der du aufgewachsen bist,
damit du die Erde küßt an dem großen Doppeltor,
und damit du dich zu den Höflingen gesellst" (B. 182-189).

Weiter erinnert der König ihn an sein Alter; Sinuhe müsse an den Tod denken und vor allem an sein Begräbnis, dessen reiche Ausstattung er ihm beschreibt und damit als königliches Geschenk in Aussicht stellt.

Voller Freude schreibt Sinuhe einen Antwortbrief, in dem er zum wiederholten Mal in dieser Geschichte seine Unschuld beteuert. Zentraler Begriff an allen diesen Stellen ist die Aussage, daß er nicht aus eigenem Antrieb geflohen war: Es war ein Gott, der ihn dazu veranlaßte, es war wie ein Traum, oder ähnlich. Dann macht er sich auf den Heimweg, nachdem er seinen Besitz und seine Herrschaft an seine Kinder verteilt hatte: Er, der Ägypter, kehrt also allein zurück. Er überschreitet wieder die Grenze, diesmal legal, wird zum Palast geleitet, vom König empfangen – und bricht überwältigt zusammen:

„Ich fand seine Majestät auf dem großen Thron in einer Nische aus
Elektron.
Da nun war ich ausgestreckt auf meinem Bauch,
und kannte mich nicht vor ihm.
Dieser Gott sprach mich freundlich an.
Ich war wie ein Mann, der gepackt wird von der Dämmerung,
meine Seele war vergangen, mein Leib war ermattet,
mein Herz, es war nicht in meinem Körper.
Ich wußte <nicht> das Leben vom Tod zu unterscheiden.
Da sagte seine Majestät zu einem von diesen Höflingen:
‚Heb ihn auf, laß ihn zu mir sprechen'" (B. 252-257)!

Die Königskinder kommen herein; sie erkennen ihn zunächst nicht, doch der König bestätigt seine Identität. Daraufhin bitten auch sie nochmals um Gnade für Sinuhe und bestätigen erneut und wieder mit ähnlichen Worten seine Unschuld. Natürlich gewährt der König diese Gunst. Sinuhe wird nun gewaschen – er ist noch als Beduine gekleidet –, gesalbt und neu bekleidet. Er erhält wieder sein hohes Amt, ein Haus und vor allem ein Grab, dessen Ausstattung er ausführlich schildert. Die Erzählung endet, wie sie begann, im Stil einer Autobiographie:

> „Es war seine Majestät, die veranlaßte, daß es gemacht wurde.
> Es gab keinen Geringen, dem Ähnliches gemacht worden wäre.
> Ich stand in der Gunst des Königs, bis der Tag des Sterbens kam" (B. 308-310).

Die Frage nach dem Sinn des Textes hat zu einer unübersehbaren Fülle von Antworten geführt. Diese galten einerseits dem Gesamttext, andererseits Einzelfragen wie der einer Beteiligung Sinuhes an einem möglichen Komplott, der Koregentschaft bzw. der Nachfolge. Angesichts der immer noch anhaltenden Diskussion, z.B. in

📖 Gerald MOERS (Hrsg.), Definitely: Egyptian Literature, Proceedings of the Symposion Ancient Egyptian Literature: History and Forms, Los Angeles, March 24-26, 1995, Göttingen 1999 (LingAeg - Stud mon 2)

passim, schließen wir uns dem zeitlos gültig erscheinenden Urteil von

📖 John BAINES, Interpreting Sinuhe, in: JEA 68, 1982, 31-44

an:

> „Scrutiny of the narrative structure and the presentation of character in *Sinuhe* does identify considerable complexity, analogous with the richness of the text in style and vocabulary; it also brings out the relationship of the text with Egyptian values. Techniques of analysis that are applied to western literature seem to yield results with *Sinuhe*, but reveal alien preoccupations and emphases, as is only to be expected. Such analyses do not seek to discover a single, correct understanding or author's intention in a text, but to deepen our comprehension of its meaning and implications" (S. 44).

Abschließend noch ein kurzes Wort zur Form. Der *Sinuhe* ist eine in Versen gegliederte Komposition, die sich allerdings nicht auf die Ebene der Verse beschränkt, sondern auch die übergeordneten Einheiten, die einzelnen Kapitel ebenso wie das Gesamtwerk umfaßt. Zur Frage der Form später mehr; im Zusammenhang mit dem *Sinuhe* ist noch auf einen wichtigen Beitrag zu verweisen:

📖 Jan ASSMANN, Die Rubren in der Überlieferung der Sinuhe-Erzählung, in: Manfred GÖRG (Hrsg.), Fontes atque pontes (FS Brunner), Wiesbaden 1983 (ÄAT 5), 18-41.

ASSMANN arbeitet in diesem Beitrag das originale Einteilungsprinzip heraus. Danach besteht der Text aus insgesamt 40 Abschnitten unterschiedlicher Länge, von denen jeweils acht unter einer gemeinsamen Thematik zusammengefaßt werden können. Die Abschnittsgrenzen sind durch die Rubren bestimmt. Die mittlere, dritte Gruppe von acht Abschnitten markiert mit Sinuhes Erfolgen in der Fremde bis hin zum Sieg über den Starken von Retenu den Höhepunkt und Umschwung des Geschehens. Die Zusammenstellung der Gliederung findet sich im Beitrag ASSMANNs auf den Seiten 37-38.

6.3 Die Admonitions oder die Mahnworte des Ipuwer

Wir haben den *Sinuhe* an dieser Stelle wegen seiner inhaltlichen Bezüge zum Amenemhet besprochen. Es ist nun an der Zeit, wieder einen Schritt rückwärts zu gehen, denn noch war nicht alles zur Frage der Entstehungszeit der Literatur gesagt worden. Diese wird, um das zu wiederholen, heute im allgemeinen am Beginn des Mittleren Reichs oder in der Zeit kurz zuvor gesehen. Wir werden uns daher einem Text zuwenden, der einerseits literarisch ist, andererseits wie vielleicht kein anderer als historische Quelle für die Geschehnisse am Ende des Alten Reichs und in der 1. Zwischenzeit gesehen und benutzt wurde. Deshalb ist es unumgänglich, einige Bemerkungen über diese Zeit vorauszuschicken.

Man hat sich bekanntlich in der Ägyptologie angewöhnt, die Zeit nach dem Alten Reich „1. Zwischenzeit", die Zeit nach dem Mittleren Reich „2. Zwischenzeit" und diejenige nach dem Neuen Reich „3. Zwischenzeit" zu nennen, zweifellos in Ermangelung genauerer Informationen. Dabei zeigen die 1. und 2. Zwischenzeit eine Reihe von Gemeinsamkeiten und Unterschieden, die herausgestellt worden sind von

📖 Detlef FRANKE, Erste und Zweite Zwischenzeit – ein Vergleich, in: ZÄS 117, 1990, 119-129.

Als Gemeinsamkeiten beider Zeiten nennt FRANKE unter anderem:
- häufige Königswechsel,
- Teilung des Landes unter die Herrschaft verschiedenener Dynastien,
- Betonung des kriegerischen Charakters der Zeit und der Zeitgenossen,
- offensichtlicher Niedergang in der Beherrschung der hieroglyphischen Schrift und der künstlerischen Tradition der Residenz; demgegenüber entsteht eine Fülle von Texten mit neuer Thematik.

Ein für die 1. Zwischenzeit typischer Unterschied ist nach FRANKE:
> „Die 1. Zwischenzeit ist gekennzeichnet durch das Vorhandensein verschiedener provinzialer Machtbereiche und den Fortfall der verwaltungsmäßigen und kulturellen Vormachtstellung der Residenz" (S. 119).

Soweit der nüchterne Befund. Lange Zeit war man davon ausgegangen, daß das Alte Reich infolge des Zusammenbruchs der Zentralgewalt zu Ende ging. Die Auswirkungen müssen nach der noch immer nicht ganz überholten Lehrmeinung der Ägyptologen verheerend gewesen sein, vgl. etwa

📖 Jan ASSMANN, Schrift, Tod und Identität. Das Grab als Vorschule der Literatur im alten Ägypten, in: Jan ASSMANN (Hrsg.), Stein und Zeit. Mensch und Gesellschaft im alten Ägypten, München 1991, 190:

> „Man kann sich leicht vorstellen, was für eine Katastrophe der Zufall (sic! gemeint ist: Zerfall) der mit der politischen Institution verbundenen symbolischen Sinnwelt für das Welt- und Menschenbild der damaligen Zeit bedeutete."

Man glaubte, Anzeichen für diesen totalen Zerfall der alten Werte in einer Art von Literatur feststellen zu können oder besser: zu müssen, die man im Gefolge von OTTO „Auseinandersetzungsliteratur" nannte. Als prominentester Zeuge dieser Textgruppe gelten die *Admonitions*. Zur vermeintlichen Bedeutung dieses Textes schreibt BRUNNER, Grundzüge einer Geschichte der altägyptischen Literatur, noch in der 4. Auflage, 1986, S. 20:

> „Das Alte Reich geht in einer Revolution unter, die sich, wenigstens in der – für die geistige Verarbeitung allein wichtigen – Residenz in Anarchie und blutigen Exzessen entlädt. Sehr bald setzen literarische Bemühungen ein, dieses unerwartete, unvorhersehbare, ja jedem bis dahin gültigen Weltbild zuwiderlaufende Ereignis zu bewältigen. Das geschieht zunächst durch eine inhaltlich krasse, aber straff geformte Schilderung der furchtbaren Zustände in den Mahnworten eines Weisen namens Ipuwer."

Damit sind wir bei unserem Text angelangt.

Editionen:

📖 Alan H. GARDINER, The Admonitions of an Egyptian Sage from a Hieratic Papyrus in Leiden (Pap. Leiden 344 recto), Leipzig 1909.

📖 Wolfgang HELCK, Die „Admonitions". Pap. Leiden I 344 recto, Wiesbaden 1995 (KÄT 11).

Übersetzungen:

📖 Miriam LICHTHEIM, Literature I 149-163.

📖 Richard B. PARKINSON, The Tale of Sinuhe 166-199.

Einzelbeiträge:

📖 Gerhard FECHT, Der Vorwurf an Gott in den „Mahnworten des Ipuwer" (Pap. Leiden I 344 recto, 11, 11-13, 8; 15, 13-17, 3). Zur geistigen Krise der ersten Zwischenzeit und ihrer Bewältigung, AHAW, Phil.-hist. Kl. Jg. 1972, 1. Abh., Heidelberg 1972.

📖 Winfried BARTA, Das Gespräch des Ipuwer mit dem Schöpfergott, in: SAK 1, 1974, 19-33.
📖 Richard B. PARKINSON, Poetry 204-216.

Die *Admonitions* sind nur in einem Manuskript überliefert, pLeiden I 344 rto. aus der 19. Dynastie, der stark beschädigt ist. Die Entstehungszeit des Textes ist umstritten.

Im ersten Teil, 1.1-10.6, wird in vielen Wendungen die katastrophale Situation beschrieben, in der sich das ganze Land befindet. Im zweiten Teil und dann bis zum Textende ergeht, bei gelegentlicher Rückkehr zur Thematik des ersten Teils, in ebenfalls vielen Wendungen die Aufforderung an nicht näher bezeichnete Adressaten (FECHT vermutet ein Göttertribunal; es scheinen pluralische Imperative verwendet zu sein), die Situation zu ändern, konkret insbesondere „die Feinde der Residenz" zu vernichten.

Das erste der nun folgenden Textbeispiele (Übersetzung: BURKARD) stammt aus der langen Passage, in der, meist in Gedankenpaaren und durch *jwms* „wahrhaftig" eingeleitet, der schreckliche Zustand des Landes geschildert wird, die „Umkehrung aller Werte", wie man gelegentlich lesen kann. Die nicht seltenen Fragezeichen belegen, wie schwierig und in Teilen noch nicht recht verständlich dieser Text ist:

„Wahrhaftig, das Antlitz ist bleich, der Bogenschütze ist bereit,
Schuld ist überall, nicht gibt es einen Mann wie gestern.
Wahrhaftig, der Räuber(?) [raubt? lauert?] an jedem Platz,
der Diener nimmt, was(?) er findet.
Wahrhaftig, Hapi fließt über, doch man pflügt nicht für ihn,
jedermann sagt: ‚Wir wissen nicht, was im Land geschah.'
Wahrhaftig, die Frauen sind unfruchtbar, nicht empfängt man,
nicht bildet Chnum wegen der Situation des Landes.
Wahrhaftig, die Armen wurden zu Besitzern von Reichtümern,
der sich keine Sandalen machen konnte, ist Herr von Besitz.
Wahrhaftig, die Diener, ihre Herzen sind betrübt,
nicht verbinden sich Große mit ihren Leuten, wenn sie fröhlich(?) sind.
Wahrhaftig, die Herzen sind gewalttätig, Seuchen durchziehen das Land,
Blut ist überall, es mangelt nicht(?) am Tod,
die Mumienbinden(?) sprechen(??), ohne daß man sich nähert.
Wahrhaftig, zahllose Tote sind bestattet im Fluß,
die Flut ist Grab, die Grabstätte ist Flut.
Wahrhaftig, die Reichen sind in Trauer, die Armen sind voll Freude,

jede Stadt sagt: ‚Laßt uns die Mächtigen unter uns vertreiben!'
Wahrhaftig, die Menschen sind wie Ibisse, Schmutz herrscht im Land,
es gibt wirklich keinen Weißgekleideten in dieser Zeit.
Wahrhaftig, das Land rotiert wie eine Töpferscheibe,
der Räuber hat Besitz, der [Reiche o.ä.] ist ein Plünderer.
[...]
Wahrhaftig, der Fluß ist Blut, und man trinkt daraus,
man schreckt zurück unter den Menschen und dürstet nach Wasser.
Wahrhaftig, Türen, Säulen und Kisten(?) brennen,
(nur) die Halle des Palastes l.h.g. ist dauernd und fest.
Wahrhaftig, das Schiff der Südlichen ist orientierungslos(?),
zerstört sind die Städte, Oberägypten wurde zur Wüste (o.ä.).
Wahrhaftig, die Krokodile sind übersättigt(?) von ihrem Fang,
die Menschen gehen freiwillig zu ihnen: das ist eine Zerstörung zum Nichts(??)" (2.2-2.12).

Im folgenden Beispiel aus dem gleichen Abschnitt wird ausführlich beklagt, daß das Geheime, die heiligen Schriften, Rituale usw. in die Öffentlichkeit gezerrt und damit unwirksam gemacht sind:

„Wahrhaftig, die ẖnr.t ḏsr.t, weggenommen sind ihre Schriftrollen,
entblößt ist die geheime Stätte --?--.
Wahrhaftig, Zaubersprüche sind enthüllt,
šmw- und sḫnw-Sprüche sind unwirksam gemacht, weil die Menschen sie kennen.
Wahrhaftig, offen stehen die Ämter, weggenommen sind ihre Registraturen,
Diener werden zu Herren von Dienern.
Wahrhaftig, [Schreiber] sind getötet, weggenommen sind ihre Schriften,
wie schlecht geht es mir wegen der Trübsal in dieser Zeit.
Wahrhaftig, die Katasterschreiber, zerstreut sind ihre Schriften,
das Korn Ägyptens ist Allgemeinbesitz.
Wahrhaftig, die Gesetze des Amtes sind in die Vorhalle gegeben,
man tritt wahrhaftig auf sie auf den Plätzen,
Bettler brechen sie auf in den Straßen.
Wahrhaftig, der Bettler gelangt neben die Neunheit,
enthüllt ist jenes Verfahren des Rates der Dreißig.
Wahrhaftig, die große Amtshalle ist überfüllt,
Bettler kommen und gehen in den Großen Häusern.
Wahrhaftig, die Kinder der Großen sind auf die Straßen getrieben,
der Wissende sagt ‚ja', der Tor sagt ‚nein',
und der nichts weiß, für den ist es angenehm.
Wahrhaftig, die in der Balsamierungsstätte lagen, sind auf die Hochfläche gelegt,

es sind die Geheimnisse der Balsamierer, die auf ihr liegen" (6.5-6.14).
Interessanterweise findet sich ein Widerhall dieser Zustände in dem aus frühptolemäischer Zeit (3. Jh. v. Chr.) stammenden, noch unveröffentlichten pBerlin 23040, der deutliche Anklänge an die Admonitions aufweist. Die dortige Passage lautet:

„Das Haus der Schriften ist hell erleuchtet angesichts von [Tempel-Feinden],
die heiligen Schriften sind in den Händen von Kindern.
Wer eintritt in den Tempel, veranstaltet [Zerstörung](?)" (col. x+6, Z. 17-19).[13]

Außerdem steckt in dem Verspaar:

„Wahrhaftig, die Kinder der Großen sind auf die Straßen getrieben,
der Wissende sagt ‚ja', der Tor sagt ‚nein'"

ein eindeutiges Zitat aus der *Lehre des Amenemhet*:

„Wahrhaftig, viel Haß ist (oder: die Kinder der Großen sind) auf den Straßen,
der Wissende sagt ‚ja', der Unwissende sagt ‚nein'" (XIVa-b).

Das spricht dafür, daß die *Admonitions* später entstanden sind als die Lehre. Eine Umkehrung der Übernahme ist wegen des Kontextes der *Admonitions* auszuschließen; das ist communis opinio.

Der nächste Abschnitt ist ebenso aufgebaut wie der eben zitierte; anstelle des *jwms* lautet die Einleitung jetzt jeweils *mtn* „seht doch!":

„Seht doch, das Feuer bewegt sich nach oben,
sein Brand ist herausgefahren gegen die Feinde des Landes.
Seht doch, Dinge wurden getan, die nicht geschehen sind seit langem,
weggenommen wurde der König durch Bettler.
Seht, wer als Falke begraben wurde, ist --?--,
was die Pyramide verborgen hatte, ist leer.
Seht doch, man ist im Begriff, dem Land das Königtum zu rauben,
durch eine Handvoll Menschen, die die Regeln nicht kennen.
Seht doch, man ist im Begriff zu rebellieren gegen die Uräusschlange,
die [...] des Re, die (der?) die beiden Länder befriedet.
Seht, das Geheimnis des Landes, nicht kennt man seine Grenzen,
wenn die Residenz entblößt ist, stürzt sie sofort ein.
Seht, Ägypten ist dahin geraten, Wasser auszugießen,
wer Wasser auf die Erde goß, der hat den starken Mann im Elend weggeführt(?).

---

[13] Zu einem Teil dieser Passage s. Günter BURKARD, Bibliotheken im Alten Ägypten, in: Bibliothek. Forschung und Praxis 4, 1980, 97-98.

Seht, die Schlange ist aus ihrer Höhle genommen,
enthüllt sind die Geheimnisse der ober- und unterägyptischen Könige.
Seht, die Residenz ist in Furcht aus Mangel,
jedermann(?) wird(?) Aufstände anzetteln, ohne daß abgewehrt wird der Arm" (7.1-7-7).

Die folgende Sequenz stammt aus dem gleichen Abschnitt. Hier wird die Umkehrung aller Werte, der Gegensatz zwischen „einst" und „jetzt", besonders deutlich:

„Seht, edle Damen sind auf Flößen(?), edle Herren in Magazinen,
wer nicht (einmal) auf Mauern schlief, ist (jetzt) der Besitzer eines Bettes.
Seht, der Besitzer von Dingen schläft durstig,
wer für sich seinen Bodensatz erbettelte, ist (jetzt) der Besitzer von s_h_rw-Getränk(?).
Seht, die Besitzer von (feinen) Gewändern sind (jetzt) in Lumpen,
wer nicht für sich weben konnte, ist (jetzt) der Besitzer von feinem Leinen.
Seht, wer für sich kein Boot zimmern konnte, ist (jetzt) der Besitzer von Schiffen,
deren (früherer) Besitzer blickt auf sie, doch sie gehören ihm nicht.
Seht, wer kein Schutzdach hatte, ist (jetzt) der Besitzer eines Schutzdaches,
die (früheren) Besitzer von Schutzdächern sind (jetzt) in der Dunkelheit(?) der Stürme.
Seht, wer eine Leier nicht kannte, ist (jetzt) der Besitzer einer Harfe,
wer nicht (einmal) für sich selbst sang, rühmt (jetzt) die Göttin Meret.
Seht, die Besitzer von Opfergestellen aus Bronze:
nicht ist ein Krug davon (jetzt) verziert.
Siehe, wer aus Not ohne Frau schlief, findet (jetzt) Reichtümer,
und der, den er nicht sah, steht da beim --?--.
Seht, wer keinen Besitz hatte, ist (jetzt) Besitzer von Reichtümern,
und der Edle preist ihn.
Seht, die Bettler des Landes wurden zu Reichen,
Der Herr von Besitz ist (jetzt) ein Habenichts" (7.10-8.2).

Schließlich wird eine ungenannte Vielzahl, vermutlich die auch schon durch das „seht!" adressierten Götter, angerufen, „die Feinde der Residenz" zu vernichten. Diese Passage ist leider stark zerstört:

„Vernichtet die Feinde der ehrwürdigen Residenz, mit klugen Höflingen [...]
[...] in ihr wie [...],
möge doch gehen(?) der Bürgermeister, ohne daß es für ihn eine Eskorte gibt.

Vernichtet [die Feinde der ehrwürdigen Residenz], mit klugen(?) [...],
[...]
[Vernichtet die Feinde] jener ehrwürdigen Residenz, mit zahlreichen Gesetzen,
[...].
[Vernichtet die Feinde] jener ehrwürdigen [Residenz ...]
[...].
Vernichtet die Feinde jener [ehrwürdigen] Residenz, [...]
nicht ist man aufgestanden(?)[...].
Vernichtet die Feinde] jener ehrwürdigen [Residenz], mit zahlreichen Ämtern, wahrhaftig" (10.6-10.11)!

Am Ende werden vermutlich wieder die Götter aufgerufen, sich an die guten früheren Zeiten zu erinnern, in denen der offensichtlich jetzt zum Erliegen gekommene Kult noch ausgeübt wurde:

„Erinnert --?-- räuchern mit Weihrauch,
das Wasser darbringen in einem Krug am frühen Morgen.
Erinnert die fetten r3-Gänse, die ṯrp- und die st-Gänse,
das Darbringen des Gottesopfers für die Götter.
Erinnert das Natron-Kauen, das Zubereiten der Weißbrote
durch einen Mann am Tag des Benetzens des Kopfes.
Erinnert das Errichten von Flaggenmasten, das Gravieren von Opfertafeln,
den Priester beim Reinigen der Kulträume, den Tempel, weißgetüncht wie Milch,
das angenehm Machen den Geruch des Schlachthauses, das auf Dauer Stiften der Opferbrote.
Erinnert das Beachten der Vorschriften, das Einteilen der Zeit,
das Entfernen dessen, der eintrat in den Priesterdienst mit unreinem Körper" (10.13-11.5).

Zwei wichtige Aussagen sind abschließend noch zu betrachten:

„Wo ist er denn heute? Schläft er denn?
Seht, nicht kann man seine wirkende Macht sehen" (12.5-12.6).
„Ist denn der liebende Hirte tot" (12.14)?

Zur Korrektur traditioneller Übersetzungen wie: „Gibt es einen Hirten, der das Sterben liebt" o.ä. siehe jetzt die Korrektur von

 📖 Mordechai GILULA, Does God Exist?, in: Dwight W. YOUNG (Hrsg.), Studies presented to Hans Jakob Polotsky (FS Polotsky), Beacon Hill/Mass. 1981, 390-400,

der die Unmöglichkeit dieser Übersetzung nachgewiesen hat.

Aus den zitierten Auszügen geht deutlich hervor, daß sich etwas geändert hat: Gegliedert durch die jeweils einleitenden „Wahrlich..." und „Seht doch..." wird eine Welt geschildert, in der sich offenbar alles umgedreht hat, die Ordnung ist aus den Fugen geraten. Ferner glaubte man aus solchen Wendungen wie „Wo ist er denn heute? Schläft er etwa?" und „Ist denn der liebende Hirte tot?" einen Vorwurf an Gott herauszuhören. Das wurde zunächst von

 📖 Eberhard OTTO, Der Vorwurf an Gott. Zur Entstehung der ägyptischen Auseinandersetzungsliteratur, Vorträge der orientalischen Tagung in Marburg, Fachgruppe: Ägyptologie, Hildesheim 1951

betont:

> „Die ‚Mahnworte' führen uns am unmittelbarsten und eindrucksvollsten die Zustände der Zusammenbruchszeit vor Augen, die soziale Not, das Versagen aller gesellschaftlichen Bindungen und Ordnungen, das Fehlen an Macht und Autorität, den Zweifel an kultischen Verrichtungen und jenseitigen Erwartungen. Die Schilderung ist vom Ägypter selbst als ‚klassisch' empfunden worden und hat eine reiche Folgeliteratur nach sich gezogen" (S. 5).

Zu den dann folgenden Zitaten bemerkt er:

> „Sie (d.h. diese Sätze) sollen zeigen, wie der Ägypter die Totalität des Zusammenbruchs empfand, eben nicht nur als staatlich-politisches Ereignis, sondern als ein kosmisches Unglück" (S. 5).

Und etwas weiter heißt es:

> „Der Mensch sieht sich machtlos in einer Schöpfung, deren Ordnung aus den Fugen geraten ist. Und er schließt zurück auf die Unvollkommenheit der Schöpfung von Anfang an und konstatiert damit die Unzulänglichkeit des Schöpfers selbst und die Mitschuld der Götter, die auf sein Geheiß die Schöpfung am Leben erhalten" (S. 5).

Diese Auffassung OTTOs hat die Forschung im Prinzip bis heute bestimmt. Das Fehlen solcher Anzeichen von Katastrophe hatte ausgereicht, die Lehren des *Djedefhor*, für *Kagemni* und des *Ptahhotep* in das Alte Reich zu setzen. Man ging sogar soweit, die Mahnworte des Ipuwer als historisch aufzufassen, so z. B.

 📖 Joachim SPIEGEL, Soziale und weltanschauliche Reformbewegungen im Alten Ägypten, Heidelberg 1950.

Direkt als eine Dokumentation der Ereignisse der 1. Zwischenzeit faßte

 📖 Winfried BARTA, Die erste Zwischenzeit im Spiegel der pessimistischen Literatur, in: JEOL 24, 1975-6, 50-61.

diesen und die verwandten Texte auf. Sein Ergebnis mündet, wie BUCHBERGER, Transformation 300 (s. dazu unten) einleuchtend demonstriert hat, in einen Zirkelschluß:

- Die pessimistische Literatur schildert die 1. Zwischenzeit

- nun ist die Literatur pessimistisch
- also schildert sie die 1. Zwischenzeit.

Demgegenüber hatte bereits 1929

📖 Salomo LURIA, Die Ersten werden die Letzten sein. (Zur „sozialen" Revolution im Altertum), in: Klio 22, 1929, 405-431

die Meinung vertreten, das Werk sei völlig unhistorisch; zum Beweis legte er eine Reihe frappierend ähnlicher Texte aus anderen Kulturkreisen vor, u.a. Apokalypsen, griechische Komödien etc., und wies damit nach, daß das Thema „soziales Chaos" in bestimmten Clichés behandelt wird. Wir hätten hier demnach eine poetische, entsprechend stark übertriebene Schilderung des Chaos, dem die Ordnung gegenübergestellt wird; die beiden zentralen Begriffe lauten: $jsf.t$ „Chaos" vs. $m3^c.t$ „Ordnung". Mit einer Art apokalyptischer Fiktion rechnet auch

📖 Friedrich JUNGE, Die Welt der Klagen, in: Jan Assmann/Erika Feucht/Reinhard Grieshammer (Hrsgg.), Fragen an die altägyptische Literatur (GS Otto), Wiesbaden 1977, 275-284,

der aber diesem und vergleichbaren Texten (*Neferti*, *Chacheperreseneb*) noch den „Abglanz historischer – wenn auch nicht notwendig aktueller – Erfahrung" (S. 281) zubilligt. JUNGE geht sogar noch einen Schritt weiter und sieht in den Klagen, die durch Ipuwer vorgetragen werden, die Angst einer Beamtenclique vor Verlust ihrer Privilegien, die sie durch Spezialwissen erworben hatten, das einen gesicherten Platz in der Gesellschaft versprach.

Es ist an der Zeit, daß wir einen näheren Blick auf die Geschehnisse der 1. Zwischenzeit werfen und von daher der Frage nachgehen, wann die *Admonitions* oder generell: literarische Texte überhaupt, entstanden sind. Bisher waren wir ja immer davon ausgegangen, daß die 12. oder späte 11. Dynastie dieser Zeitpunkt seien; die Begründung muß nunmehr nachgeliefert werden.

Daß literarische Texte nicht im historisch luftleeren Raum angesiedelt sein können, hatten wir bei der Erörterung der *Lehre des Amenemhet* gesehen; in diesen Texten geschilderte Ereignisse sind nicht ohne historischen Kern möglich; es gibt, wie ASSMANN es ausgedrückt hatte, „keine müßigen Fiktionen". – Was aber spielte sich wirklich ab in dieser Zeit?

Einige Untersuchungen der letzten Jahrzehnte haben unser früheres Bild von der Zeit des Überganges vom Alten zum Mittleren Reich gründlich verändert:

📖 Renate MÜLLER-WOLLERMANN, Krisenfaktoren im ägyptischen Staat des ausgehenden Alten Reichs, Tübingen 1986

stellt fest, daß der Verfall der Zentralgewalt durch systemimmanente Strukturen verursacht wurde:

> „Die Expansion der Bürokratie entwickelte eine Eigendynamik, mit der der Ausbau der Wirtschaft und die politische Integration der beteiligten Beamtenschaft nicht mehr korrelierten. Spezielle Schwachstellen betreffen die Verwaltung der Provinz und das Militärwesen. Auslösender Faktor für den Zerfall der staatlichen Einheit waren Thronwirren, deren Umstände allerdings im Einzelnen ungeklärt sind" (S.121-122).

Die Breitenwirkung dieser Thronwirren, d.h. ihre Auswirkung in der Provinz, ist nach Untersuchung des archäologischen Befundes minimal; das haben vor allem die Arbeiten von

📖 Stephan SEIDLMAYER, Wirtschaftliche und gesellschaftliche Entwicklung im Übergang vom Alten zum Mittleren Reich: Ein Beitrag zur Archäologie der Gräberfelder der Region Qau-Matmar in der Ersten Zwischenzeit, in: ASSMANN, JAN/BURKARD, GÜNTER/DAVIES, VIVIAN, Problems and Priorities in Egyptian Archaeology, London/New York 1987, 175-217 und

📖 Stefan SEIDLMAYER, Gräberfelder aus dem Übergang vom Alten zum Mittleren Reich. Studien zur Archäologie der ersten Zwischenzeit, Heidelberg 1990 (SAGA 1)

ergeben. Für Wirren und bürgerkriegsähnliche Zustände glaubte man auch in epigraphischen Quellen, z.B. denen der Gaufürsten von Hermopolis in ihren Gräbern in El-Berscheh oder in Inschriften der Gräbern von Beni Hasan gefunden zu haben. Doch deren früher vorgenommener Ansatz in die 1. Zwischenzeit wurde korrigiert von

📖 Wolfgang SCHENKEL, Frühmittelägyptische Studien, Bonn 1962 (Bonner Orientalistische Studien, Neue Serie, 13), bes. 78-84.

SCHENKEL wies nach, daß diese Texte in die Zeit der thebanischen Expansionsphase, d.h. frühestens in die 11. Dynastie gehören oder eher noch jünger sind. Er räumte auch mit einer anderen, in der Ägyptologie heimisch gewordenen Vorstellung auf, die davon ausging, daß es in der Herakleopolitenzeit, also in der 9./10. Dynastie, eine „intellektuelle Bewegung" gegeben habe, in der etwa auch Texte wie die *Lehre für Kagemni* und die des *Ptahhotep* entstanden seien, gar nicht zu reden von der sich selbst dorthin datierenden *Lehre für Merikare*. Eine solche Bewegung, der man diese Texte zuschreiben könnte, hat es aber definitiv nicht gegeben, vgl.

📖 Wolfgang SCHENKEL, Repères chronologiques de l' histoire rédactionelle des Coffin Texts, in: Wolfhart WESTENDORF (Hrsg.), Göttinger Totenbuchstudien. Beiträge zum 17. Kapitel, Wiesbaden 1975 (GOF IV/3), 27-36.

Die Herakleopolitenzeit, d.h. die Zeit der 9. und 10. Dynastie verläuft zeitlich parallel zur thebanischen 11. Dynastie (etwa 2160-2040) und steht „in ziemlich ungebrochener memphitischer Tradition" (S. 36).

Zum Bild vom Übergang Altes Reich – Mittleres Reich ist ferner die Arbeit von

📖 Louise GESTERMANN, Kontinuität und Wandel in Politik und Verwaltung des frühen Mittleren Reichs in Ägypten, Wiesbaden 1987 (GOF IV/18)

zu nennen. Im Mittelpunkt steht hier die Reichseinigung unter Mentuhotep II. (11. Dynastie); es werden aber auch die Verwaltung der Gaue und Städte von der 9.-12. Dynastie sowie die Inschriften der Gaufürsten besprochen, man erinnere sich an die Autobiographie des Anchtifi von Mo'alla.

Als Resultat dieser Studien kann das traditionelle Bild vom Zusammenbruch, von „Anarchie und blutigen Exzessen" (BRUNNER) oder von „jener generellen Sinnkrise, die der Zusammenbruch des AR ausgelöst hat" (ASSMANN, Ägypten, S. 200) nicht bestehen bleiben.

Eine weitere Frage betrifft die gesellschaftliche Schicht, die zu solchen Klagen wie in den *Mahnworten des Ipuwer* Anlaß hatte. Wir stützen uns auf die Argumentation von

📖 Hannes BUCHBERGER, Transformation und Transformat. Sargtextstudien I, Wiesbaden 1993 (ÄA 52), 300-301:

Die Vertreter der jeweils Herrschenden, also der 9./10. Dynastie in Herakleopolis und der 11. Dynastie in Theben, kommen wohl nicht in Frage, da ihnen der Grund zum Pessimismus fehlt. Somit kämen als Trägerschaft dieser Literatur nur in Betracht:

1. freigestellte Mitglieder der memphitischen Zentrale der 6.-8. Dynastie *nach* dem Thronwechsel zu den „Herakleopoliten",
2. nicht weiterbeschäftigte Mitglieder der herakleopolitanischen Zentrale *nach* dem Sieg der Thebaner,
3. ausgebootete Mitglieder der Mentuhotep-Administration *nach* dem Machtantritt der 12. Dynastie.

Wenn man aufgrund der Rekonstruktion der historischen Ereignisse davon ausgeht, daß es fraglich ist, ob ein Weltbild für die alte Oberschicht zusammenbricht, dann bleibt die Frage, so Buchberger,

> „wie es denn die *Samisdat*-Literatur alter Kamarillen geschafft haben sollte, sekundär das offizielle *Imprimatur* zu erlangen, sodaß zumindest ihr Textkern zur staatstragenden Literatur der 12. Dyn. umfunktionalisiert werden konnte" (S. 300-301).

Es bleibt demnach festzuhalten, daß die Quellenlage mit den Schilderungen der *Admonitions* und anderer Werke (etwa des *Neferti*) nicht in Übereinstimmung zu bringen ist. Als Folge davon zeigt sich in den letzten Jahren eine Tendenz zur Spätdatierung, d.h. man geht davon aus, daß die Werke zu der Zeit entstanden sind, aus der die Textträger stammen: in der 12. Dynastie oder später. Abgesehen von der Tatsache, daß man die Klagen nicht länger als historisch, sondern nach SEIBERT als eine sog. „Sprechsitte" betrachten muß, stützt man sich auf lexikalische Besonderheiten oder andere Phänomene, z.B. die Beobachtung, daß die Bezeichnung „Stab des Alters" für den designierten Amtsnachfolger in der *Lehre des Ptahhotep* erst im frühen MR belegt ist, s.o.

In jüngerer Zeit hat sich mit dieser Thematik

📖 Dorothea SITZLER, „Vorwurf gegen Gott". Ein religiöses Motiv im alten Orient (Ägypten und Mesopotamien), Wiesbaden 1995 (Studies in Oriental Religions 32)

befaßt. Sie kommt u.a. zu folgendem Ergebnis:

> „Die Klagen und Vorwürfe sind an keiner Stelle authentische Textzeugnisse einer persönlichen religiösen Extremsituation, sondern Teil einer für Weisheitslehrer entwickelten Literatur zur Reflexion der Rolle der Weisheit und des Weisen in der Welt. Krankheit und Chaos sind literarische Schablonen, mit denen ein Konflikt der Weisheit beschrieben wird. Die Dichtungen mit dem ‚Vorwurf gegen Gott' sind auch keine ‚Krisendokumente' individueller oder historischer Art, sondern im Gegenteil Restaurationsdokumente. Sie wollen den Weisen und die Weisheit für eine veränderte Situation wieder sicher und fest machen. Diese veränderte Situation ist nicht allgemein eine Krise oder ein Unglück, sondern eine veränderte gesellschaftlich-religiöse Lage" (S. 230).

In diesen Kontext ordnet sie auch die *Lehre für Merikare* und die *Admonitions* ein. Damit sind sie als Zeugen bestimmter historischer Entwicklungen definitiv nicht brauchbar.

Zu diesem Ergebnis hinsichtlich der *Admonitions* kommt auch

📖 Joachim F. QUACK, Die Klage über die Zerstörung Ägyptens. Versuch einer Neudeutung der „Admonitions" im Vergleich zu den altorientalischen Städteklagen, in: Ana šadî Labnāni lū allik (FS W. Röllig), Neukirchen-Vluyn, 1997, 345-354:

„Folglich sollte die Qualität der ‚Admonitions' als historische Quelle nicht überschätzt werden [...] Auch wenn es einmal gelingen sollte, Entstehungszeit und historischen Hintergrund der ‚Admonitions' genau festzulegen, wird dies eher zum Verständnis der politischen Tendenzen während der Abfassung als zur Historiographie der (vorgeblich) geschilderten Katastrophen beitragen" (S. 353-354).

Fassen wir kurz zusammen: Weder die historischen Realitäten noch textinterne Kriterien erlauben es, die Entstehung der genannten Texte – die stellvertretend für die anderen Texte des Mittelägyptischen stehen – früher als allenfalls in die späte 11., wahrscheinlicher aber in die 12. Dynastie zu setzen. Die formalen Voraussetzungen waren mit den Autobiographien und den Pyramidentexten des Alten Reichs zwar gegeben, die Anwendung aber erfolgte, soweit die jetzige Beleglage ein Urteil zuläßt, erst im Mittleren Reich.

6.4 Die Klagen des Chacheperreseneb

Editionen:

📖 Alan H. GARDINER, The Admonitions of an Egyptian Sage from a Hieratic Papyrus in Leiden (Pap. Leiden 344 recto), Leipzig 1909.

📖 Jean-Luc CHAPPAZ, Un manifeste littéraire du Moyen Empire – les lamentations de Kha-khéper ré-séneb, in: BSEG 2, 1979, 3-12.

📖 Richard B. PARKINSON, The Text of Khakheperreseneb: New Readings of EA 5645, and an Unpublished Ostracon, in: JEA 83, 1997, 55-68.

Übersetzungen:

📖 Hellmut BRUNNER, Weisheit 378-383.

📖 Miriam LICHTHEIM, Literature I, 145-149.

📖 Richard B. PARKINSON, Tale of Sinuhe 144-150.

Einzelbeiträge:

📖 Siegfried HERRMANN, Untersuchungen zur Überlieferungsgestalt mittelägyptischer Literaturwerke, Deutsche Akademie der Wissenschaften zu Berlin, Institut für Orientforschung, Veröffentlichung Nr. 33, Berlin 1957, 48-54.

📖 Boyo OCKINGA, The Burden of Khaʿkheperréʿsonbu, in: JEA 69, 1983, 88-85.

📖 Pascal VERNUS, Essai sur la conscience de l'histoire dans l'Égypte pharaonique, Paris 1995, 1-33.

📖 Richard B. PARKINSON, Poetry 200-204.

Dieser Text war lange Zeit nur auf der Schreibtafel BM 5645 aus der 18. Dynastie belegt. Inzwischen wurden Transliteration und Fotografie eines Kairener Ostrakons im Nachlaß GARDINERs gefunden und von PARKINSON (s.o.) publiziert.

Der Name des (fiktiven) Verfassers ist in der schon zitierten Liste des pChester Beatty IV belegt. Da der Name den Königsnamen Sesostris' II. enthält, haben wir damit zumindest einen terminus a quo für die Entstehung.

Die *Klagen des Chacheperreseneb* sind ein Monolog, den ein Priester von Heliopolis zu seinem Herzen spricht. Er drückt seine persönliche Verzweiflung über den Zustand der Welt aus, widmet sich also einem Thema, das wir mit den *Admonitions* kennengelernt haben. Er beginnt mit einer in dieser Form bislang und auch aus späteren Texten nicht wieder belegten Aporie: der Klage über seine Unfähigkeit, die Katastrophe in Worte zu fassen. Er betont die Notwendigkeit, neue Ausdrucksweisen zu finden, die die Sprache der Vorgänger übertreffen, da diese nicht geeignet sei, das gegenwärtige Chaos adäquat zu beschreiben. Er zeigt sich von Selbstzweifeln geprägt, da er das Unsagbare nicht ausdrücken kann. Daß er damit keine aktuelle Situation meinen kann, zeigt sich an der aus seinem Namen zu erschließenden Datierung: Die Zeit Sesostris' II. war keine Zeit des Chaos. Neu ist auch, daß er sich nicht an eine äußere Instanz wendet, so wie der Verfasser der *Admonitions* wohl an ein Göttertribunal, sondern an sein eigenes Herz. Es entsteht so der Eindruck, daß die Unmöglichkeit der Kommunikation mit seinem Herzen die Quelle seiner Verzweiflung ist. Dieser Zustand findet eine Analogie in der Unfähigkeit der Menschen, die allgemeine Unvollkommenheit der Welt zu verstehen. Er klagt, daß die Menschen nicht die Wahrheit akzeptieren können und impliziert damit, daß die Verzweiflung verschwände und er mit seinem Elend ins Reine käme, wenn er mit seinem Herzen kommunizieren könnte. Sein Ziel ist offenbar, durch den adäquaten Ausdruck seines Leides die Sympathie seines Herzens gewinnen zu können. In gewisser Weise ist damit in diesem Text ein Vorläufer zum *Gespräch des Lebensmüden mit seinem Ba* zu sehen; dort allerdings kommt es anders als hier in der Tat zu einem Dialog.

Die folgenden Textauszüge nach BURKARD:

„Die Sammlung von Worten, das Sammeln von Sprüchen,
das Suchen nach Aussprüchen beim Durchforschen des Herzens,
die gemacht hat der Priester von Heliopolis,
der Sohn des *Snj*, *Ḥꜥ-ḫpr-Rꜥ-snb*, den man *ꜥnḫw* nennt" (rto.1).

Der Name des Priesters verweist wie gesagt auf Sesostris II., sein Beiname, „der Lebende", soll ausdrücken, daß er ein „Jedermann" ist, wie PARKINSON angemerkt hat (Tale of Sinuhe, S. 148, Anm. 1).

Die in den beiden ersten Versen benutzten Termini *md.wt* „Worte", *ts.w* „Sprüche" und *ḥn.w* „Aussprüche", deren Wiedergabe in den verschiedenen Übersetzungen stark variiert, kehren in der folgenden Zeile in umgekehrter Reihenfolge wieder, jeweils mit Epitheta versehen:

„Er sagt:
Oh hätte ich doch unbekannte Aussprüche (*ḥn.w*),
ungewöhnliche Sprüche (*ts.w*),
in neuen Worten (*md.wt*), die noch nicht gebraucht wurden,
frei von Wiederholungen!
Nicht die Sprüche(?) an bekannter Rede,
die die Vorfahren gesprochen haben" (rto. 2-3)!

Es folgt eine ausführliche Ankündigung des Sprechers, nunmehr mit seiner Rede zu beginnen, wobei er virtuos mit Bezeichnungen für „sprechen", „Rede" usw. spielt (man erinnere sich an die noch viel ausführlichere Passage in der *Lehre des Ptahhotep*, wo Ähnliches mit dem Wort *sḏm* „hören" geschah):

„Ich möchte durchseihen meinen Leib wegen seines Inhalts,
beim Herauslösen all dessen, was ich sage.
Denn es wird doch wiederholt, was (bereits) gesagt wurde,
das Gesagte ist (längst) gesagt.
Nicht gibt es eine Prahlerei mit der Rede der Vorfahren,
wenn die Nachkommen sie finden!
Nicht soll einer sprechen, der (schon) gesprochen hat, es soll einer sprechen, der (erst noch) sprechen wird, (*n ḏd ḏd(w) ḏd ḏd.tj.fj*)
ein anderer möge finden, was er sprechen wird.
Nicht gebe(?) es eine Rede für eine Rede nach dieser(?),
(so) machten sie (es) früher!
Nicht gebe es Reden, die später (wieder) gesagt werden(?),
das ist Suchen nach (längst) Vergangenem!
Das ist Lüge, es gibt keinen, der daran denken sollte,
sein Name gehöre den anderen(??).
Ich habe dies gesagt, so wie ich es gesehen habe,
von der ersten Generation bis zu denen, die später kommen sollten,
indem sie vorbeigingen an Vorbeigegangenen" (rto. 3-7).

Wenig später folgt eine Beschreibung der Mißstände, denen das Land ausgesetzt ist, allerdings nicht so detailreich wie wir es bei den *Admonitions* kennengelernt hatten, sondern in allgemeinerer Form:

„Ich bin beim Nachdenken über das Geschehene,
die Situation, die im Lande entstanden ist.
Veränderungen entstehen, es ist nicht wie letztes Jahr,
ein Jahr ist schwerer als das andere.

> Das Land ist in Unordnung, es wurde zur Zerstörung für mich,
> es wurde gemacht zu [...].
> Die Maat wird nach draußen geworfen,
> die Isfet ist im Inneren der Beratungshalle.
> Gestört werden die Pläne der Götter,
> nicht beachtet werden ihre Anordnungen.
> Das Land befindet sich im Umsturz,
> Jammer ist an allen Orten.
> Städte und Gaue sind in Klage,
> alle sind vereint im Unglück.
> Die Achtung: man wendet ihr den Rücken zu,
> gestört werden die ‚Herren des Schweigens'.
> Die Sonnenaufgänge ereignen sich täglich,
> (doch) das Gesicht ist bestürzt über das Geschehene" (rto. 10-12).

Danach wird eine Thematik eingeleitet, die aus inhaltlichen Gründen von großem Interesse ist:

> „Was ein tapferes Herz am Ort der Not betrifft:
> es ist ein Gefährte für seinen Herrn.
> Oh hätte ich doch ein Herz, das geduldig sein kann,
> dann würde ich mich ausruhen auf ihm.
> Ich würde es beladen mit Worten des Elends,
> würde ihm auferlegen mein Leid" (rto. 13-14)!

Das Herz steht also jetzt im Mittelpunkt des Interesses. Die Verse auf der Rückseite des Textes zeigen dann, worum es dem Verfasser geht; die hier geäußerten Gedanken sind in der Tat neu:

> „Da sagte er zu seinem Herzen:
> ‚Komm doch, mein Herz, damit ich zu dir spreche,
> damit du mir beantwortest meine ‚Knoten' (*ts.w*),
> damit du mir erklärst, was im Lande vorgeht,
> warum die, die ‚leuchteten' niedergeworfen sind.
> Ich bin beim Nachdenken über das Geschehene'" (vso. 1)!

Hier findet ein Zwiegespräch statt, von dem allerdings nur die Worte einer Partei niedergeschrieben sind. Das Herz kommt nicht zu Wort. Es folgen einige Klagen über die Ausweglosigkeit der Situation:

> „Das Gestern ist wie das Heute,
> weil die Masse dazu übergeht, wegen der Dumpfheit(??).
> Es gibt keinen Weisen, der es überblickt,
> keinen Zornigen, der den Mund aufmacht.
> Man erwacht zum Leiden Tag für Tag,
> lang und drückend ist die Krankheit.
> Nicht gibt es die Kraft des Elenden, die ihn schützt(?),
> vor dem, der stärker ist als er.

Es bedeutet Pein, zu schweigen über das Gehörte,
und es bedeutet Schmerz, zu antworten dem Unwissenden.
Einer Aussage zu widersprechen ruft Feindschaft hervor,
das Herz kann nicht die Wahrheit aufnehmen.
Nicht kann man einen Bericht ertragen,
jedermann liebt (nur) seinen (eigenen) Ausspruch.
Alle gründen auf ‚Krummheit',
aufgegeben ist die Aufrichtigkeit der Worte" (vso. 3-5).

Die vier letzten Verse beziehen nochmals den Dialogpartner ein:
„Ich sprach(?) zu dir, mein Herz, damit du mir antwortest,
nicht kann ein angesprochenes Herz schweigen.
Siehe, die Pflichten von Diener und Herr sind gleich,
vieles lastet auf dir" (vso. 5-6)!

Damit endet der Text, und damit beginnt die Diskussion um die Frage seiner Vollständigkeit. Wie schon gesagt, steht das Herz im Mittelpunkt, es ist der – stumme – Ansprechpartner. Diese Stummheit ist der Hauptgrund für die in solchen Fällen sofort aufkeimende Vermutung, der Text sei nicht vollständig. Wir meinen, daß er insgesamt so aufgebaut ist und so geschlossen wirkt, daß er durchaus komplett sein kann. Eine gesicherte Entscheidung ist freilich nicht möglich.

Wir kommen zu der Frage nach dem Wozu des Textes: Worauf bezieht er sich, auf welchem Hintergrund ist er anzusiedeln? Auch hier ist gelegentlich der Versuch gemacht worden, konkrete historische Ereignisse, Spannungen o.ä. zu suchen; überwiegend herrscht jedoch Einverständnis darüber, daß die Zeit Sesostris' II. oder III. zu solchen Klagen keinen Anlaß bot. Wir lassen die Spekulation über verborgene Opposition beiseite, sondern beschränken uns auf zwei sich ergänzende Äußerungen ASSMANNS. In dem Beitrag

📖 Jan ASSMANN, Königsdogma und Heilserwartung. Politische und kultische Chaosbeschreibung in ägyptischen Texten, in: David HELLHOLM (Hrsg.), Apocalypticism in the Mediterranean World and the Near East, Proceedings of the International Colloquium on Apocalypticism Uppsala, August 12-17, 1979, Tübingen 1983, 345-377

befaßt er sich mit den *Klagen des Chacheperreseneb* unter der Überschrift: „Die Chaos-Klage als Ausdruck pessimistischer Weltsicht" und stellt dort fest:

„(Es) fehlt alles, was sich einem historischen Aspekt der Klage zuordnen ließe. *Dieser* Text macht es wirklich unmöglich zu sagen, was eigentlich – und ob überhaupt etwas – geschehen ist [...] Die Gattung der politischen Klage ist hier ins allgemeine gewendet und zum Aus-

> druck einer pessimistischen Weltsicht umfunktioniert worden" (S. 355).

In einer Anmerkung fügt er hinzu:

> „In diesem Verlust an Anschaulichkeit und Verblassen des Themas ins allgemeine darf man wohl ein Kennzeichen dafür sehen, daß der Text ans Ende einer Tradition gehört" (Anm. 44).

Seine Einschätzung der *Klagen des Chacheperreseneb* lautet:

> „das Selbstgespräch eines Vereinsamten, der unter seinen Mitmenschen keine Zuhörer findet" (S. 355).

Einen anderen Aspekt stellt er in

📖 Jan ASSMANN, Das kulturelle Gedächtnis. Schrift, Erinnerung und politische Identität in frühen Hochkulturen, München 1992

heraus. Er spricht zunächst davon, daß in der

> „Welt der mündlichen Überlieferung [...] das Innovations- und damit Informationspotential von Texten gering (ist). Sie halten sich nur dann im kulturellen Gedächtnis, wenn sie weitgehend Bekanntes zur Sprache bringen. In der Welt der schriftlichen Überlieferung ist das umgekehrt" (S. 97).

Nach dem Zitat der Eingangsklage des Chacheperreseneb fährt er fort:

> „Das ist eine ergreifende Klage über den der Schriftkultur inhärenten Variations- und Innovationsdruck, ein Problem, das nur der Schriftsteller hat [...] Das Erstaunlichste vielleicht an diesem frühen Text ist die Tatsache, daß aus ihm die Stimme eines Autors spricht, der die Tradition als etwas Äußeres, Fremdes und Übermächtiges empfindet und der vor der Aufgabe verzweifelt, dieser Tradition gegenüber seine Rede als etwas Eigenes und Neues zu behaupten und zu legitimieren [...] Seine Qual besteht in der Vereinsamung, die mit der Schriftlichkeit einhergeht. Der Schreiber, allein mit sich und seinem Herzen, muß ‚sein innerstes Selbst' auswringen, um mit etwas Eigenem und Neuem gegenüber der Tradition bestehen zu können" (S. 98-99).

Das Besondere an unserem Text ist, daß hier ein Mensch zum ersten Mal – zumindest innerhalb der erhaltenen Texte – mit seinem Herzen spricht, also mit sich selbst. Dem *Schiffbrüchigen* war sein Herz nur ein Begleiter, ohne daß er mit ihm spricht, dazu später; hier wird ein weiterer Schritt getan: Chacheperreseneb spricht mit seinem Herzen. Der Rolle des Herzens hat ebenfalls

📖 Jan ASSMANN, Zur Geschichte des Herzens im alten Ägypten, in: Jan ASSMANN (Hrsg.), Die Erfindung des inneren Menschen. Studien zur religiösen Anthropologie, Gütersloh 1993 (Studien zum Verstehen fremder Religionen 6), 81-113

einen Beitrag gewidmet. Darin heißt es:

„Das Herz ist [...] zugleich das wichtigste und das problematischste Organ des Körpers [...] Kraft seines Herzens ist der ägyptische Mensch eine integrierte ‚Person'" (S. 87).

Im Hinblick auf *Chacheperreseneb* könnte man, den Titel des Sammelbandes modifizierend, von der „*Findung* des inneren Menschen" sprechen.

6.5 Die Prophezeiungen des Neferti

Editionen:

📖 Wladimir GOLENISCHEFF, Les Papyrus hiératiques N° 1115, 1116 A et 1116 B de l'Eremitage impériale à St. Petersbourg, Kairo 1913.

📖 Wolfgang HELCK, Die Prophezeiung des *Nfr.tj*, Wiesbaden 1970 (KÄT 2).

Übersetzungen:

📖 Miriam LICHTHEIM, Literature I, 139-145.

📖 Frank KAMMERZELL, Die Prophezeiung des Neferti, in: KAISER, OTTO et al. (Hrsgg.), Orakel, Rituale. Bau- und Votivinschriften. Lieder und Gebete, Gütersloh 1986/87/88/89/91 (TUAT II), 102-110.

📖 Didier DEVAUCHELLE, La prophétie de Neferty, in: Supplément au Cahier Évangile 89, 1994, 10-13.

📖 Richard B. PARKINSON, Tale of Sinuhe, 131-143.

Einzelbeiträge:

📖 Georges POSENER, Littérature et politique dans l'Égypte de la XIIᵉ dynastie, Paris 1956, 21-60.

📖 Laszlo FÓTI, The History in the Prophecies of Noferti: Relationship between the Egyptian Wisdom and Prophecy Literature, in: Studia Aegyptiaca 2, 1976, 3-18.

📖 Elke BLUMENTHAL, Die Prophezeiung des Neferti, in: ZÄS 109, 1982, 1-27.

📖 Nili SHUPAK, Egyptian „Prophecy" and Biblical Prophecy: Did the Phenomenon of Prophecy, in the Biblical Sense, exist in Ancient Egypt?, in: JEOL 31 (1989-90), 1991, 5-40.

📖 Richard B. PARKINSON, Poetry 193-199.

Der Text ist auf dem P. Leningrad 1116B (18. Dynastie), auf zwei Schreibtafeln (Kairo bzw. British Museum) in Auszügen sowie auf zahlreichen Ostraka ramessidischer Zeit erhalten.

Man geht allgemein davon aus, daß dieser Text während der Regierungszeit Amenemhets I. verfaßt wurde; damit liegt er zeitlich *vor* der *Lehre des Amenemhet*. Mit ihm betreten wir einmal mehr das problematische Gebiet der Beziehungen zwischen Literatur und Politik (s.o. zu POSENER), zusätzlich aber auch dasjenige der Prophezeiung, wie es sich im – ägyptologischen – Titel bereits ankündigt.

Den eigentlichen *Prophezeiungen des Neferti* geht eine einleitende Erzählung voran, die in die Regierungszeit des Königs Snofru verlegt ist. Sie beginnt mit der täglichen Aufwartung der Beamtenschaft der Residenz beim König. Nachdem die Beamten Snofru schon wieder verlassen haben, läßt er sie noch einmal hereinrufen und fordert sie auf (Übersetzung BURKARD):

> „'Gefährten, seht, ich habe veranlaßt, daß man euch rief, um zu veranlassen, daß ihr mir einen eurer Söhne sucht, und zwar einen Weisen, einen eurer Brüder, und zwar einen Tüchtigen, einen eurer Freunde, der Vortreffliches leistet, (jedenfalls) einen, der mir ein wenig an schöner Rede (*md.t nfr.t*) sage, an ausgewählten „Knoten" (*ts.w*), damit sich meine Majestät freut, sie zu hören'" (Z. 6-8).

Natürlich wissen die Höflinge schon, wer dafür in Frage kommt und antworten:

> „'Es gibt einen Vorlesepriester der Bastet, Herrscher l.h.g., unser Herr, Neferti ist sein Name. Er ist ein Bürger mit starkem Arm, er ist ein Schreiber mit tüchtigen Fingern, er ist ein Reicher, größer ist sein Besitz als der aller Seinesgleichen'" (Z. 9-11).

Der König läßt Neferti rufen und sagt zu ihm:

> „'Komm doch, Neferti, (mein) Freund, du sollst mir ein wenig an vollkommener Rede sagen, an ausgewählten ‚Knoten', damit meine Majestät sich freut, es zu hören'" (Z. 12-14).

Neferti entgegnet:

> „'Als etwas Geschehenes (oder) als etwas, das (noch) geschehen wird, Herrscher l.h.g., mein Herr?' Da sagte seine Majestät l.h.g.: ‚Als etwas, das (noch) geschehen wird natürlich. Denn das Heute ist geschehen, indem es (schon) an mir(?) vorbeigegangen ist'" (Z. 14-15).

Aus dem Folgenden geht hervor, daß der König selbst schreiben kann, denn er schreibt das mit, was er zu hören bekommt. Neferti beginnt mit einer Selbstreflexion:

> „Er dachte nach über den Zustand des Ostens,
> da die Asiaten ihn mit ihren Krummschwertern angriffen,
> da sie terrorisierten die Herzen derer, die bei der Ernte waren,
> da sie wegnahmen die Gespanne, die beim Pflügen waren" (Z. 18-19).

Daran schließt sich eine Klage an, wie wir sie auch aus den *Admonitions* oder dem *Chacheperreseneb* kennen:

B. Texte. Die Literatur des Mittleren Reiches: Neferti

"Der trockene Fluß Ägyptens:
man überquert das Wasser zu Fuß.
Man wird Wasser suchen für die Schiffe, um auf ihm zu fahren,
sein Weg ist zur Sandbank geworden.
Die Sandbank wird das Naß verdrängen,
so daß das Naß zur Sandbank wird.
Der Südwind wird mit dem Nordwind kämpfen,
der Himmel wird nicht ein einheitlicher Wind sein.
Ein fremder Vogel wird brüten
im Sumpf Unterägyptens.
Er baute sein Nest neben den Anwohnern,
nachdem die Menschen ihn aus Not sich hatten nähern lassen" (Z. 26-30).

Die Klage gipfelt in der Feststellung, daß sich der Sonnengott von den Menschen abgewandt hat:

"Re hat sich von den Menschen entfernt:
er geht (zwar) auf, wenn die Stunde kommt,
nicht weiß man (aber), wenn es Mittag ist.
Nicht erkennt man seinen Schatten,
nicht ist man geblendet beim Schauen,
nicht tränen die Augen vom Wasser.
Er ist am Himmel wie der Mond,
ohne aber seinen Zeitpunkt des Untergangs zu überschreiten.
Werden seine Strahlen wieder im Gesicht sein,
wie es seine Art war unter den Vorfahren" (Z. 51-54)?

So geht es weiter, aber im Gegensatz zu den Texten, die wir bisher kennengelernt haben, wird hier die Heilswende in Aussicht gestellt, der Retter wird kommen:

"Ein König ist es, der kommen wird aus dem Süden,
Ameni, gerechtfertigt(?), ist sein Name.
Er ist der Sohn einer Frau aus Nubien,
er ist ein Sproß Oberägyptens.
Er wird die weiße Krone empfangen,
er wird sich die rote Krone aufsetzen.
Er wird ‚die beiden Mächtigen' vereinigen,
er wird zufriedenstellen die beiden Herren mit dem, was sie wünschen" (Z. 57-60).

Es ist eindeutig, wer gemeint ist: Ameni ist ein leicht verschlüsselter Hinweis auf Amenemhet I., wie auch der Hinweis auf seine Herkunft zeigt. Der Text endet mit den tröstlichen Worten:

"Die Maat wird an ihren Platz kommen,

die Lüge wird nach draußen vertrieben sein.
Es freue sich der, der sehen wird,
der im Gefolge des Königs sein wird.
Der Wissende wird mir Wasser spenden,
wenn er sieht, daß das, was ich sagte, Wirklichkeit wurde" (Z. 68-70).

Die Aussage der beiden ersten Verse dieses letzten Abschnitts hatte bei *Chacheperreseneb* noch umgekehrt gelautet:

„Die Maat wird nach draußen geworfen,
die Isfet ist im Inneren der Beratungshalle" (rto. 11).

Erfreulicherweise stimmen die verschiedenen ägyptologischen Interpretationen zum *Neferti* überein: Das Werk dient der Rechtfertigung der Thronansprüche für Amenemhet I., der bekanntlich durch Usurpation an die Herrschaft gelangte. Der gleichen Absicht, diesmal für den Sohn und Nachfolger Sesostris I. und von diesem inauguriert, diente die schon besprochene *Lehre des Amenemhet*. Mit Amenemhet I. begann in der Tat eine neue Epoche der ägyptischen Geschichte. Zur Interpretation der Heilsweissagung, die die Herkunft Amenemhets betrifft, bemerkt FRANKE:

„Die Schilderung der Herkunft Amenemhets aus Oberägypten scheint dabei der historischen Wirklichkeit zu entsprechen. Gleichzeitig gibt der Verfasser der *Prophezeiung des Neferti* eine Reihe von Stichworten, deren metaphorische Bedeutung dem gelehrten Zuhörer oder Leser sicher geläufig war. So läßt der Hinweis auf den Süden und die Herkunft der Mutter vom ‚Nubierland' [...] an das Mythem der ‚Fernen Göttin' aus dem Kreis der Augensagen denken" (Heqaib, S. 8).

Dazu Anm. 1:

„Die Mutter Amenemhets I. – was auch durch ihren Namen ‚Die Schöne' (*Nfr.t*) naheliegt –, wird mit Hathor-Tefnut/Maat verglichen, deren Rückkehr aus Nubien nach Ägypten mit dem Sieg über Feinde und Wiedererlangung eines Heilszustandes verbunden ist. Dies war ein wichtiger Apekt der Göttinnen Oberägyptens. Amenemhet I. wird damit gleichzeitig zum Sohn der Hathor-Tefnut."

„Das bewußt unpräzise, scheinbar volkstümliche ‚Ameni' als Kurzname für Amenemhet lenkt die Aufmerksamkeit auch auf die parallele historische Situation, in der sich Amenemhet als ‚Reichsgründer' mit König Menes (*Mnj*), dem sagenhaften Begründer der Königsherrschaft, verstanden wissen will. Ameni läßt sich schließlich als ‚Der Verborgene' deuten: ein bisher unbekannter, aber ersehnter Erlöser erscheint endlich – der ‚*mysterieux sauveur*' (G. Posener)" (S. 8).

Zu besonderer Diskussion hat die Form der Prophezeiungen Anlaß gegeben; sie sind schließlich das früheste Zeugnis in Ägypten für die Voraussage künftiger Ereignisse. Daß in diesem Zusammenhang immer wieder der Vergleich mit den biblischen Propheten beschworen und verworfen wurde, ist kein Wunder. Man hat den Reden des Neferti den prophetischen Charakter aus zwei Gründen abgesprochen:

1. Die Weissagungen sind keine Prophezeiungen, sondern *vaticinia ex eventu*.
2. Dem weissagenden Neferti fehlt die göttliche Legitimation; er sei mithin kein echter Prophet.

Hier ist nicht der Platz, die bis heute währende Diskussion vorzuführen; der Vergleich mit den biblischen Prophezeiungen ist u. E. nicht sinnvoll. Die Unterschiede hat BLUMENTHAL (s.o.) herausgestellt: Nefertis Prophezeiungen gehören in den Bereich der Lebenslehren, sie sind das Ergebnis einer innerägyptischen Entwicklung. Auch ein weiterer Gesichtspunkt kann damit entfallen: Die *Prophezeiungen des Neferti* haben mit der spätjüdischen Apokalyptik nichts gemein:

„Für die Beurteilung der Reden des Neferti ist ausschlaggebend, daß sie im Unterschied zu den jüdischen Apokalypsen keine endgültigen, d.h. endzeitlichen Veränderungen in Aussicht stellen. Nach dem zyklischen Zeitverständnis, das der offiziellen ägyptischen Geschichtsschreibung zugrundeliegt, ist echte Eschatologie ausgeschlossen, weil sich hier mit jedem neuen Tag und Jahr und dem Regierungsbeginn eines jeden neuen Königs die Schöpfung wiederholte und die Heilszeit anbrach" (ZÄS 109, 17).

Angesichts dieser Unterschiede plädiert

📖 Manfred WEIPPERT, Aspekte israelitischer Prophetie im Lichte verwandter Erscheinungen des Alten Orients, in: Ad bene et fideliter seminandum (FS Deller), Neukirchen-Vluyn 1988 (AOAT 220), 287-319

dafür, Texten wie dem *Neferti* das Prädikat „Prophetie" zu entziehen und sie stattdessen als „Vorhersagen" zu bezeichnen.

6.6 Die Geschichte des Schiffbrüchigen

Editionen:

📖 Wladimir GOLENISCHEFF, Les Papyrus hiératiques N° 1115, 1116 A et 1116 B de l'Eremitage impériale à St. Petersbourg, Kairo 1913.

📖 Aylward M. BLACKMAN, Middle-Egyptian Stories, Bruxelles 1932 (BAe 2), 41-47.

Übersetzungen:

📖 Miriam LICHTHEIM, Literature I, 211-215.

📖 Richard B. PARKINSON, Tale of Sinuhe, 89-101.

Einzelbeiträge:

📖 Dieter KURTH, Zur Interpretation der Geschichte des Schiffbrüchigen, in: SAK 14, 1987, 167-179.

📖 John L. FOSTER, The "Shipwrecked Sailor": Prose or Verse? (Postponing Clauses and Tense-neutral Clauses), in: SAK 15, 1988, 69-109.

📖 John BAINES, Interpreting the Story of the Shipwrecked Sailor, in: JEA 76, 1990, 55-72.

📖 Antonio LOPRIENO, The Sign of Literature in the Shipwrecked Sailor, in: Ursula VERHOEVEN/Erhart GRAEFE (Hrsgg.), Religion und Philosophie im alten Ägypten (FS Derchain), Leuven 1991 (OLA 39), 209-217.

📖 Günter BURKARD, Überlegungen zur Form der ägyptischen Literatur. Die Geschichte des Schiffbrüchigen als literarisches Kunstwerk, Wiesbaden 1993 (ÄAT 20).

📖 Gerald MOERS, Fingierte Welten in der ägyptischen Literatur des 2. Jahrtausends v. Chr. Grenzüberschreitung, Reisemotiv und Fiktionalität, Leiden 2001 (Probleme der Ägyptologie 19)

📖 Richard B. PARKINSON, Poetry 182-192 passim.

Der *Schiffbrüchige* ist in einer einzigen, aus dem Mittleren Reich stammenden Handschrift, pPetersburg 1115, einem Palimpsest, überliefert. Als Entstehungszeit wird mittlerweile übereinstimmend ebenfalls das Mittlere Reich, vermutlich die 12. Dynastie, angenommen. Uneinigkeit herrscht in der Frage der Vollständigkeit von Papyrus und/oder Erzählung. Während gewisse Beobachtungen darauf hindeuten, daß ersterer ursprünglich umfangreicher war, spricht viel für eine Vollständigkeit des Textes selbst, insbesondere seine inhaltliche und kompositorische Schlüssigkeit. Wir werden zu dieser Frage noch zurückkommen.

Zum Inhalt: Ort des aktuellen Geschehens ist die „Residenz", also die ägyptische Hauptstadt. Eine Schiffsexpedition in den Süden ist offenbar erfolglos zurückgekehrt. Ihr Leiter, ein ḥȝ.tj-ʿ, also ein „Fürst", namenlos wie alle Akteure der Geschichte, fürchtet den Rapport beim König. Ein šmsw, ein „Gefolgsmann", versucht ihn mit dem – den größten Teil der Erzählung einnehmenden – Bericht eines eigenen Erlebnisses zu trösten: Als einziger Überlebender seiner durch Schiffbruch gescheiterten Expedition gelangt er auf eine Insel, deren Herrscher eine riesige, 30 Ellen lange Schlangengottheit ist. Die zunächst bedrohlich scheinende Situation wendet sich bald zum Guten, der Schlangengott prophezeit dem Schiffbrüchigen die sichere Heimkehr. Er berichtet dann über sein eigenes Schicksal, das ihn nach einer kosmischen Katastrophe vermutlich als einzige von 75 Schlangengottheiten am Leben ließ (das Schicksal seiner besonders erwähnten Tochter ist nicht ganz klar). Die Prophezeiung erfüllt sich; das Ende der Erzählung bildet eine Sentenz, deren Bedeutung noch nicht ganz einhellig geklärt ist (auch darauf werden wir zurückkommen) – und damit auch nicht das weitere Schicksal des ḥ3.tj-ˁ und die Gesamt-Tendenz der Geschichte.

Die Spanne der Deutungen des *Schiffbrüchigen* unterstreicht die Ratlosigkeit hinsichtlich der Interpretation: Märchen, Seemannsgarn, lehrhafter Text, eschatologische Erzählung, allegorisches Märchen, königliche Propagandaschrift, antikönigliche Oppositionsschrift, Text mit esoterischem Wissen u.a.m. wurden vorgeschlagen. Die Insel wurde dementsprechend als realer, fiktionaler oder mythischer Ort angesehen. Der Schlangengott wurde als Schöpfergott, mythisches Wesen oder auch als Verkörperung des Königs interpretiert, der Schiffbrüchige als Anti-Held oder als ernsthafter Ratgeber. Das Ende verstand man teils positiv/optimistisch, teils negativ/pessimistisch. Die in der Geschichte genannten Zahlen (z.B. 75 Schlangen, vier Monate Aufenthalt auf der Insel) wurden entweder als bedeutungslos oder als stark symbolhaltig eingestuft, etwa: 75 Erscheinungsformen des Sonnengottes, viermonatiger Jahreszeitenzyklus u.a.m.

Neuere Untersuchungen betonen vor allem die Mehr- bis Vielschichtigkeit des Textes und lassen damit verschiedene sich ergänzende Interpretationsebenen zu. Die Rezeption als Stück der Unterhaltungsliteratur oder als Text mit lehrhaftem Charakter (auf welcher Ebene und mit welcher Intention auch immer) würde demnach vom Bildungsstand der Rezipienten abhängen. Diese u. E. überzeugende Einsicht findet sich im oben genannten Beitrag von KURTH.

Die einzelnen Kapitel sind durch Rubra gekennzeichnet. Die wichtigsten Passagen der Übersetzung sind in der von BURKARD rekonstruierten Versgliederung angeordnet:

„Da sprach der tüchtige Gefolgsmann:

‚Sei guten Mutes, Fürst!
Sieh doch, wir haben die Hauptstadt erreicht!

Ergriffen ist der Schlegel, eingerammt der Landepflock,
das Bugtau ist aufs Land gelegt.

Man spendet Lobpreis, man dankt Gott,
und jedermann umarmt seinen Gefährten.

Unsere Mannschaft ist heil zurückgekehrt,

es gab keinen Verlust für unsere Truppe.

Nachdem wir die Grenzen von Nubien erreicht hatten,
haben wir Bigge passiert.

Sieh uns doch, wir sind in Frieden zurückgekehrt,
unsere Heimat haben wir erreicht"' (v. 1-13)!

Das zweite Kapitel enthält vor allem Ratschläge, wie man sich in der Audienz beim König zu verhalten hat, das dritte leitet zur Erzählung des *šmsw* über:

„Ein Sturm war losgebrochen, während wir noch auf See waren,
noch ehe wir das Land erreicht hatten.

Wind kam auf und stürmte immer wieder,
eine Woge darin von acht Ellen.

Der Mast war es, der mir brach(?),
da war das Schiff verloren,
von seiner Besatzung blieb keiner übrig.

Da wurde ich auf eine Insel getragen
von den Wogen des Meeres" (v. 36-44).

Er wurde als einziger gerettet und sieht sich plötzlich dem Herrn der Insel gegenüber:

„Da hörte ich einen donnernden Lärm,
und ich dachte: das ist eine Woge des Meeres;
Bäume splitterten, die Erde bebte.

Da enthüllte ich mein Gesicht,
und sah: eine Schlange war es, die da kam.

Sie war 30 Ellen lang,
ihr Bart war größer als zwei Ellen.

Ihre Glieder waren goldbedeckt,
ihre Augenbrauen aus echtem Lapislazuli,
und sie war nach vorne aufgerichtet" (v. 61-70).

Die Schlange schleppt den Verängstigten in ihre Behausung und unterzieht ihn einer strengen Befragung. Der Schiffbrüchige berichtet über sein Geschick und empfängt dann eine trostvolle Prophezeiung:

„Siehe, du wirst Monat um Monat verbringen,
bis du vier Monate im Innern dieser Insel vollendet hast.

Ein Schiff wird kommen aus der Residenz,

mit Seeleuten bemannt, die du kennst.

Zur Residenz wirst du mit ihnen fahren,
und in deiner Stadt wirst du sterben" (v. 129-134).

Nachdem sie über ihr eigenes Geschick berichtet hat, äußert sie einen Wunsch:

„Verbreite meinen guten Namen in deiner Stadt,
das ist mein Wunsch an dich" (v. 197-198).

Am Ende der Rahmenerzählung versucht der schiffbrüchige šmsw, dem ḫ3.tj-ʿ nochmals Mut zu machen:

„Nun sieh mich, nachdem ich das Land erreicht habe,
nachdem ich sah, was ich erlebt hatte!

Höre du auf mein [Wort]!
Denn sieh, gut ist das Hören für den Menschen" (v. 228-231)!

Der letzte Vers ist eine deutliche Erinnerung an Ptahhotep. Aber der gute Zuspruch nützt nichts. Der ḫ3.tj-ʿ spricht ein einziges Mal in der ganzen Geschichte, nämlich die abschließenden Worte:

„Nimm dich nicht zu wichtig, Freund!
Wer gibt schon Wasser einem Vogel,
wenn der Tag anbricht, an dessen Morgen man ihn schlachtet" (v. 233-235)!

Eine Übersicht über die diversen Interpretationen der beiden letzten Verse bis 1976 gibt

📖 Mordechai GILULA, Shipwrecked Sailor, Lines 184-85, in: Studies in Honor of George R. Hughes (FS Hughes), Chicago 1976 (SAOC 39), 75-82.

Die obige Übersetzung folgt dieser Deutung. Einigkeit besteht darin, daß hier die Sinnlosigkeit eines solchen Tuns charakterisiert wird. Uneinigkeit herrscht, warum und in welcher Hinsicht das so ist. Einerseits wird angenommen, der šmsw sei Adressat dieser Worte, teils sieht man den König in dieser Position. Wir sind der Meinung, daß der König der Adressat ist: Hier wird doch offensichtlich der ḫ3.tj-ʿ mit der Gans gleichgesetzt, und deren „Schlachtung" wäre nun einmal Sache des Königs.

Zwei Beiträge sind noch zu erwähnen, weil sie völlig gegensätzliche Positionen vertreten und weil es sich dabei um Vorgänger und Nachfolger auf demselben Lehrstuhl handelt. Zuerst der Nachfolger:

📖 Hartwig ALTENMÜLLER, Die „Geschichte des Schiffbrüchigen" – ein Aufruf zum Loyalismus?, in: Hartwig ALTENMÜLLER/Renate GERMER (Hrsgg.), Miscellanea Aegyptologica (FS Helck), Hamburg 1989, 7-21.

ALTENMÜLLER sieht den Schiffbrüchigen im Rahmen der „Propaganda" der 12. Dynastie:
> „Als mögliche politische Schrift wirbt der Hauptteil [...] für die Güte und für die Fürsorge des Herrschers, dort repräsentiert durch die Gestalt der Schlange, und fordert für diesen eine loyale Ergebenheit" (S. 19).

Der Schiffbrüchige und die Schlange haben ihr eigenes Schicksal;
> „während das Unglück des Schiffbrüchigen durch die Schlange behoben werden kann, bleibt die Schlange mit ihrem Schicksal allein, obwohl sie über Macht und materielle Güter in ausreichender Menge verfügt. In dieser Hinsicht ist ihr Schicksal mit dem des einsam entscheidenden Königs vergleichbar. Die Rettung des Schiffbrüchigen durch die Schlange entspricht der Hilfe, die der König seinen loyalen Untertanen zukommen läßt" (S. 20-21).

ALTENMÜLLER vermutet für den *Schiffbrüchigen* dieselbe Entstehungszeit wie für die noch zu besprechende Loyalistische Lehre: die frühe 12. Dynastie.

Der Beitrag seines Vorgängers klingt wie eine Entgegnung darauf:

📖 Wolfgang HELCK, Die „Geschichte des Schiffbrüchigen" – eine Stimme der Opposition?, in: Jürgen Osing/Erland Kolding Nielsen (Hrsgg.), The Heritage of Ancient Egypt (FS Iversen), Copenhagen 1992 (CNI Publications 13), 73-76.

HELCK sieht im letzten Satz eine negative Botschaft: Die Schlange (= der Urgott) ist gnädig,
> „aber beim König der Gegenwart sucht man Gnade und Menschlichkeit vergebens. Das ist die politische Aussage des letzten Satzes [...] Dieser Satz ist die Botschaft des gesamten Textes – er wendet sich gegen die herrschende Dynastie, der ‚Schiffbrüchige' ist ein Text der Opposition, in der üblichen Weise der damaligen politischen Texte geformt [...] Er greift als ein Produkt der verdeckten Gegenpropaganda die neue Herrschaft genau an dem Punkt an, wo ihre Schwäche liegt, durch die sie endlich auch zugrundegehen wird: die im System begründete Unmenschlichkeit" (S. 75-76).

Bei allem Charme der HELCK'schen Interpretation ist es nur schwer vorstellbar, wie in einem Staat wie dem ägyptischen des Mittleren Reichs und unter den damaligen Bedingungen eine massive, sich schriftlich äußernde Opposition existiert haben kann. Wir sind der Überzeugung, daß der Text im Sinne von

📖 Eberhard OTTO, Die Geschichten des Sinuhe und des Schiffbrüchigen als ‚lehrhafte Stücke', in: ZÄS 93, 1966, 100-111

lehrhaft ist, allerdings unter Berücksichtigung des Satzes von KURTH:
> „Ein Literaturwerk kann mehr als nur ein einziges Anliegen haben" (KURTH, Zur Interpretation, S. 171).

Die Möglichkeiten, die eine Interpretation des *Schiffbrüchigen* als eines Gesamtkunstwerks bietet, hat BAINES (Interpreting, s.o.) geliefert, der resümierend feststellt:

> „The work's meaning can only be recovered by taking risks; the Shipwrecked Sailor is about, and rewards, risk and experience" (S. 72).

Die Diskussion des *Schiffbrüchigen* mit Hilfe moderner literaturwissenschaftlicher Theorien (Erzähltextanalyse, Theorie des Erzählens), wie sie etwa in dem Sammelband „Definitely: Egyptian Literature" (s.o.) vorgelegt wurde, erscheint uns zum jetzigen Zeitpunkt noch nicht so weit ausgereift, um sie in diese *Einführung* zu inkorporieren.

Exkurs:

Der Schiffbrüchige ist von klassischen Philologen des öfteren im Zusammenhang mit Homers *Odyssee* herangezogen worden. In Buch 6 und 8 wird der Aufenthalt des Odysseus bei den Phaiaken geschildert. Die Phaiaken sind ein mythisches, nur in der Literatur belegtes Seefahrervolk, das den Schiffbrüchigen zu helfen scheint; sie leben auf einer Insel mit Namen *Scheria*. In dieser Episode hatte man zu Beginn des 20. Jh. eine uralte Geschichte wiederzuerkennen geglaubt, die damals gerade durch den pLeningrad 1115 bekannt geworden war: den *Schiffbrüchigen*. Über dieses Phaiakenabenteuer hinaus sind weitere Parallelen zwischen dem Schicksal des Schiffbrüchigen und des Odysseus herausgestellt worden von

📖 Uvo HÖLSCHER, Die Odyssee. Epos zwischen Märchen und Roman, ²München 1989, 110-111:

Ähnlich wie die Insel des Schiffbrüchigen wird auch die Insel der Phaiaken gemäß einer Prophezeiung Poseidons wieder im Meer verschwinden. Weitere Parallelen sind Irrfahrten und Heimkehr; auch das Motiv der Prophezeiung kommt vor. Dem Schiffbrüchigen weissagt die Schlange ein glückliches Lebensende, der göttliche Seher Teiresias tut dies im 13. Buch für Odysseus. Aber HÖLSCHER eröffnet noch eine weitere, wenig beachtete Perspektive:

> „Es wäre müßig, über die geschichtlichen Zusammenhänge der homerischen Erzählungen mit dem mehr als tausend Jahre älteren ägyptischen Text zu spekulieren. Der Text ist ja selber nur Zeugnis einer umlaufenden, noch älteren Geschichte" (S. 112).

In einer Anmerkung dazu erläutert HÖLSCHER,

> „daß in dem lehrhaft überformten Stück (sc. *Schiffbrüchigen*) eine ältere einfache Geschichte steckt, die man einen Märchenmythos nennen darf" (S. 331, Anm. 26).

Im folgenden weist er darauf hin, daß sich Phaiakenland und Totenwelt der *Odyssee* einerseits und die „Wunderinsel des ägyptischen Märchens" noch in einer anderen Tradition treffen, nämlich in den Reisen *Sindbad des Seefahrers* in *Tausendundeiner Nacht*, und hier ist es besonders die 7. Reise, in der sich die verschiedenen Traditionen begegnen (S. 112-113). Der Hinweis auf diese literaturgeschichtlich weitergreifenden Parallelen mag dazu anzuregen, über den Tellerrand des eigenen Faches hinauszublicken und sich einmal mit intertextuellen Zusammenhängen zu beschäftigen.

6.7 Das Gespräch des Lebensmüden mit seinem Ba

Editionen:

📖 Adolf ERMAN, Gespräch eines Lebensmüden mit seiner Seele. Aus dem Papyrus 3024 der königlichen Museen, APAW (ab 1945: ADAW) 1896, Phil.-hist. Kl., Berlin 1896.

📖 Raymond O. FAULKNER, The Man Who was tired of Life, in: JEA 42, 1956, 21-40.

📖 Winfried BARTA, Das Gespräch eines Mannes mit seinem Ba (Papyrus Berlin 3024), Berlin 1969 (MÄS 18).

Übersetzungen:

📖 Miriam LICHTHEIM, Literature I, 163-169.

📖 Richard B. PARKINSON, Tale of Sinuhe, 151-165.

📖 Katherina LOHMANN, Das Gespräch eines Mannes mit seinem Ba, in: SAK 25, 1998, 207-236.

Einzelbeiträge:

📖 Ronald J. WILLIAMS, Reflections on the Lebensmüde, in: JEA 48, 1962, 49-56.

📖 Odette RENAUD, Le dialogue du Désespéré avec son Âme. Une interprétation littéraire, Cahiers de la Société d'Égyptologie vol. 1, Genf 1991.

📖 Richard B. PARKINSON, Poetry 216-226.

Dieser Text ist lediglich im pBerlin 3024 überliefert, zusammen mit der „Hirtengeschichte". Die aufgeführten Titel machen bereits den komplexen Charakter dieses schwierigen Textes deutlich. Die diversen Auffassungen hat BARTA in seiner oben zitierten Bearbeitung ausführlich beschrieben. Man findet dort die Deutungen der gesamten Geschichte sowie die Deutungen der Parabeln des Textes bis 1969.

Der Anfang des Gesprächs fehlt. Aus dem Folgenden geht aber klar hervor, daß ein Mensch mit seinem Ba spricht. Der Mensch will offensichtlich den Tod, der Ba überredet ihn letztlich zum Leben. Für die Komplexität des Begriffs „Ba" verweisen wir auf

📖 Louis V. ŽABKAR, „Ba", in: LÄ I, 588-90.

Eine von ŽABKAR nicht zitierte Besonderheit ist die Wiedergabe des ägyptischen Wortes *b3* durch das griechische ειδωλον („Bild", „sichtbare Manifestation"), vgl.

📖 Jan QUAEGEBEUR, Mummy Labels: an Orientation, in: E. BOSWINKEL/P. W. PESTMAN (Hrsgg.), Textes grecs, démotiques et bilingues (P.L. Bat. 19), Leiden 1978, 232-259, hier 253-254.

Der erhaltene Text kann wie folgt gegliedert werden:
- (Reste der) erste(n) Rede des Ba – erste Rede des Mannes,
- zweite Rede des Ba – zweite Rede des Mannes,
- dritte Rede des Ba
- zwei Gleichnisse (Parabeln) des Ba
- vier Lieder des Mannes
- Schlußwort des Ba.

Einige Textbeispiele:

„Möge Thot mich richten, der die Götter befriedet,
möge Chons mich verteidigen, der die Wahrheit schreibt,
möge Re mein Wort hören, der die Sonnenbarke befiehlt(?),
möge Isdes mich verteidigen, der in der Heiligen Kammer ist!
Denn meine Not ist schwer, eine Last, die er (= der Ba) mir auferlegte" (aus der 1. Rede des Mannes, Z. 23-29).

Hier wird ein intensiver Todeswunsch ausgedrückt, denn Thot richtet erst nach dem Tod eines Menschen.

„Wenn mein Ba auf mich hört, ohne Fehlhandlung(?),
wenn sein Herz eins ist mit mir, wird er glücklich sein.
Ich lasse ihn den Westen erreichen, wie einer, der in seiner Pyramide ist,
nachdem ein Hinterbliebener seinem Begräbnis beigewohnt hat.
Ich werde Kühlung schaffen für deinen Körper,
so daß du neidisch machst einen anderen Ba, (der) in Vergessenheit (ist)" (aus der 2. Rede des Mannes, Z. 39-45).

Hier versucht der Mann, dem Ba seinen (= des Mannes) Tod schmackhaft zu machen.

> „Wenn du an das Begräbnis denkst, so ist das Kummer,
> es ist ein Hervorbringen von Tränen beim Traurigstimmen eines Mannes.
> [...]
> Die in Stein bauten, in Granit,
> die Kammern(?) in schönen Pyramiden bauten, in schöner Arbeit,
> so daß ihre Erbauer Götter werden mögen:
> ihre Opfersteine sind leer wie die von Vergessenen,
> die am Uferweg starben aus Mangel an Hinterbliebenen,
> wenn das Wasser sich seinen Teil nahm, die Sonnenglut desgleichen.
> [...]
> Höre du auf mich! Siehe, gut ist das Hören für die Menschen!
> Folge dem schönen Tag! Vergiß die Sorge" (aus der 3. Rede des Ba, Z. 56-68)!

Der Ba zeigt dem Mann in seiner Antwort, wie wenig erstrebenswert der Tod ist und fordert ihn zum Lebensgenuß auf.

Es folgen zwei Gleichnisse des Ba, in denen er jeweils einfache Menschen in verzweifelter Situation darstellt. Das erste handelt von einem Mann, der sein Feld gepflügt hat, am Abend die Ernte auf sein Schiff lädt und sich mit seiner Familie auf den Heimweg macht. Doch in einem Sturm kentert sein Schiff und seine Angehörigen werden Opfer von Krokodilen. Der Mann sitzt am Ufer und klagt:

> „Ich weine nicht um jene, die geboren wurde,
> wenn sie auch nicht aus dem Westen kommen kann
> für ein anderes (Leben) auf der Erde.
> Ich klage über ihre Kinder, die im Ei zerbrochen wurden,
> die das Antlitz des Chenti (= Totengottes) sahen, bevor sie gelebt hatten" (aus dem ersten Gleichnis des Ba, Z. 76-80).

Auch mit diesen Parabeln will der Ba dem Mann möglichst deutlich machen, daß der Tod nichts Erstrebenswertes an sich hat. ASSMANN faßt den Sinn der Parabel prägnant zusammen:

> „Was ist schlimmer als der Tod? Nie gelebt zu haben" (Sinngeschichte S. 202).

Die dann folgenden vier Lieder des Mannes gehören ohne Zweifel zum Schönsten, was die ägyptische Dichtkunst hervorgebracht hat. Zum Beleg einige ausführlichere Ausschnitte (Übersetzung BURKARD). Die Übersetzung stützt sich auf die formale Prämisse, daß das entscheidende Gliederungsprinzip das *thought couplet* ist.

„Siehe, mein Name ist anrüchig, siehe, mehr als der Gestank von Aasgeiern,
an Sommertagen, wenn der Himmel heiß ist.
Siehe, mein Name ist anrüchig, siehe, [mehr als der] Gestank eines Fanges von Fischen,
an Tagen des Fischens, wenn der Himmel heiß ist.
Siehe, mein Name ist anrüchig, siehe, mehr als der Gestank von Geflügel,
mehr als ein Sumpfdickicht voll von Wasservögeln.
Siehe, mein Name ist anrüchig, siehe, mehr als der Gestank von Fischern,
mehr als die Sumpfbuchten, in denen sie fischen.
Siehe, mein Name ist anrüchig, siehe, mehr als der Gestank von Krokodilen,
mehr als ein Sitz am Uferplatz voll von Krokodilen" (Aus dem 1. Lied, Z. 86-97).

„Zu wem soll ich heute sprechen? Es wird geraubt,
jedermann bestiehlt seinen Nächsten!
Zu wem soll ich heute sprechen? Der Böse ist wie ein Freund,
der Bruder, mit dem man lebte, wurde zum Feind!
[...]
Zu wem soll ich heute sprechen? Die Gesichter sind abgewandt,
jedermann blickt nach unten gegenüber seinen Brüdern!
Zu wem soll ich heute sprechen? Die Herzen betrügen,
nicht existiert das Herz eines Mannes, auf das man sich stützen kann!
Zu wem soll ich heute sprechen? Es gibt keine Gerechten,
das Land bleibt den Sündern überlassen" (Aus dem 2. Lied, Z. 103-123)!

„Der Tod steht heute vor mir wie das Gesunden eines Kranken,
wie das Herauskommen nach dem Zurückgehaltenwerden.
Der Tod steht heute vor mir wie der Duft von Myrrhe,
wie das Sitzen unter einem Segeldach am windigen Tag.
Der Tod steht heute vor mir wie der Duft von Lotus,
wie das Sitzen am Ort des Trinkens.
Der Tod steht heute vor mir wie das Aufhören des Regens,
wie wenn ein Mann nach einem Feldzug nach Hause kommt" (Aus dem 3. Lied, Z. 130-138).

„Wer aber dort ist, wird ein lebender Gott sein,
beim Bestrafen der Sünde an dem, der sie tut.
Wer aber dort ist, wird in der Sonnenbarke stehen,

beim Zuweisen von Erlesenem dort an die Tempel.
Wer aber dort ist, wird ein Wissender sein, dem man nicht widersteht,
beim Bitten (selbst) an Re, wenn er spricht" (4. Lied, Z. 142-147).

Am Ende stehen die trostvollen Worte des Ba:

„Liebe mich hier, nachdem du (jetzt) den Westen (= den Tod) zurückgewiesen hast!
Du sollst aber wünschen, daß du (dann) den Westen erreichst,
wenn deine Glieder die Erde berühren (= wenn du stirbst).
Ich werde mich niederlassen, nachdem du ermattet bist,
dann werden wir eine Wohnstätte herrichten, gemeinsam" (Z. 150-154).

Der Überblick macht deutlich, daß hier ein ganz besonderer, ja unvergleichlicher Text vorliegt. Es ist nur zu verständlich, daß damit den verschiedensten Interpretationen weitester Raum gegeben war. In vielen Fällen spielte auch der – vermutete – katastrophale Hintergrund der 1. Zwischenzeit eine wesentliche Rolle. Den beiden Protagonisten hat man eine Fülle von Interpretationen angedeihen lassen, die im folgenden kurz aufgeführt sind. Die ausführlichen Zitate findet man bei BARTA (s.o):

ERMAN sieht in dem Mann jemanden, der am Leben verzweifelt und Selbstmord begehen will; der *Ba* rät ihm, sich in Feuer zu stürzen, da ein verbrannter Leichnam keine Fürsorge mehr benötige.

SCHARFF sieht in dem Mann einen gelehrten Priester und den Dichter des Gespräches, der wegen der revolutionären Zeitumstände nicht mehr als frommer Ägypter leben und der Gottheit opfern kann. Er will daher aus Ekel am Leben Selbstmord durch Verbrennen begehen. Der *Ba* tritt als Vertreter der Lebensfreude auf, versucht ihn am Freitod zu hindern und fordert als böser Versucher zum Lebensgenuß auf.

HERMANN sieht in dem Mann jemand, der tödlich erkrankt ist und sich mit seinem *Ba* als einer nach dem Tode wirksamen Daseinsgestalt über Bedeutung und Form des Jenseits unterhält.

JUNKER sieht in dem Mann ebenfalls den Dichter des Gespräches, der den furchtbaren Ereignissen seiner Zeit hilflos gegenübersteht und deshalb durch den Flammentod aus dem Leben scheiden möchte. Diese Absicht führt zu einem Gespräch mit seinem *Ba*, der als Skeptiker dargestellt wird und als Vertreter einer Weltanschauung des Lebensgenusses jede Problematik ablehnt.

SPIEGEL sieht in dem Mann eine bedeutende, historisch greifbare Persönlichkeit der 1. Zwischenzeit, die am Ende des Alten Reichs eine revolutionäre

Volksbewegung mit dem Grundsatz „gleiches Recht für alle" anführte. Die Bedeutung des *Ba* als Gesprächspartner wird ignoriert.

Nach Auffassung von JACOBSOHN, einem Anhänger der Psychoanalyse, genauer der Tiefenpsychologie nach C.G. JUNG, lernen wir im Gespräch des Mannes mit seinem *Ba* ein einzigartiges, persönliches Erlebnis kennen. Ein am Leben verzweifelnder Mensch, der durch die furchtbaren Geschehnisse seiner Zeit das Grauen der Gottesferne und des Gottesverlustes kennenlernt, steht in seiner Qual am Rande des Selbstmords, den er jedoch in seinem traditionellen Denken als schwere Sünde ansehen muß. In dieser Situation, in der sich Sehnsucht nach Erlösung und traditionelles Gesetz unvereinbar gegenüberstehen, gerät der Mann in Widerspruch zu seinem innersten Wesenskern, nämlich zu seinem eigenen *Ba*, den JACOBSOHN als psychischen Archetypus auffaßt.

LANCZKOWSKI untersucht zunächst die geistige Situation am Ende des Alten Reichs. Für ihn äußert sich die Kontroverse zwischen Mann und *Ba* als weltanschauliche Dialektik zwischen pessimistischer Weltflucht und hedonistischer Skepsis; der Grund dafür liegt in den gegenteiligen Ansichten über die Ausbreitung des Osiris-Kultes. Der „Lebensmüde", der sich aus Ekel vor der Welt im Feuer verbrennen will, zeigt anti-osirianische Züge, während der *Ba* als radikaler Skeptiker gegenüber dem Jenseits die osirianische Bewegung repräsentieren soll.

Unter dem Strich lassen diese verschiedenen Interpretationen deutlich erkennen, wie sehr wir bei der Lektüre und Interpretation eines Textes unsere eigenen Projektionen bestätigt zu finden versuchen.

RENAUD stellt in ihrer Untersuchung einen anderen Gesichtspunkt heraus, der in den oben zitierten Arbeiten meist zu kurz gekommen war: die literarische Bedeutung des Textes. Die ansonsten hervorgehobenen philosophischen Themen sind für sie nur der Rohstoff, der in künstlerischer Absicht benutzt wird – der eigentliche Zweck des Textes, seine Endbestimmung ist literarisch. Der Text ist bei ihr ein Drei-Personen-Stück: ein Ich-Erzähler, der sich verdoppelt, diskutiert mit einem Traum-Er, mit einer Projektion seiner – in der Terminologie der modernen Psychopathologie ausgedrückt – depressiven Neurose. Der *Ba* des Textes hat danach nichts mit dem *Ba* zu tun, an den die Ägypter glaubten, sondern ist hier ein reines Double des Menschen, ein Phantasma, das sich der Mensch geschaffen hat, weil er es zur Darstellung seiner Krise braucht. Konsequenterweise lautet eine Überschrift des Buchs „La première nevrose de l'histoire".

Trotz der überraschenden Interpretation scheint RENAUD denselben Fehler gemacht zu haben wie ihre Vorgänger: Der eigene Unglaube wird auch dem Dichter des Textes unterstellt, der *Ba* wird nicht als der begriffen, der er nach der Auffassung der Ägypter war, jedenfalls nach allem, was wir wissen. Dieses Dilemma hat MORENZ beschrieben:

> „Man hat von Walter F. Otto gesagt, er habe an die Götter Griechenlands geglaubt. Ich weiß nicht, ob das zutrifft; aber sicher scheint mir, Otto habe gewußt, daß die Griechen an ihre Götter glaubten, und eben darum konnte er sie als Wirklichkeit darstellen. Ich für meinen Teil glaube nicht an die ägyptischen Götter, aber ich vergaß keinen Augenblick, mir gegenwärtig zu halten, daß für den Ägypter [...] seine Götter Wirklichkeiten waren" (S. Morenz, Ägyptische Religion, Stuttgart 1960, IX):

Wir haben keinen Grund daran zu zweifeln, daß der Ba für die alten Ägypter tatsächlich existierte.

6.8 Die Hirtengeschichte

Edition:

📖 Alan H. GARDINER, Literarische Texte des Mittleren Reichs II. Die Erzählung des Sinuhe und die Hirtengeschichte. Umschreibung und Übersetzung, Leipzig 1909 (Hieratische Papyrus aus den Königlichen Museen zu Berlin V) (auch als Nachdruck Leipzig 1970), 6. 15. Taf. 16-17.

Übersetzungen:

📖 Richard B. PARKINSON, Tale of Sinuhe, 287-288.

Einzelbeiträge:

📖 Rosemarie DRENKHAHN, „Hirtengeschichte", in: LÄ II, 1223-4.

📖 Mordechai GILULA, Hirtengeschichte 17-22 = CT VII, 36 m-r, in: GM 29, 1978, 21-22.

📖 Ludwig MORENZ, Beiträge zur Schriftlichkeitskultur im Mittleren Reich und in der 2. Zwischenzeit, Wiesbaden 1996 (ÄAT 29), 124-130.

Wie oben erwähnt, ist dieser Text auf einem gesonderten Blatt an das Ende des *Gesprächs eines Mannes mit seinem Ba* angefügt. Insgesamt sind 25 Zeilen erhalten; wieviel verloren ist, läßt sich nicht mehr feststellen.

Zunächst die Übersetzung dieses ja nicht sehr umfangreichen Textes, wie sie bei MORENZ zu finden ist, d.h. in seiner Versgliederung. Seine hier nicht weiter interessierende, durch verschieden breite Einrückungen sehr detaillierte zusätzliche Untergliederung blieb unberücksichtigt:

> „Seht, als ich herabgestiegen war zum Teich,
>   der an dieses Weideland stößt.

Da sah ich ein Weib dort – nicht nach den Wünschen der Menschen
war sie!
Mein Haar sträubte sich, als ich ihre Schmuckbänder sah
wegen der Glätte ihres Äußeren.
Niemals werde ich das tun, was sie sagt.
Der Respekt (*šfšf.t*) vor ihr ist durch meine Glieder.

Ich sage euch, o ihr Stiere: ‚Fahren wir zurück!
Die Kälber sollen schiffahren, das Kleinvieh liegen
bis zur Mündung des Flachlandes.
Die Hirten seien dahinter.
Unser Boot zum Heimfahren:
Die Stiere zusammen mit Rindern
werden gesetzt an sein Ende.
Die *rḫ.w jḥ.t* der Hirten
rezitieren die Wasser-Entgegnungung als Sagen dieses Spruches:

„Wie jubeln meine Kas, Hirten, Männer!
Nicht wird einer mich vertreiben von diesem Schwemmland im Jahre
eines hohen Niles,
der den ‚Rücken des Landes' (=Geziras) Befehle befiehlt,
und wo sich das Überschwemmte nicht vom Fluß unterscheidet.

Begib Dich in das Innere Deines Hauses!
Die Rinder, die an ihren Plätzen bleiben, sind gekommen.
Deine Furcht (= Furcht vor Dir) ist vertrieben, Dein Schrecken (*šfšf.t*)
ist vergangen,
so daß abgewehrt ist das Wüten der Starken,
die Furcht (vor) der Herrin der Beiden Länder."'

Es hellte sich die Erde frühmorgens
Und es ging, wie er sagte.
Diese Göttin aber erreichte ihn.
Als er sich dem Überschwemmten zuwendete, kam sie,
indem sie entblößt war von ihren Kleidern und sie, (d.h.) ihr Haar verwirrt war [...]".

Der Text bricht scheinbar unvermittelt ab. Tatsächlich jedoch ergab die Analyse von MORENZ, daß er aus 30 harmonisch gruppierten Versen besteht,

> „was auf eine relative Geschlossenheit deutet. Dafür spricht auch, daß
> am Schluß des Textes aus Platzgründen das Determinativ und das
> Personalsuffix des letzten Wortes neben die bereits vollgeschriebene
> Kolumne plaziert wurde" (S. 125).

Ein weiteres bemerkenswertes Phänomen ist die Tatsache, daß die „Wasser-Besingung" (ḥsj mw), die generell sicherlich häufiger in Ägypten anzutreffen war, als sie uns schriftlich erhalten ist, in den Sargtextspruch 836 übernommen worden ist, der ohne die Kenntnis der *Hirtengeschichte* unverständlich bliebe. Näheres dazu findet man bei

📖 Jorge R. OGDON, A Hitherto Unrecognized Metaphor of Death in Papyrus Berlin 3024, in: GM 100, 1987, 73-80.

Der fragliche Teil des genannten Sargtext-Spruches 836 (CT VII, 361ff.) lautet, wieder in der Übersetzung und Gliederung von MORENZ:

„Zerbrochen (ḥd) sind Keule und Kralle des *Smy*-Dämonen.
Er brachte die Hirten (nr.w), indem unversehrt (wḏꜣ) ist der Spruch,
den er für uns machte, (nämlich:)
Entgegnung/Besingung von Wasser:
‚Sei heil (wḏꜣ), befindlich im Haus des Hauses!
Dein Stier ist am Platz Deines Hütens (nr).
Deine Furcht ist geschwunden, Dein Schrecken vergangen
Bis abgewehrt ist das Wüten der Starken,
Die Furcht der Herrin des Landes.'
Es hellte (ḥd) sich die Erde frühmorgens (und)
Er setzte über (ḏꜣj), indem Tausend in Vereinigung (smꜣ) vereinigt
(smꜣ) wurden" (S. 131).

Die von MORENZ postulierte Abhängigkeit des Sargtextes von der Hirtengeschichte:

„Aus der textgliedernden Erzählformel folgt mit hoher Wahrscheinlichkeit, daß der Sargtext-Autor/-Redaktor aus Theben [der Sarg mit diesem Spruch stammt aus Deir el-Bahri, unsere Anmerkung] diesen Spruch nicht aus einer Sammlung von Zaubersprüchen auswählte, wie sie [...] in den ‚Lebenshäusern' aufbewahrt wurden. Er dürfte aus einer narrativen, gegliederten Erzählung und vermutlich direkt aus der ‚Hirtengeschichte' [...] stammen" (S. 132)

wird von PARKINSON, Poetry S. 300, Anm. 9 in Frage gestellt. Die gesamte Geschichte stammt aus dem Delta, wie die Untersuchung von MORENZ ergibt; sie ist dann nach Theben gewandert, wie dies auch in anderen Fällen zu belegen ist; in der ursprünglich gemeinten Göttin Sechat-Hor, der Göttin der Herden, kann man in Theben Hathor wiedererkennen, deren Kult in Form einer Kuh in Deir el-Bahri seit der 11. Dynastie zu belegen ist. Der Verwendungszweck der Hirtengeschichte bleibt unklar.

6.9 Die Geschichte vom Beredten Bauern

Editionen:

📖 Friedrich VOGELSANG, Kommentar zu den Klagen des Bauern, Leipzig 1913 (UGAÄ 6).

📖 Richard B. PARKINSON, The Tale of the Eloquent Peasant, Oxford 1991.

Übersetzungen:

📖 Miriam LICHTHEIM, Literature I, 169-184.

📖 Richard B. PARKINSON, Tale of Sinuhe, 54-88.

Einzelbeiträge:

📖 Oleg D. BERLEV, The Date of the „Eloquent Peasant", in: Jürgen OSING/Günter DREYER (Hrsgg.), Form und Mass (FS Fecht), Wiesbaden 1987 (ÄAT 12), 78-83.

📖 Pascal VERNUS, La date du paysan eloquent, in: Sarah Israelit-Groll (Hrsg.), Studies in Egyptology (FS Lichtheim), Bd. II, Jerusalem 1990, 1033-1047.

📖 Richard B. PARKINSON, Teachings, Discourses and Tales from the Middle Kingdom, in: Stephen QUIRKE (Hrsg.), Middle Kingdom Studies, New Malden 1991, 91-122.

📖 Richard B. PARKINSON, The Date of the „Tale of the Eloquent Peasant", in: RdE 42, 1991, 171-181.

📖 Richard B. PARKINSON, Literary Form and the „Tale of the Eloquent Peasant", in: JEA 78, 1992, 163-178.

📖 Didier DEVAUCHELLE, Le paysan déraciné, in: CdE 70, 1995, 34-40.

📖 Richard B. PARKINSON, Poetry 168-182.

Der *Beredte Bauer* war kürzlich Gegenstand eines Symposions in Los Angeles. Die Beiträge liegen vor in:

📖 Andrea M. GNIRS (Hrsg.), Reading the Eloquent Peasant. Proceedings of the International Conference on the Tale of the Eloquent Peasant at the University of California, Los Angeles, March 27-30, 1997, LingAeg 8, 2000.

Der Text ist auf vier Papyri aus dem Mittleren Reich überliefert, von denen zwei auch die *Geschichte des Sinuhe* enthalten; die Papyri mit diesen beiden Erzählungen kommen aus zwei „Bibliotheken": aus einem thebanischen Grab der 12. Dynastie und aus dem Areal des Ramesseums. Die Untersuchung der Verbalformen durch VERNUS (s.o.) und die Beobachtung, ab wann der im *Bauern* belegte Titel *jmj-r3 pr-nsw* „Majordomus des Königs" vorkommt, durch BERLEV (s.

ebenfalls oben) haben zu einer Datierung der Geschichte in die Mitte bis 2. Hälfte der 12. Dynastie geführt; das bezieht sich auf die Textentstehung. Der Text selbst gibt vor, in der Zeit des Königs Neb-kau-Re in der 10. Dynastie zu spielen.

Ähnlich wie im Fall des *Lebensmüden* hat auch dieser Text verschiedene ägyptologische Namen erhalten: vom „Bauern" über den „beredten (oder: redekundigen) Oasenbewohner", „eloquent peasant" bis zum „beredten Oasenmann". Wir bleiben im folgenden bei der traditionellen Bezeichnung „beredter Bauer" bzw. „Bauer".

Zunächst kurz zum Inhalt der Geschichte: Ein Bauer aus dem „Salzfeld", das i.d.R. mit dem heutigen Wadi Natrûn identifiziert wird, belädt seinen Esel mit Produkten der Gegend und zieht zum Niltal, um dort Nahrungsmittel einzutauschen. Unterwegs beraubt ihn ein habgieriger Landpächter seines Esels und dessen Ladung. Der Bauer wendet sich daraufhin an den Dienstherrn dieses Pächters, einen königlichen Obergütervorsteher namens Rensi, und klagt diesem sein Leid. Rensi aber antwortet ihm nicht, sondern informiert den König, weil er sofort die außergewöhnliche Redegabe des Bauern bemerkt hatte. Der König gibt daraufhin Anweisung, insgeheim für die Familie des Bauern ebenso zu sorgen wie für diesen selbst, ihm aber zunächst keine Gerechtigkeit widerfahren zu lassen, sondern seine Klagereden aufzuzeichnen. Insgesamt neunmal muß der unglückliche Mann vor Rensi erscheinen, dann endlich wird er erhört: Für ihn gibt es reiche Belohnung, für den Übeltäter strenge Strafe.

Einige Textbeispiele (Übersetzung BURKARD, Zitierung nach der Edition PARKINSONS):

> „Es war einmal ein Mann, *Ḥw-n-Jnpw* war sein Name; er war ein Bauer aus dem ‚Salzfeld'. Er hatte auch eine Frau, *Mr.t* war ihr Name. Da sagte nun dieser Bauer zu dieser seiner Frau: ‚Siehe, ich bin dabei, hinabzugehen nach Ägypten, um von dort Nahrungsmittel für meine Kinder zu holen. Geh du und miß für mich die Gerste ab, die im Getreidespeicher ist, als Rest der Gerste des letzten Jahres.' Dann maß er für sie sechs Hekat Gerste ab. Dann sagte dieser Bauer zu dieser seiner Frau: ‚Siehe, [ich lasse dir hier (o.ä.)] zwei Hekat Gerste als Nahrung, zusammen mit deinen Kindern. Mache du für mich aber die sechs Hekat Gerste zu Brot und Bier für jeden Tag, damit ich davon leben kann'" (R 1.1 - 1.6).

Es folgt eine detaillierte Liste der Produkte, die der Bauer mitnimmt. Dann bricht er auf, und das Unheil nimmt seinen Lauf:

> „Und es zog dieser Bauer nach Süden, nach Herakleopolis. Und er gelangte in den Distrikt von *Pr-ffj*, im Norden von *Mdnj.t*. Er traf dort

auf einen Mann, der dastand am Ufer, *Nmtj-nḫt* war sein Name, er
war der Sohn eines Mannes mit Namen *Jsrj* und war ein Diener des
Oberhofmeisters *Mrw*'s Sohn *Rnsj*. Da sagte nun dieser *Nmtj-nḫt*, als
er die Esel dieses Bauern sah, die begehrenswert waren in seinem
Herzen: Er sagte also: ‚Hätte ich doch irgendein wirkungsmächtiges
Götterbild! Dann würde ich die Habe dieses Bauern wegnehmen von
ihm!' Nun lag das Haus dieses *Nmtj-nḫt* an der Landestelle der Nachbarschaft. Sie war schmal, nicht sehr breit, sie reichte bis zur Breite eines *dȝjw*-Gewandes. Ihr einer Pfad war unter Wasser, ihr anderer Pfad
war unter oberägyptischer Gerste. Da sagte dieser *Nmtj-nḫt* zu seinem
Diener: ‚Eile und bringe mir ein Laken aus meinem Haus!' Es wurde
ihm sofort gebracht. Da breitete er das Laken an der Landestelle der
Nachbarschaft aus. Nun lag sein Saum am Wasser, seine Webkante an
der Gerste" (B1, 16-31).

Man ahnt das Weitere: Der Bauer darf nicht auf das Laken treten, rechts o-
der links kann er nicht vorbei. Zu allem Unglück frißt dann noch einer der Esel
von der Gerste, und das ist der erwünschte Vorwand für *Nmtj-nḫt*: Er prügelt
den Bauern, nimmt ihm seine Esel samt Ladung weg und führt sie zu seinem
Gut.

Nun beginnen die insgesamt neun Klagen des Bauern. Nach der ersten, die
belegt, daß der Bauer die Kunst der *md.t nfr.t* beherrscht, wird der König informiert. Man erinnere sich in diesem Zusammenhang an die zwei bekannten
Verse aus der ersten Maxime des *Ptahhotep*:
„Die vollkommene Rede ist verborgener als der ‚Grüne Stein',
und doch findet man sie (sogar) unter den Dienerinnen am Mahlstein"
(v. 58-59).
Aus der 1. Klage:
„Oberhofmeister, mein Herr, Größter der Großen, Führer von allem!
Wenn du hinabsteigst zum See der Maat
und auf ihm fährst in günstigem Wind,
dann wird nicht eine Bö dein Segel wegreißen,
nicht wird säumen dein Schiff.
Nicht kommt Unheil hinter dir drein,
nicht zerbrechen deine Rahen.
Nicht wirst du untergehen, wenn du das Land berührst,
nicht wird dich hinwegnehmen eine Woge.
Nicht wirst du schmecken das Unheil des Flusses,
nicht wirst du sehen ein furchtsames Gesicht" (B1, 84-91).
Dann erstattet Rensi dem König Bericht, und der gibt die folgende Anweisung:

„Da sagte Seine Majestät: ‚Sowahr du mich gesund sehen willst, sollst du ihn hinhalten hier, ohne zu antworten auf all das, was er sagt. Damit *er* spricht, schweige! Und dann werde es zu uns schriftlich gebracht, damit wir es hören. Sorge aber für den Lebensunterhalt seiner Frau und seiner Kinder. Siehe, es kommt einer von diesen Bauern (nur), wenn sein Haus leer ist, ins Land. Sorge aber auch für den Lebensunterhalt dieses Bauern selbst. Du sollst ihm Nahrungsmittel geben, ohne zuzulassen, daß er weiß, daß du es bist, der sie ihm gibt!' Da nun gab man ihm 10 Brote und 2 Krüge Bier jeden Tag" (B1, 109-116).

Aus der 2. Klage:

„Oberhofmeister, mein Herr! Größter der Großen, Reichster der Reichen!
Der der Größte seiner Großen ist, der Reichste seiner Reichen!
Ruder des Himmels, Balken der Erde,
Meßschnur, die das Gewicht trägt!
Ruder, weiche nicht ab, Balken, neige dich nicht,
Meßschnur, sei nicht schief" (B1, 119-122)!

Aus der 6. Klage:

„Vertreibe die Lüge, laß entstehen die Maat,
laß entstehen das Gute, vernichte das <Böse>:
(So) wie die Sättigung kommt und den Hunger vertreibt,
und Kleidung (kommt) und die Nacktheit vertreibt.
(So) wie der Himmel heiter ist nach dem starken Sturm,
indem er erwärmt alle Frierenden.
(So) wie ein Feuer, das das kocht, was frisch ist,
wie Wasser, das den Durst löscht" (B1, 272-278).

Aus der 8. Klage:

„Du gibst mir keinen Ausgleich für diese vollkommene Rede,
die aus dem Mund des Re selbst gekommen ist!
Sprich die Maat, tue die Maat,
denn sie ist mächtig, sie ist groß, sie ist dauernd!
Ihr Wert werde für gut befunden,
sie möge zur Ehrwürdigkeit leiten.
Neigt sich denn die Handwaage zur Seite?
Ihre Waagschalen sind es, die Dinge tragen,
es kann kein Über-Maß für die Richtschnur geben" (B1, 349-356).

Am Ende, also nach der neunten Klage, wird der Bauer erlöst und reich belohnt, der Übeltäter *Nmtj-nḫt* bestraft.

Auch dieser Text hat – wie alle hier besprochenen – verschiedene Interpretationen erfahren. Man kann ihn ganz vordergründig als unterhaltsame Erzählung über ein armes Bäuerlein verstehen, dem zunächst Unrecht geschieht, dem aber aufgrund seiner überraschenden rhetorischen Kunst am Ende doch Recht widerfährt. Man kann ihn als „Lehrstück" verstehen im Sinne etwa unseres Sprichworts „unrecht Gut gedeiht nicht". Man kann ihn auch im Sinne der Umsetzung der Lehre von der vollkommenen Rede als „lehrhaften Text" interpretieren. Wer sich über die vielfältigen Möglichkeiten der Interpretation eines solchen literarischen Werkes informieren möchte, sei auf den oben zitierten Sammelband des Symposions in Los Angeles verwiesen.

Als gescheitert zu betrachten ist der Versuch, den *Bauern* als Propheten hinzustellen, wie dies

📖 Günter LANCZKOWSKI, Altägyptischer Prophetismus, Wiesbaden 1960 (ÄA 4), 49-93

unternommen hat. Vgl. dazu die sachkundige Rezension von Siegfried MORENZ (DLZ 83, 1962, 601-604). Dagegen hat

📖 Jan ASSMANN, Maat. Gerechtigkeit und Unsterblichkeit im alten Ägypten, München 1990, 58-91

den Text unter dem Aspekt der *Maat* betrachtet, die ja in den vorangegangenen Textbeispielen immer wieder beschworen wurde. Seine Überlegungen wollen wir im folgenden kurz darstellen.

Der Vorwurf, den der Oasenmann immer wieder erhebt, bezieht sich auf das Unterlassen der Maat, das sich in drei Untugenden zeigt: Trägheit, Verstocktheit und Habgier:

„Nicht gibt es ein Gestern für den Trägen (*wsfw*),
nicht gibt es einen Freund für den Tauben (*sḫ*) gegen die Maat,
nicht gibt es einen schönen Tag für den Habgierigen (ʿ*wn-jb*)" (B2, 109-111).

Die Maat läßt sich als Gegenstück dieser drei Untugenden beschreiben: Das Gegenteil der Trägheit ist das „Handeln für den, der handelt", von ASSMANN „aktive Solidarität" genannt (S. 60). Der Bauer drückt das folgendermaßen aus:

„Verhülle nicht dein Gesicht vor dem, den du kennst,
mache dich nicht blind vor dem, den du erblickt hast,
weise nicht ab den, der sich bittend an dich wendet!
Komme herab aus dieser Trägheit (*wsf*),
damit dein Spruch gemeldet werde!
Handle für den, der für dich handelt" (B2, 105-108).

In diesem Zusammenhang zitiert ASSMANN den Schlußsatz aus der Inschrift des Königs Neferhotep (13. Dynastie), den er geradezu als „Definition" von

Maat bezeichnen möchte: „Der Lohn eines Handelnden liegt darin, daß für ihn gehandelt wird. Das hält Gott für Maat" (S. 65).

Die zweite Untugend ist die Verstocktheit („Maat-Taubheit", ASSMANN S. 60). Einer, der nicht zuhört, so sagt der Bauer, hat keinen Freund. Wer also zuhört, hat einen Freund, und damit kommt nach ASSMANN die Sozialdimension ins Spiel. Hier bedeutet Maat „kommunikative Solidarität" (S. 69). Von der Rolle des Zuhörens war ausführlich in der *Lehre des Ptahhotep* die Rede. „Nicht zuhören" – und das heißt auch: „Nicht verstehen" – bedeutet Kommunikationsverlust und Gewalt, und was das bedeutet, ist dem zweiten Lied des *Lebensmüden* zu entnehmen (s.o.).

Der dritte Punkt betrifft die Habgier: die ägyptische Bezeichnung dafür ist ꜥwn-jb, also eine Kompositbildung mit *jb* „Herz". Hier führt ASSMANN als dritte positive Entsprechung die „intentionale Solidarität" ein (S. 85). In den drei Versen des Oasenmannes ist *ex negativo* die Quintessenz von *Maat* formuliert:

> „Die Forderungen der Maat [...] erweisen sich damit als Erziehung zum Miteinander, zur Gemeinsamkeit, zum Mitmenschen. Das schlimmste Übel ist die Sünde gegen die Gemeinschaft, die Selbstabschließung: durch Nichthandeln, Nichthören und Egoismus" (ASSMANN, S. 90).

Zur Abrundung der Bedeutung der *Maat* ein letztes Zitat:

> „Die Maat ist für die Ewigkeit,
> sie steigt mit dem, der sie ausübt, in die Nekropole hinab.
> Er wird bestattet und die Erde umschließt ihn,
> aber sein Name wird nicht ausgelöscht auf der Erde.
> Er wird erinnert wegen (seines) Gut-Seins,
> das ist die Richtschnur für das Wort Gottes" (B1 338-342).

Zum Abschluß ein kleines Kuriosum aus der Wissenschaftsgeschichte unter der Überschrift „Die Verwandlung einer literarischen Wertung":

📖 Alan H. GARDINER, The Eloquent Peasant, in: JEA 9, 1923, 5-25

nennt den *Sinuhe* „a great literary masterpiece" und fährt fort:

> „the same praise cannot be given to the Eloquent Peasant" (S 6-7).

Während er mit den erzählenden Teilen einverstanden ist, charakterisiert er die neun Klagen als „poverty-stricken", die Ideen als „clumsy and turgid", und die Metaphern von Boot und Waage würden mit „nauseous insistency" benutzt; die Wiederholung derselben Wörter in enger Nachbarschaft mit verschiedenen Bedeutungen zeige, „that the author was anything but a literary artist". Damit attestiert GARDINER übrigens gleichzeitig auch dem Königshof, der sich die Klagen vorlesen ließ, einen schlechten Geschmack.

PARKINSON (Literary Form, s.o.) kommt zu einem gegenteiligen Urteil:

„The text is complex, both in its use of style and the narrative's treatment of the peasant's oratory, and in its allusive, ironic structure" (S. 176).

Außerdem attestiert er dem Text „occasional flashes of dark humour" und bezeichnet den Oasenman als „often ironic". Zur Frage von Humor und Ironie im Mittleren Reich werden wir im Zusammenhang mit der *Lehre des Cheti* ausführlicher kommen.

6.10 Die Lebenslehren II
1. Die Lehre des Cheti, Sohnes des Duauf

Editionen:

📖 Hellmut BRUNNER, Die Lehre des Cheti, Sohnes des Duauf, Glückstadt 1944 (ÄF 13).

📖 Wolfgang HELCK, Die Lehre des *Dw3-ḫtjj*, Teil I und II, Wiesbaden 1970 (KÄT 3-4).

Übersetzungen:

📖 Miriam LICHTHEIM, Literature I, 184-192.

📖 Hellmut BRUNNER, Weisheit, 155-168.

📖 Richard B. PARKINSON, Tale of Sinuhe, 273-283.

Einzelbeiträge:

📖 Peter SEIBERT, Die Charakteristik. Untersuchungen zu einer altägyptischen Sprechsitte und ihren Ausprägungen in Folklore und Literatur (ÄA 17), Teil 1, Philologische Bearbeitung der Bezeugungen, Wiesbaden 1967, 99-192.

📖 Georges POSENER, L'auteur de la satire de métiers, in: Livre de Centenaire, Le Caire 1980 (MIFAO 104), 55-59.

📖 Richard B. PARKINSON, Poetry 273-277.

HELCKs Edition stützt sich bereits auf 4 Papyri, 2 Holztafeln und 98 Ostraka. Inzwischen sind allein durch die Arbeiten POSENERs an den literarischen Ostraka aus Deir el Medine mindestens 265 Ostraka bekannt, und ihre Zahl wird sich mit Sicherheit bei den Arbeiten am noch unerschlossenen Material weiter erhöhen.

Leider ändert das nichts am in vielen Teilen desolaten Zustand des Textes. Nur zwei sehr fragmentarische Quellen, pAmherst und Schreibtafel Louvre 693, stammen aus der 18. Dynastie. Aus der Zeit davor ist kein Beispiel erhalten. Das heißt, daß die ältesten Belege rund 400 Jahre nach der vermutlichen Urfassung in der 12. Dynastie entstanden. Dennoch weisen diese beiden Quellen noch einen sehr guten Textzustand auf. Das läßt sich leider vom überwiegenden Teil der weiteren Manuskripte nicht sagen, weder von den Papyri pSallier II, pAnastasi VII, pChester Beatty IX, noch von den meist aus Deir el Medine stammenden Ostraka. Bei allen diesen Texten handelt es sich um sog. Schülerhandschriften, also Übungstexte von Schreibschülern, und schon damals machten Schüler manchmal abenteuerliche Fehler. Dazu eine Bemerkung BRUNNERS, die er seiner Übersetzung des Textes in der „Altägyptischen Weisheit" voranstellt:

> „Alle Abschriften stammen von Schülern, die meisten von Anfängern (die Lehre gehörte offenbar zum Stoff der ‚Unterstufe'), und diese Kinder konnten die altertümliche, großenteils obsolete Sprache nicht verstehen, zumal sie nicht nur von damals unbekannten Verbalformen, sondern auch von nie gehörten Vokabeln wimmelte; die ägyptische Sprache hatte sich eben in den zurückliegenden 800 Jahren erheblich gewandelt. Auch die Lehrer haben den Text kaum mehr verstanden, waren sie doch keine Philologen, sondern Verwaltungsbeamte, die ihren Nachwuchs unterrichteten" (Brunner, S. 157).

Dem kann man im großen und ganzen zustimmen. BURKARD, Textkritische Untersuchungen S. 319 hat die Vermutung geäußert, daß es sich bei *diesen* Belegen um kalligraphische Übungen handelt, bei denen es nur auf die Schönheit des Schreibens ankam und die alten Texte dadurch – zumindest teilweise – mehr nebenbei erlernt wurden. Das ist vor allem aus zwei Indizien zu schließen: Zum einen sind die in den Papyri gelegentlich am Kolumnenrand zu findenden „Verbesserungen" ausschließlich kalligraphischer Art, d.h. es geht dort nur um die Zeichenform, nie um inhaltliche Fehler. Zum anderen fällt auf, daß bei diesem wie auch bei anderen Texten, etwa im *Amenemhet* und weiteren, zwar ein kompletter Text erhalten ist, der aber selbst in dieser Form einem ägyptischen Schreiber nur noch teilweise verständlich sein konnte: Immer wieder finden sich Wörter und auch ganze Passagen, die offensichtlich im Kontext völlig sinnlos sind.

Daneben hat es aber auch eine korrekte Weitertradierung der Texte gegeben, vermutlich in den Lebenshäusern. So hat sich beispielsweise unter den Berliner Papyri ein wenn auch recht kleines, aus Elephantine stammendes Fragment mit einem Bruchstück der *Lehre des Amenemhet* gefunden. Es ist gerade so groß, daß man noch erkennen kann, daß die Handschrift einen guten, d.h. nicht korrupten Text enthalten haben muß. Besonderes Interesse verdient das Fragment wegen seiner Datierung, die eindeutig in die 26. - 30. Dynastie verweist: Die *Lehre des Amenemhet* ist also noch 1500 Jahre nach ihrer Entstehung tradiert worden (BURKARD, Textkritische Untersuchungen, S. 7-8 und Anhang).

Der Verfasser der Lehre wird mit dem Cheti des schon mehrfach zitierten pChester Beatty IV gleichgesetzt. Die gelegentlich benutzte Form Dua-Cheti geht auf ein Mißverständnis der typischen Filiation des Mittleren Reichs nach dem Muster „Duaufs Sohn Cheti" zurück, wobei die gelegentliche Auslassung des Wortes $s3$ „Sohn" zu diesem Mißverständnis geführt hat.

Nun zum Text selbst. Er ist der erste Vertreter einer Gattung, die man gelegentlich unter dem Begriff „Berufssatiren" zusammenfaßt, vgl.

📖 Waltraud GUGLIELMI, Berufssatiren in der Tradition des Cheti, in: Manfred BIETAK/Johanna HOLAUBECK/Hans MUKAROVSKI/Helmut SATZINGER (Hrsgg.), Zwischen den beiden Ewigkeiten (FS Thausing), Wien 1994, 44-72,

und die vor allem in den Late Egyptian Miscellanies (LEM) des Neuen Reichs zahlreiche Nachahmung gefunden hat. Mit dem gleichen Recht kann man den *Cheti* aber auch unter die ebenfalls aus den LEM bekannten „Werde Schreiber"-Texte rechnen, weil er den Schüler auf den Schreiberberuf vorbereiten soll. Diese Vorbereitung auf eine Tätigkeit als Verwaltungsbeamter, wie man heute sagen würde, ist ganz sicher auch der Grund für die Entstehung dieses Textes. Denn wenn auch die Erste Zwischenzeit nicht die Epoche der Wirren, der Kriege und der Gewalt war, so war doch im neu errichteten thebanischen Zentralstaat der Aufbau einer neuen Beamtenschaft erforderlich. Der Text soll also nichts anderes sein als eine Werbung für den Schreiberberuf.

Diesem Ziel nähert er sich von zwei Seiten: Mit einer Aufwertung des Schreiberberufes durch entsprechende Belehrungen und mit einer Abwertung der anderen Berufe durch entsprechende Beschreibungen.

Der Text beginnt wie alle Lehren mit $h3.tj$-^{c} m $sb3j.t$ und nennt dann den Namen des Vaters, eben Cheti, als dessen Herkunft s n $t3r.t$ genannt wird. Das wird im allgemeinen als „Mann aus Sile" (= aus der Grenzstadt Sile im Ostdelta) verstanden. Jüngst hat

📖 Hans-Werner FISCHER-ELFERT, Die Lehre eines Mannes für seinen Sohn. Eine Etappe auf dem „Gottesweg" des loyalen und solidarischen Beamten des Mittleren Reichs, Wiesbaden 1999 (ÄA 60), 370-371 mit Anm. 8 und 424

ausgehend von der Bedeutung „Kajüte", „Kabine" in dem s n $t3r.t$ den „Mann des Internats" verstehen wollen. Dem hat QUACK in seiner Rezension (BiOr 57, 2000, 537) mit guten Gründen widersprochen.

Dieser *s n ṯ3r.t* bringt seinen Sohn Pepi „nach Süden, zur Residenz, um ihn in die Schreiberschule zu geben" (Ic-d nach HELCK). Die Ausbildung erfordert die Trennung von Familie und Heimat, und das wird auch drastisch formuliert:
> „Ich werde dich die Schriften mehr lieben lassen als deine Mutter,
> ich werde ihre (= der Schriften) Vollkommenheit in dein Bewußtsein
> treten lassen" (IIIc).

Das Ziel des Ganzen wird im ersten Lehrspruch beschrieben:
> „Ich habe den Geprügelten gesehen,
> richte du dein Herz auf die Schriften!
> Schaue auf den, der als Arbeiter weggeholt wurde:
> siehe, nichts geht über die Schriften" (IIa-c)!

Nach einer verderbten Halbzeile folgt dann die Aufforderung:
> „Lies doch am Ende der Kemit,
> du wirst folgenden Ausspruch darin finden:
> ein Schreiber auf irgendeinem Posten der Residenz,
> er kann dort nicht elend sein" (IId-e)!

Diese Passage ist auch deswegen von Interesse, weil mit der *Kemit* ein Schulbuch zitiert wird, das eine Art Anfängerfibel im Schulunterricht war (s.u. Abschnitt 6.13). POSENER hat diesen ausschließlich auf Ostraka und dort nur in einzelnen Abschnitten erhaltenen Text vollständig zusammensetzen und das Zitat in der *Lehre des Cheti* bestätigen können.

Es folgen, beginnend mit Abschnitt IV, insgesamt 18 Abschnitte mit negativen Charakteristiken anderer Berufe, damit so der erstrebte Beruf des Schreibers in umso hellerem Licht erscheinen kann. Diese Charakteristiken sind der Grund, warum dieser Text auch als „Satire des métiers" zitiert wird, die einzelnen Abschnitte als „Berufssatiren" und dem Ganzen ein witziger oder ironischer Unterton zugeschrieben wird. Einige Beispiele sollen das belegen:
> „Ich habe den Kupferschmied bei seiner Arbeit gesehen,
> an der Öffnung seines Schmelzofens:
> Seine Finger sind wie Krokodile,
> er stinkt mehr als Fischkot" (IVb-c).

> „Der Töpfer ist unter der Erde,
> obwohl seine Lebenszeit noch unter den Lebenden ist.
> Er wühlt sich in den Sumpf mehr als Schweine,
> um seine Töpfe zu brennen.
> Sein Kleid ist steif von Lehm,
> sein Gürtel ist ein Stoffetzen.
> Es tritt Luft in seine Nase,
> die geradewegs(?) aus seinem Ofen kommt" (IXa-e).

„Ich nenne dir auch den Maurer,
seine Niere ist krank;
denn er ist draußen im Wind,
er mauert ohne Gewand.
[...]
Seine Arme sind zuschanden durch --?--
knetend allerlei Kot.
Er ißt mit seinen Fingern,
obwohl er sich nur einmal waschen kann" (Xa-e).

„Der Köhler(?), seine Finger sind faulig,
sein Geruch ist wie der von Leichen.
Seine Augen sind entzündet wegen der Menge des Rauches,
nicht kann er seinen Schmutz(?) loswerden(?).
Er verbringt den Tag mit Schneiden von Schilf(?),
seine Bekleidung ist ein Ekel für ihn" (XVIIa-c).

„Dem Schuster geht es sehr schlecht
unter seinen Bottichen mit Olivenöl(?).
Sein Magazin ist wohlversorgt mit Leichen,
was er beißt, ist Leder" (XVIIIa-b).

Weiter werden u.a. genannt: der Juwelier, der Pfeilmacher, der Bote, der Bauer, der Gärtner, der Barbier, der Wäscher, der Weber, der Fischer. Alle werden in vergleichbarer Weise besprochen, wobei sich unserem Verständnis noch viel entzieht, weil der Text an vielen Stellen verderbt ist. Am Ende dieses Teils der Lehre, in Abschnitt XXI, faßt der Vater kurz und prägnant zusammen:

„Siehe, nicht gibt es einen Beruf ohne Chef,
ausgenommen der Schreiber: er *ist* der Chef" (XXIh-i)!

Damit endet der erste und ausführlichere Teil der Lehre. Der zweite gibt dann in der Tradition konventioneller Lehren verschiedene Ratschläge für richtige Verhaltensweisen in der angestrebten Tätigkeit. So finden sich Anweisungen für das Verhalten bei Tisch, beim Übermitteln einer Botschaft, in Gegenwart von Vorgesetzten, gegenüber der Mutter – die man nicht belügen soll – und weiteres, wie wir es in anderen Lehren auch schon gefunden und gehört haben. Der 30. und letzte Abschnitt wird dann nochmals unser besonderes Interesse finden; doch bleiben wir zunächst noch bei den Berufscharakteristiken, die der Anlaß für eine bis heute andauernde Kontroverse sind: Sind sie witzig, ironisch, satirisch gemeint, und wenn ja, in welchem Maße?

BRUNNER hatte in seiner Edition (s.o.) auch den Stil des Textes untersucht und dort „witzige Anspielungen", „witzige Zweideutigkeiten" und „Ironie" gefunden. Der gleichen Meinung ist SEIBERT, der sich ausführlich mit diesen Charakteristiken auseinandergesetzt hat. Gegen diese Einschätzung spricht sich überraschend vehement HELCK aus:

> „Mir scheint, daß die Versuche, doppeldeutige Sätze, Witz und Ironie in unserem Text zu erkennen, nur auf den zerstörten Textbestand zurückzuführen sind, d.h. wir haben im Bestreben, dem Text überhaupt einen Sinn abzugewinnen, ihm mehr untergelegt, als was er in intaktem Zustand sagen wollte. Wenn uns die eine oder andere Wortwahl ‚witzig' erscheint, so beruht das sicher nur auf unserem Unverständnis der oft barocken Sprache jener Epoche."

Und dann folgt die apodiktische Feststellung:

> „Ich möchte überhaupt leugnen, daß es zu Beginn der 12. Dynastie ‚Witz' und ‚Satire' als Literaturgattung gegeben hat" (S. 161).

Er begründet das u.a. mit seiner an anderer Stelle geäußerten Meinung, alles Geschriebene müsse einen tieferen Sinn haben. Tatsächlich handele es sich um eine Propagandaschrift im Auftrag des Königs,

> „um abseitsstehende Beamtengruppen, die noch der gestürzten Dynastie anhingen, an das neue Königshaus heranzuführen" (S. 161).

Er verweist auf die Bedeutung von Wortspielen, die in Ritualen und Verklärungstexten eine magische Wirkung haben sollen und fährt fort:

> „Es ist undenkbar, daß damals Wortspiele etwas zum Lachen gewesen sind" (S. 161).

Der Witz lebe doch gerade vom Durchbrechen von Tabus, und das erscheint ihm in dieser Zeit unmöglich.

Die Einschätzung des Textes als „witzig", „ironisch", „satirisch" o.ä. hängt nicht nur vom jeweiligen Bearbeiter ab, sondern in erster Linie davon, was die Ägypter unter diesen Begriffen verstanden. Darüber wissen wir trotz entsprechender Lemmata im Lexikon der Ägyptologie („Parodie", „Satire", „Spott") nichts.

Im Zusammenhang mit der *Lehre des Cheti* und den erwähnten späteren Berufssatiren bemerkt GUGLIELMI (s.o.) zur Satire:

> „Ein wichtiges Merkmal der Satire ist ihre Bindung an menschliches Fehlverhalten, an eine Wirklichkeit also, für die es einen Verantwortlichen gibt und die zu ändern, wenigstens theoretisch, nicht über menschliches Vermögen geht. Diese enge Bindung an menschliches Fehlverhalten erlaubt es m.E. nicht, die ägyptische ‚Berufssatire' trotz ihres satirisch-spottenden Tones zur satirischen Literatur im engeren Sinn zu rechnen" (S. 70).

Wir stimmen dem insofern zu, als wir diesen Text ebenfalls nicht als satirisch betrachten. Die Charakteristiken sind weder witzig noch ironisch. Sie sind vielleicht, wenn man einen modernen Begriff anwenden will, in gewisser Hinsicht zynisch; in jedem Fall spricht aus ihnen die Arroganz der privilegierten Schicht gegenüber diesen underdogs, *tm.w ḫpr*: Sie sind eben nichts (*Amenemhet* IIa). FISCHER-ELFERT scheint, wie einer Bemerkung in seiner Edition der *Lehre eines Mannes für seinen Sohn* zu entnehmen ist, der gleichen oder einer ähnlichen Ansicht zu sein, wenn er im Zusammenhang mit den Berufscharakteristiken vom „Standesdünkel" der Schreiber-Beamten spricht (S. 391).

Wenden wir uns nun noch dem letzten Abschnitt dieses Textes zu:
„Siehe, ich habe dich auf den Weg des Gottes (*w3.t nṯr*) gesetzt,
die *Renenet* eines Schreibers sitzt auf seiner Schulter
(schon) am Tag seiner Geburt.
[...]
Die *Meschenet*, die den Schreiber bestimmt hat,
setzt ihn an die Spitze der Ratsversammlung.
Ehre deinen Vater und deine Mutter,
die dich auf den Weg der Lebenden (*w3.t n.t ˁnḫ.w*) gesetzt haben"
(XXXa-f).
Zu diesem Textstück und seinem Verständnis vgl.

📖 Günter VITTMANN, Altägyptische Wegmetaphorik, Wien 1999 (Beiträge zur Ägyptologie 15), 31-32.

Der Vater hat also den Sohn „auf den Weg Gottes", beide Elternteile, die zu ehren er aufgefordert wird, haben ihn auf den Lebensweg gesetzt. Interessant ist dabei, daß der Vater offenbar nur die Vorbestimmung realisiert hat, denn im folgenden wird ja gesagt, daß Renenet den Schreiberberuf schon bei der Geburt bestimmt hat und daß später Meschenet für den beruflichen Aufstieg sorgen wird.

Diese beiden Göttinnen werden uns in der folgenden Lehre bei der Frage nach der Zusammengehörigkeit der *Lehre des Cheti*, der *Lehre eines Mannes* und der *Loyalistischen Lehre* wiederbegegnen.

2. Die Lehre eines Mannes für seinen Sohn
Editionen:

📖 Wolfgang HELCK, Die Lehre des Djedefhor und die Lehre eines Vaters an seinen Sohn, Wiesbaden 1984 (KÄT 9).

📖 Hans-Werner FISCHER-ELFERT, Die Lehre eines Mannes für seinen Sohn. Eine Etappe auf dem „Gottesweg" des loyalen und solidarischen Beamten des Mittleren Reichs, Textband und Tafelband, Wiesbaden 1999 (ÄA 60).

Übersetzung:

📖 Hellmut BRUNNER, Weisheit 185-192.

Einzelbeiträge:

📖 Gerhard FECHT, Schicksalsgöttinnen und König in der „Lehre eines Mannes für seinen Sohn", in: ZÄS 105, 1978, 14-42.

📖 Georges POSENER, L'enseignement d'un homme à son fils, in: Fragen an die altägyptische Literatur (GS Otto), Wiesbaden 1977, 308-316.

📖 Georges POSENER, L'enseignement d'un homme à son fils, in: Erik HORNUNG, Othmar KEEL (Hrsgg.), Studien zu altägyptischen Lebenslehren, Freiburg (Schweiz)/Göttingen 1979 (OBO 28), 308-316.

📖 Georges POSENER, Pour la reconstitution de l'enseignement d'un homme à son fils, in: RdE 36, 1985, 115-119.

📖 Georges POSENER, L'enseignement d'un homme à son fils, in: Jürgen OSING/Günter DREYER (Hrsgg.), Form und Mass (FS Fecht), Wiesbaden 1987 (ÄAT 12), 361-367.

Die *Lehre eines Mannes* ist in keiner einzigen Quelle komplett erhalten. Die Situation ist hier besonders schlecht, trotz der zahlreichen Papyri und vor allem Ostraka. Die Textfragmente konnten nur wie ein äußerst kompliziertes Puzzle zusammengesetzt werden. Entscheidend ist bei einem solchen Verfahren, ob und wieviele textliche Überschneidungen vorliegen. Ein Ostrakon umfaßt normalerweise nur eine begrenzte Menge Text. Die richtige Einordnung innerhalb des Textes ist i.d.R. nur dann möglich, wenn sich Quellen überlappen, d.h. wenn wenigstens die letzten Wörter eines Fragments als erste auf einem anderen erhalten sind. Da die Schreibschüler aber meistens einen bestimmten abgeschlossenen Passus als „Hausaufgabe" zu schreiben hatten, also einen Lehrspruch oder die Strophe eines Textes, sind solche Überlappungen leider eher selten. Sie finden sich vor allem dann, wenn ein Schreiber am Ende des von ihm kopierten Abschnitts auch noch die ersten Wörter oder Verse des folgenden Abschnitts aufschrieb. Auf diese Weise hatte beispielsweise POSENER die schon erwähnte *Kemit* komplett zusammensetzen können.

. HELCK konnte für seine Edition der *Lehre eines Mannes* 39 Quellen nutzen, die nur eine sehr fragmentarische und, wie sich inzwischen gezeigt hat, recht fehlerhafte Rekonstruktion zuließen. Warum das so war, wird daraus deutlich, daß FISCHER-ELFERT, der nach eigenen recht realistischen Berechnungen vermutet, mindestens 90% des Textes rekonstruiert zu haben, sich auf etwa 150 Belege, also auf beinahe das Vierfache, stützen konnte. Somit wird klar, daß wir uns bei den folgenden Betrachtungen so gut wie ausschließlich auf die Edition FISCHER-ELFERTS stützen werden.

Zunächst zum Inhalt. Auch diese Lehre ist, wie die des *Cheti*, zweigeteilt. Der auf einen einführenden und auf die beiden Teile vorausweisenden Prolog folgende erste Teil – § 2-8 der Neueinteilung FISCHER-ELFERTS – ist der Person und dem Wirken des Königs gewidmet. Der Beamte schuldet ihm unbedingten Gehorsam, er wird aufgefordert, den König zu preisen und „als Untertan" zu lieben. Ohne Überleitung folgt darauf der zweite Teil – § 9-24 –, den FISCHER-ELFERT mit „Die gesellschaftliche Rolle Maat-gemäßer Jurisdiktion und Kommunikation" beschreibend zusammengefaßt hat. Es steht aber, wie wir sehen werden, nicht einfach „die *Maat*" im Mittelpunkt, sondern, das wird aus der Formulierung „Jurisdiktion und Kommunikation" deutlich, das ḏd m3ꜥ.t, „die *Maat* sagen".

Doch zunächst einige Beispiele; die Übersetzung folgt der „integralen Übersetzung" FISCHER-ELFERTS (S. 432-439).

Aus dem Prolog:
„Lege dir ein gutes Renommee zu, ohne dabei zu übertreiben!
Ein Weiser leistet sich keine Nachlässigkeit.
Als korrekt gilt der Stille, der devot den Arm beugt.
Vernünftig ist, wer das Gesagte auch ausführt.
[...]
Wer zur Rede Zugang hat, ist einer, der das Gehörte erklärt.
Es gibt keinen (rhetorisch ungeschliffenen) Worfler, den man um Rat
fragen würde" (aus §1).
Erinnern wir uns an die gegenteilige Aussage in der 1. Maxime des *Ptahhotep*:
„Berate dich mit dem Unwissenden (ḫm) wie mit dem Wissenden
(rḫ)."
Im § 3 werden wieder, wie beim *Cheti*, Renenet und Meschenet eingeführt:
„Wird etwa die *Angelegenheit(/dasRessort) der Renenet übertreten(/verletzt)?
Wird denn die Lebenszeit auch nur um einen Tag verlängert,
oder andererseits: wird sie (vorzeitig) verkürzt?
Meschenet ist wie sie am Anfang; es gibt keinen, der an seinem
Schicksal vorbei könnte" (aus § 3).
Diese beiden Göttinnen begegnen nochmals in § 5:
„All dies vollzieht sich innerhalb der (zugemessenen) Lebenszeit,
ohne daß Renenet und Meschenet etwas dagegen unternehmen können,
außer daß sie die Nase mit Luft versorgen.

Du wirst über bedeutenden Besitz verfügen,
wenn du (erstmal) deine Lebenszeit im Rahmen der Vorsehung deines
Gottes verbringst" (aus § 5).

In § 6 folgt die Aufforderung, den König zu preisen und zu verehren; in § 7 dann die Nachricht, daß dem eine Grabausstattung garantiert wird, der das Königsnamentabu beachtet.

FECHT (s.o.) hat herausgearbeitet, daß Renenet und Meschenet in der *Lehre des Cheti* berufsdeterminierende Funktion hatten, während sich, wie auch FISCHER-ELFERT betont, in der *Lehre eines Mannes* ihre Zuständigkeit auf Geburt und Dauer der irdischen Existenz beschränkt. Die Gestaltung dieser irdischen Existenz unterliegt hier aber dem Wirken und der Gnade des Königs.

Beginnend mit § 9 folgt wie oben gesagt ohne Überleitung der zweite Teil, in dessen Mittelpunkt *md.t*, die „Rede" steht. Hier geht es um das Verhalten des Beamten gegenüber denen, die von ihm abhängen: die Familie und die Dienerschaft. Außerdem geht es um seine Rolle als Richter in Gerichtsverhandlungen. Das Leitmotiv für die Rede ist das schon erwähnte *dd mʒʕ.t* „die Maat sagen", mit den Worten des Lehrers:

ʒḫ mʒʕ.t n dd st „Vorteilhaft ist die Maat für den, der sie ausspricht" (§ 9 v. 10).

Wie dieses *dd mʒʕ.t* zu geschehen hat, sei anhand der folgenden Beispiele illustriert:

„Lüge nicht, nachdem du einen Rechtsfall schon produziert hast (???),
(denn) peinlich sind Zeugen beim Streit" (§ 9, v. 1-2).

„In der Ratsversammlung stützt man sich auf den Bedächtigen,
der Schwätzer wird zurückgehalten von .... (?)" (§ 12, v. 1-2).

„Wenn du zwei Parteien zu richten hast im Gerichtskollegium,
dann setz' dich hin mit deiner Hand an deinem Munde,
dann wird dir deine Rede nicht zum Nachteil gereichen" (§ 16, v. 5-7).

„Man erbittet einen Spruch vom Geduldigen(?),
der von weitreichender Zunge [ist es(?)] der die Familie zusammenkommen läßt;
keinen Anhang gibt es für den Schwätzer" (§ 21, v. 1-3).

Aus diesen Zitaten dürfte klar geworden sein, daß zum einen *Maat* als „Gerechtigkeit, Wahrheit" bei Gericht zu verstehen ist und daß man sie zum anderen als „Solidarität, Moral" mit Bezug auf die Familie bzw. den Hausverband verstehen kann. Übrigens hat FISCHER-ELFERT festgestellt, daß der Ausdruck „von weitreichender Zunge" bis jetzt nur in diesem Text belegt ist; er scheint aber doch im Verhältnis zum ʕšʒ-ḫrw, dem Schwätzer, positiv gemeint zu sein.

Zusammenfassend kann man also sagen, daß dieser zweite Teil des Textes als Abhandlung über die gesellschaftliche Relevanz einer der *Maat* entsprechenden Rede verstanden werden kann.

In der *Lehre des Cheti* wurde der Schüler auf den *w3.t-nṯr*, den „Gottesweg" gesetzt – übrigens performativ: mit einem *sḏm.n=f*. In der *Lehre eines Mannes* wird mit dem *sḫr-nṯr* eine Präzisierung dergestalt getroffen, daß nun die Rolle der Schicksalsgöttinnen eingeschränkt und stattdessen der schützende und strafende Aspekt des Königs (der hier mit „Gott" gemeint ist) herausgestrichen wird. Der König ist solidarisch mit seinen Beamten, diese sollen Solidarität mit ihren Untergebenen üben – wir kommen also ganz von selbst zu dem Begriff der „vertikalen Solidarität" (ASSMANN, Maat).

FISCHER-ELFERT arbeitet sehr klar heraus, daß sich die *Lehre eines Mannes* nicht an eine namentlich identifizierte und damit individuelle Einzelperson richtet, sondern an alle potentiell unter die Standesbezeichnung *s3 n s* fallenden *Staatsbeamten*: Der *s* „Mann" ist das Gegenteil eines *nḏs*, eines „Geringen"; er ist eine Standesperson. Und das gilt natürlich auch für den *s3 s*, den Sohn eines Mannes von Stand. In der ägyptischen Gesellschaft des Mittleren Reichs stehen sich der *s* und der *nḏs* sowie der *s3 s* und der *s3 ḥwrw*, der Sohn eines sozial tiefstehenden Mannes, gegenüber.

Ein Vertreter dieser Gruppe *s* richtet somit seine Lehre, wie sich das für eine ägyptische Lehre gehört, an seinen Schüler = Sohn. Die für ägyptische Lehren singuläre doppelte Anonymität sowohl bezüglich der Lehrperson wie des Schülers ist nach FISCHER-ELFERT auf die genannte Tatsache zurückzuführen, daß hier nicht ein bestimmter Schüler angesprochen wird, sondern eine anonyme, wenn auch wohldefinierte Gruppe von Personen, die zur Beamtenschaft gehören. Eine Individualität der Verfasserschaft und eine Anonymität der Rezipienten sind, so FISCHER-ELFERT, aber inkompatibel gewesen. Deshalb habe sich der Verfasser gezwungen gesehen, die Adressatenbezeichnung schlicht in ihre zwei Bestandteile zu zerlegen und durch die Umkehrung von *s3 n s* zu *s n s3=f* „die Sprechsituation ‚Vater-an-Sohn' zum Ausdruck zu bringen" (S. 316).

Ein Ausspruch des *Beredten Bauern* lautet: „Sage die Maat, tue die Maat" (B2, 84), das heißt, die Praxis der *Maat* besteht aus zwei Komponenten: *ḏd m3ˁ.t* „die Maat sagen" und *jrj m3ˁ.t* „die Maat tun". In der *Lehre eines Mannes* wird nur die erste dieser beiden Komponenten abgehandelt. Möglicherweise ist die zweite in der folgenden Lehre zu finden (so wenigstens nach FISCHER-ELFERT).

3. Die Loyalistische Lehre

Edition:

📖 Georges POSENER, L'enseignement loyaliste. Sagesse égyptienne du Moyen Empire, Genève 1976 (Hautes Études Orientales 5).

Übersetzungen:

📖 Hellmut BRUNNER, Weisheit 178-184.

📖 Richard B. PARKINSON, Tale of Sinuhe 235-245.

Einzelbeiträge:

📖 Georges POSENER, Littérature et politique dans l'Égypte de la XIIe dynastie, Paris 1956, 117-140.

📖 Antonio LOPRIENO, Loyalistic Instructions, in: AEL 403-414.

📖 Bernd U. SCHIPPER, Von der Lehre des ‚Sehetep-jb-Re' zur ‚Loyalistischen Lehre', in: ZÄS 125, 1998, 161-179.

📖 Hans-Werner FISCHER-ELFERT, Die Lehre eines Mannes für seinen Sohn. Eine Etappe auf dem „Gottesweg" des loyalen und solidarischen Beamten des Mittleren Reichs, Textband und Tafelband, Wiesbaden 1999 (ÄA 90).

📖 Richard B. PARKINSON, Poetry 266-272.

Die Geschichte der Entstehung dieses Textes ist nicht so klar wie angenommen: Bisher ging man davon aus, daß die früheste Bezeugung auf der Abydos-Stele eines Würdenträgers des Königs Amenemhet III. mit Namen Sehetep-ib-Re vorliegt, der seine Kinder zum Loyalismus gegenüber dem König auffordert. Dieser Text gab der Lehre den Namen *Loyalistische Lehre*.

Sprachliche Untersuchungen lieferten den Anhaltspunkt zur Datierung der Lehre in die Zeit Sesostris' I. Alle weiteren Zeugnisse, aus denen POSENER den gesamten Text rekonstruierte, sind später geschrieben worden: 1 Schreibtafel, 3 Papyri und 65 Ostraka. Man bezeichnet die Fassung der Stele und diejenige der anderen Quellen als Kurz- und Langfassung, wobei zu beachten ist, daß die Kurzfassung der Stele nicht nur lediglich den ersten Teil der Lehre enthält, sondern daß dieser erste Teil auf der Stele auch noch kürzer ist als der erste Teil der anderen Quellen.

Diese Annahme ist von SCHIPPER (s.o.) hinterfragt worde; er kommt zu einem völlig anderen Ergebnis:

> „Die Kurzfassung ist entgegen Poseners These kein Abrégé der Langfassung, sondern der Grundtext der LL, der dann in späterer Zeit sekundär erweitert wurde [...] Bei diesem Verfahren wurde jedoch nicht nur die genannte inhaltliche Akzentverschiebung vorgenommen, sondern auch die kunstvolle formale Struktur der ursprünglichen Lehre zerstört" (S. 171).

SCHIPPER kann in diesem Zusammenhang darauf verweisen, daß auch nach den metrischen Beobachtungen FECHTs die formale Struktur dieses ersten Teiles der Lehre in der Langfassung völlig uneinheitlich ist, während der zweite Teil eine klare Struktur aufweist. Da diese Diskussion aber noch nicht abgeschlossen ist, folgt unsere Besprechung des Textes der traditionellen Interpretation.

Der 1. Teil, bestehend aus den §§ 1-8, enthält Titel, Einleitung und eine Diskussion um Rolle und Eigenschaften des Königs; es geht wie schon in der *Lehre eines Mannes* um die Gefolgschaft und die vom König gewährte sichere Existenz des Beamten. Besonders zu erwähnen sind die göttlichen Qualitäten des Königs, die sich in der Wesensverwandtschaft mit Göttern – genannt werden Sia, Re, Chnum, Bastet, Sachmet – ausdrückt:

„(Wie) *Sia* ist er in den Herzen,
seine beiden Auge tasten jeden Leib ab.
(Wie) *Re* ist er, der durch seine Strahlen gesehen werden kann,
er erleuchtet die beiden Länder mehr als die Sonnenscheibe" (§ 2, 5-6; 9-10).

„(Wie) *Chnum* ist er eines jeden Leibes,
ein Erzeuger, der die *rḫj.t*-Leute entstehen läßt.
(Wie) *Bastet* ist er, der die beiden Länder schützt,
wer ihn verehrt, dem wird sein Arm Schutz sein.
(Wie) *Sachmet* ist er gegen den, der übertritt, was er angeordnet hat;
Der, den er vernachlässigt, verfällt dem Vagabundieren" (§ 5, 9-14).

Nach einem Übergang in § 8, in dem der Sprecher seine Kinder auffordert, ihm nachzueifern, um zum Erfolg zu gelangen, werden in den §§ 9 - 14 die sozialen Beziehungen zu Dienerschaft und Familie erörtert:

„Ein anderes Mittel (*kj sp*), euch beliebt zu machen,
überaus nützlich (*ȝḫ r-sj*) im Hinblick auf Eure Sklaven:
Versorgt die Menschen, haltet die *wn*[*wt*-Leute zusammen,
haltet fest an den Sklaven (?, *ḥm.w*), die <ich> erworben habe" (§ 9, 3-6).

FISCHER-ELFERT hat darauf aufmerksam gemacht, daß die beiden Wendungen „ein anderes Mittel" und „überaus nützlich" Termini der medizinischen Fachsprache sind; man kann also den folgenden Text als „Rezept zur richtigen Behandlung von Untergebenen" verstehen. Dieses Rezept scheint von zeitloser Aktualität:

„Es sind die (arbeitenden) Leute, die produzieren (*sḫpr*), was es gibt;
man lebt von dem, was auf ihren Armen ist,
fehlen sie, dann herrscht Armut.

Es ist die Arbeiterschaft (*j3w.t*), die den Lebensunterhalt produziert;
leer ist (s)ein Haushalt, dessen Fundament wackelt.
Ihre (sc. der Arbeiter) Stimme hält die Mauern aufrecht" (§ 9,7 -10,3).

Diese beiden Textauszüge zeigen eine bemerkenswerte Einsicht in die gegenseitige Abhängigkeit von Beamtenschaft und Arbeiterschaft; letztere – so wird gesagt – hält erstere durch ihrer Hände Arbeit am Leben. Demzufolge wird vor Unterdrückung und Ausbeutung gewarnt, da sonst diese Sozialordnung gefährdet ist:

„Drücke den Landarbeiter nicht durch Steuerlast nieder,
er wird dann (das Korn) aufhäufen, und Du findest ihn (auch noch) im nächsten Jahre vor.
Lebt er, gehören <Dir> seine Arme,
Plünderst Du ihn aus, verlegt er sich aufs Vagabundieren" (§ 11, 9-12).

Im folgenden Text weist der Sprecher darauf hin, daß diese Behandlung auch wichtig ist für die „Zeit nach dem Tod"; es geht um die Bedeutung des Totenkults. Nach der Aufforderung, dem ehrwürdigen Toten (*sˁh*) Opfer darzubringen, schließt der Text mit einem oft zitierten Sprichwort:

„[Nützlicher ist es für] den, der es tut, als für den, dem es getan wird
[*3ḫ n*] *jrr r jrrw n=f*
Der hilfreiche Tote beschützt den, der (noch) auf Erden ist" (§ 14, 11-12).

Als Fazit des zweiten Teils der Lehre ergibt sich:

Die Angehörigen der Beamtenschaft sind abhängig von denen, die den Lebensunterhalt produzieren, der Arbeiterschaft; daher müssen die Letzteren gut behandelt werden. FISCHER-ELFERT hat darauf hingewiesen, daß das *ḏd m3ˁ.t* in diesem Text so gut wie keine Rolle spielt; *md.t* „Rede" kommt praktisch nicht vor. Dafür steht das „Handeln" (*jrj*) im Mittelpunkt, wir hätten hier also den zweiten Bestandteil des vom *Bauern* zitierten Ausspruchs des Re vorliegen, das *jrj m3ˁ.t*.

Wie bei der Erörterung der *Lehre des Cheti* angekündigt, kommen wir auf die Frage der Zusammengehörigkeit der drei Lehren: *Cheti*, *Lehre eines Mannes* und *Loyalistische Lehre* zurück. Ausgehend von dem Buch von

📖 Victor TURNER, Das Ritual. Struktur und Anti-Struktur, Frankfurt 1989

betrachtet FISCHER-ELFERT die drei Lehren als drei Phasen eines sozialen Rituals:

- 1. Phase: *Separation* oder Trennung des Schülers, des künftigen Staatsbediensteten von Familie und Hausverband und *Initiation* in den „Gottesweg" = Dienst am König ⇒ *Lehre des Cheti*.

- 2. Phase: *Seklusion* oder Einschließung des Schülers in der Residenzschule, sozusagen unter den Augen des Königs. Jetzt findet die Indoktrination statt, die Unterweisung in „kommunikativer Solidarität" in Gestalt des „Maat-Sagens" ⇒ *Lehre eines Mannes*.
- 3. Phase: *Re-Integration* des ausgebildeten Schülers als Beamter in den Staat und die Gesellschaft durch Übernahme von Amt, Familie und Dienerschaft. Unterweisung in „aktiver Solidarität" in Gestalt des „Maat-Tuns" ⇒ *Loyalistische Lehre*.

Die Überlegung FISCHER-ELFERTS, daß wir hier einen Teil des ägyptischen „Lehrplans" des Mittleren Reichs, oder besser gesagt, einen bedeutenden Teil der für die Beamtenausbildung zugrundegelegten Texte, und das auch noch in ihrer ursprünglich so intendierten Reihenfolge fassen können, ist zweifellos faszinierend. Was uns zögern läßt, ist die vielleicht doch etwas apodiktische These, daß es diese drei und nur diese drei Texte gewesen sind und daß nur mit ihnen ein so logischer und überzeugender Aufbau der Ausbildung möglich gewesen sein kann. Denn aus dem oben zitierten Beitrag SCHIPPERs hat sich herausgestellt, daß man die inhaltlichen Bezüge nicht auf diese drei Texte untereinander beschränken kann, sondern daß es auch solche zwischen diesen Texten und z.B. dem *Nilhymnus* gibt. Erstere stehen danach für die Verbindung von Loyalismus und Beamten-Unterweisung und damit für eine pragmatisch-ethische Ausweitung des Loyalismus, der *Nilhymnus* dokumentiert dessen theologische Ausweitung. SCHIPPER sieht hier eine Theologisierung des Loyalismus eingeleitet, die später von Echnaton übernommen worden sei und in die Persönliche Frömmigkeit der Ramessidenzeit münde.

6.11 Die Erzählungen des pWestcar
Editionen:

📖 Adolf ERMAN, Die Märchen des Papyrus Westcar I, Einleitung und Commentar, Staatliche Museen zu Berlin, Berlin 1890 (Mitteilungen aus den orientalischen Sammlungen, Heft V).

📖 Aylward M. BLACKMAN, The Story of King Kheops and the Magicians, ed. W. V. Davies, Reading 1988.

Übersetzungen:

📖 Miriam LICHTHEIM, Literature I, 215-222.

📖 Didier DEVAUCHELLE, Le Papyrus Westcar, in: Supplément au Cahier Evangile 89: Prophéties et oracles II. En Égypte et en Grèce, Paris 1994, 14-18.
📖 Richard B. PARKINSON, Tale of Sinuhe 102-127.

Einzeluntersuchungen:

📖 Adolf ERMAN, Die Sprache des Papyrus Westcar, Göttingen 1889 (AWGG 36).
📖 Wilhelm SPIEGELBERG, Die Novelle im Alten Ägypten. Ein litterarhistorischer Essay, Straßburg 1898, 22.
📖 Burkhard KROEBER, Die Neuägyptizismen vor der Amarnazeit, Tübingen 1970.
📖 Claudio BAROCAS, Les contes du Papyrus Westcar, in: SAK/Beiheft 3, 1988, 121-129.
📖 Hanna JENNI, Der Papyrus Westcar, in: SAK 25, 1998, 113-141.
📖 Harold M. HAYS, The Historicity of Papyrus Westcar, in: ZÄS 129, 2002, 20-30.
📖 Richard B. PARKINSON, Poetry 182-192 passim.

Zunächst einiges zur Handschrift und zum Text:

Der Papyrus stammt nach einhelliger Ansicht der Fachleute aus der 17. Dynastie. Der Text selbst wird teilweise dem MR, besonders der 12. Dynastie zugerechnet, doch verstärkt sich seit einiger Zeit die Zahl derer, die eine spätere Entstehungszeit annehmen, insbesondere die 17. Dynastie selbst. Wir vertreten einen Spätansatz, nicht zuletzt aufgrund der Tatsache, daß es sich hier eindeutig um eine Prosaerzählung handelt, Kunstprosa aber zeitlich nach der Versdichtung anzusetzen ist; s. den Exkurs zur Frage, wie ägyptische literarische Texte geformt waren. Einige zusätzliche Bemerkungen zur Datierung folgen nach der Inhaltsangabe.

Erhalten sind auf der Vorderseite neun, auf der Rückseite drei Kolumnen. Dort bricht der Text abrupt ab, Platz für weitere Beschriftung wäre noch gewesen. Die Abschrift ist also eindeutig unvollendet geblieben, der Text damit unvollständig. Vermutlich fehlen von der ersten erhaltenen Kolumne 11 Zeilen; mindestens eine weitere Kolumne fehlt völlig. Die Szenerie, die man sich vorstellen muß, ist in die 4. Dynastie gesetzt: Pharao Cheops läßt sich von seinen Söhnen Geschichten oder Märchen erzählen. Von der ersten Geschichte, die in der Zeit des Königs Djoser spielt, ist nur noch der Schluß erhalten; es folgt der Prinz Chephren mit einer Sex-and-crime-Story aus der Zeit des Königs Nebka, des ersten Königs der 3. Dynastie – hier liegt also offenbar eine Umkehrung der tatsächlichen Herrscherfolge vor –, der Erzählung nämlich vom Ehebruch der Frau eines obersten Vorlesepriesters namens *Wbꜣ-jnr* mit einem „Mann aus dem Volke", einem *nḏs*. Der Ehebruch kommt ans Licht, und mit Hilfe eines Wachs-Krokodils, aus dem *Wbꜣ-jnr* durch Zauberspruch ein lebendes machen kann, wird mit Zustimmung des Königs der Ehebrecher in die Tiefe gezogen; die untreue Ehefrau wird dem Feuer übergeben, ihre Asche verstreut.

Als nächster erzählt der Prinz Baufre (zur Person vgl. von BECKERATH, in: LÄ I, 600) die Geschichte von König Snofru, also dem Vater des Cheops; Snofru ist bekümmert (d.h. er langweilt sich), und wieder ist es der oberste Vorlesepriester, hier mit dem Namen *Ḏꜣḏꜣ-m-ꜥnḫ*, der ihm zu einer Ruderfahrt mit den schönsten Frauen seines Palastes rät; diese werden beschrieben: „... von schönem Körper und Brüsten, mit Zopffrisur, die noch nicht geboren haben"; anstelle von Kleidern tragen sie Perlennetze. Dabei fällt einer der rudernden Frauen ihr Schmuck ins Wasser. Traurig weigert sie sich, weiter zu rudern; auch das Versprechen des Königs, den Schmuck zu ersetzen, ändert nichts. Da ruft der König seinen Vorlesepriester *Ḏꜣḏꜣ-m-ꜥnḫ* herbei; der klappt das Wasser auf, d.h. er legt eine Wasserhälfte auf die andere und findet den Schmuck wieder.

Nach diesen beiden Erzählungen befiehlt der so unterhaltene Cheops jedesmal für seinen königlichen Ahnen und den ihm assistisierenden Vorlesepriester eine angemessene Opferspende. Die letzte Geschichte wird vom Prinzen Djedefhor erzählt, unter dessen Namen bekanntlich auch Reste einer Lebenslehre (s.o.) erhalten sind. Der Held dieser Geschichte weilt noch unter den Lebenden; es ist jener allbekannte, durch sämtliche mittelägyptischen Grammatiken verewigte Bürger (*nḏs*) *Ḏdj*, der 110 Jahre alt ist und (täglich!) 500 Brote, einen Ochsenschenkel sowie 100 Krüge Bier zu sich nimmt. Dieser erstaunliche Mann ist in der Lage, einen Löwen zahm zu machen, einen abgeschnittenen Kopf wieder anzusetzen; vor allem kennt er die Zahl der Kammern (oder Schreine) eines nicht näher bezeichneten Heiligtums des Gottes Thot. An letzterem Sachverhalt war Majestät Cheops besonders interessiert, da er selbst schon lange nach diesen Kammern suchte. *Ḏdj* wird umgehend aus seinem Heimatort hergebracht und bestätigt an einer Gans und einem Rind seine Fähigkeit, Köpfe wieder anzusetzen. Zuvor hatte er den Wunsch des Königs, dies an einem Menschen vorzuführen, mit dem Hinweis abgelehnt, Menschen seien doch die Herde Gottes. Auf die Frage des Cheops nach den Kammern (oder Schreinen) des Thot antwortet *Ḏdj*, daß ihm nur deren Verzeichnis bekannt sei. Dieses werde dem König der älteste von drei Söhnen bringen, die die Frau eines Re-Priesters mit Namen *Rwḏ-ḏd.t* gebären werde und die für das künftige Königsamt bestimmt seien. Diese Ankündigung übt auf Cheops vielleicht eine Art vorweggenommenen Herodes-Effekts aus; jedenfalls möchte er die Kinder sehen. An diese Erzählung knüpft übergangslos die Schilderung der Geburt der drei zukünftigen Königskinder an; es handelt sich um die ersten drei Könige der 5. Dynastie: Userkaf, Sahure und Kakai (letzterer ist uns besser unter dem Namen Neferirkare bekannt).

Max PIEPER hat in seiner schon zitierten Untersuchung „Die ägyptische Literatur" auf S. 60 auf die stilistischen Gemeinsamkeiten zwischen dem pWestcar und den historisch-biographischen Inschriften der Zeit der späten 17. und frühen 18. Dynastie hingewiesen. Die Meinung, die schon SPIEGELBERG vertrat, daß sich im pWestcar gegenüber der nur hochsprachlich überlieferten Literatur ein veränderter Ton zeige, d.h. „in einer Novellensammlung, welche vielleicht während der Hyksoskämpfe entstanden ist", findet mittlerweile weitere Zustimmung. Zu diesem veränderten Ton gehöre etwa die Konstruktion, die die neuen Abschnitte der Geschichten einleitet: ʿḥʿ.n ḏd.n Prinz NN oder die Konstruktion Infinitiv+*pw*+*jrj.n=f*. Dabei handelt es sich um typische Prosa-Wendungen, d.h. um Wendungen, die für den raschen und zügigen Fortgang der Handlung charakteristisch sind. Auch BAROCAS kommt nach einer Analyse der Erzählungen zu dem Ergebnis, der Text gehöre an den Beginn des Neuen Reichs.

Für eine Datierung in die Zweite Zwischenzeit hat sich zuletzt Ludwig MORENZ (Schriftlichkeitskultur, S. 107) ausgesprochen. Nach seiner Meinung „handelt [es] sich hier nicht um eine einfache Sammlung verschiedener Erzählungen, sondern um einen wirklichen Zyklus". Das Ordnungsprinzip ist die Chronologie, wie die Königsnamen zeigen. Der eindeutige Höhepunkt ist die Gegenwart, die Geschichte von Djedefhor und Djedi.

Es folgen einige Textbeispiele. Die erste Geschichte ist zu fragmentarisch; wir wenden uns daher gleich der unter Nebka spielenden Episode zu, die vom Ehebruch der Frau des Vorlesepriesters *Wbȝ-jnr* und ihrer Bestrafung handelt:

„Nachdem einige Tage darüber vergangen waren, da war ein Pavillon
im Garten des *Wbȝ-jnr*.
Da sagte der Bürger zur Frau des *Wbȝ-jnr*:
‚Es gibt da doch einen Pavillon im Garten des *Wbȝ-jnr*?
Siehe, laß uns eine Zeit darin verbringen.'
Da sandte die Frau des *Wbȝ-jnr* zu dem Hausverwalter, der sich um
den Garten kümmerte:
‚Sorge dafür, daß der Pavillon vorbereitet wird, der im Garten [...].'

Sie verbrachte den Tag dort beim Trinken zusammen mit dem Bürger" (2.3 - 2.10).

Der Ehemann wird durch den treuen Hausverwalter informiert und trifft seine magischen Gegenmaßnahmen in Form eines Krokodils aus Wachs von sieben Fingerbreit Länge, das er seinem Hausverwalter mit den Worten übergibt:

„'Wenn der Bürger zum See hinabsteigt, wie es seine Art an jedem Tag ist,
dann wirf das Krokodil [...] nach ihm.'
Da eilte der Hausverwalter und nahm das Krokodil aus Wachs mit sich.
Da sandte die Frau des *Wb3-jnr* zu dem Hausverwalter, der sich um den Garten kümmerte, mit den Worten:
‚Richte den Pavillon her, der im Garten ist.
Denn siehe, ich bin gekommen, um in ihm zu sitzen.'
Da wurde der Pavillon hergerichtet mit allen guten Dingen.
Da eilte sie und <verbrachte> einen schönen Tag zusammen mit dem Bürger.
Als nun der Abend gekommen war, da kam der Bürger (herab),
wie es seine Gewohnheit war jeden Tag.
Da warf der Hausverwalter das Krokodil aus Wachs hinter ihm ins Wasser.
Da wurde es zu einem Krokodil von sieben Ellen Länge.
Da ergriff es den Bürger" (3.2 - 3.14).

Der von *Wb3-jnr* informierte König wohnt der Bestrafung der Übeltäter persönlich bei. Der Mann wird vom Krokodil gefressen, die Frau zunächst ins Feuer und anschließend ins Wasser geworfen. Beide werden damit eines Grabes und der jenseitigen Existenz beraubt.

Aus der zweiten Episode, „Snofru und die Ruderinnen":

„Da sagte der oberste Vorlesepriester *D3d3-m-ˁnh* seine Zaubersprüche.
Da gab er die eine Hälfte des Wassers des Sees auf ihre andere.
Er fand das fischförmige Amulett, indem es auf einer Scherbe lag.
Da holte er es und gab es seiner Besitzerin.
Was nun das Wasser anging, das 12 Ellen in seiner Mitte tief war,
es erreichte 24 Ellen, nachdem es ‚umgewendet' war.
Da sagte er seine Zaubersprüche.
Da brachte er die Wasser des Sees in ihre (ursprüngliche) Position.
Da verbrachte seine Majestät den Tag mit einem ‚schönen Tag' zusammen mit dem ganzen Palast" (6.8 - 6.14).

Dann tritt Djedefhor vor Cheops und berichtet von Djedj und seinen ungeahnten Fähigkeiten. Auf das Ansinnen des Cheops, der einem Gefangenen den

Kopf abschlagen und diesen von Djedj wieder ansetzen lassen will, antwortet Djedj mit den unsterblichen Worten:

> „Nein, nicht einen Menschen, Herrscher, l.h.g., mein Herr!
> Siehe, es ist nicht erlaubt, solches anzutun dem ‚erhabenen Kleinvieh'"
> (8.16 - 8.17).

Stattdessen demonstriert er seine Fähigkeiten an verschiedenen Tieren. Dann aber kommt die Hauptsache: Cheops will die Zahl der Kammern des Thotheiligtumes wissen und wird doppelt enttäuscht. Nicht nur, daß er sie nicht erfährt, sondern es wird ihm auch noch das Ende seiner Dynastie vorausgesagt, wenn auch erst nach drei Generationen:

> „Da sagte Djedj:
> ‚Sei gepriesen, nicht kenne ich ihre Zahl, Herrscher, l.h.g., mein Herr!
> Ich kenne aber den Ort, an dem sie ist.'
> Da sagte seine Majestät:
> ‚Wo ist sie?'
> Da sagte dieser Djedj:
> ‚Es ist eine Kiste dort aus Flint, im Raum, dessen Name *sjp.tj* ist, in Heliopolis.
> Siehe, sie (die Zahl) ist in der Kiste.'
> Da sagte Djedj:
> ‚Herrscher, l.h.g., mein Herr! Siehe, nicht ich bin es, der sie dir bringt.'
> Da sagte seine Majestät:
> ‚Wer ist es, der sie mir bringen wird?'
> Da sagte Djedj:
> ‚Es ist das älteste der drei Kinder, die im Leib der *Rwḏ-ḏd.t* sind, der sie dir bringen wird.'
> Da sagte seine Majestät:
> ‚Ich will sie (haben)!
> (Aber) was (das betrifft, das) du sagst: Wer ist sie, diese *Rwḏ-ḏd.t*?'
> Da sagte Djedj:
> ‚Sie ist die Frau eines Priesters des Re, des Herrn von Sachebu, die mit drei Kindern des Re, des Herrn von Sachebu, schwanger ist.
> Er (=Re) hat zu ihr gesagt:
> ‚Sie werden dieses wirkungsmächtige Amt in diesem ganzen Land ausüben.
> Der älteste von ihnen wird der ‚Große der Schauenden' in Heliopolis sein.'
> Da wurde seine Majestät sehr traurig darüber.
> Da sagte Djedj:
> ‚Was soll diese (traurige) Stimmung, Herrscher, l.h.g., mein Herr?
> Geschieht es wegen der drei Kinder?
> Ich sage hiermit:

Erst dein Sohn, dann sein Sohn, dann einer von ihnen'" (9.6 - 9.14).

Der Text geht dann unvermittelt dazu über, die Geburt dieser drei zukünftigen Könige zu schildern. Die von Re als Unterstützung gesandten Isis, Nephthys, Meschenet, Hekat und Chnum treten burlesk als Tänzerinnen mit ihrem Kofferträger Chnum auf und erfüllen ihren Auftrag, nachdem sie den als werdenden Vater – so glaubt zumindest er – begreiflicherweise nervösen Ehemann der *Rwḏ-ḏd.t* namens Ra-user, beruhigt hatten:

„Da zogen diese Götter aus, nachdem sie ihre Gestalten in (die von)
Musikantinnen verwandelt hatten, während Chnum bei ihnen war, indem er das Gepäck trug.
Da gelangten sie zum Haus des Ra-user.
Sie fanden ihn, indem er dastand mit umgekehrt (getragenem) Leinengewand" (10.1 - 10.2).

Die Geburt der königlichen Kinder wird mit immer den gleichen Worten beschrieben, ein Beispiel:

„Dann begab sich Isis vor sie, Nephthys hinter sie, und Heqet beschleunigte die Geburt.
Dann sagte Isis: ,Trete (*s3ḥ*) nicht in ihrem Leib in diesem deinem
Namen ,Treter des Re'
(*S3ḥw-Rˤ*).'
Da schlüpfte dieses Kind heraus auf ihre Arme als Kind von einer Elle,
stark waren seine Knochen, der Überzug seiner Glieder war <aus Gold>, sein Kopfschmuck war aus echtem Lapislazuli.
Da nun wuschen sie ihn, es wurde seine Nabelschnur abgeschnitten, und er wurde auf eine Liege aus Ziegeln gelegt.
Dann näherte sich ihm Meschenet.
Dann sagte sie:
,Ein König, der die Königsherrschaft in diesem ganzen Land ausüben wird.'
Dann gab Chnum Heil seinem Körper" (10.14 - 10.22).

Die Gottheiten hinterlassen zum Abschied Insignien der königlichen Macht, die sie in einem Getreidesack verstecken. Im weiteren Fortgang kommt es zu einem Streit zwischen *Rwḏ-ḏd.t* und ihrer Dienerin, die daraufhin zu Cheops gehen und ihm alles berichten will. Ihr Bruder aber verhindert das gewaltsam, indem er sie schlägt. Sie geht daraufhin ans Wasser, wo sie von einem Krokodil gefressen wird. Hier bricht der Text ab.

Der pWestcar ist in seiner Gesamtheit bisher weder hinlänglich interpretiert noch sprachanalytisch ausgeschöpft worden, und das kann auch in diesem

Rahmen nicht geleistet werden. Wir weisen daher nur auf einige Punkte hin, zu denen Literatur vorliegt.

In der ersten Geschichte stellt der Zauberer und Vorlesepriester *Wb3-jnr* ein Wachs-Krokodil her, das später lebendig wird und den Liebhaber seiner Frau in die Tiefe zieht; Gefressenwerden durch das Krokodil impliziert aber endgültigen Tod. Auf die Parallelität dieses Vorgangs mit jenen in der Unterwelt (Stichwort: die Fresserin) hat

📖 Christopher EYRE, Fate, Crocodiles, and the Judgement of the Dead. Some Mythological Allusions in Egyptian Literature, in: SAK 4, 1976, 103-114.

hingewiesen. Auch an anderen Stellen des Erzählzyklus schimmert immer wieder Religiöses durch, hier umgesetzt in die Sphäre der Unterhaltungsliteratur. So macht Ludwig MORENZ u.a. (Schriftlichkeitskultur, S. 108, Anm. 478) auf die Begrüßung des Königssohnes Djedefhor durch Djedj aufmerksam (7, 23 - 8, 1): „Spruchmächtig sei Dein Ka gegen Deinen Feind, es kenne Dein Ba die Wege zum Portal des ‚Kleiders des Müden' (= Totenreich)" – eine deutliche Anspielung auf das Jenseits.

Kommen wir nochmals zu der Ruderfahrt des schwermütigen Snofru mit den leichtbekleideten Ruderinnen. Dazu vgl.

📖 Jan ASSMANN, Der schöne Tag. Sinnlichkeit und Vergänglichkeit im altägyptischen Fest, in: Jan ASSMANN (Hrsg.), Stein und Zeit. Mensch und Gesellschaft im Alten Ägypten, München 1991, 200-234:

> „Wenn der melancholische König zur Gemütserheiterung seinem Harem einen Besuch abgestattet und sich mit den jungen Damen auf handgreiflichere Weise vergnügt hätte, dann hätte es sich um Alltag gehandelt. Der König zieht es aber vor, ein Fest zu veranstalten, d.h. eine ästhetische Inszenierung, um sich vom Anblick des Schönen heilen zu lassen. Als ästhetische Inszenierung steht die ganze Unternehmung einem Ballett oder einer Oper wesentlich näher als einem Striptease. König Snofru ist kein Voyeur ...". (S. 208)

Es geht ASSMANN in diesem Artikel um die Gegenüberstellung von „Alltag" einerseits und „Fest" andererseits; das Fest ist (S. 225) „eine Welt für sich mit einem eigenen Wahrheits- und Wertsystem, eben ein ‚Heterotop' ...".

Ein anderes Motiv dieser Geschichte hat

📖 Philippe DERCHAIN, Snéfrou et les rameuses, in: RdE 21, 1969, 19-25

herausgearbeitet. Er machte darauf aufmerksam, daß eine motivliche Nähe zu einem Hathorfest besteht: Die Ruderinnen sind mit Epitheta beschrieben wie Hathor; Snofru selbst spielt bei dieser Fahrt die Rolle des Re.

Im übrigen ist es tatsächlich so, daß das Fest - *hrw nfr* - eine „Art Leitmotiv" (MORENZ, Schriftlichkeitskultur, S. 109) im pWestcar darstellt, jeweils mit erotischer Konnotation: In der Geschichte vom Wachs-Krokodil macht sich die Frau des *Wbȝ-jnr* mit ihrem Liebhaber einen „schönen Tag", König Snofru tut dies durch seine Lustfahrt, und Ra-user, der Mann der *Rwḏ-ḏd.t,* verbringt mit seiner Frau einen „schönen Tag" nach deren Niederkunft und Reinigung.

In der Erzählung von Djedefhor und Djedj spielten u. a. die Kammern des Heiligtums des Thot eine Rolle, deren Zahl Cheops wissen möchte; Djedj kennt jedoch nur deren Verzeichnis. In einem knappen, aber lesenswerten Aufsatz hat sich

📖 Erik HORNUNG, Die „Kammern" des Thot-Heiligtumes, in: ZÄS 100 (GS Morenz, Teil 2) 1973, 33 - 35

mit deren Interpretation beschäftigt. Der Verweis auf die Sargtexte, insbesondere auf das „Zwei-Wege-Buch" erbringt dabei für *jp.wt* die Übersetzung „Schreine", in denen Götterbilder aufgenommen werden; sie spielen eine Rolle im „Gefilde des Thot", einem Ort, „der dem Sonnengott und seinem Gefolge […] Nahrung spendet" (S. 34). Wenn nach Auskunft des Djedj nur der künftige Hohepriester von Heliopolis diese Schreine für Cheops heranschaffen kann, ist das als Hinweis auf den geistigen Umbruch zu verstehen, der sich in der Mitte der 4. Dynastie anbahnt und mit Beginn der 5. Dynastie und dem Durchbruch des Sonnenglaubens vollzogen wird. Mit anderen Worten: Zu der Zeit, als der pWestcar geschrieben wird, also vermutlich in der Zweiten Zwischenzeit, weiß man noch von den Umwälzungen der frühen Zeit und spielt darauf in gekonnter, literarischer Weise an.

Der Figur des weisen Djedj hat Ludwig MORENZ in den „Beiträgen zur Schriftlichkeitskultur" ein ganzes Kapitel gewidmet. Er schreibt dort u.a.:

> „Djedj, ein Geschöpf des Autors der Wundererzählungen, entspricht dem, was die europäische Geistes- und Sozialgeschichte *homme de lettres* nennt. Gewiß stellt die Gestalt des residenzfernen, alten Weisen einen fiktional überhöhten Idealtyp dar. Dennoch spricht schon seine Existenz als literarische Figur dafür, daß es zumindest Ähnliches in Altägypten wirklich gab, mußte Djedj doch den Zeitgenossen als Typus verständlich und erkennbar sein können. Der Gestalt eignet wenn nicht faktische, so doch potentielle Wahrheit, insofern eine Existenz als *homme de lettres* im Ägypten des Mittleren Reiches bzw. der Zweiten Zwischenzeit zumindest vorstellbar war" (S. 121).

Eine solche Person war nach MORENZ ökonomisch und auch politisch unabhängig, selbst vom König. Das ist sehr geistvoll, aber inhaltlich doch sehr fraglich. Die Bezeichnung des Djedj als *nḏs* hat Detlef FRANKE zu einem überzeugenden und gleichzeitig köstlich zu lesenden Beitrag angeregt:

📖 Detlef FRANKE, Kleiner Mann (*nḏs*) - was bist du?, in: GM 167, 1998, 33 - 48.

Wir zitieren gerne einige Kernsätze, die die Problematik besonders deutlich aufzeigen und gleichzeitig vielleicht Appetit aufs Lesen machen. FRANKE beginnt seine Überlegungen, die neben dem genannten Beitrag MORENZ' von Beiträgen LOPRIENOs (*nḏs* als „free citizen") und ASSMANNs (*nḏs* als „amtlose Privatleute") angeregt wurden:

> „Seit kurzem erfreut sich ein scheues Wesen unerwarteter ägyptologischer Zuwendung: *nḏs*, der kleine Mann" (S. 33).

Sein Antithese lautet:

> „Die Elite des MR ist nicht in Konfrontation mit oder in Reaktion auf das Königtum entstanden, sondern gefördert durch die Könige von Herakleopolis, Theben und el-Lischt" (S. 38).

Er zieht das Fazit::

> „Über Freiheit und ökonomisch-juristische Unabhängigkeit eines Mannes, der sich selbst als *nedjes* bezeichnet, lassen die von den *nedjes* verfassten Texte keine Aussagen zu. Im Gegenteil: in Verbindung mit den Aussagen über die *nedjes* wird deutlich, daß es mit Freiheit und Unabhängigkeit der *nedjes* nicht weit her gewesen sein kann: sie waren schutzbedürftig" (S. 45).

Seine Schlußfolgerung lautet:

> „Der *nedjes* als ‚amtsunabhängiger Intellektueller' und Kulturträger des Mittleren Reiches ist als ägyptologische Phantomgestalt erledigt" (S. 46).

Soviel dazu. Wir haben diesen Beitrag ausführlich zitiert, weil wir ihm von Herzen zustimmen und gleichzeitig auf eine nach unserem Eindruck in der jüngeren Zeit verstärkte Tendenz zur „Geistreichelei" aufmerksam machen möchten: ein Phänomen, das vielleicht auch mit dem Druck zur Profilierung zusammenhängt, dem sich manch einer ausgesetzt sieht oder dies tatsächlich auch ist. Doch war Druck noch nie ein verläßlicher Wegweiser. Die solide Arbeitsweise und die darauf aufbauende blitzgescheite Analyse, wie sie FRANKE in diesem Beitrag demonstriert, haben nach wie vor ihre Berechtigung.

An diesem Text wäre noch einiges zu leisten: Es sei neben den vorhin genannten an Phänomene erinnert wie die offensichtlichen Parallelen etwa zwischen der Ehebruch-Geschichte auf der einen und der Königsgeburt auf der anderen Seite: Hier wie dort spielt ein (ahnungsloser) Vorlesepriester eine Rolle, hier wie dort eine Dienerin, hier wie dort wird eine verbrecherische Person – der Ehebrecher bzw. die Dienerin – durch ein Krokodil der endgültigen Vernichtung zugeführt. In beiden Fällen spielt auch ein Pavillon eine Rolle, im ersten Fall negativ als Ort der Versündigung, im zweiten positiv als Ort für ein Fest nach der Geburt; in beiden Fällen ist mit den gleichen Worten von der Vorbereitung dieses Pavillons die Rede. Oder an das Wasserwunder der Ruder-Episode und die Drohung mit einem vergleichbaren Phänomen durch Djedj gegenüber Cheops: Wenn dieser über den Fluß zu *Rwḏ-ḏd.t* wolle, werde er, Djedj, eine vier Ellen hohe Wasserwand errichten, diesmal als Hindernis.

In jüngerer Zeit hat Hanna JENNI in dem oben zitierten Beitrag den Nachweis zu führen versucht, daß es sich bei den Wundererzählungen des pWestcar um eine Propagandaschrift aus der Zeit Amenemhets I. und Sesostris' I. handelt, die daher möglicherweise aus dem Anfang des Mittleren Reichs stamme. Ihre Ausführungen liegen zwar im Rahmen einer in den letzten Jahren zu beobachtenden Tendenz, möglichst viele literarische Texte in die frühe 12. Dynastie zu datieren, doch liefert der pWestcar u.E. dafür keinerlei stichhaltige Beweise.

Ein letztes Wort zur Form. Der Text ist vollständig in Prosa abgefaßt und in dieser Form der erste Beleg, der aus Ägypten erhalten ist. Von den Besonderheiten dieser Literaturform wird weiter unten noch zu sprechen sein. Das Schriftbild der Beispiele, das sich bewußt nach dem Satzbau richtete, hat das zumindest optisch schon verdeutlichen sollen.

6.12 Die Geschichte von Neferkare und Sa-senet

Edition:

📖 Georges POSENER, Le conte de Néferkarè et du général Siséné (Recherches Littéraires VI), in: RdE 11, 1957, 119 - 137.

Übersetzungen:

📖 Richard B. PARKINSON, Voices from Ancient Egypt. An Anthology of Middle Kingdom Writings, London 1991, 54-56.

📖 Richard B. PARKINSON, Tale of Sinuhe 287-289.

📖 Frank KAMMERZELL, Von der Affäre um König Nafirku'ri'a und seinem General, in: Otto KAISER et al. (Hrsgg), Weisheitstexte, Mythen und Epen. Mythen und Epen III, Gütersloh 1995 (TUAT III), 965-969.

Einzelbeiträge:

📖 Anthony SPALINGER, Night into Day, in: ZÄS 119, 1992, 144-56.

📖 Jacobus VAN DIJK, The Nocturnal Wanderings of King Neferkare[c], in: Hommages à Jean Leclant, Le Caire 1994 (BdE 106/4), 387-393.

📖 Richard B. PARKINSON, ‚Homosexual' Desire and Middle Kingdom Literature, in: JEA 81, 1995, 57-76, darin 71-74.

📖 Ursula VERHOEVEN, Von hieratischen Literaturwerken in der Spätzeit, in: Jan ASSMANN/Elke BLUMENTHAL (Hrsgg.), Literatur und Politik im pharaonischen und ptolemäischen Ägypten, Le Caire 1999 (BdE 127), 255-265.

Von dieser Geschichte sind bisher drei Textzeugen bekannt, die jeweils nur Teile enthalten:

- eine Holztafel, jetzt im Oriental Institute Chicago (OIC 13 539), 18./19. Dynastie,
- ein O DeM (1214), 20. Dynastie,
- der pLouvre E 25351 = pChassinat I, der aus paläographischen Gründen in die 25. Dynastie gehört.

Nach U. VERHOEVEN (s.o.) „[scheint] die Entstehung der Erzählung jedenfalls mindestens ins Neue Reich zurückzureichen". Wir haben uns jedoch der Auffassung PARKINSONs (Teachings, S. 117) angeschlossen, daß Namen und Titel das Mittlere Reich suggerieren, aber die Möglichkeit einer späteren Entstehung (Zeitnähe zu pWestcar) nicht auszuschließen ist.

Die Geschichte erzählt von der homosexuellen Beziehung, die der König Neferkare Pepi II. (6. Dynastie) zu seinem General Sa-senet unterhält. Zu Beginn hören wir von einem anonymen „Kläger von Memphis" (*spr.w n Mn-nfr*), der versucht, eine Klage vorzubringen, wobei es fraglich bleibt, ob sich diese Klage auf das folgende Geschehen bezieht. Tatsache ist, daß er mit seinem Vorhaben scheitert, weil man ihn jedesmal mit Gesang und Musik übertönt. Im dritten Fragment, dem größten zusammenhängenden, erscheint eine neue Person: *Ttj*, Sohn des *Ḥnt* (in der typischen Filiation des Mittleren Reichs: *Ḥnt s3 Ttj*); er schleicht dem König nach und beobachtet, wie dieser in das Haus des Generals gelangt, dort bleibt und nach vier Stunden in den Palast zurückkehrt. Die entscheidende Passage lautet in unserer Übersetzung (in Anlehnung an PARKINSON, Voices, S. 56):

„Nachdem der König mit ihm (sc. dem General) getan hatte, was er wünschte, kehrte er zum Palast zurück, und *Ttj* ging ihm nach. Als der König sich in den Palast begeben hatte, ging *Ttj* in sein Haus (zurück). Nun hatte sich der König zum Haus des Generals *Sa-senet* begeben, als vier Stunden der Nacht vergangen waren; er hatte weitere vier Stunden im Hause des Generals verbracht, und er betrat den Palast, als es (noch) vier Stunden bis Tagesanbruch war. *Ḥnt*'s Sohn *Ttj* [ging] ihm (nun) jede Nacht [nach], ohne sich Vorwürfe zu machen, und wenn der König [den Palast] betreten hatte, [ging *Ttj* zu seinem Hause zurück .....]" (pChassinat I, x+9ff.).

Hier bricht – man möchte fast sagen: wie zu erwarten – der Text ab. POSENER hatte in der genannten Bearbeitung darauf aufmerksam gemacht, daß *Ttj* die Rolle eines Amateur-Detektivs spielt; diesen Gedanken greift KAMMERZELL dahingehend auf, „daß man durchaus von einer gewissen Nähe zur modernen Gattung der Detektivgeschichte sprechen kann", garniert mit einem Hinweis auf Ernst BLOCH, *Philosophische Ansicht des Detektivromans*. Was jedoch auch die begabteste Interpretation nicht eliminieren kann, ist der Gegenstand der Beobachtung des *Ttj*, nämlich die homosexuelle Handlung zwischen dem König und seinem General, und das hat in der Vergangenheit manche Ägyptologin und manchen Ägyptologen geschmerzt. Hier steht ägyptologische Verklemmtheit gegen altägyptische Unverklemmtheit; das möchten wir mit den folgenden Zitaten illustrieren.

Zunächst stellt man fest, daß diese Episode bei Hellmut BRUNNER, Grundzüge einer Geschichte der Altägyptischen Literatur, gar nicht erwähnt wird, vermutlich nach dem Grundsatz, daß „nicht sein kann, was nicht sein darf", und so lesen wir bei

📖 Emma BRUNNER-TRAUT, Die alten Ägypter. Verborgenes Leben unter Pharaonen, Stuttgart 1974, 79:

> „Es gibt nicht viele Äußerungen über den Eros, die nicht für jedermanns Ohr bestimmt waren. Zum Ruhm der Ägypter sei's gesagt, daß sie keusch gewesen sind wie kaum ein anderes Volk. Das hohe Maß an Zucht, das ihre gesamte Kultur auszeichnet, prägt auch die Form ihrer Liebesäußerungen. Nur wenige Aussagen sind zweideutig, noch weniger Dokumente obszön."

Und ähnlich verzerrend klingt es im Artikel „Liebe" in: LÄ III, 1035:

> „Die sinnliche Liebe haben die Ägypter zwischen den Pfeilen des Liebesgottes und den Krallen des Teufels mit gutem Gewissen natürlich und gesund angesiedelt. Weder führte sie, lebenswillig wie sie waren, die Liebe als ein Quell der Sünde vor den Altar der Jungfrau, noch hat das mit dem Sinn für Heiliges begabte Volk das Liebeswunder sexualisiert oder materialisiert ...".

Was den Ausgang unserer Erzählung betrifft, kommt Frau BRUNNER-TRAUT in

📖 Emma BRUNNER-TRAUT, Altägyptische Märchen, [8]München 1989, 179

zu folgendem Schluß:

„Mit diesem sicheren Beweis für die Unmoral der hohen Herren gelingt es den Untergebenen, d. h. schließlich dem Kläger von Memphis, sein Recht durchzusetzen und wieder zu Ehren zu gelangen."

In ihren Anmerkungen zu diesem Text lesen wir (S. 322):

„Allerdings ist der Ausgang der Geschichte unbekannt, und wir haben allen Grund anzunehmen, daß er moralisch war."

Dem stimmt auch PARKINSON (Voices, S. 54) zu:

„The tale may well have ended with the king abandoning his affair and being forced into a more decorous behaviour."

Bei WESTENDORF im Artikel „Homosexualität", in: LÄ II, 1273 heißt es:

„Während sich im Mythos der Makel des homosexuellen Verkehrs mit dem ‚Geschändeten' verband, scheint im Alltagsleben der ‚Schänder' als der eigentliche Übeltäter angesehen zu sein: Der heimliche Umgang mit seinem General Sisene wird dem König Neferkare offensichtlich als Beweis für Verderbtheit und Unmoral angelastet."

Wir können bei Durchsicht des entsprechenden Textstückes allerdings nicht eine einzige Wertung entdecken. Die einzig mögliche Erklärung für die eben zitierten Äußerungen stammt u. E. von Lothar STÖRK, Artikel „Erotik", in: LÄ II, 4-5:

„Christlich-bürgerliche Prüderie führte in der Ägyptologie zu einer weitgehenden Verdrängung bzw. negativen Besetzung erotischer Phänomene, die allenfalls im Bereich der Reproduktion toleriert werden. Sofern sie nicht auf Rechnung der Religion, die als eine von der Realität abgetrennte, mithin nicht auf diese zurückweisende Sphäre begriffen wird, gehen, sieht man in ihnen oft von außen […] herangetragene Zerfallserscheinungen oder aber Äußerungen einfacher Volksschichten."

Wenn es sich bei der besprochenen Geschichte tatsächlich um ein Zeugnis einfacher Volksschichten handeln sollte, kann man dem nur hinzufügen, daß daran offenbar auch ein Angehöriger der gebildeten Schicht Freude gehabt hat, sonst wäre die Niederschrift des Textes kaum zu erklären.

Die zeitliche Einteilung der Erzählung in dreimal vier Nachtstunden, die nicht mit der astronomischen Einteilung übereinstimmt, brachte SPALINGER (s.o.) zu der Feststellung, es handle sich zwar um eine literarische Komposition aus dem MR, sie spiegele aber eine volkstümliche Tradition wider, die bis zur Ersten Zwischenzeit oder sogar noch weiter zurückgehe. Die Einteilung in dreimal vier Stunden geschah seiner Meinung nach aus ästhetischen Gründen und nicht aufgrund irgendwelcher astronomischer Kriterien.

Nun hat ja in ägyptischen Texten so gut wie alles einen Sinn, und das gilt vor allem für Zahlen. Daher hat VAN DIJK eine andere Erklärung versucht. Seine Argumentation läuft darauf hinaus, daß in dieser Geschichte die Vereinigung von Re mit Osiris in den zentralen vier Nachtstunden parodiert wird; dabei spielt der König die Rolle des Re, Sa-senet jene des Osiris. Die Parallelen, die VAN DIJK aus den Unterweltsbüchern und anderen religiösen Texten beibringt, sind verblüffend und machen seine Interpretation der Geschichte als Parodie oder Satire des mythologischen Vorbildes glaubhaft; er kann dazu auch auf den „erotischen" pTurin 55001 verweisen, in dem ebenfalls Szenen aus dem Amduat und den mythologischen Papyri parodiert bzw. satirisch überhöht dargestellt werden.

VAN DIJK hat auch darauf hingewiesen, daß der Louvre-Papyrus, in dem diese Episode erhalten ist, aus der 25. Dynastie stammt, deren erster König, Schabaka, ebenfalls den Namen Neferkare trägt. Schabaka zeigte eine große Verehrung für das ägyptische Erbe, das er übernahm und könnte daher wohlüberlegt den Namen Neferkare in Erinnerung an Pepi II. übernommen haben, von dem uns Manetho im 3. Jh. v.Chr. berichtet, er habe 94 Jahre regiert. VAN DIJK schließt seinen Beitrag (unsere Übersetzung):

> „Was er (Schabaka) sicherlich nicht wußte, war die Tatsache, daß seine ägyptischen Untertanen eine Geschichte über diesen Neferkare wußten, die er weniger amüsant gefunden hätte als sie sie fanden."

6.13 Das Buch Kemit

Edition:

 Georges POSENER, Catalogue des ostraca hiératiques littéraires de Deir el Médineh II.1, Le Caire 1951 (DFIFAO 18), pl. 1-21.

Übersetzungen:

 Winfried BARTA, Das Schulbuch Kemit, in: ZÄS 105, 1978, 6-14.

 Edward F. WENTE, Letters from Ancient Egypt, Atlanta 1990, 15-16.

Einzelbeitrag:

 Richard B. PARKINSON, Poetry 322-325.

Die *Kemit*, wie sie in der Ägyptologie nach dem Vorbild ihrer Erwähnung in der Lehre des Cheti genannt wird, ist wohl gegen Ende der 11. oder zu Beginn der 12. Dynastie entstanden, weil sie dem Verfasser des Cheti schon bekannt war. Erhalten ist sie fast ausschließlich auf Ostraka aus Deir el Medine im Neuen Reich, wo sie als Schulbuch diente. Die Identifikation eines Ostrakons als zur *Kemit* gehörend ist nicht schwierig, da dieser Text durchweg in Kursivhieroglyphen und in senkrechter Kolumne kopiert wurde. Dennoch ist es eine außerordentlich beachtliche Leistung POSENERs, der ausschließlich aus diesen Ostraka, die ja immer nur Teile des Textes enthalten, den vollständigen Text der Kemit rekonstruieren konnte.

Der Text ist in Form eines Briefes gehalten, nennt aber bezeichnenderweise keine Namen von Absender oder Adressat, sondern beginnt mit den Worten:

„Der Diener spricht zu seinem Herrn,
von dem er wünscht, daß er lebe, heil und gesund sei" (*Kemit* I).

Mit gewissen Recht kann die *Kemit* als Schultext für Anfänger bezeichnet werden. Sie ist ein Kompendium von Wörtern und Sätzen, aber auch von Verhaltensregeln und moralischen Anweisungen, enthält sogar einen erzählenden Teil, kurz, sie bietet alles, was ein Schreiber im Alltag ständig benötigt: Formeln zur Einleitung eines Briefes mit der Anrede an Höhergestellte, Sätze, wie sie in den Grabbiographien der Beamten verwendet wurden, Beispiele, wie erzählende Texte auszusehen hatten, und das alles mit der notwendigen Moral garniert. Einige Beispiele vom Textbeginn:

„Der Diener spricht zu seinem Herrn, von dem er wünscht, daß er lebe, heil und gesund sei durch alle Ewigkeit hindurch, wie es der Diener da wünscht. Mögest du gerechtfertigt sein vor den Seelen von Heliopolis (*b3.w Jwnw*) und vor allen Göttern. Sie mögen dir geben, daß du lebst, sie mögen dir alles Gute an jedem Tag geben, wie es der Diener da wünscht! Dein Befinden ist das jemandes, der unzählige Male lebt. Möge Month, der Herr von Theben, an dir handeln, wie es der Diener da wünscht. Möge Ptah, Südlich Seiner Mauer, dein Herz erfreuen mit sehr vollkommenem Leben, einem vollkommenen Alter und einem Gelangen zur Ehrwürdigkeit ... (*Kemit* I-IV)."

Hier handelt es sich um ein Beispiel eines ausführlichen einleitenden Briefformulars, wie es ein Absender verwendet, der deutlich rangniedriger ist als der Adressat. Es folgt wie in einem tatsächlichen Brief der Übergang zur eigentlichen Thematik:

„Was diese Schreiben betrifft, die mir der Bote deiner verehrten Person (*ḥm=k*, hier sicher nicht der König) aufgetragen hat, so bin ich gerne bereit, zu tun, was dir gefällt, so daß du zufriedener sein wirst als die Herrin von Bubastis" (*Kemit* V-VI).

Danach beginnt der erzählende Teil, in dem die Rede von einem Schreiber namens *3wj* ist, der nach mehrjährigem Aufenthalt in der Residenzstadt in seine Heimatstadt zurückkehrt:

„Mein Herz ist froh, weil veranlaßt wurde, daß *3wj* zurückkommt. Nach drei Jahren habe ich ihn wiedergesehen. Er war gesalbt mit Myrrhe aus Punt, dem Duft des göttlichen Landes; er war bekleidet mit blauem Leinen. Der Leichtfertige hatte eine Haremsdame gesehen.

Die (aber) hatte zu ihm gesagt: ‚Geh, ꜣwj, und sieh nach deiner Frau.
Sie ist krank und weint um dich!'" (*Kemit* VI-VIII).

Das wird noch weiter ausgeführt, und am Ende folgt eine Reihe von Lehrsprüchen, die vor allem den Vorzügen des Schreiberberufes gewidmet sind:

„Ich bin ein Geliebter seines Vaters und ein Gelobter seiner Mutter, einer, den seine Brüder und Schwestern lieben. Niemals habe ich meinen Vater bekümmert(?), niemals meine Mutter verärgert. [...] Ich bin ruhig an Gesicht, einer, der die Leidenschaft bezwingt, einer der die Lippen beherrscht, frei von Geschrei [...] Ach, öffne deine Schriften und werde ein Sohn (=Schüler), der erzogen ist in den Schriften, die nützlich sind von Anfang an. (Auch) mein Vater hatte mich erzogen zu den Schriften, die (schon) für seine Vorfahren nützlich waren [...] Es ist der Diener(?), der bei der Mahlfrau bleiben muß, sei du ein Schüler, der erzogen ist in den Schriften. Ein Schreiber auf irgendeinem Posten der Residenz, er kann dort nicht elend sein" (*Kemit* XII-XVII).

Wie oben bemerkt, ist der Titel *Kemit*, also „die Vollendete", „das Vollständige", „das Kompendium" o.ä. nur in der *Lehre des Cheti* erhalten. Das Zitat lautet:

„Lies doch am Ende der Kemit,
du wirst folgenden Ausspruch darin finden:
ein Schreiber auf irgendeinem Posten der Residenz,
er kann dort nicht elend sein"(IId-e)!

6.14 Fragmentarische Texte

Wir kommen nun noch zu einigen Texten, die nur fragmentarisch erhalten sind und die deshalb in diesem Zusammenhang nur kürzer behandelt werden. Allerdings wollen wir wenigstens kurze Textausschnitte in Übersetzung präsentieren, zumal man mit diesen Texten während des Studiums normalerweise nicht in Berührung kommt. Eine Zusammenstellung von Kurzinformationen über sie findet man in der schon mehrfach erwähnten Zusammenstellung von PARKINSON: Teachings, Discourses and Tales from the Middle Kingdom, und jetzt auch Poetry S. 293-321. Sofern wir keinen anderen Titel kennen bzw. im deutschen Sprachraum kein anderer Titel gebräuchlicher ist, verwenden wir den PARKINSONschen bzw. die deutsche Übersetzung, mit einer Einschränkung: Wir übersetzen das Wort *md.t* im Titel mit „Rede" anstelle des vieldeutigen und überstrapazierten „Diskurs".

Diese Textfragmente repräsentieren die meisten literarischen „Gattungen", deren besser erhaltene Vertreter wir im Rahmen dieser Einführung kennengelernt haben.

1. Amherst Wisdom Text.
Edition:

📖 Percy E. NEWBERRY, The Amherst Papyri, London 1899, pl. 1 H-L.

Der Amherst Wisdom Text besteht lediglich aus fünf kleinen Fragmenten, die wohl in die zweite Hälfte der 12. Dynastie zu datieren sind. Er stammt vermutlich aus der „Berliner Bibliothek", einem zusammenhängenden Fund unsicherer Herkunft (Theben-West?), der so berühmte Texte wie den *Lebensmüden* oder zwei Versionen der *Bauerngeschichte* (B_1 und B_2) enthielt. Der Schriftduktus schließt die Zugehörigkeit der Fragmente zu einem dieser Texte sicher aus. Erhalten sind sehr geringe Reste von etwa neun Zeilen, von denen eine Zeile die Worte „ich werde dich belehren" (*sb3=j tw*) enthält. Nur aufgrund dieser Tatsache – und aufgrund des eindeutig literarischen Duktus – vermutet man in diesem Text den Rest einer Lehre. Eine Neupublikation der Amherst Papyri soll in einem Katalogband der Pierpont Morgan Library erfolgen, der zur Zeit (2002) noch nicht erschienen ist.

2. Oxford Wisdom Text
Edition:

📖 John W. B. BARNS, A New Wisdom Text from a Writing-board in Oxford, in: JEA 54, 1968, 71-76.

Der Text ist auf einer fragmentarischen Schreibpalette erhalten, die im Ashmolean Museum aufbewahrt wird. Sie datiert vermutlich aus der Hyksoszeit, ähnlich dem pWestcar. Erhalten sind Reste von je sieben Zeilen auf Vorder- und Rückseite; beide Seiten sind von der gleichen Hand beschriftet. Auch der Textzusammenhang ist vermutlich auf beiden Seiten der gleiche, es handelt sich entweder um eine Lehre oder einen der Texte aus der Gruppe der Klagen im weitesten Sinne. Das Entstehungsdatum ist sehr unsicher, die Sprache allerdings reines Mittelägyptisch.

Der fragmentarische Zustand macht auch diesen Text weitgehend unverständlich, abgesehen von den folgenden Auszügen:

Vorderseite:

„[...]
Der Gott hat Gutes getan dem, der ihm Gutes getan hat. °

Die Literatur des Mittleren Reiches: Fragmentarische Texte 195

Wache du für ihn, der dich auserwählt hat, damit du für ihn handelst.°
[...]
[...] seine Herden,°
er hat sie dir, unter deine Aufsicht gegeben.°
[...]
Im Auftrag des Gottes handelst du,°
[...]
Wenn er richtet, findet er die Wahrheit,°
dieser Gott, der (die Dinge) deinem Befehl unterordnet.°
[...]"
Rückseite:
„[...]°
der Tüchtige wird ausgewählt durch seinen Entschluß,°
der Furchtsame [...]
Es wird gesucht, was für den Menschen nützlich ist°
[...]"

Der weitere Zusammenhang ist noch stärker zerstört. Die Textreste reichen allenfalls aus, um die Textgattung einigermaßen sicher zu bestimmen. Daher hatte BARNS seinen Übersetzungsversuch als „highly tentative" bezeichnet.

3. Die Rede des Sasobek

Edition:

📖 John W. B. BARNS, Five Ramesseum Papyri, Oxford 1956, p. 1-10, pl. 1-6.

Übersetzung:

📖 Richard B. PARKINSON, Tale of Sinuhe 290.

Dieser Text gehört zur sog. Ramesseumsbibliothek, aus der eine ganze Reihe bekannter Texte, darunter der *Dramatische Ramesseumspapyrus*, stammt. Gefunden wurden sie in einem Grabschacht unterhalb der Magazine des Ramesseums. Außer den Resten von mehr als 20 Papyri wurden u.a. ein Bündel Schreibbinsen, Zaubermesser und weitere magische Untensilien geborgen, die vermuten lassen, daß es sich um den Besitz eines Vorlesepriesters, eines *ḫrj-ḥ3bw* handelte. Die Handschrift selbst ist in die 12. Dynastie einzuordnen. Hier scheinen wir zunächst festeren Boden unter den Füßen zu haben, wenn wir hören, daß etwa 162 Zeilen erhalten sind, davon 16 Zeilen einer Rahmenerzählung und anschließend ein in waagrechter Zeile geschriebener Titel; der Rest des Textes ist in senkrechten Kolumnen geschrieben.

Der Rahmenerzählung können wir immerhin entnehmen, daß ein Mann namens Sasobek, später erfahren wir, daß er Schreiber ist, offenbar in großer Gefahr schwebt; vielleicht sitzt er im Gefängnis. Der namenlose Tänzer eines ḫꜣ.tj-ꜥ namens Nefer's Sohn Ineni erreicht seine Freilassung. In nicht ganz klarem Zusammenhang taucht hier auch ein „Siegelbewahrer", also ein ḫtmw bzw. sḏꜣw.tj auf, vielleicht der Vorgesetzte des Ineni. Dann folgt der Titel des Textes (unsere Übersetzung nach Parkinson a.a.O.):

„Die Rede (md.t), die der Schreiber Hathor-heteps Sohn Sasobek gesprochen hat,
wobei sein Mund sich drehte (pḫr) entsprechend dem Geschehen,
und dem, was vor die Menschen gegeben worden war.
Dieses Leben einer (einzigen) Zeitspanne: nicht weiß man, was in ihm geschieht;
[sein Anfang] beginnt plötzlich, sein Ende ist Vernichtung" (A 17-19).

Später heißt es in einer Passage:

„Siehe, es kann nicht geschehen, und doch geschieht es;
verborgen sind die Pläne Gottes" (B 10-11)

Dann aber beginnt man rasch zu verzweifeln. Der Text ist wie gesagt in senkrechten Kolumnen geschrieben, der Papyrus ist aber in seiner unteren Hälfte stark zerstört, so daß kaum einmal ein annähernd vollständiger Satz erhalten ist. Von einem zusammenhängenden Text kann somit keine Rede sein. Es ist unmöglich, einen eindeutigen Sinnzusammenhang zu erkennen, man ist auf Indizien wie Wörter, Konstruktionen etc. angewiesen. Die Rede ist meist an eine in der 2. sg. angesprochene Person gerichtet, vermutlich an den in der Rahmenerzählung genannten und auch im Haupttext gelegentlich belegten Ineni oder an seinen Vorgesetzten, den Siegelbewahrer. Gelegentlich ist auch die 2. pl. verwendet, d.h. die Umgebung des Angesprochenen mit einbezogen.

Dieser Befund läßt zumindest entfernt an eine Situation denken, wie wir sie in der *Bauerngeschichte* kennengelernt haben, d.h. daß ein Niedrigergestellter gegenüber einem Höhergestellten als Bittsteller auftritt. Gleichzeitig fühlt man sich aber auch gelegentlich an einen lehrhaften Kontext, insbesondere an den *Ptahhotep* erinnert, etwa wenn mehrfach im Text vom ḥmww, „Künstler" die Rede ist. Schließlich lassen die zitierten Worte des Titels an den *Neferti* denken, wo es eingangs der Prophezeiung heißt:

„Er sann nach über das, was im Land geschehen war.
Er dachte nach über den Zustand des Ostens,
da die Asiaten ihn mit ihren Krummschwertern angriffen,
da sie terrorisierten die Herzen derer, die bei der Ernte waren,
da sie wegnahmen die Gespanne, die beim Pflügen waren."

Das „wobei sein Mund sich drehte" unseres Textes ist vielleicht ein Ausdruck der Trauer oder des Entsetzens; leider ist die Situationsbeschreibung dann zu zerstört, um sie rekonstruieren zu können. Bezeichnenderweise hat noch niemand eine Gesamtübersetzung dieses Textes publiziert.

4. Die Rede des Renseneb
Edition:
📖 Georges POSENER, Fragment littéraire de Moscou, in: MDAIK 25, 1969, 101-106.

Dieser Text ist auf der Vorderseite des pMoskau, Puschkin Museum Nr. 1695, belegt, allerdings nur in einem sehr kleinen Bruchstück. Die Handschrift stammt aus der zweiten Hälfte der 12. Dynastie, die Entstehungszeit des Textes selbst ist unsicher. Erhalten sind die Reste von gerade drei Zeilen des Anfangs; so sind uns wenigstens Titel, der fiktive Autor und die Gesprächssituation:

„Beginn der Rede, die der Priester der Sachmet, Renseneb, gesprochen hat
[...] in Retjenu, im Gefolge des Obersten Siegelbewahrers, Senebtifi."

Hier bricht das Manuskript ab. Auffällig ist, daß in diesem „Rede", *md.t*, genannten Text ebenfalls ein (Oberster) Siegelbewahrer eine Rolle spielt, ebenso wie in der Rede des Sasobek. Inwieweit sich hier aber ein Topos greifen läßt, muß angesichts der schlechten Überlieferungssituation offen bleiben.

Was läßt sich aus diesen wenigen Worten an Information gewinnen? Wir haben hier einen Beleg für ägyptische Aktivitäten in Vorderasien im Mittleren Reich. Daß ein Sachmetpriester an solchen Expeditionen teilgenommen hat, erklärt sich leicht durch die Tatsache, daß diese Priester im weitesten Sinne als Ärzte, nicht zuletzt als Beschwörer gegen Skorpione, *šd wḥꜥ.t*, wirkten. Wir wissen aus anderen Quellen, daß sie an Expeditionen in den Sinai zu den dortigen Kupferminen teilgenommen haben. Renseneb hat in dieser „Rede" also wohl über seine Erfahrungen und Erlebnisse im Ausland berichtet. Damit sind wir auch schon am Ende, mehr gibt dieses Fragment nicht her.

Auf der Vorderseite des gleichen Papyrus findet sich eine weitere „Rede", *md.t*, über die wir etwas mehr sagen können, weil sie – wahrscheinlich – in weiteren Fragmenten erhalten ist:

5. Die Rede des Fischers

Edition:

📖 Georges POSENER, Fragment littéraire de Moscou, in: MDAIK 25, 1969, 101-106.

Aus dem Beginn des Textes geht hervor, daß ein Fischer namens Iuru der Protagonist ist:

„Beginn der Rede, die Hori's Sohn gesprochen hat
– er ist ein Fischer (*ḥ3mw*) der südlichen Stadt (*nw.t rs.t*), Iuru (*Jwrw*) ist sein Name –,
nachdem er im Vorzimmer (? *ḫnt?*) des [...] war wegen seiner Angelegenheit (*sḫr*) des [...]
Man sagt zu allen Menschen:(?) [...] ,Niemals wird das Siegel in seinem Besitz sein' [...]".

Eine weitere Handschrift, der pButler (pBM 10274), ebenfalls aus dem Mittleren Reich, enthält 39 numerierte Zeilen einer Rede, die ein ungenannter Fischer spricht. Am Anfang dieser Handschrift fehlen, wie wir durch die Numerierung wissen, neun Zeilen. Es ist so gut wie sicher, daß es sich hier um den gleichen Text handelt wie im Moskauer Papyrus. Vom pButler liegt lediglich die Erstpublikation von GRIFFITH vor:

📖 Francis Ll. GRIFFITHS, Fragments of Old Egyptian Stories from the BM and Amherst Collections, in: PSBA 14, 1892, 451-472; pl. 3-4.

FISCHER-ELFERT erwähnt den Text kurz in einem Beitrag in: GM 112, 1989, 24: in den Zeilen 23-25 (der antiken Zählung) ist davon die Rede, daß ein Vater seinen Sohn vor Gericht im Stich läßt.

Einen kleinen Ausschnitt aus diesem Text, die Zeilen 16-21 der antiken Zählung, hat PARKINSON in Übersetzung veröffentlicht. Sie lauten folgendermaßen:

„May you renew action, according to your knowledge!
Look, our condition is before you –
the water-meadow has flown away into the land, but there is no leaving it.
Its margins and districts are now under the herdsmen of the foreign countries,
the stillness now under the cattle byres,
the huts for hiding now under town-dwellers' grain" (Tale of Sinuhe, S. 290).

Der Klagende, d.h. der Fischer, ist also in einer hilflosen Situation angesichts von Zerstörungen der Landschaft bzw. der Umgebung, in der er lebt. Er bittet einen Höhergestellten um Hilfe. Wenig später folgt die von FISCHER-ELFERT erwähnte Gerichtsszene.

6. Die Lehren des pRamesseum II
Edition:

📖 John W. B. BARNS, Five Ramesseum Papyri, Oxford 1956, 11-14, pl. 7-9.

Dieser Papyrus bzw. seine Reste stammen aus dem schon erwähnten Ramesseumsfund und sind in die späte 12. bis frühe 13. Dynastie zu datieren. Erhalten sind zwei Fragmente, die auf der Vorder- und der Rückseite die Reste von insgesamt sechs waagrecht geschriebenen Zeilen enthalten. Beide Seiten sind von derselben Hand, aber wohl zu unterschiedlichen Zeiten beschriftet worden. Auch dieser Text ist leider zu großen Teilen schwer- bis unverständlich, was teils auf die Zerstörungen, teils aber auch darauf zurückzuführen ist, daß es sich nicht um einen fortlaufenden Text handelt, sondern um einzelne Lehrsprüche. Dabei sind zwei formale Besonderheiten festzuhalten: Auf der Vorderseite steht jede Maxime in einer eigenen Zeile. Auf der Rückseite wurde dieses Verfahren aufgegeben, dafür haben wir hier, aus dem späten Mittleren Reich, erstmals rote Gliederungspunkte überliefert. Eine Übersetzung fehlt bislang, sieht man von den drei Lehrsprüchen ab, die PARKINSON (Tale of Sinuhe S. 293) zitiert, und die in deutscher Übersetzung folgendermaßen lauten:

„Wer den Ertrinkenden im Stich läßt, läßt jeden im Stich" (VS I, 1).
„Wer den Schutz vertreibt ist schutzlos" (VS III, 5).
„Ein Mann tut, was er tut, ohne zu wissen, daß ein anderer das Gleiche gegen ihn tut" (VS IV, 3).
„Widersetzt euch nicht dem, was getan wurde. Sprecht nicht zu einem, der seinem Herzen Luft macht. Handelt nach dem Gebot eures Herzens" (VS IV, 4).
„Nicht gibt es Leben für den, der Gott nicht kennt" (RS I, 6).
„'Kläger' (? *smjw*) sagen sie zum Weisen, 'Schwätzer' sagen sie zu dem, der spricht [...] der weise Mann kennt nicht seinen (eigenen) Charakter" (RS II, 4).

Bevor man sich aber ein vorschnelles Urteil über diesen Text bildet, sollte man sich klar machen, wie fragmentarisch er ist. Der komplette Text mag ein völlig anderes Bild geboten haben.

7. Die Erzählung des pLythgoe

Edition:

📖 William K. SIMPSON, Papyrus Lythgoe: A Fragment of a Literary Text of the Middle Kingdom from El-Lisht, in: JEA 46, 1960, 65-70.

Die Handschrift stammt aus der zweiten Hälfte der 12. Dynastie und wird heute im Metropolitan Museum (Nr. P. MMA 09.180.535) aufbewahrt. Vorder- und Rückseite enthalten jeweils die Reste von 11 Zeilen sicher ein und desselben, offenbar recht umfangreichen Textes. Zwei – aus anderen Quellen nicht bekannte – Wesire werden auf der Vorderseite genannt; es ist davon die Rede, daß ein sog. Byblos-Schiff, also ein seetüchtiges Frachtschiff, beladen wurde, daß der Sohn eines der Wesire einen *hrw nfr* verbrachte. Ferner wird ein unbekannter Gegenstand, vielleicht eine Kiste o.ä. (*ḥȝwj.t*) erwähnt. Aus der fragmentarischen Rückseite geht hervor, daß ein Mann nach längerer Abwesenheit nach Hause kommt und dort eine fremde Frau vorfindet. Anschließend berichtet der Reisende von seinen Erlebnissen, u.a. offenbar davon, daß er ins Wasser geworfen und möglicherweise von einer Frau gerettet wurde. Mehr ist dem Text nicht zu entnehmen. Daß man daraus auf die Erzählung von einer Schiffsreise schließen kann, ist sicher richtig. Zu spekulativ erscheint uns dagegen die Vermutung SIMPSONs, daß wir es wegen der Erwähnung des Byblos-Schiffes – das einen Bautyp bezeichnet und nicht auf eine bestimmte Reiseroute verweist – mit einem frühen Vorläufer des Wenamun zu tun haben. Zur Illustration einige Zeilen:

> „Es sagte [...] des Wesirs *Ḏfȝ* Sohn *N*[...]
> zum Feld des Wesirs *Wḫʿw* [...]
> im Osten der Residenz.
> Er belud ein Byblos-Schiff des Palastes l.h.g. [mit]
> allen guten Dingen [...]
> [...] in seinem Haus. Sie verbrachten den Tag, während sein Sohn
> einen schönen Tag [verbrachte .....]" (VS Z. 1-7).
>
> „[... eine Frau], die im Innern saß [...]
> Er sagt zu ihr: ‚Wer bist du denn? [...]
> Es ist mein Haus. (...) [...]
> (...) [...] Dann warfen sie
> mich ins Wasser. Sie war bei [...]
> [...] (...) seine Tochter kam heraus(?) [...]" (RS Z. 3-8).

8. Die Erzählung von *H3j*
Edition:

📖 Francis Ll. GRIFFITH, Hieratic Papyri from Kahun and Gurob, London 1898, I, 4, II, pl. 4.

Auf der Rückseite eines Papyrus aus Illahun ist der Schluß einer Erzählung erhalten, die in der 3. Person stilisiert ist. Die Vorderseite dieser Handschrift enthält Hymnen auf Sesostris III. Damit und mit der Herkunft steht die Datierung des Papyrus in die späte 12. Dynastie auf recht sicherem Grund. Im Text wird zweimal der Name *H3j* genannt, er ist aber offenbar nicht der Protagonist. Bei diesem handelt es sich vermutlich um einen Distriktsvorsteher, dem u.a. die Aufgabe zufällt, den *H3j* zu bestatten. Außerdem ist in unklarem Zusammenhang von Freunden des *H3j* die Rede. Da das Grab bzw. die Pyramide des Neferkare, also wohl Pepis II., genannt werden, spielt die Erzählung wohl im Alten Reich in Memphis, vergleichbar der schon besprochenen Erzählung von Neferkare und Sa-senet.

Der Text ist bis jetzt weder übersetzt noch kommentiert. Der Grund wird klar, wenn man die Fotografien und die noch unvollkommene Transliteration von GRIFFITH zu Rate zieht. Es ist selten möglich, mehr als einen Halbsatz zusammenhängend zu übersetzen, entsprechend dünn bleiben die Erkenntnisse über den Inhalt. Das folgende Beispiel mag das verdeutlichen, es handelt sich um Z. 19 ff. der insgesamt 27 erhaltenen Zeilenreste:

„[...] Da tötete er [...]
er machte das Begräbnis [...] *H3j*; er ließ eintreten die Freunde
in [...] und er legte ihn in den Sarg(?) des *H3j* (?)
[...] nach Unterägypten [...] Dann gab er ihn auf
[...] Pyramide(?) des Neferkare, gerechtfertigt. Er sagte: ‚Seid gesund(?), Freunde, zu [...]'
[...] Name(?) zu den Gauen der Ewigkeit. Es ist ein Hüter(?) in
[...] gehen(?) mit dir. Denke du an das, was der Distriktvorsteher
[...] gesund(?) zu den(?) Freunden [...]
Es ist zu Ende."

Angesichts dieser Passage erscheinen Schwierigkeiten eines Neferti oder der Bauerngeschichte in wesentlich freundlicherem Licht.

9. Die Erzählung von einem König und dem Geist des Senefer
Edition:

📖 Georges POSENER, Une nouvelle histoire de revenant, in: RdE 12, 1960, 75-82.

Diese Erzählung ist auf dem pChassinat II erhalten, der aus der Spätzeit stammt. Der Text selbst ist in gutem Mittel- bzw. Spätmittelägyptisch abgefaßt und wurde von PARKINSON zu Recht in seine Zusammenstellung aufgenommen. Erhalten sind auf vier Fragmenten die Reste von insgesamt 22 Zeilen. In ihnen wird ein – namenloser – König erwähnt und ein „exzellenter Geist" (*3ḫ špsj*), der sich als „Chenti-kas Sohn Senefer" (*Ḫntj-k3 s3 Snfr*) vorstellt. Außerdem spielt ein Siegelbewahrer (*ḫtmw* bzw. *sḏ3w.tj*) des Königs eine Rolle sowie ein Butler (*wdpw*) und ein „kleiner Mann" (*nḏs*). Die Beziehung dieser Personen zueinander und ihre Rolle in der Geschichte bleiben aber ebenso unklar wie der Inhalt des Textes insgesamt. Immerhin können wir ihm unter anderem Teile der Beschreibung einer Geistererscheinung entnehmen, der der König und sein Siegelbewahrer ausgesetzt sind:

„Da sagte Seine Majestät zu dem Siegelbewahrer, der an ihrer Seite war: [...]"

Es folgt in unklarem Zusammenhang die Erwähnung eines *nḏs*:

„Es hat empfangen der *nḏs* das Festgewand [...]"

Anschließend ist von Opfern die Rede, und dann tritt der Geist auf, der offenbar in der Luft schwebt, wie die direkte Rede eines der Beteiligten, wohl des Königs, vermuten läßt:

„Er ist nicht am Himmel, er ist nicht auf der Erde, seine Füße sind fern vom Erdboden [...]
Da sagte dieser Geist: ‚Ich bin Chenti-ka's Sohn Senefer', Herr [...]"

Leider ist das die letzte Zeile des größten Fragments; die anderen drei Fragmente sind zu klein, um einen zusammenhängenden Text und damit Aussagen zum Inhalt zu bieten.

10. The Sporting King
Edition:

📖 Ricardo A. CAMINOS, Literary Fragments in the Hieratic Script, Oxford 1956, 22-39, pl. 8-16.

Übersetzung:

📖 Richard B. PARKINSON, Tale of Sinuhe 293.

Einzelbeitrag:

📖 Richard B. PARKINSON, Poetry 226-232.

Der Duktus dieses auf einem in Moskau aufbewahrten Papyrus fragmentarisch erhaltenen Textes wird von CAMINOS an das Ende der 18. Dynastie datiert. Die Erwähnung Amenemhets II. gibt zumindest einen terminus post quem/a quo für die Abfassungszeit des Textes selbst. Der Papyrus wurde zu einem unbekannten Zeitpunkt von GOLENISCHEFF in Luxor gekauft, dürfte also wohl aus Theben stammen.

Der Beginn der Erzählung ist verloren. Dort, wo sie einsetzt, fühlt man sich an den pWestcar erinnert. Ein König – nach einer Vermutung CAMINOS' Amenemhet II. – plant offenbar als Ausgleich zu den Regierungsgeschäften einen Ausflug in die Papyrussümpfe. Ihm wird von einem Mann berichtet, der nicht nur ein Meister im Fisch- und Vogelfang, sondern auch in der Kunst der Rede ist. Diese Person ist ein Schreiber und Siegelbewahrer namens *Sḥtp-jb-Rꜥ-ꜥnḫ*. Er wird zu Beginn des erhaltenen Teils dem König vorgestellt und erhält alsbald Gelegenheit zu einer ersten Rede:

„Der Siegelbewahrer des Königs von Unterägypten, königliche Schreiber und Beauftragte der Schreibtafel der (königlichen) Gegenwart (*jrj ꜥn n ḫft-ḥr*), *Sḥtp-jb-Rꜥ-ꜥnḫ* (sagte): ‚Ich habe gesehen, Herrscher, mein Herr!' Da sagte Seine Majestät l.h.g.: ‚Was ist das, [von dem du gesagt hast], daß du [gesehen] hast?' Da sagte der königliche Schreiber und Beauftragte der Schreibtafel *Sḥtp-jb-Rꜥ-ꜥnḫ*: ‚Ich habe Vögel fressen sehen [...] einen Regensturm, der einem Sturm vorausging; der Himmel [...] großer Regen [...]" (A2, 1-4).

Der König macht sich dann mit seinem Hofstaat und, wie ausdrücklich erwähnt wird, mit seinen Kindern ins Faijum auf, wo er einen Palast mit dem Namen *Tꜣ-š*, „Land des Sees" besitzt, also so eine Art Sommerresidenz. Interessant ist in diesem Zusammenhang ein Epitheton des Königs in Form eines *nb.tj*-Namens: *nb.tj wḥꜥ*. Das Doppeldeterminativ von Vogel und Fisch bei *wḥꜥ* zeigt, daß hier „Die beiden Herrinnen: Vogel- und Fischfänger" zu übersetzen ist. Das ist nicht so völlig ungewöhnlich, wie man glauben mag, sondern findet sich als Epitheton auch in der Zeit Thutmosis' III. und sogar in der Ptolemäerzeit im Tempel von Edfu.

Anschließend werden Vorbereitungen zur Jagd getroffen. Sehetep-ib-reanch fordert den König auf, sich mit einem roten Pfeil o.ä. zu bewaffnen:

„Nimm diesen deinen roten Pfeil (? *ꜣw.t*), rötlich an Farbe [...] Deine Majestät, mögest du leben, heil und gesund sein, und möge er (der

Pfeil) seinen magischen Schutz über dich ausbreiten. Er ist wie die rote Krone, wenn sie erscheint [...]" (B 2, 5-6).

Im Verlaufe seiner weiteren Rede vergleicht er den Pfeil mit Göttern, Kultgeräten, Menschen, Tieren, Bäumen, Mineralien, mit Atem, Wasser, Kleidung und gar einem Zahn.

Dann bricht man zur Jagd auf. Es wird aus den Resten nicht klar, ob der König nur Zuschauer ist oder sich selbst beteiligt. Nach der Rückkehr in den Palast und während der Mahlzeit wird dem König ein unbekanntes Objekt präsentiert – die Stelle ist zerstört –, und das ist wieder der Anlaß zu einer langen Rede. Der Kontext wird dann immer lückenhafter; es gibt eine oder mehrere weitere Reden und auch einen weiteren Jagdausflug.

In der folgenden sehr fragmentarischen Schilderung werden offenbar die „Inseln in der Mitte" (*jw.w ḥrj.w-jb*) genannt, die *Ḥ3.w-nb.w*, die Sümpfe des Deltas, Nubien und anderes mehr. Der Sprecher gibt also offenbar einen ersten Einblick in sein umfassendes Wissen.

Das waren auch schon die längsten zusammenhängenden Passagen. Abschließend noch ein Fragment, in dem von der Jagd bzw. dem Fischfang selbst berichtet wird:

„[...] die Ruderer legten ab mit dem König im Boot. Der Palast [...] rote Fische, er biß ab ihr *šn(?)* [...] was die Vogel- und Fischfänger zurückbrachten [...]" (C 1-5).

Neben einem ausführlichen Kommentar und einer Übersetzung versucht CAMINOS auch, den Inhalt zu rekonstruieren. Bemerkenswerterweise gleicht seine Einschätzung dieses Textes derjenigen seines Mentors GARDINER in Bezug auf die Bauerngeschichte (s. dazu oben). So brauchen wir uns über die folgenden Sätze nicht zu wundern:

„It (= die Rede) abounds in far-fetched allusions and similes that follow one another with irksome ("lästig") monotony. We moderns decry this form of rhetoric, but people that took pleasure in the oral effusions of the Eloquent Peasant might well have found it clever, absorbing, even irresistible. *De gustibus!*" (S. 24).

In seiner Gesamtwertung vermerkt CAMINOS durchaus, daß der Text sehr lebhafte Beschreibungen, humorvolle Szenen und sorgfältig porträtierte Personenbeschreibungen enthält – und daß natürlich die Möglichkeit bestehe, daß in den verlorenen Partien gute Dichtung – „some really good writing" gestanden habe. Doch insgesamt kommt er zu dem Befund:

„I fear I cannot escape the impression that the story of the Sporting King was a clumsy, dull, and poor parody of literature" (S. 25).

Es ist nicht zu bestreiten, daß die ägyptische Literatur Höhen und Tiefen aufweist. Doch ist vor dem Vorurteil zu warnen, daß ein Text, wenn er nur alt genug ist, schöne und niveauvolle Literatur sein muß. Andererseits muß man sich bei der Beurteilung hüten, heutige ästhetische Maßstäbe an altägyptische Literaturwerke anzulegen.

11. The Pleasures of Fishing and Fowling
Edition:
📖 Ricardo A. CAMINOS, Literary Fragments in the Hieratic Script, Oxford 1956, 1-21, pl. 1-7.
Übersetzung:
📖 Richard B. PARKINSON, Tale of Sinuhe 294.
Einzelbeitrag:
📖 Richard B. PARKINSON, Poetry 226-232.

Dieser Text weist Gemeinsamkeiten mit dem eben besprochenen *Sporting King* auf: Er ist wie dieser auf einem unnumerierten Moskauer Papyrus erhalten, ist sehr fragmentarisch, ist ebenfalls in das Ende der 18. Dynastie zu datieren, und der Text stammt vermutlich aus dem Mittleren Reich und vermutlich aus Theben, da auch dieser Papyrus in Luxor erworben wurde. Er umfaßte ursprünglich mindestens 12 + x Kolumnen.

Der fragmentarische Zustand erschwert die gattungsmäßige Zuordnung des Textes, doch besteht gegenwärtig die Tendenz, ihn als literarisch einzustufen. Es muß lediglich offen bleiben, ob es sich um einen rein narrativen Text handelt oder ob, wie beim *Sporting King*, lange Reden eingeschoben wurden. Ein Unterschied besteht aber in jedem Fall: Gerade CAMINOS, der wie eben gesehen ein recht harsches Urteil über die literarischen Qualitäten des *Sporting King* gefällt hatte, schwelgt bei den *Pleasures of Fishing and Fowling* geradezu in der Bewertung ihrer literarischen Qualität, die sie seiner Ansicht nach sogar über den *Schiffbrüchigen* erheben:

> „Nowhere can one detect the monotonous recurrence of a verbal pattern like, for instance, the form ꜥḥꜥ.n sḏm.n=f that repeats itself *ad nauseam* in the story of the Shipwrecked Sailor, nor yet the wearisome reiteration of a stock phrase like 'after many days following upon these things' in the Contendings of Horus and Seth." (S. 6)

Zurück zum Text. Der moderne Titel bescheibt den Inhalt: Freuden des Fisch- und Vogelfangs. Der Erzähler bleibt anonym, zumindest in den erhaltenen Teilen. Eine wichtige Rolle spielt sein Freund *Jn-sn=j*. Ob er zu Beginn des

Textes oder in der sicher einmal vorhandenen einleitenden Rahmenerzählung genannt wurde, muß offen bleiben. Im ersten erhaltenen Teil wird von einer Jagdexpedition in den Sümpfen des Faijum berichtet. An deren Beginn steht aus gegebenem Anlaß ein Opfer an den Krokodilgott Sobek, um diesen geneigt zu machen. Die dann beginnende Jagd hält die Teilnehmer so in Atem, daß sie darüber sogar das Essen vergessen und auch in der Nacht weiterjagen. Dann kommt *Jn-sn=j*, der die Mannschaft im weiteren Verlauf der Jagd und anschließend zurück zum Landhaus des Erzählers begleitet.

Im zweiten Teil, der offenbar zu einer anderen Jahreszeit und in einem Lager in den Sümpfen des westlichen Deltas spielt, berichtet der Held von einem eigenen Jagderlebnis, wobei er auch ausführlich die Aus- und Zurüstung zur Jagd schildert. Man könnte hier an die griechische und römische – und auch spätere – Bukolik denken, denn *Jn-sn=j*, offensichtlich ein Stadtmensch, schwärmt geradezu von dieser Jagdart, die er nur in seiner freien Zeit ausüben kann. Dann wird der Text immer fragmentarischer und damit auch in den größeren Zusammenhängen unverständlicher. Unter anderem ist vermutlich von einer Nilpferdjagd die Rede, in jedem Fall aber auch wieder vom erfolgreichen Fischfang. Dann wird der Ton lehrhaft, und es werden verschiedene Örtlichkeiten aufgezählt, vermutlich solche, wo die Fisch- und Vogeljagd besonders gut möglich ist. Es folgen einige Betrachtungen zum Leben der Fisch- und Vogelfänger, im Ton ganz anders als in den arroganten Schilderungen der Berufssatiren der Lehre des Cheti. Dann bricht die Handschrift ab. Einige Beispiele (unsere Übersetzung):

„Ein schöner Tag, wenn wir zum Sumpfland gehen,
wenn wir Vö[gel] fangen und viele [Fische] im ‚Zweiwassersee' [erjagen],
wenn der Fänger und der Harpunierer zu uns kommen,
wenn wir die Netze [voll mit] Vögeln einziehen,
wenn wir unser Boot im Dickicht festmachen
und ein Brandopfer für Sobek, den Herrn des Sees, darbringen.
[...]
Ein schöner Tag, Sobek, Herr des Sees,
Sohn des *Sn.wj*, Großer, Vorsteher des Sumpflandes,
reich an Fischen, groß an Opfergaben,
geliebt [...]" (A 2, 1-4).

In dieser Passage aus dem Beginn des erhaltenen Textes spricht bzw. singt die Jagdgesellschaft über ihr erfreuliches Vorhaben, um dann zur Beschreibung des Opfers für Sobek überzuleiten. Die folgende Passage schildert die gegenseitige Aufforderung an die Gefährten, auch in der Nacht nicht aufzuhören:

„Mein Herr! Mein Herr! Verbringe die Nacht im Versteck,
Erfolg hat, wer das Netz bei Tagesanbruch einzieht [auf der Insel] in der Mitte!
es hat sich dir die Göttin des Sumpfes geneigt gezeigt,
es haben sich dir deine Angelruten geneigt gezeigt.
Alles Sumpfgebiet ist grün,
und du hast dich (vom) Felde ernährt.
Die Vogelfänger der Vorfahren und alle [Fischer] sagen:
Oh wären wir doch bei ihm, diesem tüchtigen Fänger!" (B 2, 10-13).

Schließlich noch eine Passage, in der *Jn-sn=j* das Lob des Land- oder besser des Sumpflebens singt:

„Oh wäre ich doch auf dem Lande,
[dann täte ich], was mein Herz begehrt!
Dann wäre das Land meine Stadt,
und der Sumpfhügel [meine Wohnung]!
Nicht [wären fern] die Menschen, die ich liebe, meine Freunde,
ich würde den Tag am Ort meiner Sehnsucht verbringen!
[...] die Papyrussümpfe, am Morgen würde ich essen,
ich wäre weit weg, ich ginge am Ort meiner Sehnsucht.
Ich ginge [weg vom?] Fluß am 2. und am 15. Monatstag,
ich ginge hin zum See.
Die Stäbe wären auf meinen Schultern, die Angelruten an meiner Seite,
zwei Ellen und fünf Fingerbreit (Schnur?) wären bei meiner Schulter,
ich würde mich bemühen, fünf Ellen Schnur zu ziehen" (B4, 2-7).

Die Ergänzungen, Klammerübersetzungen und auch die Einteilung in Sinneinheiten/Verse sind bei dem fragmentarischen Zustand des Textes naturgemäß mit Unsicherheiten belastet, auch Einzelheiten der Zurüstungen und der Geräte sind semantisch wie technisch noch unklar. Dennoch kommt die Tendenz deutlich zum Ausdruck. Vor genaueren Aussagen müßte allerdings eine detaillierte Analyse stehen, letztlich eine Neubearbeitung des Textes unter diesem Gesichtspunkt.

Exkurs: die Form der ägyptischen Literatur

An verschiedenen Stellen haben wir bereits auf den nun folgenden Exkurs hingewiesen. Machen wir uns zunächst klar, daß alles Schriftliche irgendwie geformt ist, textintern wie -extern; das gilt auch für die schriftliche Hinterlassenschaft Ägyptens: Ein Brief etwa besteht i.d.R. aus Einleitungsformular, Haupttext und Grußformel; ein medizinischer Text aus Symptombeschreibung, Untersuchungsvorschrift, Diagnose und Prognose. Eine Liste kann durch waagrechte und senkrechte Spalten gegliedert sein, monumentale Texte wie die Pyramidentexte durch senkrechte Kolumnen – ursprünglich die Hieroglyphe für „Haus" = "Kapitel", „Spruch". Literarische Texte bestehen z.B. aus Rahmenerzählung und Haupttext; sie sind gelegentlich durch Rubren, das „Pausenzeichen" *grḥ*, durch Gliederungspunkte, manchmal auch durch stichische Schreibung gegliedert, d.h. jeder Vers steht dann in einer eigenen Zeile. Auch morphologische Indikatoren wie anaphorische Vers- bzw. Zeilenanfänge oder regelmäßig wiederkehrende Wortfolgen fallen schon optisch auf.

Die für die literarischen Texte genannten Beispiele sind in der Mehrzahl äußere, „formale" Gestaltungsinstrumente und nicht inhaltliche, vom dichterischen Formwillen des Urhebers abhängige Prinzipien. Von letzteren soll im folgenden vor allem die Rede sein. Wenn erstere dennoch zur Sprache kommen, dann deswegen, weil sie uns in vielen Fällen helfen, die innere Struktur, die eigentliche „Form" eines Textes, zu erkennen. Eine eigene gestaltende Kraft besitzen sie nicht.

Es hat in der Vergangenheit nicht an Versuchen gefehlt, die Gesetze für den formalen Aufbau der literarischen Texte zu gewinnen, weil uns keine entsprechenden zeitgenössischen Informationen erhalten sind. Es hat sie wohl auch nicht gegeben, weil in Ägypten keine explizite „Literaturtheorie" existierte, ebensowenig wie etwa eine „Kunsttheorie" oder eine „Sprachtheorie".

Die Geschichte dieser früheren Versuche hat Gerhard FECHT ausführlich beschrieben, es genügt hier daher, auf seine Ausführungen zur ägyptischen „Metrik" zu verweisen. In jüngerer Zeit hat sich die Diskussion intensiviert. Es sind hauptsächlich zwei Ansätze, von denen aus eine Antwort gesucht wird: Zum einen der „metrische" Ansatz, vor allem verbunden mit dem Namen FECHTs. Dessen wichtigsten Beiträge sind:

📖 Gerhard FECHT, Die Wiedergewinnung der ägyptischen Verskunst, in: MDAIK 19, 1963, 54-96.

📖 Gerhard FECHT, Die Form der altägyptischen Literatur: metrische und stilistische Analyse, in: ZÄS 91, 1964, 11-63.

📖 Gerhard FECHT, Die Form der altägyptischen Literatur: metrische und stilistische Analyse (Schluß), in: ZÄS 92, 1965, 10-32.

📖 Gerhard FECHT, Stilistische Kunst, in: Bertold SPULER (Hrsg.), HdO, Erste Abteilung, 1. Band, 2. Abschnitt, Leiden/Köln ²1970, 19-51.

Es hat von Anfang an nicht an Gegenstimmen gefehlt. Die erste und wichtigste war wohl die von

📖 Miriam LICHTHEIM, Have the Principles of Ancient Egyptian Metrics Been Discovered?, in: JARCE 9, 1971-72, 103-110.

Aus dem deutschen Sprachraum war W. SCHENKEL einer der ersten Kritiker:

📖 Wolfgang SCHENKEL: Zur Relevanz der altägyptischen „Metrik", in: MDAIK 28, 1972, 103-107.

Schließlich verficht bis heute John FOSTER in einer Reihe von Beiträgen sein Konzept vom *thought couplet*, dem „Gedankenpaar". Der erste Beitrag dieser Reihe ist:

📖 John L. FOSTER, Thought Couplets in Khety's „Hymn to the Inundation", in: JNES 34, 1975, 1-29.

Demgegenüber vertritt Günter BURKARD eine Synthese zwischen diesen beiden Polen:

📖 Günter BURKARD, Der formale Aufbau altägyptischer Literaturwerke: zur Problematik der Erschließung seiner Grundstrukturen, in: SAK 10, 1983, 79-118.

📖 Günter BURKARD, Überlegungen zur Form der ägyptischen Literatur. Die Geschichte des Schiffbrüchigen als literarisches Kunstwerk, Wiesbaden 1993 (ÄAT 22).

📖 Günter BURKARD, Metrik, Prosodie und formaler Aufbau ägyptischer literarischer Texte, in: AEL, 447-463.

Einen Überblick über die Diskussion findet man jetzt auch bei PARKINSON, Poetry 112-117.

Zunächst zu Gerhard FECHT und seiner „Metrik":

Ausgangspunkt seiner Bemühungen, die Regeln für die Bildung von Versen zu gewinnen, war die sicher richtige Erkenntnis, daß der stark exspiratorische Akzent des Ägyptischen nur eine akzentuierende – und keine quantitierende – Metrik zuließ.

Kernpunkte seines Ansatzes sind die folgenden:

1. Träger dieses exspiratorischen Akzentes ist das Kolon, eine nicht weiter unterteilbare rhythmische Spracheinheit, die bei einer freibleibenden Zahl von Senkungen jeweils eine Hebung enthält. Die Regeln für die Bildung dieser Kola leitete FECHT aus dem von ihm untersuchten Textmaterial ab. Sie sind seinen

ersten Veröffentlichungen zur „Metrik" jeweils beigegeben und umfassen derzeit etwa 70 Einzelregeln. Ein solches Kolon wird etwa durch die Verbindung Präposition+Nomen, durch eine Genitivverbindung oder durch Nomen+Adjektiv gebildet. Ein Beispiel, es handelt sich um den Beginn eines Hymnus an den Gott Thot aus dem Neuen Reich in der Transkriptionsweise FECHTs:

> *jȝw.tw pȝ-nb-pȝ-pr* °
> *ȝꜥnj wbḫ-mḥwt* °
> *nḏm-ȝbwt ḥrw-jȝmt* °
> *mrwtj n-ḥr-nb* °
> „Gepriesen-seist-du, o-Herr-des-Hauses,
>   Pavian mit-leuchtender-Mähne,
>   mit-angenehmer-Gestalt, mit-milder-Lieblichkeit,
>   geliebt von-allen-Menschen."

Die durch Bindestriche verbundenen Einheiten zeigen die einzelnen Kola an. Diese Transkriptionen und Übersetzungen sind ein typisches Merkmal von FECHT „metrisierter" Texte. Es kommen meist noch Zahlenreihen und Klammern an der Seite hinzu; jeder Beitrag FECHTs legt davon Zeugnis ab. Allzu oft ist diese „Metrisierung" geeignet, die immer wieder betonte Schönheit solcher Texte zu verbergen.

2. Neben dem den Wortakzent tragenden Kolon ist der Satzakzent, die „Aufteilung der Rede in Kola", zweites verskonstituierendes Element. Ein Vers wird demnach durch eine bestimmte Anzahl von Kola gebildet. Das sind in der Regel zwei oder drei, nur ausnahmsweise und unter besonderen Voraussetzungen werden „Einheber" und „Vierheber" zugelassen. Höhere Kolonzahlen sind grundsätzlich nicht erlaubt.

3. Dieses Grundprinzip der „Metrik", die Versbildung durch eine bestimmte Anzahl von Kola, bezeichnet FECHT selbst als ein sehr einfaches, an sich noch kunstloses Prinzip. Die eigentliche Kunstform bestehe im Aufbau des gesamten Textes, d.h. seine formale Schönheit ergebe sich erst aus der Betrachtung des Gesamtkunstwerkes. Dem ist unbedingt zuzustimmen; das gleiche Prinzip gilt etwa für die Bildende Kunst oder die Architektur: So ästhetisch befriedigend der Blick auf ein Detail sein mag, auch hier erschließt erst das Gesamtwerk den vollständigen künstlerischen Rang.

Die Gesetze für den Aufbau des Gesamttextes sind nach FECHT die folgenden:

1. Der Vers ist, als relative Sinneinheit, die kleinste metrische Einheit. Es folgt die Versgruppe, eine Staffelung von meist zwei oder drei Versen, ebenfalls

eine relative Sinn- und eine ebensolche syntaktische Einheit. Diese Versgruppen ordnen sich weiterhin zu immer größeren Einheiten: zu Teilstrophen, Strophen, Gesängen, Kapiteln usw.

2. Entscheidend für die Bewertung der künstlerischen Form ist die sinnreiche Staffelung der Versgruppen und Strophen zu *numerativ* harmonischen Gebilden. Auch die Gesamtzahl der Verse (etwa die „heilige" Zahl 7 und die Zahl 9 samt ihrer Produkte, aber auch andere Zahlen wie 17 oder 19) besitzt ästhetische Relevanz. Das alles kann, so FECHT, in kunstvoll durchgeführten größeren Werken zu einem höchst komplizierten Aufbau führen, vergleichbar einem „mehrschichtigen polyphonen Musikwerk" (FECHT).

3. Diesem Prinzip untergeordnet sind die „fakultativen" poetischen Mittel wie lautliche Anklänge, Endreim oder Alliteration. Offensichtlich ein solches fakultatives Mittel ist für FECHT auch der *parallelismus membrorum*, den er im Zweifelsfall zugunsten der Regeln zur Kolonbildung hintansetzt.

Das von FECHT entwickelte System der „Metrik" ist das erste umfassende Verfahren zur Erschließung altägyptischer Texte. Hierin liegen seine Stärken und seine Schwächen zugleich. Zu ersteren gehört zweifellos die Entwicklung eines universell anwendbaren Basis-Verfahrens zur Strukturierung ägyptischer Texte, das einen sinnvollen und unser Verständnis der Texte fördernden Weg darstellt. Ebenso wichtig ist die Berücksichtigung des Gesamttextes für die Analyse. Durch diese Methode einer integralen, d.h. in allen Schritten auf den Text als Gesamtrahmen bezogenen semantischen Textanalyse hat FECHT das Verständnis der Texte oft entscheidend gefördert.

Die Schwächen der „Metrik" wurden seither mehrfach und teilweise ausführlich erörtert, so daß hier der Hinweis auf diese Stellungnahmen und eine stichwortartige Aufzählung der problematischen Punkte genügen:

1. Ihr umfassender Anwendungsbereich, der nur wenige ungeformte Texte übrig läßt. Selbst Briefe und vergleichbare Texte sind nach FECHT metrisch geformt. Eine Prosa in unserem Sinne existiert nicht. Das und ihre von FECHT selbst konzedierte „Einfachheit" legten die Vermutung nahe, daß hier nicht metrische Regeln, sondern allenfalls die Gesetze der natürlichen Sprachrhythmik des Ägyptischen erschlossen worden sind (SCHENKEL).

2. Der zu große Ermessensspielraum bei der Versabtrennung macht die zum Prinzip erhobene Relevanz der Zahlensymbolik fragwürdig, zum Beispiel bei der Frage: Bilden sechs Kola drei Zweiheber oder zwei Dreiheber?

3. Das Übergewicht des numerativen Elements zuungunsten anderer stilistischer Kriterien. Besonders schwerwiegend erscheint hierbei, daß das fallweise auch den *parallelismus membrorum* betrifft, dessen Bedeutung als wichtigstes formales Element u.a. im gesamten Alten Orient unbestritten sein sollte. Einen *parallelismus membrorum* aus numerischen Zwängen, etwa zur Vermeidung eines Vierhebers, aufzulösen, ist u.E. auf keinen Fall erlaubt.

4. Das Übermaß an „formalen Emendationen": Nicht selten müssen überlieferte Gliederungspunkte als scheinbar falsch getilgt oder als scheinbar fehlend ergänzt werden. Das geschieht regelmäßig aufgrund der genannten Zwänge und wird der Zuverlässigkeit (und meist Einheitlichkeit) der Überlieferung nicht gerecht.

Diese und andere Gründe haben dazu geführt, daß das Verfahren der „metrischen" Gliederung von Texten nur zögerlich angewandt wurde. Gleichzeitig fand jedoch eine intensive Diskussion der „Metrik" ebenso statt wie die Suche nach Verfahren, die eine überzeugende Möglichkeit der Strukturierung ägyptischer Texte ohne die genannten Probleme bieten.

Eine wichtige Rolle in dieser Diskussion spielen die schon erwähnten Miriam LICHTHEIM und John FOSTER. Vor allem ihre Beiträge haben einen anderen Weg aufgezeigt, der erheblich erfolgversprechender ist. Allerdings berücksichtigen vor allem die Arbeiten FOSTERs noch nicht die Gesamtstruktur ägyptischer Texte, sondern vorerst nur die formalen Grundbausteine. Sie bleiben demnach in mancher Hinsicht hinter den Ergebnissen zurück, die FECHT erreicht hat.

LICHTHEIMs und FOSTERs Ansätzen ist bei allen Unterschieden im Detail ein wichtiges Prinzip gemeinsam: Die Versbildung erfolgt hier nicht durch die Addition von Kola, sondern durch die Abgrenzung von Sinneinheiten. Ein Vers ist hier also nicht nur eine relative, sondern eine absolute, syntaktisch geschlossene Einheit, d.h. ein Satz, ein Teilsatz oder eine Phrase. Anders als FECHT, der seine Arbeiten an unpunktierten Texten begann, orientierte sich Foster bewußt an gegliedert überlieferten. Eine Analyse des Nilhymnus ergab u.a., daß die Gliederungspunkte in der überwiegenden Mehrzahl der Fälle einheitlich und unter grammatisch/syntaktischem Aspekt richtig überliefert sind. Sie stehen regelmäßig am Satz- bzw. Phrasenende. Das ist die entscheidende Basis für die Verseinteilung nach Sinneinheiten. Zum gleichen Resultat kam auch eine Kölner Magisterarbeit von Michael HERB, der die *Lehre des Amenemhet*, die *Lehre des Cheti* und ebenfalls den *Nilhymnus* untersuchte und die hohe Zuverlässigkeit der in diesen Texten überlieferten Gliederungspunkte belegen konnte:

📖 Michael HERB, Untersuchungen zur äußeren Form ägyptischer Handschriften, Magisterarbeit Köln 1986.

Dieses Ergebnis bestätigt

📖 Nikolaus TACKE, Verspunkte als Gliederungsmittel in ramessidischen Schülerhandschriften, Heidelberg 2001 (SAGA 22)

im Rahmen einer Untersuchung ramessidischer Handschriften.

Ein weiterer und bedeutsamer Unterschied zur „Metrik" ist, daß sowohl LICHTHEIM wie FOSTER, wenn auch im Detail voneinander abweichend, mehrere formale Gattungen unterscheiden. LICHTHEIM unterscheidet drei: 1. die Prosa, 2. den „intermediate" oder „orational style" etwa der Lehren und 3. die Poesie. Foster unterscheidet die zwei literarischen Gattungen „verse" und „prose" und teilt die Versliteratur in drei Kategorien ein: 1. den „narrative verse" etwa im *Sinuhe* oder im *Schiffbrüchigen*, 2. das „hortatory couplet" etwa in den Lehren und 3. den „lyric verse", etwa in den Liebesliedern.

Die Binnenstruktur der Verse sieht LICHTHEIM als Folge von akzentuierten Sinneinheiten wie Wörtern oder Wortgruppen; die Rekonstruktion einer bestimmten Zahl von Hebungen sei wegen des Fehlens geeigneter Indizien nicht möglich. FOSTER vermutet ebenfalls ein akzentuierendes System, in dem die Zahl der unbetonten Silben nicht von Bedeutung ist.

Der entscheidende Neuansatz FOSTERs ist die Beobachtung, daß ein wichtiger formaler Baustein ägyptischer Verstexte das von ihm so genannte *thought couplet* ist. Das ist nicht verwunderlich, da, wie bereits erwähnt, der *parallelismus membrorum* ein formales Grundprinzip darstellt. Hier liegt einer der entscheidenden Fehlansätze FECHTs, der diesem formalen Element im Zweifelsfall nicht die Priorität einräumt.

BURKARDs auf LICHTHEIM und FOSTER aufbauende Untersuchungen führten zu der Überzeugung, daß in der Tat die Sinneinheit als grundlegendes Prinzip der Versbildung anzusehen ist. Nur dann sind so entscheidende stilistische Phänomene wie der *parallelismus membrorum* in allen seinen Ausprägungen angemessen und widerspruchsfrei zu integrieren.

Entscheidend ist die Definition des Begriffs „Sinneinheit". Sie entsteht, wie bereits erwähnt, durch die Aufgliederung eines Textes in syntaktisch selbständige Einheiten. Das kann ein vollständiger Satz sein, doch ist das nur eine Möglichkeit. Viel häufiger ist die Sinneinheit eine syntaktische Teileinheit, d.h. ein Nebensatz oder ein anderes, in sich geschlossenes Satzglied. Andererseits finden sich auch häufig Verse mit zwei – dann kurzen – Sinneinheiten, d.h. zwei syntaktischen Einheiten oder Teileinheiten, den von FOSTER so genannten *two-element-lines*. Ein Vers definiert sich somit als eine Sinneinheit, die aus einer oder zwei selbständigen syntaktischen Einheit(en) besteht, an deren Ende eine Caesur zum Folgenden zu beobachten ist. Vor allem nach jedem zweiten, manchmal auch nach einem dritten oder vierten Vers ist diese Caesur stärker. Dadurch werden Versgruppen gegeneinander abgetrennt, es entstehen die *thought couplets, triplets* oder *quatrains*, also die inhaltlich zusammengehörenden Versgruppen. Der weitere Aufbau eines Textes ist dem bei der „Metrik" skizzierten vergleichbar: Diese Versgruppen ordnen sich zu Strophen und Kapiteln zum jeweiligen Gesamttext. All diese Bezeichnungen sind natürlich modern und nur als Krücke gedacht, um den formalen Aufbau der Texte terminologisch in den Griff zu bekommen.

Bei Verwendung der Sinneinheit als Grundstruktur ist somit nicht das als Sprecheinheit definierte Kolon, sondern der durch die Regeln der Grammatik konstituierte Satz (*sentence*) die Basis für die Versgliederung. Je nach Zahl und Umfang seiner syntaktischen Elemente bildet er in poetisch geformten Texten einen oder mehrere Verse; gelegentlich bilden auch zwei kurze Sätze gemeinsam einen zweielementigen Vers.

In der Regel ist die Versabtrennung unproblematisch, auch bei ungegliedert tradierten Texten, da sie eine spontane Evidenz besitzt. Lediglich in Einzelfällen stellt sich z.B. die Frage, ob zwei Sinneinheiten in zwei kurze oder einen längeren, dann zweielementigen Vers einzuteilen sind. Doch lassen sich auch hier klare Gesetzmäßigkeiten beobachten. So bildet das syntaktische Grundmuster Prädikat - Subjekt - Objekt erwartungsgemäß grundsätzlich einen Vers, das Muster Prädikat - Subjekt oder vergleichbare kurze Einheiten wie Partizip - Objekt etc. einen Teilvers. Werden die Grundstrukturen um syntaktische Elemente wie Adjektive, Adverbien, Partikel, indirekte Objekte, direkte oder indirekte Genitive oder adverbielle Ergänzungen erweitert, dann entscheidet der ganze Satz und auch der Kontext. Die Verseinteilung richtet sich nach den Gesichtspunkten der Symmetrie und vor allem nach stilistischen Prinzipien wie dem *parallelismus membrorum*. Ein kurzes Beispiel (aus pChester Beatty I) mag das veranschaulichen:

> *dw3=j nwb.t / sšw3=j ḥm=s* °
> *sq3j=j nb.t p.t* °
> „Ich verehre die Goldene / ich preise ihre Majestät,
> ich rühme die Herrin des Himmels."

Hier ist das Objekt im zweiten Vers durch einen Genitiv erweitert. Damit bildet dieser Satz einen eigenen Vers. Der Text ist mit Gliederungspunkten überliefert, denen die obige Einteilung folgt.

Insbesondere das Gewicht des *parallelismus membrorum* führt dazu, daß als nächsthöherer formaler Baustein nach dem Vers vor allem das *thought couplet* eine Rolle spielt. Dessen Bedeutung hat FOSTER in einer Reihe von Arbeiten zweifelsfrei belegt, Varianten sind vor allem das schon erwähnte *triplet*, die Dreiergruppe, und das *quatrain*, die Vierergruppe. Auch bedeutungstragende Einzelverse sind zu finden.

Diese Bedeutung des *thought couplet* darf jedoch nicht wie bei FOSTER zu dem Fehlschluß führen, daß dieses Prinzip zu verabsolutieren ist. Das wäre in der Tat ein signifikanter Rückschritt gegenüber dem System der „Metrik", das stets den Gesamttext berücksichtigt.

Eine weitere Übereinstimmung zwischen LICHTHEIM und FOSTER besteht darin, daß beide neben der Versliteratur auch Prosatexte als Gattung anerkennen. An der Existenz der formalen Gattung „Prosa" kann – im Gegensatz wiederum zum System der „Metrik" – kein Zweifel bestehen. Markantes Kennzeichen eines Prosatextes ist gerade das Fehlen des *parallelismus membrorum* und damit der Struktur des *thought couplet*. Prosatexte zeichnen sich zudem durch Phänomene wie die folgenden aus: durch für die *lingua provorsa*, die „vorwärtsschreitende Rede", typische Satzeinleitungen mit ꜥḥꜥ.n sḏm.n=f, wn.jn sḏm.n=f o.ä., durch starke Unterschiede in der Zahl der syntaktischen Elemente und damit der Satzlängen, durch die Verwendung vor allem finiter Verbalformen und Weiteres. Typisch für diese Textart sind insbesondere die neuägyptischen Erzählungen wie *Zweibrüdermärchen*, *Horus und Seth*, *Prinzengeschichte*, *Wenamun* u.a., aber auch der pWestcar.

Das folgende kurze Beispiel stammt aus der *Prinzengeschichte* und ist mit Gliederungspunkten überliefert. Die Einteilung entspricht dieser Gliederung.

wn.jn pꜣ ḥrd ḥr jj.t r pwj ḥnꜥ nꜣ n ḥrdw nꜣ n wrw °
jw=f ḥr pwj °
jw=f ḥr pḥ pꜣ sšd n tꜣ šrj n pꜣ wr n Nhrn °
„Da kam der junge Mann, um mit den Söhnen der Fürsten zu springen.°
Und er sprang;°
und er erreichte das Fenster der Tochter des Fürsten von Naharina." °

Ein Prosatext definiert sich also nicht zuletzt durch das Fehlen der oben erläuterten verskonstituierenden Elemente. Deswegen ist er aber nicht „Formlos". Auch hier lassen sich bereits auf Satzebene unterschiedliche Stil- und Kunstformen beobachten. Und auch hier zeigt sich die kunstvolle Form vor allem bei der Analyse des Gesamttextes.

Versucht man, aus den verschiedenen Ansätzen eine Synthese zu erarbeiten, dann muß neben dem Blick auf den formalen Baustein derjenige auf den gesamten Text stehen. Wie schon erwähnt, hat vor allem FECHT die Notwendigkeit betont, den Text als Gesamtkunstwerk zu sehen und sich nicht auf die Analyse seiner formalen Grundelemente zu beschränken. Dabei sind die verschiedenen Stilelemente im Auge zu behalten, z.B. *parallelismus membrorum*, Wortspiel, Anapher, Antithese, Alliteration u.a.m. In diesem Zusammenhang sind auch die grammatischen Bezüge zu nennen, die eine wichtige Ebene der poetischen Struktur darstellen.

Die hier vertretene Methode der Textanalyse unterscheidet sich hinsichtlich dieser Forderung nicht von derjenigen FECHTs, die erzielten Ergebnisse bestätigen vielmehr seinen Ansatz. Divergenzen treten bereits auf Versebene immer dort auf, wo FECHT numerischen Erwägungen den Vorrang gibt.

Die nächsthöhere Stufe bilden das *thought couplet* und seine Varianten auf der einen und die Versgruppe auf der anderen Seite. Ein Abgehen von einem allzu straffen Schematismus würde zu einer deutlichen Konvergenz der beiden Systeme führen. Das gilt im übrigen für beide Seiten. FOSTERs Bearbeitung des Schiffbrüchigen:

📖 John FOSTER, „The Shipwrecked Sailor": Prose or Verse? (Postponing Clauses and Tense-Neutral Clauses) in: SAK 15, 1988, 69 - 109

zeigt eine allzu große Befangenheit in der *thought-couplet*-Struktur. Insbesondere kennt er keine Formen, die diese Struktur weiterführen („Strophe", „Kapitel" o.ä.). Das Gleiche gilt auch für seine in den Münchener Ägyptologischen Untersuchungen erschienene kleine Monographie über den *Sinuhe* (s.o.). Auf der anderen Seite steht FECHT dem Verspaarschema zu ablehnend gegenüber.

Auch das *thought couplet* (samt Varianten) ist also nur ein formaler Baustein, der allein noch kein literarisches Kunstwerk schafft. Einfache formale Strukturen, die sich so gut wie ausschließlich im *thought couplet* erschöpfen, sind z.B. relativ oft in den Late Egyptian Miscellanies, z.B. in den „Soldatencharakteristiken", erhalten. Um eine ästhetisch befriedigende Form zu erzielen, bedarf es darüber hinaus all der schon mehrfach genannten Stilmittel. Zu diesen gehört sicher auch das numerische Element, das aber nicht, wie FECHT dies tut, verabsolutiert werden darf.

Ein gewisses Hindernis bei der formalen Analyse ist die scheinbar fehlende Symmetrie jenseits des *thought couplet* in vielen Texten. Wer mit einem von abendländischer Dichtung geprägten Blick – und unter dem Eindruck der Symmetrie auf der Ebene des *thought couplet* – einen ägyptischen Verstext betrachtet, wird auch auf höherer Strukturebene nach bestimmten Regelmäßigkeiten suchen, etwa auf symmetrische Strophenbildungen durch immer gleiche oder regelmäßig alternierende Verszahlen. Genau dieses Phänomen aber fehlt vielfach in der ägyptischen Versdichtung. Hier sind vielmehr bei Anwendung inhaltlicher und stilistischer Analysekriterien neben regelmäßigen Längen von Versgruppen und Strophen häufig auch sehr unterschiedliche zu beobachten. Das wirkt auf den ersten Blick unbefriedigend, da es dem aus anderen Gebieten bekannten Symmetriestreben der Ägypter zuwiderzulaufen scheint.

Tatsächlich jedoch folgt der Aufbau der Versgruppen und Strophen durchaus ästhetischen Kriterien, solchen zudem, die originär ägyptischen Ursprungs sind. Es ist das Verdienst ASSMANNs, dieses Phänomen beobachtet und analysiert zu haben:

📖 Jan ASSMANN, Hierotaxis, in: Jürgen OSING/Günter DREYER (Hrsgg.), Form und Mass (FS Fecht), Wiesbaden 1987 (ÄAT 12), 18-42.

In der Komposition von Texten wurden die gleichen Regeln angewandt wie in der Flachbildkunst. Dort gilt auf Register- bzw. Bildstreifenebene das Prinzip des Bedeutungsmaßstabs: Bedeutendes wird groß, Nebensächlicheres kleiner dargestellt. Dennoch würde man den Aufbau eines ägyptischen Wandbildes nie als unproportioniert oder asymmetrisch ansehen.

Dieses Prinzip gilt, wie ASSMANN gezeigt hat, auch für die Dichtkunst: eine Folge von längeren oder kürzeren Teil- und Einzelstrophen konstituiert wie die Einzelszenen innerhalb des Flachbildes die Gesamtheit des Textes. Zwar treten wie bei der Bildgestaltung immer wieder Regularien auf, doch ist das nicht Bedingung. Der Umfang der Versgruppe oder Einzelstrophe bemißt sich vielmehr nach der Bedeutung für das Ganze, folgt also dem Bedeutungsmaßstab. Es bestehen somit klare Zusammenhänge zwischen Prinzipien der Hierarchie im Wandbild und syntaktischen Prinzipien im Text. Diesem Phänomen gab ASSMANN die Bezeichnung „Hierotaxis".

Das sei in Kürze an einem Beispiel in deutscher Übersetzung demonstriert. Im neunten Kapitel des *Schiffbrüchigen* berichtet dieser der Schlange vom Schiffsuntergang:

„Noch ehe der Sturm da war, sagten sie ihn voraus,

das Unwetter, noch ehe es losgebrochen war.

Ein jeder von ihnen: sein Herz war kühn,
sein Arm war stärker als der seines Gefährten,
kein Dummkopf war unter ihnen.

Ein Sturm war losgebrochen, als wir noch auf See waren,
noch ehe wir das Land erreicht hatten.

Wind kam auf und stürmte immer wieder,
eine Woge darin von acht Ellen.

Der Mast war es, der mir brach (?),
da war das Schiff verloren,
von seiner Besatzung blieb keiner übrig.

Außer mir: Sieh mich an deiner Seite."

Hier sind die Beschreibung der Fähigkeiten der Besatzung und vor allem die Schilderung des Untergangs so wichtig, daß sie jeweils drei Verse einnehmen. Dadurch und durch den einzelnen Vers am Ende wirkt dieses Kapitel für unser Gefühl eher unharmonisch. Doch macht auch dieser Einzelvers Sinn: Er steht exakt in der Mitte der Geschichte und markiert den Wendepunkt für das Geschick des Schiffbrüchigen.

Der Vergleich mit dem Flachbild läßt sich weiterführen. Bei diesem folgen die übergeordneten Prinzipien eindeutig den Geboten der Symmetrie: Die Folgen von Einzelszenen fügen sich zu Registern, diese zu Wänden und diese wiederum zum symmetrisch strukturierten Gesamtwerk. Das gilt in einem erstaunlichem Maße auch für die Dichtkunst. Auch hier bestimmt auf den höheren Ebenen der Struktur (wieder) die Symmetrie den Textaufbau. Im übrigen besteht vollständige Übereinstimmung zwischen dem Aufbau von Vers- und demjenigen von Prosatexten.

Diese Symmetrie äußert sich in der harmonischen Gesamtzahl der Kapitel bzw. Strophen ebenso wie in der aus inhaltlichen Gründen evidenten Zusammenfassung von mehreren Strophen oder Kapiteln zu größeren Einheiten. Das ergab die Analyse einer Reihe ägyptischer Texte zweifelsfrei: Zum Beispiel umfaßt die Geschichte des *Sinuhe* 40 Kapitel, die in fünf Bücher zu je 8 Kapiteln eingeteilt werden können. Diese Beobachtung stammt von ASSMANN (s. ASSMANN, Die Rubren). Nach BURKARDs Untersuchungen umfaßt die *Geschichte des Schiffbrüchigen* 20 Kapitel, die in vier Bücher zu je 5 Kapiteln einzuteilen sind. Wie beim *Sinuhe* ist diese Einteilung aus inhaltlichen Gründen evident und wird hier wie dort durch die Rubrengliederung auch äußerlich markiert. Zu den Einzelheiten s. BURKARD, Überlegungen, S. 102-107.

Das gleiche Bild ergibt sich bei der Analyse von Prosatexten. Hier fällt die Symmetriebildung auf Satz- bzw. Satzteilebene weg oder spielt zumindest nicht die dominierende Rolle wie im Vers. Doch bedeutet das keinerlei Minder-, sondern lediglich eine Anders-Wertigkeit. Zur teilweise hochkomplizierten Struktur von Prosatexten ist, ohne daß das hier näher ausgeführt werden soll, auf die Analyse des Zweibrüdermärchens durch ASSMANN zu verweisen:

📖 Jan ASSMANN, Das ägyptische Zweibrüdermärchen (Papyrus d'Orbiney): eine Textanalyse auf drei Ebenen am Leitfaden der Einheitsfrage, in: ZÄS 104, 1977, 1-25.

Auf den übergeordneten Stufen gelten offensichtlich die gleichen formalen Kriterien wie in der Versliteratur; hier entsprechen sich Versgruppe und Abschnitt („Paragraph") sowie Strophe und Kapitel („Perikope"). Das Zweibrüdermärchen besteht – wieder durch die Rubreneinteilung markiert – aus 24 Kapiteln, die sich in drei Bücher zu je 8 Kapiteln gliedern lassen. Verschiedene Indizien deuten zudem zumindest bei diesem Text darauf hin, daß diese äußere Gliederung schon zu Beginn feststand, also den Rahmen bildete, der anschließend durch den Text ausgefüllt wurde.

Ein literarischer ägyptischer Text weist somit idealiter die folgende Struktur auf (nach BURKARD, AEL 461):

1. Verstext:
   a. Vers (= Sinneinheit = eine oder ggf. zwei syntaktische Einheiten)
   b. Versgruppe/Teilstrophe (= zwei oder mehr inhaltlich zusammengehörende Verse, insbesondere auf der Basis des *thought couplet*; der Umfang richtet sich nach dem Bedeutungsmaßstab)
   c. Strophe (unterschiedlicher Länge, der Umfang richtet sich nach dem Bedeutungsmaßstab)
   d. „Buch" (häufig innerhalb des Textes symmetrisch aufgebaut)
   e. Gesamttext (offenbar zumindest teilweise die Summe des symmetrischen Aufbaus der Kapitel).

2. Prosatext:
   a. Satz (= Sinneinheit, aus unterschiedlicher Anzahl syntaktischer Einheiten bestehend)
   b. Abschnitt/Paragraph (zwei oder mehr Einzelsätze; der Umfang richtet sich nach dem Bedeutungsmaßstab)

c. Kapitel/Perikope (unterschiedlicher Länge; der Umfang richtet sich nach dem Bedeutungsmaßstab)
d. „Buch" (häufig innerhalb des Textes symmetrisch aufgebaut)
e. Gesamttext (offenbar zumindest teilweise die Summe des symmetrischen Aufbaus der Kapitel).

Damit ist der Überblick über die Literatur des Alten und Mittleren Reichs abgeschlossen. Angesichts der vielen Texte, der unterschiedlichen Gattungen und der oft nur bruchstückhaften Erhaltung kann man den Reichtum der ägyptischen Literatur uneingeschränkt bewundern – und ebenso uneingeschränkt die unbekannten und ungeahnten Verluste bedauern. Diese Verluste bringen es mit sich, daß dieser Überblick und unsere Kenntnis der ägyptischen Literatur momentan mehr einem Mosaik oder einem Puzzle mit vielen weißen Stellen als einem wirklichen Überblick gleichen, aber:

dies diem docet

Literaturverzeichnis

ALLEN, JAMES P., *The Inflection of the Verb in the Pyramid Texts*, Malibu 1984 (BiAe 2).

ALLEN, THOMAS G., *Occurrences of Pyramid Texts with Cross Indexes of these and other Egyptian Mortury Texts*, Chicago 1950 (SAOC 27).

ALTENMÜLLER, HARTWIG, *Bemerkungen zum Hirtenlied des Alten Reiches*, in: CdE 48, 1973, 211-231.

ALTENMÜLLER, HARTWIG, *Bemerkungen zum Kannibalenspruch*, in: ASSMANN, JAN/FEUCHT, ERIKA/GRIESHAMMER, REINHARD (Hrsgg.), Fragen an die altägyptische Literatur (GS Otto), Wiesbaden 1977, 19-39.

ALTENMÜLLER, HARTWIG, *Das „Sänftenlied" des Alten Reiches*, in: BSEG 9-10 (FS Wild), 1984-1985, 15-30.

ALTENMÜLLER, HARTWIG, *Die „Geschichte des Schiffbrüchigen" – ein Aufruf zum Loyalismus?*, in: ALTENMÜLLER, HARTWIG/GERMER, RENATE (Hrsgg.), Miscellanea Aegyptologica (FS Helck), Hamburg 1989, 7-21.

ALTENMÜLLER, HARTWIG, *Die Texte zum Begräbnisritual in den Pyramiden des Alten Reiches*, Wiesbaden 1972 (ÄAT 24).

ALTENMÜLLER, HARTWIG, *Die Zeit „diesseits und jenseits" der Todesschwelle im Brief Sesostris' I. an Sinuhe*, in: GM 188, 2002, 9-14.

ALTENMÜLLER, HARTWIG, *„Gliedervergottung"*, in: LÄ II, 624-627.

ALTENMÜLLER, HARTWIG, *Ihy beim Durchtrieb durch die Furt - Bemerkungen zu Gestalt und Person eines Gottes*, in: VERHOEVEN, URSULA/GRAEFE, ERHART (Hrsgg.), Religion und Philosophie im alten Ägypten (FS Derchain), Leuven 1991 (OLA 39), 17-27.

ALTENMÜLLER, HARTWIG, *„Pyramidentexte"*, in: LÄ V, 14-23.

ALTENMÜLLER, HARTWIG, *Kälberhirte und Schafhirte. Bemerkungen zur Rückkehr des Grabherrn*, in: SAK 16, 1989, 1-19.

ANTHES, RUDOLF, *Zur Echtheit der Lehre des Amenemhet*, in: ASSMANN, JAN/FEUCHT, ERIKA/GRIESHAMMER, REINHARD (Hrsgg.), Fragen an die altägyptische Literatur (GS Otto), Wiesbaden 1977, 41-54.

ASSMANN, JAN/BLUMENTHAL, ELKE (Hrsgg.), *Literatur und Politik im pharaonischen und ptolemäischen Ägypten*, Vorträge der Tagung zum Gedenken an Georges Posener, 5. - 10. September 1996 in Leipzig, Le Caire 1998 (BdE 127).

ASSMANN, JAN, *Ägypten. Eine Sinngeschichte*, München/Wien 1996.

ASSMANN, JAN, *Ägyptische Hymnen und Gebete*, Freiburg/Göttingen ²1999.

ASSMANN, JAN, *Das ägyptische Zweibrüdermärchen (Papyrus d'Orbiney): eine Textanalyse auf drei Ebenen am Leitfaden der Einheitsfrage*, in: ZÄS 104, 1977, 1-25.

ASSMANN, JAN, *Das kulturelle Gedächnis. Schrift, Erinnerung und politische Identität in frühen Hochkulturen*, München 1992.

ASSMANN, JAN, *Der literarische Text im alten Ägypten. Versuch einer Begriffsbestimmung*, in: OLZ 69, 1974, 118-126.

Assmann, Jan, *Der schöne Tag. Sinnlichkeit und Vergänglichkeit im altägyptischen Fest*, in: ASSMANN, JAN (Hrsg.), Stein und Zeit. Mensch und Gesellschaft im alten Ägypten, München 1991, 200-234.

ASSMANN, JAN, *Die ägyptische Schriftkultur*, in: GÜNTHER, HARTMUT/LUDWIG, OTTO (Hrsgg.), Schrift und Schriftlichkeit. Writings and its Use, Berlin 1994, 472-491.

ASSMANN, JAN, *Die Rubren in der Überlieferung der Sinuhe-Erzählung*, in: GÖRG, MANFRED (Hrsg.), Fontes atque pontes (FS Brunner), Wiesbaden 1983 (ÄAT 5), 18-41.

ASSMANN, JAN, *Gibt es eine „Klassik" in der ägyptischen Literaturgeschichte? Ein Beitrag zur Geistesgeschichte der Ramessidenzeit*, in: ZDMG Suppl. VI, 1985, 35-52.

ASSMANN, JAN, *Hierotaxis*, in: OSING, JÜRGEN/DREYER, GÜNTER (Hrsgg.), Form und Mass (FS Fecht), Wiesbaden 1987 (ÄAT 12), 18-42.

ASSMANN, JAN, *Königsdogma und Heilserwartung. Politische und kultische Chaosbeschreibungen in ägyptischen Texten*, in: HELLHOLM, DAVID (Hrsg.), Apocalypticism in the Mediterranean World and the Near East, Proceedings of the International Colloquium on Apocalypticism Uppsala, August 12-17, 1979, Tübingen 1983, 345-377.

ASSMANN, JAN, *Kulturelle und literarische Texte*, in: LOPRIENO, ANTONIO (Hrsg.), Ancient Egyptian Literature – History and Forms, Leiden/New York/Köln 1996 (Probleme der Ägyptologie 10), 59-81.

ASSMANN, JAN, *Literatur und Karneval im alten Ägypten*, in: DÖPP, SIEGMAR (Hrsg.), Karnevaleske Phänomene in antiken und nachantiken Kulturen und Literaturen, Trier 1993, 31-57.

ASSMANN, JAN, *Maat. Gerechtigkeit und Unsterblichkeit im alten Ägypten*, München 1990.

ASSMANN, JAN, *Schrift, Tod und Identität. Das Grab als Vorschule der Literatur im alten Ägypten*, in: ASSMANN, ALEIDA/ASSMANN, JAN/HARDMEIER, CHRISTOF (Hrsgg.), Schrift und Gedächtnis. Beiträge zur Archäologie der literarischen Kommunikation, München 1983, 64-93. Erneuter Druck in: ASSMANN, JAN (Hrsg.), *Stein und Zeit. Mensch und Gesellschaft im alten Ägypten*, München 1991, 169-199.

ASSMANN, JAN, *Sepulkrale Selbstthematisierung im alten Ägypten*, in: Selbstthematisierung und Selbstzeugnis: Bekenntnis und Gedächtnis, Frankfurt 1986, 208-232.

ASSMANN, JAN, *Stein und Zeit. Mensch und Gesellschaft im alten Ägypten*, München 1991.

ASSMANN, JAN, *Vergeltung und Erinnerung*, in: JUNGE, FRIEDRICH (Hrsg.), Studien zu Sprache und Religion Ägyptens (FS Westendorf), Band 2: *Religion*, Göttingen 1984, 687-701.

ASSMANN, JAN, *Weisheit, Loyalismus und Frömmigkeit*, in: HORNUNG, ERIK/KEEL, OTHMAR (Hrsgg.), Studien zu altägyptischen Lebenslehren, Freiburg (Schweiz)/Göttingen 1979 (OBO 28), 7-72.

ASSMANN, JAN, *Weisheit, Schrift und Literatur im alten Ägypten*, in: ASSMANN, ALEIDA (Hrsg.), Weisheit. Archäologie der literarischen Kommunikation III, München 1991, 475-500.

ASSMANN, JAN, *Zur Geschichte des Herzens im alten Ägypten*, in: ASSMANN, JAN (Hrsg.), Die Erfindung des inneren Menschen. Studien zur religiösen Anthropologie, Gütersloh 1993 (Studien zum Verstehen fremder Religionen 6), 81-113.

BAINES, JOHN/EYRE, CHRISTOPHER J., *Four notes on literacy*, in: GM 61, 1983, 65-96.

BAINES, JOHN, *An Abydos List of Gods and an Old Kingdom Use of Texts*, in: BAINES, JOHN/JAMES, THOMAS G. H./LEAHY, ANTHONY/SHORE, ALAN F. (Hrsgg.), Pyramid Studies and other Essays (FS Edwards), London 1988 (EES Occasional Publications 7), 124-133.

BAINES, JOHN, *Communication and Display: The Integration of Early Egyptian Art and Writing*, in: Antiquity 63, 1989, 471-482.

BAINES, JOHN, *Contexts of Fate: Literature and Practical Religion*, in: EYRE, CHRISTOPHER/LEAHY, ANTHONY/MONTAGNO LEAHY, LISA (Hrsgg.), The unbroken Reed. Studies in the Culture and Heritage of Ancient Egypt (FS Shore), London 1994 (EES Occasional Publications 11), 35-52.

BAINS, JOHN, *Interpreting Sinuhe*, in: JEA 68, 1982, 31-44.

BAINES, JOHN, *Interpreting the Story of the Shipwrecked Sailor*, in: JEA 76, 1990, 55-72.

BAINES, JOHN, *Literacy and Ancient Egyptian Society*, in: Man N.S. 18, 1983, 572-599.

BAINES, JOHN, *Literacy, Social Organization, and the Archaeological Record: the Case of Early Egypt*, in: GLEDHILL, J./BENDER, B./LARSEN, M. T. (Hrsgg.), State and Society. The Emergence and Development of Social Hierarchy and Political Centralization, London 1988, 192-214.

BAINES, JOHN, *On the symbolic context of the principal hieroglyph for „god"*, in: VERHOEVEN, URSULA/GRAEFE, ERHART (Hrsgg.), Religion und Philosophie im alten Ägypten (FS Derchain), Leuven 1991 (OLA 39), 29-46.

BAINES, JOHN, *Rez. zu Brunner, Hellmut, Grundzüge einer Geschichte der altägyptischen Literatur*, Darmstadt 1966, in: JEA 76, 1990, 209-210.

BARNS, JOHN W. B., *A New Wisdom Text from a Writing-board in Oxford*, in: JEA 54, 1968, 71-76.

BARNS, JOHN W. B., *Five Ramesseum Papyri*, Oxford 1956.

BAROCAS, CLAUDIO, *Les contes du Papyrus Westcar*, in: SAK/Beihefte 3, 1988, 121-129.

BARTA, WINFRIED, *Bemerkungen zur Bedeutung der im Pyramidenspruch 273/274 geschilderten Anthropophagie*, in: ZÄS 106, 1979, 89-94.

BARTA, WINFRIED, *Das Gespräch des Ipuwer mit dem Schöpfergott*, in: SAK 1, 1974, 19-33.

BARTA, WINFRIED, *Das Gespräch eines Mannes mit seinem BA (Papyrus Berlin 3024)*, Berlin 1969 (MÄS 18).

BARTA, WINFRIED, *Das Schulbuch Kemit*, in: ZÄS 105, 1978, 6-14.

BARTA, WINFRIED, *Die Bedeutung der Pyramidentexte für den verstorbenen König*, München 1981 (MÄS 39).

BARTA, WINFRIED, *Die erste Zwischenzeit im Spiegel der pessimistischen Literatur*, in: JEOL 24, 1975/6, 50-61.

BARTA, WINFRIED, *„Lehre für Kagemni"*, in: Écrits de l'orient, in: LÄ III, 980-982.

BARUCQ, ANDRE, *Les textes d'Égypte ancien et sources bibliques*, Paris 1986, 61-105 (Ancien Testament 2).

BELLION, MADELEINE, *Catalogue des manuscits hiéroglyphiques et hiératiques et des dessins, sur papyrus, cuir ou tissu, publiés au signalés*, Pau 1987.

BERGMAN, JAN, *Gedanken zum Thema „Lehre–Testament–Grab–Name"*, in: HORNUNG, ERIK/KEEL, OTHMAR (Hrsgg.), Studien zu altägyptischen Lebenslehren, Freiburg (Schweiz)/Göttingen 1979 (OBO 28), 73-104.

BERLEV, OLEG D. *The Date of the „Eloquent Peasant"*, in: OSING, JÜRGEN/DREYER, GÜNTER (Hrsgg.), Form und Mass (FS Fecht), Wiesbaden 1987 (ÄAT 12), 78-83.

BIRCH, SAMUEL, *Dictionary of Hieroglyphs*, in: BUNSEN, CHRISTIAN C. J., Egypt's Place in Universal History 5, London 1867, 335-568.

BJÖRKMANN, GUN, *Egyptology and Historical Method*, in: OrSu 13, 1964 (1965), 9-33.

BLACKMAN, AYLWARD M., *Middle-Egyptian Stories*, Part II/1, Bruxelles 1932 (BAe 2).

BLACKMAN, AYLWARD M., *The Literature of the Ancient Egyptians*, London 1927, Reprint New York 1966 unter dem Titel: The Ancient Egyptianas; A Sourcebook of Their Writings, introduction by William K. Simpson.

BLACKMAN, AYLWARD M., *The Story of King Kheops and the Magicians. Transcribed from Papyrus Westcar (Berlin Papyrus 3033)*, DAVIES, W. V. (Hrsg.), Whitstable 1988.

BLUMENTHAL, ELKE (Hrsg.), *Altägyptische Reiseerzählungen. Die Lebensgeschichte des Sinuhe. Der Reisebericht des Wen-Amun*, Leipzig ²1984.

BLUMENTHAL, ELKE, *Die altägyptische Literatur im Kulturkontext*, in: HERTEL, VOLKER/BARZ, IRMHILD/METZLER, REGINE/UHLIG, BRIGITTE (Hrsgg.), Sprache und Kommunikation im Kulturkontext. Beiträge zum Ehrenkolloquium aus Anlaß des 60. Geburtstages von Gotthard Lerchner, Frankfurt 1996, 17-31.

BLUMENTHAL, ELKE, *Die Erzählung des Sinuhe*, in: KAISER, OTTO et al. (Hrsgg.), Weisheitstexte, Mythen und Epen, Mythen und Epen III, Gütersloh 1995 (TUAT III, 5), 884-911.

BLUMENTHAL, ELKE, *Die Lehre des Königs Amenemhet (Teil I)*, in: ZÄS 111, 1984, 85-107.

BLUMENTHAL, ELKE, *Die Lehre des Königs Amenemhet (Teil II)*, in: ZÄS 112, 1985, 104-115.

BLUMENTHAL, ELKE, *Die Lehre für König Merikare*, in: ZÄS 107, 1980, 5-41.

BLUMENTHAL, ELKE, *Die literarische Verarbeitung der Übergangszeit zwischen Altem und Mittlerem Reich*, in: LOPRIENO, ANTONIO (Hrsg.), Ancient Egyptian Literature

– History and Forms, Leiden/New York/Köln 1996 (Probleme der Ägyptologie 10), 105-135.

BLUMENTHAL, ELKE, *Die Prophezeiung des Neferti*, in: ZÄS 109, 1982, 1-27.

BLUMENTHAL, ELKE, *Eine neue Handschrift der „Lehre eines Mannes für seinen Sohn" (P Berlin 1437)*, in: Festschrift zum 150jährigen Bestehen des Berliner Ägyptischen Museums, Staatliche Museen zu Berlin, Berlin 1974 (Mitteilungen aus der Ägyptischen Sammlung 8), 55-66.

BLUMENTHAL, ELKE, *Prolegomena zu einer Klassifizierung der ägyptischen Literatur*, in: EYRE, CHRISTOPHER J. (Hrsg.), Proceedings of the Seventh International Congress of Egyptologists, Leuven 1998 (OLA 82), 173-182.

BLUMENTHAL, ELKE, *Ptahhotep und der „Stab des Alters"*, in: OSING, JÜRGEN/DREYER, GÜNTER (Hrsgg.), Form und Mass (FS Fecht), Wiesbaden 1987 (ÄAT 12), 84-97.

BLUMENTHAL, ELKE, *Zu Sinuhes Zweikampf mit dem Starken von Retjenu*, in: GÖRG, MANFRED (Hrsg.), Fontes atque pontes (FS Brunner), Wiesbaden 1983 (ÄAT 5), 42-46.

BREASTED, JAMES H., *Development of Religion and Thought in Ancient Egypt*, New York/Evanston ³1959.

BRODERSEN, KAI (Hrsg.), *Asterix und seine Zeit. Die große Welt des kleinen Galliers*, München 2001.

BRUGSCH, HEINRICH, *Hieroglyphisch-Demotisches Wörterbuch*, 4 Bände, Leipzig 1867-1868, Supplement, 3 Bände, Leipzig 1880-1882.

BRUNNER, HELLMUT, *Altägyptische Weisheit. Lehren für das Leben*, Die Bibliothek der Alten Welt, Zürich/München 1988.

BRUNNER, HELLMUT, *Die Lehre des Cheti, Sohn des Duauf*, Glückstadt 1944 (ÄF 13).

BRUNNER, HELLMUT, *Grundzüge einer Geschichte der altägyptischen Literatur*, Darmstadt ⁴1986 (Grundzüge VIII).

BRUNNER, HELLMUT, *„Lehren"*, in: LÄ III, 964-968.

BRUNNER, HELLMUT, *Zitate aus Lebenslehren*, in: HORNUNG, ERIK/KEEL, OTHMAR (Hrsgg.), Studien zu altägyptischen Lebenslehren, Freiburg (Schweiz)/Göttingen 1979 (OBO 28), 105-171.

BRUNNER, HELLMUT, *Zur Aussprache der Namen Chephren und Djedefhor*, in: ZÄS 102, 1975, 94-99.

BRUNNER-TRAUT, EMMA, *Altägyptische Literatur*, in: RÖLLIG, WOLFGANG (Hrsg.), Altorientalische Literaturen, Neues Handbuch der Literaturwissenschaften 1, Wiesbaden 1978, 25-99.

BRUNNER-TRAUT, EMMA, *Altägyptische Märchen. Mythen und andere volkstümliche Erzählungen*, Die Märchen der Weltliteratur, München ⁹1990.

BRUNNER-TRAUT, EMMA, *Die alten Ägypter. Verborgenes Leben unter Pharaonen*, Stuttgart 1974.

BRUNNER-TRAUT, EMMA, *Die Weisheitslehre des Djedef-Hor*, in: ZÄS 76 (FS Schäfer), 1940, 3-9.

BRUNNER-TRAUT, *„Liebe"*, in: LÄ III, 1034-1048.

BRUNNER-TRAUT, EMMA, *Weiterleben der ägyptischen Lebenslehren in den koptischen Apophthegmata am Beispiel des Schweigens*, in: HORNUNG, ERIK/KEEL, OTHMAR (Hrsgg.), Studien zu altägyptischen Lebenslehren, Freiburg (Schweiz)/Göttingen 1979 (OBO 28), 173-216.

BUCHBERGER, HANNES, *Transformation und Transformat. Sargtextstudien I*, Wiesbaden 1993 (ÄA 52).

BUDGE, ERNEST A. W., *Facsimiles of Egyptian Hieratic Papyri in the British Museum*, London 1910.

BURKARD, GÜNTER, *„Als Gott erschienen spricht er". Die Lehre des Amenemhet als postumes Vermächtnis*, in: ASSMANN, JAN/BLUMENTHAL, ELKE (Hrsg.), Literatur und Politik im pharaonischen und ptolemäischen Ägypten, Le Caire 1999 (BdE 127), 153-173.

BURKARD, GÜNTER, *Bibliotheken im alten Ägypten*, in: Bibliothek. Forschung und Praxis 4, 1980, 79-115.

BURKARD, GÜNTER, *Der formale Aufbau altägyptischer Literaturwerke: Zur Problematik der Erschliessung seiner Grundstrukturen*, in: SAK 10, 1983, 79-118.

BURKARD, GÜNTER, *Die Lehre des Ptahhotep*, in: KAISER, OTTO, ET AL. (Hrsgg.), Weisheitstexte, Mythen und Epen, Weisheitstexte II, Gütersloh 1991 (TUAT III, 2), 195-221.

BURKARD, GÜNTER, *Metrik, Prosodie und formaler Aufbau ägyptischer literarischer Texte*, in: LOPRIENO, ANTONIO (Hrsg.), Ancient Egyptian Literature – History and Forms, Leiden/New York/Köln 1996 (Probleme der Ägyptologie 10), 447-463.

BURKARD, GÜNTER, *Ptahhotep und das Alter*, in: ZÄS 115, 1988, 19-30.

BURKARD, GÜNTER, *Textkritische Untersuchungen zu ägyptischen Weisheitslehren des Alten und Mittleren Reiches*, Wiesbaden 1977 (ÄA 34).

BURKARD, GÜNTER, *Überlegungen zur Form der ägyptischen Literatur. Die Geschichte des Schiffbrüchigen als literarisches Kunstwerk*, Wiesbaden 1993 (ÄAT 22).

CAMINOS, RICARDO A., *Literary Fragments in the Hieratic Script*, Oxford 1956.

ČERNÝ, JAROSLAV, *Paper and Books in Ancient Egypt*, London 1952.

CHAPPAZ, JEAN-LUC, *Un manifeste littéraire du Moyen Empire – Les lamentations de Khakhéper-ré-séneb*, in: BSEG 2, 1979, 3-12.

COLIN, GERARD, *Khâkheperrêreneb et la conscience de l'Histoire*, in: GM 150, 1996, 43-46.

COUROYER, B., *Chemin de vie en Égypte et en Israel*, in: Revue Biblique 56, 1949, 412-432.

CROZIER-BRELOT, CLAUDE, *Index des citations des textes des pyramides*, 2 Bände, Paris 1994.

CROZIER-BRELOT, CLAUDE, *Textes des pyramides, index des citations*, vol. 1-5, Paris 1976.

CRUZ-URIBE, EUGENE, *The Fall of the Middle Kingdom*, in: VA 3, 1987, 107-111.

DAVIES, W. V., *Readings in the Story of Sinuhe and other Egyptian Texts*, in: JEA 61, 1975, 45-53.

DEPUYDT, LEO, *Ancient Egyptian Star Clocks and Their Theory (Rez. Christian Leitz, Altägyptische Sternuhren, Leuven 1995)*, in: BiOr 55, 1998, 6-43.

DEPUYDT, LEO, *The Contingent Tenses of Egyptian*, in: Or 58, 1989, 1-27.

DER MANUELIAN, PETER, *Interpreting „The Shipwrecked Sailor"*, in: GAMER-WALLERT, INGRID/HELCK, WOLFGANG (Hrsgg.), Gegengabe (FS Brunner-Traut), Tübingen 1992, 223-233.

DERCHAIN, PHILIPPE, *Allusion, citation, intertextualité*, in: MINAS, MARTINA/ZEIDLER, JÜRGEN (Hrsgg.), Aspekte spätägyptischer Kultur (FS Winter), Mainz 1994 (ÄT 7), 69-76.

DERCHAIN, PHILIPPE, *Éloquence et politique. L'opinion d'Akhtoy*, in: RdE 40, 1989, 37-47.

DERCHAIN, PHILIPPE, *Intelligenz als Karriere (Neferti, 10-11)*, in: GM 3, 1972, 9-14.

DERCHAIN, PHILIPPE, *Le dialogue du Desespere. A propos d'un livre récent*, in: GM 125, 1991, 17-19.

DERCHAIN, PHILIPPE, *Snéfrou et les Rameuses*, in: RdE 21, 1969, 19-25.

DERCHAIN-URTEL, MARIA THERESIA, *Die Schlange des „Schiffbrüchigen"*, in: SAK 1, 1974, 83-104.

DEVAUCHELLE, DIDIER, *La prophétie de Neferti*, in: Supplément au Cahier Évangile 89, 1994, 10-13.

DEVAUCHELLE, DIDIER, *Le Chemin de vie dans L'Égypte Ancienne*, in: Sagesse de l'Orient Ancien et Chrétien, Paris 1993, 91-122.

DEVAUCHELLE, DIDIER, *Le Papyrus Westcar*, in: Supplément au Cahier Evangile 89: Prophéties et oracles II. En Égypte et en Grèce, Paris 1994, 14-18.

DEVAUCHELLE, DIDIER, *Le paysan déraciné*, in: CdE 70, 1995, 34-40.

DEVAUCHELLE, DIDIER, *Naufrage 184-186*, in: GM 101, 1988, 21-25.

DEVAUD, EUGENE, *Les Maximes de Ptahhotep*, Fribourg 1916.

DIEHLE, A., *Vom gesunden Menschenverstand*, AHAW, Heidelberg 1995.

DONADONI, SERGIO, *La letteratura egizia, La letterature del mondo*, Florenz/Mailand 1967.

DRENKHAHN, ROSEMARIE, *„Hirtengeschichte"*, in: LÄ II, 1223-4.

EAGLETON, TERRY, *Einführung in die Literaturtheorie*, Stuttgart ³1994.

ECKER, HANS-PETER, *Die Legende*, Stuttgart 1993.

EDEL, ELMAR, *Altägyptische Grammatik*, 2 Bände, Roma 1955 und 1964 (AnOr 34 und 39).

EDEL, ELMAR, *Neue Übersetzungsvorschläge, Grammatisches und Lexikalisches zu den Pyramidentexten*, in: ZÄS 102, 1975, 31-36.

EDEL, ELMAR, *Untersuchungen zur Phraseologie der ägyptischen Inschriften des Alten Reiches*, in: MDAIK 13, 1944, 1-90.

EGBERTS, ARNO, *Hard Times: The Chronology of „the Report of Wenamun" Revised*, in: ZÄS 125, 1998, 93-108.

EICHLER, ECKHARD, *Zur Datierung und Interpretation der Lehre des Ptahhotep*, in: ZÄS 128, 2001, 97-107.

EL-KHADRAGY, MAHMOUD, *Some Palaeographic Features of Weni's Biography*, in: GM 188, 2002, 61-72.

ELIAS, NORBERT, *Über den Prozeß der Zivilisation*, Frankfurt 1976 (STW 158, 159).

ERMAN, ADOLF, *Aegypten und aegyptisches Leben im Altertum*, Tübingen 1885.

ERMAN, ADOLF, *Die Literatur der Ägypter. Gedichte, Erzählungen und Lehrbücher aus dem 3. und 2. Jahrtausend v. Chr.*, Leipzig 1971 (unveränderter Nachdruck von 1923).

ERMAN, ADOLF, *Die Märchen des Papyrus Westcar I, Einleitung und Commentar, Staatliche Museen zu Berlin*, Berlin 1890 (Mittheilungen aus den orientalischen Sammlungen, Heft V).

ERMAN, ADOLF, *Die Sprache des Papyrus Westcar. Eine Vorarbeit zur Grammatik der ägyptischen Sprache*, in: ADOLF ERMAN, Akademieschriften (1880-1928), Teil I: 1880-1910, Opuscula 13, Leipzig 1986, Abhandlungen der königlichen Gesellschaft der Wissenschaften zu Göttingen, Bd. 36, Göttingen 1889.

ERMAN, ADOLF, *Gespräch eines Lebensmüden mit seiner Seele. Aus dem Papyrus 3024 der Königlichen Museen*, APAW (ab 1945: ADAW) 1896, Phil.-hist. Kl., Berlin 1896.

ERMAN, ADOLF, *Mein Werden und mein Wirken*, Leipzig 1929.

EYRE, CHRISTOPHER J., *Fate, Crocodiles and the Judgment of the Dead. Some Mythological Allusions in Egyptian Literatur*, in: SAK 4, 1976, 103-114.

EYRE, CHRISTOPHER J., *The Cannibal Hymn. A Cultural and Literary Study*, Liverpool 2002.

EYRE, CHRISTOPHER J., *Why was Egyptian Literature?*, in: ZACCONE, GIAN MARIA/DI NETRO, TOMASO R. (Hrsgg.), Sesto Congresso Internazionale di Egittologia, Atti, Volume II, Torino 1993, 115-120.

FAULKNER, RAYMOND O., *The „Cannibal Hymn" from the Pyramid Texts*, in: JEA 10, 1924, 97-103.

FAULKNER, RAYMOND O., *The Ancient Egyptian Pyramid Texts, Translated into English*, Oxford 1969.

FAULKNER, RAYMOND O., *The Ancient Egyptian Pyramid Texts, Translated into English. Supplement of Hieroglyphic Texts*, Oxford 1969.

FAULKNER, RAYMOND O., *The Man Who was Tired of Life*, in: JEA 42, 1956, 21-40.

FECHT, GERHARD, *Cruces interpretum in der Lehre des Ptahhotep (Maximen 7, 9, 13, 14) und das Alter der Lehre*, in: Hommages à François Daumas (FS Daumas), Montpellier 1986, 227-251.

FECHT, GERHARD, *Der Habgierige und die Maat in der Lehre des Ptahhotep (5. und 19. Maxime)*, Glückstadt/Hamburg/New York 1958 (ADAIK 1).

FECHT, GERHARD, *Der Vorwurf an Gott in den „Mahnworten des Ipu-wer" (Pap. Leiden I 344 recto, 11, 11 - 13, 8; 15, 13 - 17, 3). Zur geistigen Krise der ersten Zwischenzeit und ihrer Bewältigung*, AHAW, Phil.-Hist. Kl. Jg. 1972, 1. Abh., Heidelberg 1972.

FECHT, GERHARD, *Die Form der altägyptischen Literatur: Metrische und stilistische Analyse*, in: ZÄS 91, 1964, 11-63.

FECHT, GERHARD, *Die Form der altägyptischen Literatur: Metrische und stilistische Analyse (Schluß)*, in: ZÄS 92, 1965, 10-32.

FECHT, GERHARD, *Die Wiedergewinnung der altägyptischen Verskunst*, in: MDAIK 19, 1963, 54-96.

FECHT, GERHARD, *Literarische Zeugnisse zur „Persönlichen Frömmigkeit" in Ägypten*, AHAW, Heidelberg 1965.

FECHT, GERHARD, *Ptahhotep und die Disputierer*, in: MDAIK 37, 1981, 143-150.

FECHT, GERHARD, *Schicksalsgöttin und König in der „Lehre eines Mannes für seinen Sohn"*, in: ZÄS 105, 1978, 14-42.

FECHT, GERHARD, *Stilistische Kunst*, in: SPULER, BERTOLD (Hrsg.), HdO, Erste Abteilung, 1. Band, 2. Abschnitt, Leiden/Köln ²1970, 19-51.

FIRCHOW, OTTO, *Grundzüge der Stilistik in den altägyptischen Pyramidentexten, Untersuchungen zur ägyptischen Stilistik II*, Berlin 1953.

FISCHER-ELFERT, HANS-WERNER, *Die Arbeit am Text: Altägyptische Literaturwerke aus philologischer Perspektive*, in: LOPRIENO, ANTONIO (Hrsg.), Ancient Egyptian Literature – History and Forms, Leiden/New York/Köln 1996 (Probleme der Ägyptologie 10), 499-513.

FISCHER-ELFERT, HANS-WERNER, *Die Lehre eines Mannes für seinen Sohn. Eine Etappe auf dem „Gottesweg" des loyalen und solidarischen Beamten des Mittleren Reiches*, Textband und Tafelband, Wiesbaden 1999 (ÄA 60).

FISCHER-ELFERT, HANS-WERNER, *Die satirische Streitschrift des Papyrus Anastasi I.*, Wiesbaden 1983 (KÄT 8).

FISCHER-ELFERT, HANS-WERNER, *Die satirische Streitschrift des Papyrus Anastasi I.*, Wiesbaden ²1992 (KÄT 8/1).

FISCHER-ELFERT, HANS-WERNER, *Die satirische Streitschrift des Papyrus Anastasi I. Übersetzung und Kommentar*, Wiesbaden 1986 (ÄA 44).

FISCHER-ELFERT, HANS-WERNER, *Vermischtes III*, in: GM 143, 1994, 41-49.

FISCHER-ELFERT, HANS-WERNER, *Zum bisherigen Textbestand „Lehre eines Mannes an seinen Sohn". Eine Zwischenbilanz*, in: OrAnt 27, 1988, 173-209.

FISCHER-ELFERT, HANS-WERNER, Rez. zu Quack, Joachim F., Studien zur Lehre für Merikare, Wiesbaden 1992, in: LingAeg 7, 2000, 261-267.

FOSTER, JOHN L., The Conclusion to the Testament of Amenemmes, King of Egypt, in: JEA 67, 1981, 36-47.

FOSTER, JOHN L., „The Shipwrecked Sailor": Prose or Verse? (Postponing Clauses and Tense-neutral Clauses), in: SAK 15, 1988, 69-109.

FOSTER, JOHN L., Thought Couplets in Khety's „Hymn to the Inundation", in: JNES 34, 1975, 1-29.

FOSTER, JOHN L., Thought Couplets in the Tale of Sinuhe, Frankfurt 1993 (MÄU 3).

FÓTI, L., The History in the Prophecies of Noferti: Relationship between the Egyptian Wisdom and Prophecy Literatures, in: StudAeg 2, Budapest 1976, 3-18.

FRANKE, DETLEF, Das Heiligtum des Heqaib auf Elephantine. Geschichte eines Provinzheiligtums im Mittleren Reich, Heidelberg 1994 (SAGA 9).

FRANKE, DETLEF, Erste und Zweite Zwischenzeit – Ein Vergleich, in: ZÄS 117, 1990, 119-129.

FRANKE, DETLEF, Kleiner Mann (nds) – was bist du?, in: GM 167, 1998, 33-48.

FRANKE, DETLEF, Rez. zu Parkinson, Richard B., Voices from Ancient Egypt. An Anthology of Middle Kingdom Writings, London 1991, in: BiOr 50, 1993, 347-353.

GADAMER, HANS-GEORG, Unterwegs zur Schrift?, in: ASSMANN, ALEIDA/ASSMANN, JAN/HARDMEIER, CHRISTOF (Hrsgg.), Schrift und Gedächtnis. Beiträge zur Archäologie der literarischen Kommunikation, München 1983, 10-19.

GARDINER, ALAN H., Literarische Texte des Mittleren Reiches II. Die Erzählung des Sinuhe und die Hirtengeschichte. Umschreibung und Übersetzung, Leipzig 1909 (Hieratische Papyrus der königlichen Museen zu Berlin V).

GARDINER, ALAN H., New Literary Works from Ancient Egypt, in: JEA 1, 1914, 20-36, 100-106.

GARDINER, ALAN H., Notes on the Story of Sinuhe, Paris 1916.

GARDINER, ALAN H., The Admonitions of an Egyptian Sage from a Hieratic Papyrus in Leiden (Pap. Leiden 344 recto), Leipzig 1909.

GARDINER, ALAN H., The Eloquent Peasant, in: JEA 9, 1923, 5-25.

GARDINER, ALAN H., The Instruction addressed to Kagemni and his Brethren, in: JEA 32, 1946, 71-74.

GARDINER, ALAN H./VOGELSANG, F., Literarische Texte des Mittleren Reiches I. Die Klagen des Bauern. Umschreibung und Übersetzung, Hieratische Papyrus der königlichen Museen zu Berlin IV, Leipzig 1908.

GESTERMANN, LOUISE, Der politische und kulturelle Wandel unter Sesostris III. – Ein Entwurf, in: GESTERMANN, LOUISE/STERNBERG-EL HOTABI, HEIKE (Hrsgg.), Per aspera ad astra (FS Schenkel), Kassel 1995, 31-50.

GESTERMANN, LOUISE, Kontinuität und Wandel in Politik und Verwaltung des frühen Mittleren Reiches in Ägypten, Wiesbaden 1987 (GOF IV/18).

GESTERMANN, LOUISE, „Neue" Texte in spätzeitlichen Grabanlagen von Saqqara und Heliopolis, in: MINAS, MARTINA/ZEIDLER, JÜRGEN (Hrsgg.), Aspekte spätägyptischer Kultur (FS Winter), Mainz 1994 (ÄT 7), 89-95.

GILULA, MORDECHAI, Does God Exist?, in: YOUNG, DWIGHT W. (Hrsg.), Studies presented to Hans Jakob Polotsky (FS Polotsky), Beacon Hill/Mass. 1981, 390-400.

GILULA, MORDECHAI, Hirtengeschichte 17-22 = CT VII, 36 m-r, in: GM 29, 1978, 21-22.

GILULA, MORDECHAI, Shipwrecked Sailor, Lines 184-85, in: Studies in Honor of George R. Hughes (FS Hughes), Chicago 1976 (SAOC 39), 75-82.

GNIRS, ANDREA M., Die ägyptische Autobiographie, in: LOPRIENO, ANTONIO (Hrsg.), Ancient Egyptian Literature – History and Forms, Leiden/New York/Köln 1996 (Probleme der Ägyptologie 10), 191-242.

GNIRS, ANDREA M., Die levantische Herkunft des Schlangengottes, in: GUKSCH, HEIKE/POLZ, DANIEL (Hrsgg.), Stationen. Beiträge zur Kulturgeschichte Ägyptens (FS Stadelmann), Mainz 1998, 197-209.

GNIRS, ANDREA M. (Hrsg.), Reading the Eloquent Peasant. (Proceedings of the International Conference on the Tale of the Eloquent Peasant at the University of California, Los Angeles, March 27-30, 1997), in: LingAeg 8, 2000.

GOEDICKE, HANS, Comments Concerning the „Story of the Eloquent Peasant", in: ZÄS 125, 1998, 109-125.

GOEDICKE, HANS, „Die Lehre eines Mannes für seinen Sohn", in: ZÄS 94 (FS Anthes, II. Teil), 1967, 62-71.

GOEDICKE, HANS, Studies in „The Instructions of King Amenemhet I for his Son", in: VA Supplement, Number 2, Fascicle 1 und 2, 1988.

GOEDICKE, HANS, The Death of Pepi II – Neferkare', in: SAK 15, 1988, 111-121.

GOEDICKE, HANS, The Report about the Dispute of a Man with his BA. Papyrus Berlin 3024, Baltimore/London 1970.

GOEDICKE, HANS, The Story of the Herdsman, in: CdE 45, 1970, 244-266.

GOEDICKE, HANS, Thoughts about the Papyrus Westcar, in: ZÄS 120, 1993, 23-36.

GOLENISCHEFF, WLADIMIR S., Les Papyrus hiératiques N° 1115, 1116 A et 1116 B de l'Eremitage impériale à St. Petersbourg, Kairo 1913.

GOODWIN, CHARLES W., Hieratic Papyri, in: Cambridge Essays 1858, London 1858, 226-282.

GRAEFE, ERHART, Über die Verarbeitung von Pyramidentexten in den späten Tempeln (Nochmals zu Spruch 600 (§ 1652a - § 1656d: Umhängen des Halskragens)), in: VERHOEVEN, URSULA/GRAEFE, ERHART (Hrsgg.), Religion und Philosophie im alten Ägypten (FS Derchain), Leuven 1991 (OLA 39), 129-148.

GRAPOW, HERMANN, *Sprachliche und schriftliche Formung ägyptischer Texte*, Glückstadt/Hamburg/New York 1936 (LÄS 7).

GRAPOW, HERMANN, *Untersuchungen zur Ägyptischen Stilistik, I. Der stilistische Bau der Geschichte des Sinuhe*, Deutsche Akademie der Wissenschaften zu Berlin Institut für Orientforschung, Veröffentlichungen Nr. 10, Berlin 1952.

GRAPOW, HERMANN, *Zur Frage der ägyptischen Literatur als Begriff und ihrer Wertung durch die Ägypter und uns*, in: FuF 26, 1950, 297-301.

GRIFFITH, FRANCIS LL., *Fragments of Old Egyptian Stories from the BM and Amherst Collections*, in: PSBA 14, 1892, 451-472, pl. 3-4.

GRIFFITH, FRANCIS LL., *Hieratic Papyri from Kahun and Gurob*, London 1898.

GRIMAL, NICOLAS, *A History of Ancient Egypt*, Oxford 1992, 158-166.

GRIMAL, NICOLAS, *Corégence et association au thrône: L'enseignement d'Amenemhat Ier*, in: BIFAO 95, 1995, 273-280.

GUGLIELMI, WALTRAUD, *Berufssatiren in der Tradition des Cheti*, in: BIETAK, MANFRED/HOLAUBECK, JOHANNA/MUKAROVSKI, HANS †/SATZINGER, HELMUT (Hrsgg.), Zwischen den beiden Ewigkeiten (FS Thausing), Wien 1994, 44-72.

GUGLIELMI, WALTRAUD, *Probleme bei der Anwendung der Begriffe „Komik", „Ironie" und „Humor" auf die altägyptische Literatur*, in: GM 36, 1979, 69-85.

GUGLIELMI, WALTRAUD, *„Wortspiel"*, in: LÄ VI, 1287-1291.

GUGLIELMI, WALTRAUD, *Zu einigen literarischen Funktionen des Wortspiels*, in: JUNGE, FRIEDRICH (Hrsg.), Studien zu Sprache und Religion Ägyptens (FS Westendorf), Band 1: Sprache, Göttingen 1984, 491-506.

GUILHOU, NADINE/MATHIEU, BERNARD, *Cent dix ans d'étude des Textes des Pyramides (1882-1996). Bibliographie*, in: BERGER, CATHERINE/MATHIEU, BERNARD (Hrsgg.), Études sur l'Ancien Empire et la nécropole de Saqqara dédiées à Jean-Philippe Lauer (FS Lauer), Montpellier 1997 (Orientalia Monspeliensia 9), 221-231.

GUMBRECHT, HANS U., *Does Egyptology Need a 'Theory of Literature'?*, in: LOPRIENO, ANTONIO (Hrsg.), Ancient Egyptian Literature – History and Forms, Leiden/New York/Köln 1996 (Probleme der Ägyptologie 10), 3-18.

HAYS, HAROLD M., *The Historicity of Papyrus Westcar*, in: ZÄS 129, 2002, 20-30.

HEATH, DUNBAR, *Isidore, The Exodus Papyri*, London 1855.

HELCK, WOLFGANG, *Der Text der „Lehre des Amenemhets I. für seinen Sohn"*, Wiesbaden 1969 (KÄT 1).

HELCK, WOLFGANG, *Die „Admonitions". Pap. Leiden I 344 recto*, Wiesbaden 1995 (KÄT 11).

HELCK, WOLFGANG, *Die „Geschichte des Schiffbrüchigen" – eine Stimme der Opposition?*, in: OSING, JÜRGEN/NIELSEN, ERLAND KOLDING (Hrsgg.), The Heritage of Ancient Egypt (FS Iversen), Copenhagen 1992 (CNI Publications 13), 73-76.

HELCK, WOLFGANG, *Die Lehre des Djedefhor und die Lehre eines Vaters an seinen Sohn*, Wiesbaden 1984 (KÄT 9).

HELCK, WOLFGANG, *Die Lehre des Dw3-ḫtjj, Teil I und II*, Wiesbaden 1970 (KÄT 3-4).

HELCK, WOLFGANG, *Die Lehre für König Merikare*, Wiesbaden 1977 (KÄT 7).

HELCK, WOLFGANG, *Die Prophezeiung des Nfr.tj*, Wiesbaden 1970 (KÄT 2).

HELCK, WOLFGANG, *Gedanken zum Ursprung der ägyptischen Schrift*, in: POSENER-KRIÈGER, PAULE (Hrsg.), Mélanges Gamal Eddin Mokhtar (FS Mokhtar) Volume I, Le Caire 1985 (BdE 97/1), 395-408.

HELCK, WOLFGANG, *Nochmals zur angeblichen Mitregentschaft Sesostris' I. mit seinem Vater Amenemhet I.*, in: Or 58, 1989, 315-317.

HELCK, WOLFGANG, *Zur Frage der Entstehung der ägyptischen Literatur*, in: WZKM 63/64, 1972, 6-26.

HERB, MICHAEL, *Untersuchungen zur äußeren Form ägyptischer Handschriften, durchgeführt an Handschriften der „Lehre Amenemhets I.", der „Lehre Chetjs" und des „Nilhymnus"*, unpubl. Magisterarbeit, Köln 1986.

HERMANN, ALFRED, *Altägyptische Liebesdichtung*, Wiesbaden 1959.

HERMANN, ALFRED, *Das Gespräch eines Lebensmüden mit seiner Seele*, in: OLZ 42, 1939, 345-352.

HERMANN, ALFRED, *Die ägyptische Königsnovelle*, Glückstadt/Hamburg/New York 1938 (LÄS 10).

HERMANN, ALFRED, *Die altägyptische Literatur*, in: JENS, WALTER (Hrsg.), Kindlers neues Literaturlexikon, Bd. 19 (Anonyma, Kollektivwerke, Stoffe, LA-ZZ, Essays), München 1992, 867-876.

HERMANN, ALFRED, *Sinuhe – ein ägyptischer Schelmenroman?*, in: OLZ 48, 1953, 101-109.

HERMANN, ALFRED, *Zur ägyptischen Literatur*, in: OLZ 50, 1955, 101-111.

HERMANN, ALFRED, *Zur Frage einer ägyptischen Literaturgeschichte*, in: ZDMG 83, 1929, 44-66, (Rez. zu PIEPER, MAX, *Die ägyptische Literatur*, Berlin 1927).

HERRMANN, SIEGFRIED, *Untersuchungen zur Überlieferungsgestalt Mittelägyptischer Literaturwerke*, Deutsche Akademie der Wissenschaften zu Berlin, Institut für Orientforschung, Veröffentlichung Nr. 33, Berlin 1957.

HINTZE, FRITZ, *Untersuchungen zu Stil und Sprache neuägyptischer Erzählungen*, Berlin 1950.

HOCH, JAMES E., *The Teaching of Dua-Kheti: A New Look at the Satire of the Trades*, in: SSEA(J) 21/22, 1991/1992, 88-100.

HÖLSCHER, UVO, *Die Odyssee. Epos zwischen Märchen und Roman*, München 1989, 110-111.

HORNUNG, ERIK/KEEL, OTHMAR (Hrsgg.), Studien zu altägyptischen Lebenslehren, Freiburg/Schweiz 1979 (OBO 28).

HORNUNG, ERIK, *Altägyptische Jenseitsbücher. Ein einführender Überblick*, Darmstadt 1997, 5-13.

HORNUNG, ERIK, *Die „Kammern" des Thot-Heiligtumes*, in: ZÄS 100 (GS Morenz, Teil 2), 1973, 33-35.

HORNUNG, ERIK, *Einführung in die Ägyptologie. Stand · Methoden · Aufgaben*, Darmstadt ⁴1993.

HORNUNG, ERIK, *Geist der Pharaonenzeit*, Zürich/München 1989.

HORNUNG, ERIK, *Gesänge vom Nil. Dichtung am Hofe der Pharaonen*, Zürich/München 1990.

HORNUNG, ERIK, *Lehren über das Jenseits?*, in: HORNUNG, ERIK/KEEL, OTHMAR (Hrsgg.), Studien zu altägyptischen Lebenslehren, Freiburg (Schweiz)/Göttingen 1979 (OBO 28), 217-224.

HORNUNG, ERIK, *Meisterwerke altägyptischer Dichtung*, Zürich/München 1979.

JAKOBSON, ROMAN, *La nouvelle poésie russe*, in: Poétique 7, 1971, 287-298.

JAMES, THOMAS G. H., *The Hekanakhte Papers and Other Early Middle Kingdom Documents*, New York 1962 (Publications of the Metropolitan Museum of Art Egyptian Expedition 19).

JANSEN-WINKELN, KARL, *Das Attentat auf Amenemhet I. und die erste ägyptische Koregentschaft*, in: SAK 18, 1991, 241-264.

JANSEN-WINKELN, KARL, *Die ägyptische „Königsnovelle" als Texttyp*, in: WZKM 83, 1993, 101-116.

JANSEN-WINKELN, KARL, *Text und Sprache in der 3. Zwischenzeit. Vorarbeiten zu einer spätmittelägyptischen Grammatik*, Wiesbaden 1994 (ÄAT 26).

JANSEN-WINKELN, KARL, *Zu den Koregenzen der 12. Dynastie*, in: SAK 24, 1997, 115-135.

JANSEN-WINKELN, KARL, *Rez. zu Quack, Joachim F., Studien zur Lehre für Merikare, Wiesbaden 1992*, in: OLZ 88, 1993, 478-482.

JANSSEN, JACQUES J., *Literacy and Letters at Deir el-Medîna*, in: DEMARÉE, ROBERT J./EGBERTS, A. (Hrsgg.), Village Voices. Proceedings of the Symposium „Texts from Deir el-Medîna and their Interpretation Leiden, May 31 - June 1, 1991, Leiden 1992, 81-94.

JENNI, HANNA, *Der Papyrus Westcar*, in: SAK 25, 1998, 113-141.

JEQUIER, GUSTAVE, *La pyramide d'Aba*, Fouilles à Saqqarah, Le Caire 1935.

JEQUIER, GUSTAVE, *La pyramide d'Oudjebten*, Fouilles à Saqqarah, Le Caire 1928.

JEQUIER, GUSTAVE, *Le monument funéraire de Pepi II, Tome I*, Fouilles à Saqqarah, Le Caire 1936.

JEQUIER, GUSTAVE, *Le Papyrus Prisse et ses variantes*, Paris 1911.

JEQUIER, GUSTAVE, *Les pyramides des reines Neit et Apouit*, Fouilles à Saqqarah, Le Caire 1933.

JOLLES, ANDRÉ, *Einfache Formen*, Tübingen 1958.

JUNGE, FRIEDRICH, *Die Welt der Klagen*, in: ASSMANN, JAN/FEUCHT, ERIKA/GRIESHAMMER, REINHARD (Hrsgg.), Fragen an die altägyptische Literatur (GS Otto), Wiesbaden 1977, 275-284.

JUNGE, FRIEDRICH, *Zur „Sprachwissenschaft" der Ägypter*, in: JUNGE, FRIEDRICH (Hrsg.), Studien zu Sprache und Religion Ägyptens (FS Westendorf), Band 1: Sprache, Göttingen 1984, 257-272.

JUNKER, HERMANN, *Pyramidenzeit. Das Wesen der altägyptischen Religion*, Zürich/Köln 1949.

KADISH, GERALD E., *British Museum Writing Board 5645; The Complaints of Kha-Kheper-Ré'-Senebu*, in: JEA 59, 1973, 77-90.

KAHL, JOCHEM, *Das System der ägyptischen Hieroglyphenschrift in der 0.-3. Dynastie*, Wiesbaden 1994 (GOF IV/29).

KAISER, WERNER, *Zur Entstehung des gesamtägyptischen Staates*, in: MDAIK 46, 1990, 287-299.

KAMMERZELL, FRANK, *Das Verspeisen der Götter – Religiöse Vorstellung oder poetische Fiktion?*, in: LingAeg 7, 2000, 183-218.

KAMMERZELL, FRANK, *Von der Affaire um König Nafirku'ri'a und seinem General*, in: KAISER, OTTO et al. (Hrsgg), Weisheitstexte, Mythen und Epen. Mythen und Epen III, Gütersloh 1995 (TUAT III), 965-969.

KAMMERZELL, FRANK/STERNBERG, HEIKE, *Ägyptische Prophetien und Orakel. Die Prophezeiung des Neferti*, in: KAISER, OTTO et al. (Hrsgg.), Orakel, Rituale. Bau- und Votivinschriften. Lieder und Gebete, Gütersloh 1986/87/88/89/91 (TUAT II), 102-110.

KAPLONY, PETER, *Die Definition der schönen Literatur im alten Ägypten*, in: ASSMANN, JAN/FEUCHT, ERIKA/GRIESHAMMER, REINHARD (Hrsgg.), Fragen an die altägyptische Literatur (GS Otto), Wiesbaden 1977, 289-314.

KAPLONY, PETER, *Hirtenlied, Harfnerlied und Sargtext-Spruch 671 als verwandte Gattungen der ägyptischen Literatur*, in: CdE 45, 1970, 240-243.

KAYATZ, CHRISTA, *Studien zu Proverbien 1-9*, Neukirchen-Vluyn 1966.

KEEL, OTHMAR, *Eine Diskussion um die Bedeutung polarer Begriffspaare in den Lebenslehren*, in: HORNUNG, ERIK/KEEL, OTHMAR (Hrsgg.), Studien zu altägyptischen Lebenslehren, Freiburg (Schweiz)/Göttingen 1979 (OBO 28), 225-234.

KEES, HERMANN †, *Die ägyptische Literatur*, in: SPULER, BERTOLD (Hrsg.), HdO, Erste Abteilung, 1. Band, 2. Abschnitt, Leiden/Köln ²1970, 1-19.

KESSLER, DIETER, *Der satirisch-erotische Papyrus Turin 55001 und das „Verbringen des schönen Tages"*, in: SAK 15, 1988, 171-196.

KITCHEN, KENNETH A., *Poetry of Ancient Egypt, Documenta Mundi. Aegyptiaca 1*, Jonsered 1999.

KITCHEN, KENNETH A., *Sinuhe: Scolarly Method Versus Trendy Fashion*, in: BACE 7, 1996, 55-63.

KITCHEN, KENNETH A., *Sinuhe's Foreign Friends, and Papyri (Coptic) Greenhill 1-4*, in: EYRE, CHRISTOPHER/LEAHY, ANTHONY/MONTAGNO LEAHY, LISA (Hrsgg.), The unbroken Reed. Studies in the Culture and Heritage of Ancient Egypt (FS Shore), London 1994 (EES Occasional Publications 11), 161-169.

KITCHEN, KENNETH A., *Studies in Egyptian Wisdom Literature – I. The Instruction by a man for his son*, in: OrAnt 8, 1969, 189-208.

KITCHEN, KENNETH A., *The Basic Literary Forms and Formulations of Ancients Instructional Writings in Egypt and Western Asia*, in: HORNUNG, ERIK/KEEL, OTHMAR (Hrsgg.), Studien zu altägyptischen Lebenslehren, Freiburg (Schweiz)/Göttingen 1979 (OBO 28), 235-282.

KLOTH, NICOLE, *Die (auto-)biographischen Inschriften des ägyptischen Alten Reiches: Untersuchungen zur Phraseologie und Entwicklung*, Hamburg 2002 (SAK/Beihefte 8).

KNÖRRICH, O., *Formen der Literatur in Einzeldarstellungen*, Suttgart 1991.

KOCH, ROLAND, *Die Erzählung des Sinuhe*, Bruxelles 1990 (BAe 17).

KROEBER, BURKHART, *Die Neuägyptizismen vor der Amarnazeit. Studien zur Entwicklung der ägyptischen Sprache vom Mittleren zum Neuen Reich*, Tübingen 1970.

KURSCHEIDT, G., *Schelmenroman*, in: KNÖRRICH, O. (Hrsg.), Formen der Literatur in Einzeldarstellungen, Stuttgart 1991.

KURTH, DIETER, *Zur Interpretation der Geschichte des Schiffbrüchigen*, in: SAK 14, 1987, 167-179.

LALOUETTE, CLAIRE, *La littérature égyptienne*, Paris 1981 (Que sais-je? Vol. 1934).

LANCZKOWSKI, GÜNTER, *Altägyptischer Prophetismus*, Wiesbaden 1960 (ÄA 4), 49-93.

LANCZKOWSKI, GÜNTER, *„Apokalypse oder Apokalyptik"*, in: Theologische Realenzyklopädie III (TRE), 1978, 189-191.

LEBRAM, *„Apokalypse oder Apokalyptik"*, in: Theologische Realenzyklopädie III (TRE), 1978, 192-202.

LECLANT, JEAN et al., *Les Sagesses du Proche-Orient Ancien* (Colloque Strasbourg 1962), Paris 1963.

LECLANT, JEAN (Hrsg.), *Les Textes de la Pyramide de Pépy Ier*, Le Caire 2001 (MIFAO 118).

LECLANT, JEAN, *Les Textes des Pyramides*, in: Textes et Langages de l'Égypte pharaonique, Cent cinquante années de recherches 1822-1972, Hommages à Jean-François Champollion (GS Champollion), Le Caire o. J. (BdE 64/2), 37-52.

LEFEBVRE, GUSTAVE, *Romans et contes égypties de l'époque pharaonique*, Paris 1949.

LEITZ, CHRISTIAN, *Die Schlangensprüche in den Pyramidentexten*, in: Or 65, 1996, 381-427.

LEITZ, CHRISTIAN, *Rez. zu Quack, Joachim F., Studien zur Lehre für Merikare, Wiesbaden 1992*, in: WdO 27, 1996, 133-140.

LESKO, LEONARD H., *Some Comments on Ancient Egyptian Literacy and Literati*, in: ISRAELIT-GROLL, SARAH (Hrsg.), Studies in Egyptology (FS Lichtheim), Volume II, Jerusalem 1990, 656-667.

LICHTHEIM, MIRIAM, *Ancient Egyptian Autobiographies chiefly of the Middle Kingdom. A Study and an Anthology*, Freiburg (Schweiz)/Göttingen 1988 (OBO 84).

LICHTHEIM, MIRIAM, *Ancient Egyptian Literature, Volume I: The Old and Middle Kingdoms, Volume II: The New Kingdom, Volume III: The Late Period*, Berkeley/Los Angeles/London 1973/1976/1980.

LICHTHEIM, MIRIAM, *Didactic Literature*, in: LOPRIENO, ANTONIO (Hrsg.), Ancient Egyptian Literature – History and Forms, Leiden/New York/Köln 1996 (Probleme der Ägyptologie 10), 243-262.

LICHTHEIM, MIRIAM, *Have the Principles of Ancient Egyptian Metrics Been Discovered?*, in: JARCE 9, 1971-72, 103-110.

LICHTHEIM, MIRIAM, *Observations on Papyrus Insinger*, in: HORNUNG, ERIK/KEEL, OTHMAR (Hrsgg.), Studien zu altägyptischen Lebenslehren, Freiburg (Schweiz)/Göttingen 1979 (OBO 28), 283-305.

LOHMANN, KATHERINA, *Das Gespräch eines Mannes mit seinem Ba*, in: SAK 25, 1998, 207-236.

LOPRIENO, ANTONIO (Hrsg.), *Ancient Egyptian Literature – History and Forms*, Leiden/New York/Köln 1996 (Probleme der Ägyptologie 10).

LOPRIENO, ANTONIO, *Defining Egyptian Literature: Ancient Texts and Modern Theories*, in: LOPRIENO, ANTONIO (Hrsg.), Ancient Egyptian Literature – History and Forms, Leiden/New York/Köln 1996 (Probleme der Ägyptologie 10), 39-58.

LOPRIENO, ANTONIO, *Loyalistic Instructions*, in: LOPRINO, ANTONIO (Hrsg.), Ancient Egyptian Literature – History and Forms, Leiden/New York/Köln 1996 (Probleme der Ägyptologie 10), 403-414.

LOPRIENO, ANTONIO, *Puns and Word Play in Ancient Egyptian*, in: NOEGEL, S. B., Puns and Pundits. Word Play in the Hebrew Bible and Ancient Near Eastern Literature, Bethesda 2000, 3-20.

LOPRIENO, ANTONIO, *The Sign of Literature in the Shipwrecked Sailor*, in: VERHOEVEN, URSULA/GRAEFE, ERHART (Hrsgg.), Religion und Philosophie im alten Ägypten (FS Derchain), Leuven 1991 (OLA 39), 209-217.

LOPRIENO, ANTONIO, *Topos und Mimesis. Zum Ausländer in der ägyptischen Literatur*, Wiesbaden 1988 (ÄA 48).

LORTON, DAVID, *God's Beneficent Creation: Coffin Texts Spell 1130, the Instructions for Merikare*, in: SAK 20, 1993, 125-155.

LURIA, SALOMO, *Die Ersten werden die Letzten sein (Zur „sozialen" Revolution im Altertum)*, in: Clio 22, 1929, 405-431.

MARTIN-PARDEY, EVA, *„Kagemni"*, in: LÄ III, 290-291.

MASPERO, GASTON, *Les mémoires de Sinouhît*, Le Caire 1908 (BdE 1).

MASPERO, GASTON, *Les inscriptions des Pyramides de Saqqarah*, Paris 1896.

MEEKS, DIMITRI, *Notion de „Dieu" et Structure du Panthéon dans L'Égypte Ancienne*, in: RHR 205, 1988, 425-446.

MERCER, SAMUEL A. B., *The Pyramid Texts in Translation and Commentary*, 4 Bände, New York/London/Toronto 1952.

MEYER, GUDRUN, *Das Hirtenlied in den Privatgräbern des Alten Reiches*, in: SAK 17, 1990, 235-284.

MOERS, GERALD (Hrsg.), *Definitely: Egyptian Literature*, Proceedings of the Symposion Ancient Egyptian Literature: History and Forms, Los Angeles, March 24-26, 1995, Göttingen 1999 (LingAeg Stud mon 2).

MOERS, GERALD, *Fiktionalität und Intertextualität als Parameter ägyptologischer Literaturwissenschaft. Perspektiven und Grenzen der Anwendung zeitgenössischer Literaturtheorie*, in: ASSMANN, JAN/BLUMENTHAL, ELKE (Hrsgg.), Literatur und Politik im pharaonischen und ptolemäischen Ägypten, Vorträge der Tagung zum Gedenken an GEORGES POSENER 5. - 10. September 1996 in Leipzig, Le Caire 1999 (BdE 127), 37-52.

MOERS, GERALD, *Fingierte Welten in der ägyptischen Literatur des 2. Jahrtausends v. Chr. Grenzüberschreitung, Reisemotiv und Fiktionalität*, Leiden/Boston/Köln 2001 (Probleme der Ägyptolgoie 19).

MORENZ, LUDWIG D., *Beiträge zur Schriftlichkeitskultur im Mittleren Reich und in der 2. Zwischenzeit*, Wiesbaden 1996 (ÄAT 29).

MORENZ, LUDWIG D., *Ein hathorisches Kultlied und ein königlicher Archetyp des Alten Reichs - Sinuhe B 270f. und eine Stele der späten XI. Dynastie (Louvre C 15)*, in: Die Welt des Orients 28, 1997, 7-17.

MORENZ, LUDWIG D., *Ein Wortspiel mit dem Namen Chetys, des Assertors der Lehre für Meri-ka-re? (Meri-ka-re, E 143f.)*, in: GM 159,1997, 75-81.

MORENZ, LUDWIG D., *Gottesunmittelbarkeit und ein skandalöses Suffixpronomen – Zum 13. Kapitel des Schiffbrüchigen*, in: GM 141, 1994, 77-80.

MORENZ, LUDWIG D., *Kanaanäisches Lokalkolorit in der Sinuhe-Erzählung und die Vereinfachung des Urtextes*, in: Zeitschrift des Deutschen Palästina-Vereins 113, 1997, 1-18.

MORENZ, LUDWIG D., *Maximen für Manager*, in: OLZ 96, 2001, 469-477.

MORENZ, LUDWIG D., *Sa-mut/kyky und Menna, zwei reale Leser/Hörer des Oasenmannes aus dem Neuen Reich?*, in: GM 165, 1998, 73-81.

MORENZ, SIEGFRIED, *Ägyptische Religion*, Stuttgart 1960 (Die Religionen der Menschheit 8).

MÜLLER, DIETER, *Grabausstattung und Totengericht in der Lehre für König Merikare*, in: ZÄS 94 (FS Anthes, II. Teil), 1967, 117-124.

MÜLLER-WOLLERMANN, RENATE, *Krisenfaktoren im ägyptischen Staat des ausgehenden Alten Reiches*, Tübingen 1986.

NEWBERRY, PERCY E., *The Amherst Papyri*, London 1899.

NORDHEIM, ECKHARD VON, *Die Lehre der Alten, I. Das Testament als Literaturgattung im Judentum der Hellenistisch-Römischen Zeit*, Leiden 1980 (Arbeiten zur Literatur und Geschichte des Hellenistischen Judentums 13), 127-134.

OBSOMER, CLAUDE, *La Date de Nésou-Montou (Louvre C1)*, in: RdE 44, 1993, 103-140.

OBSOMER, CLAUDE, *Sésostris Ier. Etude chronologique et historique du règne*, Bruxelles 1995 (Connaissance de l'Egypte Ancienne 5).

OBSOMER, CLAUDE, *Sinouhe l'Egyptien et les raisons de son exil*, in : Le Muséon 112, 1999, 207-271.

OCKINGA, BOYO G., *The Burden of Kha'kheperré'sonbu*, in: JEA 69, 1983, 88-95.

OGDON, JORGE R., *A Hitherto Unrecognized Metaphor of Death in Papyrus Berlin 3024*, in: GM 100, 1987, 73-80.

OMLIN, JOSEPH A., *Der Papyrus 55001 und seine satirisch-erotischen Zeichnungen und Inschriften*, Catalogo del Museo Egizio di Torino, Torino 1973.

OSING, JÜRGEN, *School and Literature in the Ramesside Period*, in: BRANCOLI, I./CIAMPINI, EMANUELE M./ROCCATI, ALESSANDRO/SIST, LOREDANA (Hrsgg.), L'Impero Ramesside, Convegno Internazionale in onore di Sergio Donadoni, Roma 1997 (Vicino Oriente – Quaderno 1), 131-142.

OSING, JÜRGEN, *Zur Disposition der Pyramidentexte des Unas*, in: MDAIK 42, 1986, 131-144.

OTTO, EBERHARD, *Der Vorwurf an Gott. Zur Entstehung der ägyptischen Auseinandersetzungsliteratur*, Vorträge der orientalistischen Tagung in Marburg, Fachgruppe: Ägyptologie, Hildesheim 1951.

OTTO, EBERHARD, *Die Geschichten des Sinuhe und des Schiffbrüchigen als „lehrhafte Stücke"*, in: ZÄS 93, 1966, 100-111.

PAMMINGER, PETER, *Gottesworte und Zahlensymbolik in den ‚Klagen des Bauern'*, in: SAK 20, 1993, 205-221.

PARKINSON, RICHARD B., *‚Homosexual' Desire and Middle Kingdom Literature*, in: JEA 81, 1995, 57-76.

PARKINSON, RICHARD B., *Individual and Society in Middle Kingdom Literature*, in: LOPRIENO, ANTONIO (Hrsg.), Ancient Egyptian Literature – History and Forms, Leiden/New York/Köln 1996 (Probleme der Ägyptologie 10), 137-155.

PARKINSON, RICHARD B., *Literary Form and the Tale of the Eloquent Peasant*, in: JEA 78, 1992, 163-178.

PARKINSON, RICHARD B., *Poetry and Culture in Middle Kingdom Egypt. A Dask Side of Perfection*, London 2002.

PARKINSON, RICHARD B., *Teachings, Discourses and Tales from the Middle Kingdom*, in: QUIRKE, STEPHEN (Hrsg.), Middle Kingdom Studies, New Malden 1991, 91-122.

PARKINSON, RICHARD B., *The Date of the „Tale of the Eloquent Peasant"*, in: RdE 42, 1991, 171-181.

PARKINSON, RICHARD B., *The Tale of Sinuhe and Other Ancient Egyptian Poems 1940-1640 BC*, Oxford 1997.

PARKINSON, RICHARD B., *The Tale of the Eloquent Peasant*, Oxford 1991.

PARKINSON, RICHARD B., *The Text of Khakheperreseneb: New Readings of EA 5645, and an Unpublished Ostracon*, in: JEA 83, 1997, 55-68.

PARKINSON, RICHARD B., *Types of Literature in the Middle Kingdom*, in: LOPRIENO, ANTONIO (Hrsg.), Ancient Egyptian Literature – History and Forms, Leiden/New York/Köln 1996 (Probleme der Ägyptologie 10), 297-312.

PARKINSON, RICHARD B., *Voices from Ancient Egypt. An Anthology of Middle Kingdom Writings*, London 1991.

PARKINSON, RICHARD B., *Rez. zu Lichtheim, M., Ancient Egyptian Autobiographies Chiefly of the Middle Kingdom*, OBO 84, 1988, in: BiOr 48, 1991, 760-764.

PIANCENTINI, PATRIZIA, *L'autobiografia di Uni, principe e governatore dell'Alto Egitto*, Pisa 1990.

PIANKOFF, ALEXANDRE, *The Pyramid of Unas*, Princeton 1969 (Egyptian Religious Texts and Representations 5, Bollingen Series 40).

PIEPER, MAX, *Das ägyptische Märchen. Ursprung und Nachwirkung ältester Märchendichtung bis zur Gegenwart*, in: Morgenland 27, Leipzig 1935.

PIEPER, MAX, *Die ägyptische Literatur*, Handbuch der Literaturwissenschaft, Berlin 1927.

POSENER, GEORGES, *Catalogue des ostraca hiératique littéraires de Deir el Médineh II*, Le Caire 1951 (DFIFAO 18).

POSENER, GEORGES, *Complements aux „richesses inconnues"*, in: RdE 9, 1952, 117-120.

POSENER, GEORGES, *Fragment littéraire de Moscou*, in: MDAIK 25, 1969, 101-106.

POSENER, GEORGES, *Histoire et Égypte ancienne*, in: Annales (Économies. Sociétés. Civilisations) 17, 1962, 631-646.

POSENER, GEORGES, *L'auteur de la satire de métiers*, in: Livre de Centenaire, Le Caire 1980 (MIFAO 104), 55-59.

POSENER, GEORGES, *Le conte de Néferkarê et du général Sisénè (Recherches Littéraires VI)*, in: RdE 11, 1957, 119-137.

POSENER, GEORGES, *Le début de l'enseignement de Hardjedef*, in: RdE 9, 1952, 109-117.

POSENER, GEORGES, *„Lehre des Djedefhor"*, in: LÄ III, 978-980.

POSENER, GEORGES, *„Lehre für Merikare"*, in: LÄ III, 986-987.

POSENER, GEORGES, *L'enseignement d'un homme à son fils,* in: ASSMANN, JAN/FEUCHT, ERIKA/GRIESHAMMER, REINHARD (Hrsgg.), Fragen an die altägyptische Literatur (GS Otto), Wiesbaden 1977, 308-316.

POSENER, GEORGES, *L'enseignement d'un homme à son fils,* in: HORNUNG, ERIK/KEEL, OTHMAR (Hrsgg.), Studien zu altägyptischen Lebenslehren, Freiburg (Schweiz)/Göttingen 1979 (OBO 28), 307-316.

POSENER, GEORGES, *L'enseignement d'un homme à son fils, cinq nouveaux ostraca,* in: OSING, JÜRGEN/DREYER, GÜNTER (Hrsgg.), Form und Mass (FS Fecht), Wiesbaden 1987 (ÄAT 12), 361-367.

POSENER, GEORGES, *L'enseignement loyaliste. Sagesse égyptienne du Moyen Empire,* Genève 1976 (Hautes Études Orientales 5).

POSENER, GEORGES, *Les richesses inconnues de la littératue égyptienne,* in: RdE 6, 1951, 27-48.

POSENER, GEORGES, *Les richesses inconnues de la littérature égyptienne,* in: RdE 9, 1952, 117-120.

POSENER, GEORGES, *Literature,* in: HARRIS, JOHN R. (Hrsg.), The Legacy of Egypt, Oxford ²1971, 220-256.

POSENER, GEORGES, *Littérature et politique dans l'Égypte de la XIIe dynastie,* Paris 1956.

POSENER, GEORGES, *Pour la reconstitution de l'enseignement d'un homme à son fils,* in: RdE 36, 1985, 115-119.

POSENER, GEORGES, *Quatre tablettes scolaires de Basse Époque,* in: RdE 18, 1966, 45-65.

POSENER, GEORGES, *Section finale d'une sagesse inconnue (Recherches littéraires, II),* in: RdE 7, 1950, 71-84.

POSENER, GEORGES, *Une nouvelle histoire de revenant,* in: RdE 12, 1960, 75-82.

POSENER-KRIEGER, PAULE, *Les archives du temple funéraire de Néferirkarê-Kakaï (Les papyrus d'Abousir),* 2 Bde., Le Caire 1976 (BdE 65/1-2).

POSENER-KRIEGER, PAULE, *Remarques préliminaires sur les nouveaux papyrus d'Abousir,* in : Ägypten - Dauer und Wandel, Mainz 1982 (SDAIK 18), 35-43.

QUACK, JOACHIM F., *Dekane und Gliedervergottung. Altägyptische Traditionen im Apokryphon Johannis,* in: Jahrbuch für Antike und Christentum 38, 1995, 97-113.

QUACK, JOACHIM F., *Die Klage über die Zerstörung Ägyptens. Versuch einer Neudeutung der „Admonitions" im Vergleich zu den altorientalischen Städteklagen,* in: PONGRATZ-LEISTEN, BEATE/KÜHNE, HARTMUT/XELLA, PAOLO (Hrsgg.), Ana šadî Labnāni lū allik (FS Röllig), Neukirchen-Vlyn, 1997, 345-354.

QUACK, JOACHIM F., *Die Lehre des Ani. Ein neuägyptischer Weisheitstext in seinem kulturellen Umfeld,* Fribourg 1994 (OBO 141).

QUACK, JOACHIM F., *Ein altägyptisches Sprachtabu,* in: LingAeg 3, 1993, 59-79.

QUACK, JOACHIM F., *Studien zur Lehre für Merikare,* Wiesbaden 1992 (GOF IV/23).

QUACK, JOACHIM F., *Rez. zu Hans-Werner Fischer-Elfert, Die Lehre eines Mannes für seinen Sohn. Eine Etappe auf dem „Gottesweg" des loyalen und solidarischen Beamten des Mittleren Reiches*, in: BiOr 57, 2000, 534-541.

QUAEGEBEUR, JAN, *Mummy Labels: an Orientation,* in: E. BOSWINKEL/P. W. PESTMAN (Hrsgg.), Textes grecs, démotiques et bilingues (P.L. Bat. 19), Leiden 1978, 232-259.

QUIRKE, STEPHEN G., *Narrative literature,* in: LOPRIENO, ANTONIO (Hrsg.), Ancient Egyptian Literature – History and Forms, Leiden/New York/Köln 1996 (Probleme der Ägyptologie 10), 263-276.

RAY, JOHN D., *Literacy and Language in Egypt in the Late and Persian Periods,* in: BOWMAN, ALAN K./WOOLF, GREG (Hrsgg.), Literacy and Power in the Ancient World, Cambridge 1994, 51-66, 222-223.

RAY, JOHN D., *The Emergence of Writing in Egypt,* in: World Archaeology 17/3, 1986, 307-316.

RENAUD, ODETTE, *Le Dialogue du désespéré avec son âme. Une interprétation littéraire,* Genève 1991 (CSEG 1).

RITNER, ROBERT KRIECH, *The Mechanics of Ancient Egyptian Magical Practice,* Chicago 1993 (SAOC 54).

ROCCATI, ALESSANDRO, *La littérature historique sous l'ancien empire égyptien,* Paris 1982 (LAPO 11).

ROCCATI, ALESSANDRO, *Sapienza egizia. La letteratura educativa in Egitto durante il II millenio a.C.,* Brescia 1994 (Testi del Vicino Oriente antico 4).

RÖLLIG, WOLFGANG (Hrsg.), *Altorientalische Literaturen,* Neues Handbuch der Literaturwissenschaft 1, Wiesbaden 1978.

RÖßLER-KÖHLER, URSULA, *„Kannibalismus",* in: LÄ III, 314-315.

ROUGE, EMMANUEL DE, *Le poème de Pen-ta-our, Extrait d'un mémoire sur les campagnes de Ramsès II (Sésostris),* Paris 1856.

ROUGE, EMMANUEL DE, *Memoire sur l'inscription du tombeau d'Ahmès, chef des nautoniers,* in: Mémoires de l'Académie des Inscriptions, Savants étrangers 3, 1851, 1-196.

ROUGE, EMMANUEL DE, *Notice sur un manuscript égyptien, en écriture hiératique, écrit sous le règne de Merienphtah, fils du grand Ramsès, vers le XVe siècle avant l'ère chrétienne,* in: Revue archéologique 9, 1853 [1852], 385-397.

SCAMUZZI, ERNESTO, *Letteratura egizia,* in: BOTTO, O. (Hrsg.), Storia della litteratura d'Oriente Bd. 1, Milano 1969, 3-90.

SCHARFF, ALEXANDER, *Der historische Abschnitt der Lehre für König Merikare,* Sitzungsberichte der Bayrischen Akademie der Wissenschaften, Phil.-hist. Abt. Jg. 1936, Heft 8, München 1936.

SCHENKEL, WOLFGANG, *Ägyptische Literatur und ägyptologische Forschung: eine wissenschaftsgeschichtliche Einleitung,* in: LOPRIENO, ANTONIO (Hrsg.), Ancient Egyptian Literature – History and Forms, Leiden/New York/Köln 1996 (Probleme der Ägyptologie 10), 21-38.

SCHENKEL, WOLFGANG, *Frühmittelägyptische Studien*, Bonn 1962 (Bonner Orientalistische Studien, Neue Serie, 13).

SCHENKEL, WOLFGANG, *Memphis, Herakleopolis, Theben. Die epigraphischen Zeugnisse der 7.- 11. Dynastie Ägyptens*, Wiesbaden 1965 (ÄA 12).

SCHENKEL, WOLFGANG, *Repères chronologiques de l'histoire rédactionelle des Coffin Texts*, in: WESTENDORF, WOLFHART (Hrsg.), Göttinger Totenbuchstudien. Beiträge zum 17. Kapitel, Wiesbaden 1975 (GOF IV/3), 27-36.

SCHENKEL, WOLFGANG, *Sonst – Jetzt. Variationen eines literarischen Formelements*, in: WdO 15 (FS Brunner), 1984, 51-61.

SCHENKEL, WOLFGANG, *Wozu die Ägypter eine Schrift brauchten*, in: ASSMANN, ALEIDA/ASSMANN, JAN/HARDMEIER, CHRISTOF (Hrsgg.), Schrift und Gedächtnis. Beiträge zur Archäologie der literarischen Kommunikation, München 1983, 45-63.

SCHENKEL, WOLFGANG, *Zur Relevanz der altägyptischen „Metrik"*, in: MDAIK 28, 1972, 103-107.

SCHIPPER, BERND U., *Von der ‚Lehre des Sehetep-jb-Re' zur ‚Loyalistischen Lehre'*, in: ZÄS 125, 1998, 161-179.

SCHLOTT, ADELHEID, *Schrift und Schreiber im alten Ägypten*, München 1989.

SCHMITZ, THOMAS A., *Moderne Literaturtheorie und antike Texte. Eine Einführung*, Darmstadt 2002.

SCHOTT, ERIKA, *Die Biographie des Ka-em-tenenet*, in: ASSMANN, JAN/FEUCHT, ERIKA/GRIESHAMMER, REINHARD (Hrsgg.), Fragen an die altägyptische Literatur (GS Otto), Wiesbaden 1977, 443-461.

SCHOTT, SIEGFRIED, *Bemerkungen zum ägyptischen Pyramidenkult*, Kairo 1950 (BeiträgeBf 5, 2).

SCHOTT, SIEGFRIED, *Mythe und Mythenbildung im alten Ägypten*, Leipzig 1945 (UGAÄ 15).

SCHRAGE, WOLFGANG, *Die Elia-Apokalypse, Jüdische Schriften aus hellenistisch-römischer Zeit*, Band 5, Apokalypsen, Gütersloh 1980.

SCHREIBER, SILKE, *„Keusch wie kaum eine anderes Volk"? Einige Anmerkungen zum Sexual-Vokabular der alten Ägypter*, in: MENDEL, DANIELA/CLAUDI, ULRIKE (Hrsgg.), Ägypten im afro-orientalischen Kontext. Aufsätze zur Archäologie, Geschichte und Sprache eines unbegrenzten Raumes (GS Behrens), Köln 1991, 315-335.

SCHWEIKLE, GÜNTHER/SCHWEIKLE, IRMGARD (Hrsgg.), *Metzler-Literatur-Lexikon. Begriffe und Definitionen*, Stuttgart ²1990.

SEIBERT, PETER, *Die Charakteristik. Untersuchungen zu einer altägyptischen Sprechsitte und ihren Ausprägungen in Folklore und Literatur, Teil I, Philologische Bearbeitung der Bezeugungen*, Wiesbaden 1967 (ÄA 17).

SEIDLMAYER, STEPHAN J., *Gräberfelder aus dem Übergang vom Alten zum Mittleren Reich. Studien zur Archäologie der Ersten Zwischenzeit*, Heidelberg 1990 (SAGA 1).

SEIDELMAYER, STEPHAN J., *Wirtschaftliche und gesellschaftliche Entwicklung im Übergang vom Alten zum Mittleren Reich. Ein Beitrag zur Archäologie der Gräberfelder der Region Qau-Matmar in der ersten Zwischenzeit*, in: ASSMANN, JAN/BURKARD, GÜNTER/DAVIES, VIVIAN (Hrsgg.), Problems and Priorities in Egyptian Archaeology, London/New York 1987, 175-217, pl. 19.

SETHE, KURT, *Die Ägyptologie. Zweck, Inhalt und Bedeutung dieser Wissenschaft und Deutschlands Anteil an ihrer Entwicklung*, Leipzig 1921 (AO 23, Heft 1).

SETHE, KURT (Hrsg.), *Die altaegyptischen Pyramidentexte nach Papierabdrücken und Photographien des Berliner Museums*, 4 Bände, Leipzig 1908-1922, unveränderter Nachdruck Darmstadt 1960.

SETHE, KURT, *Die Totenliteratur der alten Ägypter. Die Geschichte einer Sitte*, Berlin 1931 (SPAW 18).

SETHE, KURT †, *Übersetzung und Kommentar zu den altägyptischen Pyramidentexten I-VI*, Glückstadt/Hamburg 1936-1962.

SHIRUN-GRUMACH, IRENE, *Bemerkungen zu Rhythmus, Form und Inhalt in der Weisheit*, in: HORNUNG, ERIK/KEEL, OTHMAR (Hrsgg.), Studien zu altägyptischen Lebenslehren, Freiburg (Schweiz)/Göttingen 1979 (OBO 28), 317-352.

SHIRUN-GRUMACH, IRENE, *Sinuhe R 24 – wer rief?*, in: JUNGE, FRIEDRICH (Hrsg.), Studien zu Sprache und Religion Ägyptens (FS Westendorf), Band 1: Sprache, Göttingen 1984, 621-629.

SHUPAK, NILI, *A New Source for the Study of the Judiciary and Law of Ancient Egypt: „The Tale of the Eloquent Peasant"*, in: JNES 51, 1992, 1-18.

SHUPAK, NILI, *„Canon" and „Canonization" in Ancient Egypt*, in: BiOr 58, 2001, 535-547.

SHUPAK, NILI, *Egyptian „Prophecy" and Biblical Prophecy: Did the Phenomenon of Prophecy, in the Biblical Sense, Exist in Ancient Egypt?*, in: JEOL 31 (1989-1990), 1991, 5-40.

SHUPAK, NILI, *Where Can Wisdom be Found? The Sage's Language in the Bible and in Ancient Egyptian Literature*, Freiburg (Schweiz)/Göttingen 1993 (OBO 130).

SIMPSON, WILLIAM K., *Papyrus Lythgoe: A Fragment of a Literary Text of the Middle Kingdom from El-Lisht*, in: JEA 46, 1960, 65-70.

SIMPSON, WILLIAM K., *„Sinuhe"*, in: LÄ V, 950-955.

SIMPSON, WILLIAM K. (Hrsg.), *The Literature of Ancient Egypt. An Anthology of Stories, Instructions and Poetry*, New Haven/London 1972.

SITZLER, DOROTHEA, *„Vorwurf gegen Gott". Ein religiöses Motiv im alten Orient (Ägypten und Mesopotamien)*, Wiesbaden 1995 (Studies in Oriental Religions 32).

SPALINGER, ANTHONY J., *An Alarming Parallel to the End of the Shipwrecked Sailor*, in: GM 73, 1984, 91-95.

SPALINGER, ANTHONY J., *Night into Day*, in: ZÄS 119, 1992, 144-156.

SPALINGER, ANTHONY J., *Orientations on Sinuhe*, in: SAK 25, 1998, 311-339.

SPELEERS, LOUIS, *Les Textes des Pyramides*, 2 Bände, Bruxelles 1923-1924.

SPELEERS, LOUIS, *Traduction, index et vocabulaire des textes des pyramides égyptiennes*, Bruxelles 1934.

SPIEGEL, JOACHIM, *Das Auferstehungsritual der Unas-Pyramide. Beschreibung und erläuterte Übersetzung*, Wiesbaden 1971 (ÄA 23).

SPIEGEL, JOACHIM, *Das Werden der altägyptischen Hochkultur. Ägyptische Geistesgeschichte im 3. Jahrtausend vor Chr.*, Heidelberg 1953.

SPIEGEL, JOACHIM, *Soziale und weltanschauliche Reformbewegungen im alten Ägypten*, Heidelberg 1950.

SPIEGELBERG, WILHELM, *Die Novelle im alten Ägypten. Ein litterar-historischer Essay*, Strassburg 1898.

SPULER, BERTOLD (Hrsg.), *Handbuch der Orientalistik. Erste Abteilung: Der Nahe und Mittlere Osten, Erster Band: Ägyptologie, Zweiter Abschnitt: Literatur*, Leiden ²1970.

STÖRK, LOTHAR, *„Erotik"*, in: LÄ II, 4-11.

SWEENEY, DEBORAH, *Women and Language in the Ramesside Period or, Why Women Don't Say Please*, in: EYRE, CHRISTOPHER J. (Hrsg.), Proceedings of the Seventh ICE, Cambridge, 3-9 September 1995, Leuven 1998 (OLA 82), 1109-1117.

SWEENEY, DEBORAH, *Women's correspondance from Deir el-Medine*, in: ZACCONE, GIAN M./DI NETRO, TOMASO R. (Hrsgg.), Sesto Congresso Internazionale di Egittologia, Atti, Volume II, Torino 1993, 523-529.

TACKE, NIKOLAUS, *Verspunkte als Gliederungsmittel in ramessidischen Schülerhandschriften*, Heidelberg 2001 (SAGA 22).

TE VELDE, HERMAN, *Scribes and Literacy and Ancient Egypt*, in: Scripta Signa Vocis, Studies Hospers (FS Hospers), Groningen 1986, 253-264.

THÉRIAULT, CAROLYN A., *The Instruction of Amenemhet as Propaganda*, in: JARCE 30, 1993, 151-160.

THISSEN, HEINZ J., *Die Lehre des Anchscheschonqi (P. BM 10508). Einleitung, Übersetzung, Indices*, Bonn 1984 (PTA 32).

TOBIN, VINCENT A., *A Re-assesment of the Lebensmüde*, in: BiOr 48, 1991, 341-363.

TOOLAN, M. J., *Narrative. A Critical Introduction*, London 1988.

TURNER, VICTOR, *Das Ritual. Struktur und Anti-Struktur*, Frankfurt 1989.

VAN DE WALLE, BAUDOUIN, *Les textes d'Amarna se réfèrent-ils à une doctrine morale?*, in: HORNUNG, ERIK/KEEL, OTHMAR (Hrsg.), Studien zu altägyptischen Lebenslehren, Freiburg (Schweiz)/Göttingen 1979 (OBO 28), 252-362.

VAN DE WALLE, BAUDOUIN, *L'humour dans la littérature et dans l'art l'ancienne Égypte*, Leiden 1969.

VAN DER PLAS, DIRK, *On criteria for the Dating of Egyptian Tetxts*, in: GM 73, 1984, 49-56.

VAN DIJK, JACOBUS, *The Nocturnal Wanderings of King Neferkarê*, in: BERGER, CATHERINE/CLERC, GISÈLE/GRIMAL, NICOLAS (Hrsgg.), *Hommages à Jean Leclant*, Volume 4, Varia (FS Leclant), Le Caire 1994 (BdE 106/4), 387-393.

VERCOUTTER, JEAN, *La Prédynastie égyptienne. Anciens et nouveaux concepts*, in: CRIPEL 13 (GS Clère), 1991, 137-146.

VERHOEVEN, URSULA, *Grillen, Kochen, Backen im Alltag und im Ritual Altägyptens. Ein lexikographischer Beitrag*, Bruxelles 1984 (RE 4).

VERHOEVEN, URSULA, *Von hieratischen Literaturwerken in der Spätzeit*, in: ASSMANN, JAN/BLUMENTHAL, ELKE (Hrsgg.), Literatur und Politik im pharaonischen und ptolemäischen Ägypten, Vorträge der Tagung zum Gedenken an Georges Posener · 5. - 10. September 1996 in Leipzig, Le Caire 1999 (BdE 127), 255-265.

VERNUS, PASCAL, *Essai sur la conscience de l'histoire dans l'Égypte pharaonique*, Paris 1995.

VERNUS, PASCAL, *La date du paysan eloquent*, in: ISRAELIT-GROLL, SARAH (Hrsg.), Studies in Egyptology (FS Lichtheim), Volume II, Jerusalem 1990, 1033-1047.

VERNUS, PASCAL, *Le début de l'enseignement de Ptahhotep: un nouveau manuscrit*, in: CRIPEL 18, 1996, 119-140.

VIKENTIEV, VLADIMIR, *L'énigme d'un papyrus*, Kairo 1940.

VITTMANN, GÜNTER, *Altägyptische Wegmetaphorik*, Wien 1999 (Beiträge zur Ägyptologie 15).

VOGELSANG, FRIEDRICH, *Kommentar zu den Klagen des Bauern*, Hildesheim 1964 (UGAÄ 6) (unveränderter Nachdruck von Leipzig 1913).

VOLTEN, AKSEL, *Zwei altägyptische politische Schriften. Die Lehre für König Merikarê (Pap. Carlsberg VI) und die Lehre des Königs Amenemhet*, København 1945 (AnAe 4).

WEIPPERT, MANFRED, *Aspekte israelitischer Prophetie im Lichte verwandter Erscheinungen des alten Orients*, in: Ad bene et fideliter seminandum (FS Deller), Neukirchen-Vluyn 1988 (AOAT 220), 287-319.

WENDEL, FRANÇOIS, ET AL., *Les Sagesses du Proche-Orient Ancien. Colloque de Strasbourg 17-19 mai 1962*, Bibliothèque des Centres d'Études supérieures spécialisés, Paris 1963.

WENTE, EDWARD F., *Letters from Ancient Egypt*, Society of Biblical Literature. Writings from the Ancient World, Atlanta 1990.

WESTENDORF, WOLFHART, *Das Aufkommen der Gottesvorstellung im alten Ägypten*, Göttingen 1985 (NAWG I, Nr. 2).

WESTENDORF, WOLFHART, *Das strandende Schiff. Zur Lesung und Übersetzung von Bauer B 1,58 = R 101*, in: ASSMANN, JAN/FEUCHT, ERIKA/GRIESHAMMER, REINHARD (Hrsgg.), Fragen an die altägyptische Literatur (GS Otto), Wiesbaden 1977, 503-509.

WESTENDORF, WOLFHART, *Die Insel des Schiffbrüchigen – Keine Halbinsel!*, in: ISRAELIT-GROLL, SARAH (Hrsg.), Studies in Egyptology (FS Lichtheim), Volume II, Jerusalem 1990, 1056-1064.

WESTENDORF, WOLFHART, *Die Menschen als Ebenbilder Pharaos. Bemerkungen zur „Lehre des Amenemhet" (Abschnitt V)*, in: GM 46, 1981, 33-42.

WESTENDORF, WOLFHART, *Einst – Jetzt – Einst, oder: Die Rückkehr zum Ursprung*, in: WdO 17, 1986, 5-8.

WESTENDORF, WOLFHART, *„Homosexualität"*, in: LÄ II, 1272-1273.

WILDUNG, DIETRICH, *Die Rolle ägyptischer Könige im Bewußtsein ihrer Nachwelt, Teil I, Posthume Quellen über die Könige der ersten vier Dynastien*, München 1969 (MÄS 17).

WILLIAMS, RONALD J., *Reflections on the Lebensmüde*, in: JEA 48, 1962, 49-56.

WILPERT, GERO VON, *Sachwörterbuch der Literatur*, Stuttgart [7]1989.

WOLF-BRINKMANN, ELSKE, *Versuch einer Deutung des Begriffes 'b3' anhand der Überlieferung der Frühzeit und des Alten Reiches*, Freiburg 1968.

ŽABA, ZBYNEK, *Les Maximes de Ptahhotep*, Praha 1956.

ŽABKAR, LOUIS V., *„Ba"*, in: LÄ I, 588-590.

African Studies Centre
(Leiden, The Netherlands)

Piet Konings
Unilever Estates in Crisis and the Power of Organizations in Cameroon
1998, 160 S., 19,90 €, br., ISBN 3-8258-3530-8

E. Adriaan B. van Rouveroy van Nieuwaal; Rijk van Dijk (eds.)
African Chieftaincy in a New Socio-Political Landscape
1999, 256 S., 20,90 €, br., ISBN 3-8258-3549-9

Jan Hoorweg; Dick Foeken; R. A. Obudho (eds.)
Kenya Coast Handbook
Culture, resources and development in the East African littoral. With a Preface by Prof. Ali A. Mazrui

The Kenya Coast poses a development enigma in more than one way. Historically it was part of the Indian Ocean world and its economy. With the coming of colonial rule and later nationhood, the political and economic allegiances inevitably changed. Economic and political power shifted to the centre of Kenya.

The coastal region is not richly endowed in natural resources but it has economic lynchpins in the port of Mombasa which serves Kenya and other East African countries, the tourism industry which has great potential and which flourished in previous decades but has recently shown a steep decline, and agriculture which so far serves mainly as a means of subsistence for large parts of the local population. Despite this potential the region finds itself in a marginal position.

This book traces the causes behind this situation and analyses it from different angles - political, economical and social. Authors from very different disciplines review resources, economy, people and history as well as the development potential and existing development limitations. The latter consist not only of infrastructural and human constraints but also of fragile coastal ecosystems, such as coral reefs, beaches and mangrove forests, that easily suffer from environmental degradation.

This handbook, with a preface by Ali A. Mazrui, is an indispensable tool for anyone with a professional interest in the East African Coast. The book contains 26 chapters divided over 6 sections: Introduction, General background, People and history, Economic resources, Human resources, and Development issues. The book also contains a large bibliography and statistical information.
2000, 560 S., 51,90 €, gb., ISBN 3-8258-3937-0

Aberra Jembere
An Introduction to the Legal History of Ethiopia
1434 – 1974

The book is the first English-language overview of the history of Ethiopian law and describes the main features of its unique development on the basis of indigenous customary law and Roman-Byzantine law traditions. The study also pays attention to the processes of codification of laws and modernization of the judicial system, undertaken in the reign of Emperor Haile Sellassie (1930 – 1974), and to matters of procedural and court justice. Throughout the book, topics and domains for further research are identified.
2001, 336 S., 20,90 €, br., ISBN 3-8258-4776-4

Wim M. J. van Binsbergen (ed.)
Black Athena Alive
Towards a constructive re-assessment

What prompted Martin Bernal (Cornell University, USA) – specialising in modern Chinese intellectual history, to turn to the ancient history of the Eastern Mediterranean basin? Why did Bernal set out to rewrite two millennia of European intellectual history, exposing the eighteenth-century rise of Altertumswissenschaft as a critical phase in the collective, Eurocentric denial of what he calls the 'Afroasiatic roots of European civilisation'? How could his multi-volume book Black Athena (1987, 1991) create havoc – in the form of a heated and protracted, international debate – in the fields of African Studies, ancient history, classical archaeology, Egyptology, comparative linguistics, the history of ideas, and human biology? How could Martin Bernal become a reluctant hero of African American intellectuals identifying as Afrocentrist? Why did this condemn him to the hatred of conservative American classicists and historians of ideas? Why was he tempted to overplay his hand? What errors did he commit in the fields of epistemology, historiography and historical linguistics? Why, yet, is Martin Bernal largely right – if often for the wrong reasons? With the publication, in 1996, of the devastatingly critical Black Athena revisited (eds. Mary Lefkowitz & Guy MacLean Rogers) the impression was created that the Black Athena thesis had been conclusively refuted. However, the present collection has sought to restore the balance. Bernal himself has contributed three innovative and illuminating pieces to the collection, responding to critics, systematising his linguistic claims, and applying the Black Athena thesis to sub-Saharan Africa. By offering answers to the above questions, the collection has sought to take the international debate to the next, constructive phase. It shows that incisive and multifarious criticism

LIT Verlag Münster – Hamburg – Berlin – London
Grevener Str./Fresnostr. 2 48159 Münster
Tel.: 0251 – 23 50 91 – Fax: 0251 – 23 19 72
e-Mail: vertrieb@lit-verlag.de – http://www.lit-verlag.de

of Bernal's position and methods is necessary and often justified. Yet at the turn of the 21st century, the formulation of a non-Eurocentric, multicentric model of global cultural history is of vital importance. It is here that Martin Bernal shows the way as none before him. Specifically his vision's implications for sub-Saharan Africa constitute a major intellectual challenge. Stressing massive intercontinental interactions and vital global contributions of the African peoples, they also invite us to redress the present-day negative image of Africa.

Black Athena Alive was first published in 1997 under the title Black Athena Ten Years After (1997). An added chapter takes the discussion into the third millennium, and particularly reflects on Berlinerblau's (1999) sociological contribution to the debate (Heresy in the University).
Contents:
Wim van Binsbergen, *Black Athena ten years after: Towards a constructive re-assessment;* Martin Bernal, *Responses to Black Athena: General and linguistic issues;* Jan Best, *The ancient toponyms of Mallia: A post-Eurocentric reading of Egyptianising Bronze Age documents;* Wim van Binsbergen, *Alternative models of intercontinental interaction towards the earliest Cretan script;* Arno Egberts, *Consonants in collision: Neith and Athena reconsidered;* Martin Bernal, *Response to Arno Egberts;* Josine H. Blok, Proof and persuasion in Black Athena I: The case of K. O. Müller;* Martin Bernal, *Response to Josine Blok;* Wim van Binsbergen, *Rethinking Africa's contribution to global cultural history: Lessons from a comparative historical analysis of mankala board-games and geomantic divination;* Wim van Binsbergen, *Black Athena Alive: The debate since 1996;*
Frühj. 2003, 296 S., 20,90 €, br., ISBN 3-8258-4808-6

Thera Rasing
The Bush Burnt, the Stones Remain
Female initiation rites in urban Zambia
Female initiation rites appear to be at odds with westernized urban society in present-day Zambia. This book offers an interpretation of the relevance of female initiation rites in an urban setting among today's 'modern' Christian women.
Female initiation rites are linked to gender relations. In this book changes in gender relations during the last few centuries and decades are examined on a socio-economic, religious and political level. Despite these changes, initiation rites remain of remarkable significance to women. In this book, the author gives an in-dept description of these initiation rites and analyzes their meaning and relevance for Zambian women at present. Despite new types of initiation rites and wedding ceremonies, such as Christian weddings and kitchen parties, based on Christian ideas and ideas of modernity, traditional initiation rites remain the central institution that construe female Zambian identity. Initiation rites emphasize female fertility, but also the importance of inter-human relationships, necessary for procreation, as well as relationships with the ancestral spirits, and women's central religious roles.
2001, 358 S., 35,90 €, br., ISBN 3-8258-5611-9

Kurdologie
herausgegeben von Eva Savelsberg, Siamend Hajo und Carsten Borck für die Berliner Gesellschaft zur Förderung der Kurdologie

Carsten Borck; Eva Savelsberg; Siamend Hajo (Hg.)
Ethnizität, Nationalismus, Religion und Politik in Kurdistan
Bd. 1, 1997, 360 S., 12,90 €, br., ISBN 3-8258-3420-4

Karin Kren
Kurdologie, Kurdistan und die Kurden in der deutschsprachigen Literatur
Kommentierte Bibliographie
Bd. 2, 2000, 352 S., 20,90 €, br., ISBN 3-8258-4642-3

Eva Savelsberg; Siamend Hajo; Carsten Borck (Hg.)
Kurdische Frauen und das Bild der kurdischen Frau
Martin van Bruinessen, *Von Adela Khanum zu Leyla Zana: Weibliche Führungspersönlichkeiten in der kurdischen Geschichte* – Christine Allison, *Volksdichtung und Phantasie: Die Darstellung von Frauen in der kurdischen mündlichen Überlieferung* – Nazand Begikhani, *Das Bild der kurdischen Frau in der orientalistischen Literatur des neunzehnten Jahrhunderts* – Lale Yalçin-Heckmann & Pauline van Gelder, *Das Bild der Kurdinnen im Wandel des politischen Diskurses in der Türkei der 1990er Jahre – einige kritische Bemerkungen* – Heidi Wedel, *Frauenbewegung und nationale Bewegung – ein Widerspruch? Gefahren und Chancen am Beispiel der Türkei und Kurdistans* – Shahrzad Mojab, *Frauen und Nationalismus in der kurdischen Republik von 1946* – Andrea Fischer, *Nationalismus und Frauenbewegung in Irakisch-Kurdistan* – Eva Savelsberg, *Die Chance versäumt? Ein politisches Porträt der kurdischen Abgeordneten Leyla Zana*
Bd. 3, 2000, 200 S., 17,90 €, br., ISBN 3-8258-5050-1

LIT Verlag Münster – Hamburg – Berlin – London
Grevener Str./Fresnostr. 2 48159 Münster
Tel.: 0251 – 23 50 91 – Fax: 0251 – 23 19 72
e-Mail: vertrieb@lit-verlag.de – http://www.lit-verlag.de

Birgit Ammann
Kurden in Europa
Ethnizität und Diaspora
Die vorliegende Arbeit stellt Erscheinungsformen kurdischer Identität in der Migration vor und schließt damit eine nicht nur im wissenschaftlichen Bereich bestehende Lücke. Nach einer ausführlichen Diskussion von Ethnizitäts- und Diasporatheorien werden Ausprägungen kurdischen Lebens in der Bundesrepublik Deutschland und in Europa aus einer transnationalen Perspektive beschrieben und analysiert. Behandelt werden u. a. Aspekte wie Selbst- und Fremdethnisierung, familiäre Bindungen, Sprache, religiöse Loyalitäten, politische Vorstellungen und Zukunftsperspektiven. Die vorzüglich lesbare Studie, die auf einer Langzeituntersuchung beruht, richtet sich an Sozialwissenschaft und interessierte Öffentlichkeit gleichermaßen. Sie basiert unter anderem auf qualitativen Interviews, die in verschiedenen europäischen Staaten mit Kurdinnen und Kurden aus der Türkei, dem Irak, dem Iran und Syrien durchgeführt wurden.
Es ist zu hoffen, daß diese umfangreiche Analyse der kurdischen Diaspora in Europa als Ausgangspunkt für weitere Betrachtungen über Kurdinnen und Kurden in der Migrations- und Diasporaforschung dienen wird.
Bd. 4, 2001, 432 S., 30,90 €, br., ISBN 3-8258-5526-0

BUNKA
Tübinger interkulturelle und linguistische Japanstudien/ Tuebingen intercultural and linguistic studies on Japan
herausgegeben von /edited by Klaus Antoni und/and Viktoria Eschbach-Szabo (Universität Tübingen)

Michael Wachutka
Historical Reality or Metaphoric Expression?
Culturally formed contrasts in Karl Florenz' and Iida Takesato's interpretations of Japanese mythology
Historical Reality or Metaphoric Expression? elucidates the differing interpretations on Japanese mythology by the German philologist and historian Karl Florenz (1865 – 1939) and the Japanese *kokugakusha* Iida Takesato (1828 – 1900) at the end of the 19th century.
Iida in his *Nihonshoki-tsūshaku* and Florenz in his *Japanische Mythologie* approached a comparable endeavor from very different vantage points. It is shown how their distinct cultural formation, their education and upbringing within unlike academic discourses, and their life within a variety of intellectual, social and political milieus formed their different scholarly outlook and methodology in interpreting and commenting on the *Nihongi*-myths.
Comparing both scholars, their work and their mutual relation, we can find a very interesting interaction of cultural and scholarly traditions. Based on translations of both works, this study juxtaposes Iida's 'emic' inner view on Japanese mythology with the 'etic' outside view of Florenz, and at the same time provides the first portrayal of life and work of these two eminent scholars in English.
Bd. 1, 2001, 224 S., 20,90 €, br., ISBN 3-8258-5239-3

Inken Prohl; Hartmut Zinser (Hg.)
Zen, Reiki, Karate
Japanische Religiosität in Europa
Die Beiträge dieses Bandes beschäftigen sich mit der Frage, welche Rolle japanische Religionen bei der gegenwärtigen Begeisterung für asiatische „Spiritualität" in Europa spielen. Diskutiert werden japanische neue religiöse Bewegungen und die Rezeption von Buddhismus und Shinto in Europa sowie die Übernahme japanischer bzw. als genuin japanisch ausgegebener „spiritueller Techniken". Ergänzende Beiträge zeigen am Beispiel des japanischen Buddhismus auf, daß es sich beim Buddhismus keineswegs um eine durchgängig friedfertige Religion handelt, und erörtern aktuelle religiöse Entwicklungen in Japan, die zum Teil erstaunliche Parallelen mit der religiösen Landschaft in Europa aufweisen.
Bd. 2, 2002, 312 S., 20,90 €, br., ISBN 3-8258-4664-4

Peter Kleinen
Im Tode ein Buddha
Buddhistisch-nationale Identitätsbildung in Japan am Beispiel der Traktate Gesshôs
Der vorliegende Text bietet Präliminarien zu einer historisch-systematischen Untersuchung buddhistisch-nationaler Diskurse der Bakumatsu- und frühen bis mittleren Meiji-Zeit. Er stellt einen theoretischen Beitrag zur kulturwissenschaftlichen Nationalismusforschung dar, der unter Verweis auf eine Gruppe politisch aktiver Kleriker aus den Chôshû-Zweigtempeln des Nishi Hongan-ji Fragen zu der sozialen Praxis nationalistischer Diskurse in ihrem wechselseitigen Verhältnis zu sozialen und politischen Rahmenbedingungen thematisiert und in historisch-vergleichender Perspektive zu beantworten versucht.
Bd. 3, 2002, 320 S., 25,90 €, br., ISBN 3-8258-5827-8

LIT Verlag Münster – Hamburg – Berlin – London
Grevener Str./Fresnostr. 2 48159 Münster
Tel.: 0251 – 23 50 91 – Fax: 0251 – 23 19 72
e-Mail: vertrieb@lit-verlag.de – http://www.lit-verlag.de

Wolfram Schaffar
Fokuskonstruktionen im japanischen Sprachraum
Eine Analyse von Nominalisierungen, Fokuspartikeln und Kakari-Musubi-Konstruktionen im Modernen Japanischen, Klassischen Japanischen und in der Sprache von Ryûkyû
Nominalisierungen im modernen Japanischen, sog. noda- sind eine häufige Erscheinung der Umgangssprache. In der klassischen Schriftsprache finden wir die Kakari-Musubi-Konstruktionen als typisches literarisches Stilmittel. In der vorliegenden Arbeit werden beide Phänomene als zentrale Erscheinungen der Informationsstruktur beschrieben und aus einer synchronen, diachronen und typologischen Perspektive analysiert. Der so entworfene methodologische Rahmen wird in einer typologischen Fallstudie für die Beschreibung der Sprachen der Ryukyu-Inseln angewendet.
Bd. 4, Frühj. 2003, ca. 304 S., ca. 25,90 €, br., ISBN 3-8258-5840-5

Klaus Antoni; Hiroshi Kubota; Johann Nawrocki; Michael Wachutka (eds.)
Religion and National Identity in the Japanese Context
The subject of *Religion and National Identity in the Japanese Context* focuses upon the relationship between religion and socio-cultural or socio-political aspects in the history of religions in Japan.
Religious and ideological justifications in the course of forming a political and national identity, and the mutual relation between political, national and cultural issues can be noticed in every region of the world before the onset of secularization processes, but also in modern nation-states today. In Japan as well, just like in most modern societies, political, cultural and religious elements are closely interrelated. In a comparative approach the sixteen papers in this volume elucidate the intellectual undercurrent in Japanese history of putting positive perspectives on national achievements and cultural-religious uniqueness into service of establishing and refurbishing a national identity.
Bd. 5, 2002, 304 S., 25,90 €, br., ISBN 3-8258-6043-4

Anne Holzapfel
Evidentialität im Japanischen
Bd. 6, Frühj. 2003, ca. 216 S., ca. 20,90 €, br., ISBN 3-8258-6550-9

Charybdis
Schriften zur Archäologie

Max Wegner
Zeiten, Zeitalter, Lebensalter
Eine archäologische und kulturhistorische Übersicht.
Bd. 1, 1992, 300 S., 40,90 €, gb., ISBN 3-88660-725-9

Wolfram Letzner
Römische Brunnen und Nymphaea in der westlichen Reichshälfte
Bd. 2, 2. Aufl. 2000, 680 S., 79,90 €, gb., ISBN 3-88660-664-3

Marie-Theres Langer-Karrenbrock
Der Lykische Sarkophag aus der Königsnekropole von Sidon
Der sogenannte Lykische Sarkophag, ein drei Meter hoher marmorner Reliefsarkophag, aufbewahrt im Archäologischen Museum von Istanbul und entdeckt vor über 100 Jahren in einer unterirdischen dynastischen Nekropole bei Sidon im damaligen Phönizien, dem heutigen Libanon, erhielt seinen Namen von den Ausgräbern aufgrund seines auffälligen Architekturformates, das nur im südwestanatolischen Lykien vorkommt. Daraus ergeben sich die Fragen: Wurde dieses Grabmonument von einem phönizischen Fürsten nach lykischen Vorbildern in Auftrag gegeben oder ist der Sarkophag tatsächlich lykischen Ursprungs? Falls letzteres zutrifft, wie gelangte er dann nach Sidon?
Die Frage nach der Herkunft ist keineswegs das einzige Rätsel, das die Geschichte dieses Grabdenkmals umgibt.
Bd. 3, 2000, 330 S., 50,90 €, br., ISBN 3-89473-128-1

Luise Koch
Weibliche Sitzstatuen der Klassik und des Hellenismus und ihre kaiserzeitliche Rezeption
Die bekleideten Figuren
Bd. 4, 1993, 272 S., 30,90 €, br., ISBN 3-89473-885-5

Susanne Arnold
Das bajuwarische Reihengräberfeld von Steinhöring, Landkreis Ebersberg
Bd. 5, 1993, 308 S., 50,90 €, gb., ISBN 3-89473-241-5

Peter Hoffmann
Der Isis-Tempel in Pompeji
Bd. 7, 1993, 272 S., 35,90 €, br., ISBN 3-89473-722-0

Stefan Geppert
Castor und Pollux
Untersuchung zu den Darstellungen der Dioskuren in der römischen Kaiserzeit
Bd. 8, 1996, 224 S., 50,90 €, br., ISBN 3-8258-2400-4

L IT Verlag Münster – Hamburg – Berlin – London
Grevener Str./Fresnostr. 2 48159 Münster
Tel.: 0251 – 23 50 91 – Fax: 0251 – 23 19 72
e-Mail: vertrieb@lit-verlag.de – http://www.lit-verlag.de

Petronella Prottung
Darstellungen der hellenistischen Stadttyche
Bd. 9, 1995, 270 S., 35,90 €, br., ISBN 3-8258-2625-2

Melanie Kempchen
Mythologische Themen in der Grabskulptur
Germania Inferior, Germania Superior, Gallia Belgica und Raetia
Bd. 10, 1996, 248 S., 24,90 €, br., ISBN 3-8258-2702-x

Urte Steininger
Die archaische Großplastik Unteritaliens und ihr Verhältnis zum Mutterland
Bd. 11, 1996, 328 S., 35,90 €, gb., ISBN 3-8258-2711-9

Damir Kek
Der römische Aquädukt als Bautypus und Repräsentationsarchitektur
Bd. 12, 1997, 432 S., 35,90 €, br., ISBN 3-8258-3035-7

Petra Boschert
Der Dodekathlos des Hercules auf Denkmälern des römischen Deutschland
Bd. 13, 1997, 352 S., 30,90 €, br., ISBN 3-8258-3158-2

Susanne Schorndorfer
Öffentliche Bauten hadrianischer Zeit in Kleinasien
Archäologisch-historische Untersuchungen
Bd. 14, 1998, 264 S., 25,90 €, br., ISBN 3-8258-3478-6

Karin Geppert
Studien zu Aufnahme und Umsetzung orientalischer Einflüsse in Etrurien und Mittelitalien vom 8. – Anfang des 6. Jhs. v. Chr.
Bd. 15, Frühj. 2003, ca. 250 S., ca. 51,90 €, br., ISBN 3-8258-5307-1

Hamburger Werkstattreihe zur Archäologie

Veröffentlichungen des Archäologischen Instituts der Universität Hamburg, Arbeitsbereiche Vor- und Frühgeschichte Europas und Klassische Archäologie
herausgegeben von Hans Georg Niemeyer und Renate Rolle

Renate Rolle; Petro Toločko in Zusammenarbeit mit Nadežda Gavriljuk und Nina Schliep-Andraschko
Archäologisches Wörterbuch
Deutsch – Russisch – Ukrainisch – Weißrussisch – Englisch
Bd. 3, 1998, 368 S., 45,90 €, br., ISBN 3-8258-3843-9

Renate Rolle; Frank M. Andraschko (Hg.)
Frühe Nutzung pflanzlicher Ressourcen
Internationales Symposium Duderstadt, 12. – 15. 5. 1994
Die frühe Nutzung pflanzlicher Ressourcen und die Rekonstruktion der zugehörigen Biotope und Ökosysteme bilden die Basis für heutige Diskussionen über anthropogene Veränderung oder gar Zerstörung von Umwelt. Der hier vorgelegte Band faßt die Ergebnisse eines internationalen Symposiums zusammen, bei dem eine Bilanz archäologisch-ethnobotanischer Grundlagenforschung gezogen wurde. Die Diskussion bezieht Probleme der Waldentwicklung und der Holzanalyse, älteste Hinweise auf Gärten und Zeugen mittelalterlichen Obstbaus ebenso ein wie archäologisch-botanische Experimente und deren moderne Präsentation im musealen Bereich. Der Bogen spannt sich zeitlich von der Jungsteinzeit bis zur frühen Neuzeit, geografisch von Alteuropa über den Nordschwarzmeerraum bis zum Altai. Der fächerübergreifende Tagungsband ist Ulrich Willerding, einem der führenden Paläo-Ethnobotaniker Deutschlands, gewidmet.
Bd. 4, 2000, 182 S., 24,90 €, br., ISBN 3-8258-3894-3

Anna Peserico
Die offenen Formen der Red Slip Ware aus Karthago
Untersuchungen zur phönizischen Keramik im westlichen Mittelmeerraum
Bd. 5, 2002, 136 S., 24,90 €, br., ISBN 3-8258-5947-9

Frank M. Andraschko
Studien zur funktionalen Deutung archäologischer Siedlungsbefunde in Rekonstruktion und Experiment
Bd. 6, Frühj. 2003, ca. 288 S., ca. 45,90 €, br., ISBN 3-8258-4029-8

Beiträge zur Archäologie

Ingo Becker-Kavan
Rätsel um das Fürstengrab von Palenque in Mexiko
Bd. 4, 1997, 32 S., 10,90 €, br., ISBN 3-8258-3255-4

Mouhamadou Nissire Sarr
Funérailles et représentations dans les tombes de l'Ancien et du Moyen Empires Egyptiens
Cas de comparaison avec les civilisations actuelles de l'Afrique noire
Bd. 5, 2001, 192 S., 20,90 €, br., ISBN 3-8258-5825-1

LIT Verlag Münster – Hamburg – Berlin – London
Grevener Str./Fresnostr. 2 48159 Münster
Tel.: 0251 – 23 50 91 – Fax: 0251 – 23 19 72
e-Mail: vertrieb@lit-verlag.de – http://www.lit-verlag.de